中国企业人力资源发展报告

发展报告

(2020)

REPORT ON THE DEVELOPMENT OF

CHINESE ENTERPRISES' HUMAN RESOURCES (2020)

主　编 / 余兴安

副主编 / 范　巍　佟亚丽

社会科学文献出版社
SOCIAL SCIENCES ACADEMIC PRESS (CHINA)

《中国企业人力资源发展报告（2020）》
编　委　会

编　　务　（按姓氏笔画排列）
　　　　王　伊　王秋蕾　朱　蕾　孙一平　赵　宁
　　　　赵智磊　柏玉林

主要编撰者简介

余兴安　全国政协委员，中国人事科学研究院院长、研究员。历任中国人事科学研究院研究室主任、人事部人才流动开发司副司长、人力资源和社会保障部人力资源市场司副司长、山东省日照市副市长。兼任国际行政科学学会副主席、中国人才研究会常务副会长、中国行政管理学会副会长等。主要从事行政管理体制改革、人事制度改革与人才资源开发等研究。

范　巍　心理学博士，管理学博士后，中国人事科学研究院学术委员会委员、企业人事管理研究室主任、职业标准实验室负责人，研究员，人社部职业分类大典修订工作专家委员会委员、新职业评审专家。目前主要从事人力资源管理与开发、职称与职业资格制度改革、职业分类与职业标准构建、人才评价和政策评估等研究工作。相关著作有《专业技术人才队伍职业资格制度和职业标准》《留学人员回国创业环境报告》《中国博士发展状况》《基于多层次匹配评价的人事选拔决策过程研究》等。

佟亚丽　中国人事科学研究院副研究员，研究方向为人力资源开发与管理。近几年相关的研究成果有《国有企业人事制度改革综述》《国企人事制度改革进一步深化》《国有企业人事制度改革40年》《国有企业人事制度改革走向更深层次》《国有企业人事制度改革状况分析》《国企人事制度改革的历程和主要成就》等。

中国人事科学研究院简介

中国人事科学研究院（简称"人科院"）隶属于中华人民共和国人力资源和社会保障部，是我国干部人事改革、人才资源开发、人力资源管理和公共行政学研究的唯一国家级专业研究机构，是中央人才工作协调小组办公室命名的"人才理论研究基地"。

人科院肇端于1982年6月国家劳动人事部成立的人才资源研究所、1984年11月成立的行政管理科学研究所及1988年9月国家人事部成立的国家公务员研究所，在经多次机构改革与职能调整后，于1994年7月正式成立。历经三十余年的发展，人科院积累了丰富的科研资源，培养了一支素质优良的科研队伍，形成了较完备的学术研究体系，产生了一大批具有较大影响的科研成果，发挥了应有的参谋智囊作用，同时也成为全国人才与人事科学研究的合作交流中心。王通讯、吴江等知名学者曾先后担任院长之职，现任院长为全国政协委员余兴安研究员。

多年来，人科院围绕大局、服务中心，研究领域涉及行政管理体制改革、人才队伍建设、公务员制度、事业单位人事制度改革、企业人力资源管理、收入分配制度改革、就业与创业、人才流动与人力资源服务业发展等方面。曾参与《公务员法》《事业单位人事管理条例》《国家中长期人才发展规划纲要》等重大政策法规的调研与起草，推动了相关领域诸多重大、关键性改革事业的发展。人科院每年承担中央单位和各省市下达或委托的数十项课题研究任务，出版十余部著作，发表百余篇学术论文，并编辑出版《中国人事科学》（月刊）、《国际行政科学评论》（季刊）、《中国人力资源发展报告》（年度出版）、《中国事业单位发展报告》（年度出版）、《中国人力资源市场分析报告》（年度出版）、《中国企业人力资源发展报告》（年度出版）、《中国人事科学研究报告》（年度出版）等学术期刊和年度报告。

人科院是我国在国际行政科学学术交流与科研合作领域的重要组织与牵头单位，是国际行政科学学会（IIAS）、东部地区公共行政组织（EROPA）及亚洲公共行政网络（AGPA）的中国秘书处所在地。通过多年努力，人科院在国际行政科学研究领域的作用与地位不断提升，2016 年承办了国际行政科学学会联合大会，余兴安院长当选为国际行政科学学会副主席。

人科院注重与国家部委、地方政府、高等院校和科研院所的交流与合作。积极搭建学术交流平台，成立了"全国人事与人才科研合作网"，建立了十余家科研基地，每年举办多场有一定规模的学术研讨会，组织科研协作攻关，还与中国人民大学、首都经济贸易大学等院校联合招收硕士、博士研究生，设有公共管理学科博士后工作站。

摘　要

　　企业是经济社会发展的重要物质基础，人力资源是创新活动的主体和源动力。新时期我国各种类型企业面对"百年未有之大变局"，锐意进取、改革创新，不断完善企业人力资源管理制度，提升人力资源管理水平，培养和建设企业人才队伍，走出了一条具有中国特色的企业人力资源开发与管理之路。

　　为了解企业人力资源开发与管理现状，探索企业人力资源开发与管理实践，丰富人力资源开发与管理理论，增强道路、理论自信，本书以各类企业人力资源管理实践探索和行业人力资源发展趋势分析为基础，从人力资源服务企业和研究机构视角，对反映我国企业人力资源开发的管理制度与体系、管理技术与方法以及管理实践与创新等方面的相关内容进行分类梳理与呈现，旨在为今后我国企业人力资源开发与管理工作的开展提供参考与借鉴，为国家、政府相关部门人力资源开发与管理方针、政策的制定提供参考。

　　本书内容涉及中央和地方国有企业、民营企业、外资企业。内容主要为近年来各类企业在推动人事管理变革和人力资源开发方面的做法、成效、经验，以及人力资源管理理论与实践工作者通过专项调查和数据分析，对企业人力资源发展现状的思考、趋势的预判和前景的展望等。全书共分七个部分：总报告、制度变革篇、机制创新篇、人才培养篇、理论探索篇、技术应用篇、附录。

　　总报告首先从科技、经济发展，特别是国家出台的有关企业改革的政策等方面简要论述了近年来影响企业人力资源开发与管理的环境背景变化；其次结合 2020 年新冠肺炎疫情的突发与应对，提出危机不仅给企业人力资源开发与管理带来了新的挑战，更是带来了新的思考；最后指出"十四五"规划中提出的发展方针与战略任务为企业人力资源开发与管理开辟了更广阔的发展空间，在新形势下，企业人力资源开发与管理需要有新的思维与新的路径。

制度变革篇汇集了北京首都创业集团有限公司、四川发展（控股）有限责任公司、中国石化中原油田分公司、青岛能源集团有限公司等央企、地方国企在深化劳动、人事、分配三项制度改革，绩效管理，薪酬体系设计等人事管理制度变革方面的实践做法。

机制创新篇中，中国农业发展银行、华晨汽车集团控股有限公司、中兴通讯股份有限公司、深圳市金融稳定发展研究院、诚通人力资源有限公司、北京外企人力资源服务有限公司等企业分享了它们在金融、汽车、科技、互联网以及人力资源服务等行业人力资源开发和人力管理体制机制方面的创新探索与实践。

人才培养篇总结了国家电网有限公司、中车长春轨道客车股份有限公司、北京国有资本经营管理中心、中国航空技术国际工程有限公司、北控水务集团和北控水务学院、山西交通建设监理咨询集团有限公司、唐山三友集团有限公司等企业在打造高素质人才队伍、建立员工职业生涯发展通道、开展产教融合探索企业人才培养新模式、开展职业技能提升行动、培养高技能人才等方面的典型经验和做法。

理论探索篇收集了科研院所、大专院校等研究机构的学者以及实践工作者对企业人力资源开发和管理理论的探讨，以及通过数据分析、专项调研对企业数字化转型、"互联网＋"、后疫情时代背景下的国有企业、民营企业人力资源管理改革发展的问题分析、趋势预判和对策研究。

技术应用篇介绍了以人资行网络科技（广州）有限公司、北京睿正人才管理咨询有限公司、北京市职业介绍服务中心、北京河狸家信息技术有限公司、达内时代科技集团有限公司为代表的人力资源服务企业，对大数据建模、算法应用、画像技术以及心理学方法的利用，体现了人力资源开发与应用技术对企业人力资源管理实践的贡献。

本书征文得到了各级政府人社部门、国资委、工商联、经开区、高新区等部门的大力支持；得到了行业相关协会（学会）、各级各类大专院校、专业科研机构、第三方智库以及全社会人力资源理论研究工作者的积极响应；特别是一线人力资源开发与管理工作者，积极分享了他们的实践体会与思考。

本书年度出版发行，力争搭建中国企业人力资源开发与管理理论与实践相关各方广泛参与的平台，使其成为咨询交流的园区、实践创新的高地。

关键词：人力资源开发与管理　制度变革　机制创新　人才培养

Abstract

Enterprise is an important foundation for economic and social development, and human resource is the main body and driving power of innovation. In the new era, enterprises in our country are facing "a period of major change that's rarely seen in a century". In such case, they keep forging ahead, carrying out reform and innovation, improving human resource management system and building talent teams of their own, ultimately blazing a path of human resource development and management with Chinese characteristics.

In order to understand the current status of human resource management, explore the practical exercise in this regard, enrich related theory and enhance the confidence in the path and theory, in this book, based on the exploration of practical human resource management of various enterprises and the analysis of human resource development trend in the industry, we will have a comprehensive discussion from the aspects of management institution and system, management techniques and methods, management practice and innovation from the perspective of human resource service enterprises and research institutions, so as to provide reference for future human resource management as well as for the state and other authorities when making guidelines and policies in this field.

Enterprises in this book refer to central and local state-owned enterprises, listed companies, private enterprises and foreign-funded enterprises. The book mainly talks about the practice, effect and experience of above enterprises in promoting the reform of personnel management and human resource development in recent years, as well as the thinking, prediction and prospect concerning human resource development at present and in the future according to the investigation and data analysis conducted by professionals in this regard.

The book is divided into seven parts: General Report, System Reform Articles, Mechanism Innovation Articles, Talent Training Articles, Theoretical Exploration

Articles, Technology Application Articles.

General Report: first, we briefly analyze the background changes that have affected the development and management of enterprise's human resource in recent years from the aspects of technology and economic development, especially policies concerning enterprise reform; second, according to the control measures in response to the outbreak of Covid-19 in early 2020, it is found out that the crisis not only brings new challenges, but also new reflections to the development and management of human resource; third, the policies and strategies proposed in the "14th Five-Year Plan" open up a broader prospect for the development and management of human resource. Under such new situation, it is necessary to bring about new ideas and paths in this regard.

System Reform Articles: in this part, we will describe some practical methods adopted in deepening the reform of labor-force, personnel and income distribution systems, performance management, salary system design and other personnel management system reform by central enterprises, local state-owned enterprises and listed companies, such as Beijing Capital Group Company Limited, Sichuan Development Holding Co., Ltd., Sinopec Zhongyuan Oilfield Company, Qingdao Energy Group Co., Ltd., Social Information Technology (Shanghai) Co., Ltd.

Mechanism Innovation Articles: in this part, Agricultural Development Bank of China, Brilliance Auto, ZTE Corporation, Shenzhen Institute for Financial Stability and Development, Chengtong Human Resources Company Ltd., FESCO (Foreign Enterprises Service Corporation) and other companies share their innovative exploration and practice in human resource development and human resource management system and mechanism in finance, automobile, science and technology, Internet and human resource service sectors.

Talent Training Articles: in this part, State Grid Corporation of China, Crrc Changchun Railway Vehicles Co., Ltd, Beijing State – Owned Capital Operation and Management Center, Beijing Enterprises of Water Group Co., Ltd., Beijing Enterprises of Water College, Shanxi Construction Supervision Co., Ltd., Tangshan Sanyou Group Co., Ltd., North Sen Talent Management Institute, Zhisheng (Beijing) Management Consulting Co., Ltd. are selected to demonstrate their typical experiences and practices in terms of building high-caliber talent teams, working out career plan and promoting the integration between industry and education so as to explore new modes of talent training, improve vocational skills and cultivate high skilled talents.

Theoretical Exploration Articles: in this part, we gather opinions from scholars and experts from scientific research institutes, colleges and universities on the theory of enterprise's human resource development and management. In addition, on the basis of data analysis and special investigation, we also collect analysis, prediction and countermeasures on human resource management reform and development that adopted by the state-owned enterprises and private enterprises against the background of digital transformation, Internet plus and post-epidemic era.

Technology Application Articles: In this part, we demonstrate big data modeling, different algorithms, persona and psychological methods, which reflect the contribution of human resource technology to the practical use of enterprise human resource management.

We are strongly supported by the Human Resources and Social Security Departments at all levels, the State-Owned Assets Supervision and Administration Commission, the Federation of Industry and Commerce, the Economic Development Zone, the High-tech Zone and other departments concerned; we have got positive feedback from the industry, industrial associations and societies, colleges and universities, professional research institutions, the third-party think tanks and other researchers in this field, especially the front-lines human resource workers, by sharing their practical experience and analytical thinking.

The annual publication of this book will create a platform where all parties dedicating to theoretical and practical research of human resource development and management of Chinese enterprises can participate extensively, so as to make it a window of consultation and exchange as well as a hub for practice and innovation.

Keywords: Human Resources' Development and Management; System Reform; Mechanism Innovation; Talent Training

目 录

Ⅰ 总报告

Ⅱ 制度变革篇

Ⅲ 机制创新篇

Ⅳ 人才培养篇

Ⅴ 理论探索篇

Ⅵ 技术应用篇

Ⅶ　附　录

CONTENTS

I General Report

II System Reform Articles

Ⅲ　Mechanism Innovation Articles

IV Talent Training Articles

V Theoretical Exploration Articles

VI Technology Application Articles

Ⅶ Appendix

总 报 告

ℝ.1

新时代的企业人力资源
开发与管理

余兴安 范 巍 佟亚丽*

摘 要： 本文首先明确改革政策利好为企业人力资源开发与管理注入
了新的发展动力，其次结合2020年新冠肺炎疫情的突发和应
对，提出疫情给企业人力资源开发与管理带来了新的思考，
同时分析了经济和社会发展使企业人力资源开发与管理面临
更大的挑战，最后展望新发展格局将为企业人力资源开发与
管理开辟更广阔的发展空间。

关键词： 人力资源开发与管理 新发展格局 灵活用工

---

* 余兴安，中国人事科学研究院院长、研究员；范巍，中国人事科学研究院企业人事管理研究
院主任、研究员；佟亚丽，中国人事科学研究院副研究员。

2020 年，是"十三五"规划的收官之年，也是第一个百年奋斗目标的关键之年。当前，我国经济发展进入新常态，发展速度在换挡，发展方式在转变，经济结构在调整，增长动力在转换。然而，国内外环境扑朔迷离，内部的结构性矛盾和外部的不确定性给中国企业带来了双重的压力和挑战，全球环境、国内宏观经济、社会发展、科技革命、产业变革、技术创新、数字经济，特别是突如其来的新冠肺炎疫情等环境的变化对各类企业人力资源开发与管理的影响更加凸显。

一 改革政策利好为企业人力资源开发与管理注入新的发展动力

从 2019 年到 2020 年，我国发展面临诸多困难与挑战。世界经济增长低迷，国际经贸摩擦加剧，国内经济下行压力加大。面对百年未有的重大变局，以习近平同志为核心的党中央高瞻远瞩，制定大政方针，着力优化营商环境，不断加大力度激发市场主体活力。在这一战略方针指导下，国企改革政策频出，重要领域改革取得新的突破；《关于营造更好发展环境支持民营企业改革发展的意见》出台，激发了民营企业的创新活力；《中华人民共和国外商投资法》及《中华人民共和国外商投资法实施条例》公布，促进外贸外资企业保持稳定发展；17 个部门共同印发的《关于健全支持中小企业发展制度的若干意见》让制造业和小微企业受益最多。

（一）国资委给出重磅政策进一步深化国有企业改革

"十三五"时期，国有企业按照党中央、国务院确定的大政方针，特别是中央已经明确的"1＋N"系列文件的各项要求，积极推进各项改革。从"管企业"到"管资本"，从国资授权经营体制改革到国有资本投资运营公司成立，从顶层设计到配套细则，加快国资国企改革的政策已经基本齐备。

2019 年，国企改革释放更强冲击波，改革"硬核"突破，从垄断领域的"网运分开"加大开放，到完全竞争领域的可由民企控股，政策力度超乎预期。国资委给出了重磅优惠政策，允许企业在未来 3 年左右的时间内有针对性地铺开包括混改、员工持股、加大放权等多领域的综合性改革，企业在股权投资、自主决策、工资总额、股权激励等方面都有了更多自主权。

2020 年随着国企改革三年行动方案的出台，国企混改会以更大范围、更大力度进一步向纵深推进，国企改革对于促进民企发展来说具有重要意义。国企改革尤其是国企混改，是实现国企与民企共同发展的最佳路径，国企混改的持续推进，将带给民营企业更多发展机会。另外，国企的改革发展也会有效推动总体经济形势的好转，进而带动民营企业发展环境的改善。

（二）营造更好发展环境，支持民营企业改革发展

我国民营企业蓬勃发展，在推动发展、促进创新、增加就业、改善民生和扩大开放等方面发挥了不可替代的作用。党的十八大以来，党中央就民营企业重大关切问题先后出台《关于完善产权保护制度依法保护产权的意见》《关于营造企业家健康成长环境弘扬优秀企业家精神更好发挥企业家作用的意见》《关于营造更好发展环境支持民营企业改革发展的意见》等一系列扶持民营经济发展的改革举措，旨在通过破除要素自由流动的体制机制障碍，营造以市场化改革为导向的良好制度环境，以保证不同的市场主体平等获取生产要素，实现效益最大化和效率最优化，推动民营经济不断发展壮大。习近平总书记明确指出"我国民营经济只能壮大、不能弱化""要不断为民营经济营造更好发展环境，帮助民营经济解决发展中的困难，支持民营企业改革发展"，让广大民营企业家吃下定心丸、安心谋发展，为民营经济走向更加广阔舞台注入了信心和动力。

2019 年 10 月 23 日，国务院总理李克强签署国务院令，公布《优化营商环境条例》，自 2020 年 1 月 1 日起施行。2019 年 12 月 4 日，中共中央国务院印发了《关于营造更好发展环境支持民营企业改革发展的意见》，全文共包括 28 条细化措施，着眼进一步激发民营企业活力和创造力，充分发挥民营经济在推进供给侧结构性改革、推动高质量发展、建设现代化经济体系中的重要作用，明确提出了营造更好发展环境支持民营企业改革发展的一系

列措施，对于推动民营企业改革创新、转型升级、健康发展，让民营经济创新源泉充分涌流，让民营企业创造活力充分迸发，为实现"两个一百年"奋斗目标和中华民族伟大复兴的中国梦作出更大贡献，具有重要意义。

2020年7月21日，习近平总书记在企业家座谈会上发表重要讲话，"要加大政策支持力度，激发市场主体活力，使广大市场主体不仅能够正常生存，而且能够实现更大发展"，为民营经济长期稳定发展夯实成长基础，释放内生活力，给企业家吃下了"定心丸"。

"十四五"是在全面建成小康社会基础上开启全面建设社会主义现代化国家新征程的第一个五年，以营造良好制度环境为改革导向，广大民营企业一定能在我国社会主义现代化进程中发挥更大作用、实现更大发展。

（三）加大力度持续优化外商投资环境

积极吸引和利用外商投资，是我国扩大对外开放和构建开放型经济新体制的重要内容，必须有健全的法制保障。党中央、国务院高度重视外商投资法实施，明确要求制定配套法规，细化法律确定的主要制度，形成可操作的具体规则，持续优化外商投资环境。

积极促进外商投资是外商投资法的主旨之一。2019年3月15日，十三届全国人大二次会议表决通过了《中华人民共和国外商投资法》（简称外商投资法）。外商投资法取代了"外资三法"，确立了我国新型外商投资法律制度的基本框架，对外商投资的准入、促进、保护、管理等作出了统一规定，是我国外商投资领域新的基础性法律。而后《鼓励外商投资产业目录（2019年版）》《外商投资准入特别管理措施（负面清单）（2019年版）》《自由贸易试验区外商投资准入特别管理措施（负面清单）（2019年版）》于2019年7月30日起施行。

2019年12月31日，国务院总理李克强签署国务院令，公布《中华人民共和国外商投资法实施条例》（以下简称《实施条例》），自2020年1月1日起施行。《实施条例》的主要内容：一是鼓励和促进外商投资；二是细化促进外商投资具体措施；三是加大外商投资保护力度；四是规范外商投资管理。具体而言，《实施条例》提出要保护外商投资合法权益，规范外商投资管理，持续优化外商投资环境，推进更高水平对外开放。同时，对中国自然人与外国投资者共同投资、外商投资准入负面清单的制定和调整程序、外商投资企业在中国境内投资的法律适用等问题作了明确规定。《实施条例》规定外商投资企业平等适用国家支持企业发展的有关政策，依法平等参与标准制定、政府采购活动。建立健全外商投资服务体系。《实施条例》对外国投资者投资的征收补偿、禁止利用行政手段强制外国投资者和外商投资企业转让技术、保护商业秘密、外商投资企业投诉工作机制等作了细化，明确外商投资法第二十五条所称政策承诺的具体内涵和要求。《实施条例》明确外商投资准入负面清单的落实机制，细化外商投资企业登记注册、外商投资信息报告制度。此外，《实施条例》细化了现有外商投资企业组织形式等有关的过渡期安排，保持当事人权利、义务的稳定。明确了港澳台投资的法律适用，保持港澳台投资政策的连续性、稳定性，并对政府和有关部门及其工作人员违反本条例的行为规定了相应的法律责任。作为外商投资法的配套法规，《实施条例》严格贯彻外商投资法的立法原则和宗旨，更加突出促进和保护外商投资的主基调，增强制度的可操作性，保障法律有效实施。

（四）出台专项政策支持中小企业发展

在我国占企业数量90%以上的中小企业是国民经济和社会发展的主力军，贡献了50%以上的税收、60%以上的GDP、70%以上的技术创新、80%以上的城镇劳动就业、90%以上的新增就业。它们是建设现代化经济体系、推动经济实现高质量发展的重要基础，是扩大就业、改善民生的重要支撑。推动中小企业健康发展，对于当前做好"六稳"工作、落实"六保"任务，实现整个国民经济的高质量发展具有重要意义。

党中央、国务院高度重视促进中小企业发展工作，近年来出台一系列有针对性的政策措施，有关工作取得积极成效，但仍存在一些短板和突出问题，特别是在新冠肺炎疫情给中小企业生存和发展带来不小冲击的背景下，部分中小企业生产经营困难增多，一些基础性、制度性问题凸显。对此，国家有关部门在多措并举帮助中小企业有序复工复产、渡过难关。短时间内，国务院各部委及各地方政府陆续发布相关政策帮扶中小微企业。①工信部：2020年2月9日晚间公布了《关于应对新型冠状病毒肺炎疫情帮助中小企业复工复产共渡难关有关工作的通知》，明确将采取全力保障企业有序复工复产、进一步加强对中小企业的财政扶持、进一步加强对中小企业的金融扶持、支持企业数字化转型等六方面20条措施。②北京市：2月5日发布《北京市人民政府办公厅关于应对新型冠状病毒感染的肺炎疫情影响促进中小微企业持续健康发展的若干措施》，包括为经营困难企业办理延期纳税、相关中小微企业免收2月房租、承租用于办公用房的给予2月租金50%的减免等。③深圳市：2月7日发布《深圳市应对新型冠状病毒感染的肺炎疫情支持企业共渡难关的若干措施》，内容共16条，包括减免物业租金、延期缴纳社会保险费、降低企业住房公积金缴存比例、延期缴纳和减免税款等。④四川省：出台13条措施缓解中小企业经营困难；对承租国有资产类经营用房的中小企业，减免1~3个月房租；参与疫情防控的医疗卫生机构和物流企业车辆，免征2020年度车船税。⑤苏州市：2月2日晚印发《关于应对新型冠状病毒感染的肺炎疫情支持中小企业共渡难关的十条政策意见》（简称"苏十条"），支持中小企业应对新型冠状病毒感染的肺炎疫情，包括加大金融支持、稳定职工队伍、减轻企业负担等。

结合当前中小企业面临的新形势、新问题，着眼于长期制度建设，加强顶层设计，2020年7月工信部联合国家发改委、科技部、财政部等17个部门共同印发《关于健全支持中小企业发展制度的若干意见》，提出完善支持中小企业发展的基础性制度、坚持和完善中小企业财税支持制度、坚持和完善中小企业融资促进制度等七方面25条具体措施，特别强调建立和健全中小企业创新发展制度、完善和优化中小企业服务体系、建立和健全中小企业合法权益保护制度、强化促进中小企业发展组织领导制度等方面。突出问题导向、结果导向，重在构建系统完备、科学规范、运行有效的支持中小企业发展制度，形成"长短结合"的多层次政策体系，对促进中小企业发展工作做了全面系统的顶层设计，为今后促进中小企业发展工作指明了方向和重点。

二　突发新冠肺炎疫情给企业人力资源开发与管理带来了新的思考

突如其来的新冠肺炎疫情，给人民生命健康造成威胁的同时，也给企业经营发展带来严峻挑战，在人力资源方面，疫情所暴露的人力资源供需失衡问题，在疫情初期尤为显著。身体健康和生命安全是重中之重，复工复产也是当务之急，如何快速响应企业的安全用工需求和个人的安全就业需求，使企业和个人共同渡过疫情难关是摆在企业人力资源开发与管理面前的考题。与此同时，疫情也给企业人力资源开发与管理方式带来了新的思考。

（一）疫情暴发之初劳动力匹配失衡，共享用工模式应运而生

疫情暴发之初，餐饮、酒店、旅游、出行、商超零售、家政等行业几乎全部停业，员工只能赋闲在家。持续的疫情，让很多企业都进入了史上最艰难的一季度——无法开工、没有收入，还要承担成本损耗。疫情中最大的压力就是人工成本压力，相对一些尚有充裕现金流的大企业来说，疫情对中小微企业的冲击无疑是巨大的。按照相关法律的规定，只要劳动关系仍然处于存续状态，用人单位必须要承担为员工付薪的责任和义务，但从理论上来讲，价值来源决定价值分配，没有创造价值，就不可能有价值分配。

然而，由于行业经营场景属性各异，这次疫情对于不同行业的影响是有很大区别的。对于医疗制药、食品生鲜、电商、快递包装、物流配送等行业来说，需求集中爆发，亟须大量劳动力补充。一方面是延迟复工所造成的大量劳动力闲置，另一方面是订单剧增所造成的大量劳动力缺口。在这种情况下，共享用工模式应运而生。

2020年7月22日，人力资源和社会保障部办公厅发布了《关于做好共享用工指导和服务的通知》，强调企业之间开展共享用工，进行用工余缺调剂合作，对解决用工余缺矛盾、提升人力资源配置效率和稳就业发挥了积极作用。要支持企业间开展共享用工，加强对共享用工的就业服务，指导开展

共享用工的企业及时签订合作协议，指导企业充分尊重劳动者的意愿和知情权，指导企业依法变更劳动合同，维护好劳动者在共享用工期间的合法权益，保障企业用工和劳动者工作的自主权，妥善处理劳动争议和查处违法行为。

这次疫情来得非常突然，让很多企业无暇应对，也使传统的雇佣关系和用工模式受到了巨大的冲击。以往大多数企业的用工模式比较单一，而共享用工模式在疫情期间有效地解决了疫情导致的劳动力匹配失衡、劳动者失业和收入减少、劳资矛盾爆发等问题，对于经济发展和社会稳定发挥了积极的作用，不失为一种有益的探索。

但是我们也要看到，这种用工模式目前在法律层面还存在很多瑕疵，有待从法律和政策层面上进行认真的研究，给出可行的方案，真正让共享用工模式成为促进企业发展的有效途径。

（二）"灵活就业"形式更加盛行，"灵活用工"有增长加快的趋势

近年来，在互联网大环境下，"灵活用工"渐渐成为生产制造、新零售、服务、餐饮、互联网等行业的新型用工模式。外卖骑手、网约车司机、网络主播等新岗位正吸引越来越多的从业者加入。随着需求的日益提升，我国"灵活用工"有增长加快的趋势，成长态势良好，走势上升明显，行业收入规模逐年走高。相关机构评估，2018年至2025年我国灵活用工市场的复合年均增长率将高于23%。专家预测，到2025年中国成为制造业强国时，国内"灵活用工"市场规模有望超过1600亿元人民币，具有可观的市场前景，表明灵活用工在我国已经显现巨大的生命力。

尽管如此，我国作为人口大国，在"灵活用工"方面还处于初级阶段。"灵活用工"仅占人力资源行业的9%，与日本和美国相比差距较大。资料显示，日本的"灵活用工"在人力资源行业占比已到42%，"灵活用工"模式已经十分成熟；美国"灵活用工"占比为32%。"灵活用工"模式在发达国家占人力资源行业比重较大的主要原因在于：以服务业为代表的第三产业已经成为发达国家经济发展的核心支柱。在服务业走向成熟的过程中，需要大量的服务业类型劳动人口，因此随着人力资源技术的不断深化，发达国家

"灵活用工"模式逐渐发展。

我国也处在产业升级的历史阶段，随着第三产业的蓬勃发展、技术的进步，劳动密集型工作和一般事务性工作的作用将会大大削弱，技术类、管理类和专业化工作的作用将会大大加强。网络的普及，使居家办公已经成为可能，这必然对员工的素质提出更高的要求，在这种自由宽松的工作秩序下，如何对员工进行管理已成为企业人力资源管理的新课题。

疫情期间，"灵活就业"形式更加盛行。国务院在 2020 年 3 月印发的《关于应对新冠肺炎疫情影响强化稳就业举措的实施意见》中提出，"要支持多渠道灵活就业，支持劳动者依托平台就业"。"灵活就业"形式正变得越来越不可被忽视，而与"灵活就业"相辅相成的"灵活用工"形式，因其能为企业带来更低的用工成本和更高的产能效率，也在疫情这个催化剂的作用下越来越盛行。在盒马鲜生等企业推出共享员工之后，越来越多的企业也开始试水。中央和地方政府及相关部门就疫情防控期间人力资源和劳动关系治理问题陆续出台了一系列政策文件，要求在保护劳动者权益的同时，号召企业在特殊时期根据形势的变化，积极采取"灵活用工"的方式，处理好劳动用工问题，共克时艰。①

"灵活、快速、高效"，是"灵活用工"模式的特性，这决定了"灵活用工"将是未来企业用工的发展趋势。企业不仅需要转变观念，改革传统的人力资源管理方式，更需要专业的灵活用工供应服务商，来帮助、引导其更好地进行人力资本结构的调整和转型。与此同时，疫情期间大部分延迟复工的企业选择以远程协同办公的方式正常开展工作，一定程度上也培育了个人"灵活就业"的习惯，个体在就业观念上也有些许转变，如何平衡工作与生活、如何平衡灵活弹性和工作效率也将被纳入企业人力资源开发与管理的思考范畴。

（三）生命安全是重中之重，劳动者的身心健康成为第一关注

人是企业最大的财富，突如其来的新冠肺炎疫情对企业生产经营造成了

---

① 中国企业联合会：《防控疫情，复工复产，人力资源与劳动关系合规治理手册（一）》，2020 年 2 月。

不同程度的影响。企业既要严格落实政府发布的各项疫情防控措施，密切关注疫情防控进展，有效防止疫情扩散蔓延，又要根据疫情变化相机调整生产经营计划，有序组织生产。新冠肺炎疫情发生后，中央和地方政府及相关部门就疫情防控期间人力资源和劳动关系问题陆续出台了一系列政策文件，主要包括招聘录用、劳动关系、灵活用工、工时休假、工资报酬、职业健康、社会保险、特殊员工、特殊事件、争议解决等。要求对受疫情影响员工不能按期到岗、企业不能开工生产的，企业主动与员工沟通，有条件的企业还安排员工通过电话、网络等灵活的工作方式在家完成工作任务；对于企业要求员工通过电话、网络等灵活方式在家上班的，按照正常工作期间的工资收入支付工资。对不具备远程办公条件的企业，与员工协商优先使用带薪年休假、企业自设福利假等各类假。在疫情防控期间，为减少人员聚集，鼓励符合规定的复工企业实施灵活用工措施，与员工协商采取错时上下班、弹性上下班等方式灵活安排工作时间。对承担政府疫情防控保障任务需要紧急加班的企业，在保障劳动者身体健康和劳动安全的前提下，指导企业与工会和员工协商，可适当延长工作时间应对紧急生产任务，依法不受延长工作时间的限制。因疫情防控不能休假的员工，应根据《中华人民共和国劳动法》规定安排补休，未休假期的工资报酬应按照有关政策保障落实。

目前，企业比以往更加关注员工的生理和心理健康。如何确保员工个人身心健康、家庭和睦与事业发展的平衡，正引起越来越多企业的重视。员工健康管理是企业的一种提升员工工作效率的管理行为，也是员工关系管理中的一项重要工作。企业在员工体检、建立 EAP（员工健康管理计划）、成立心理生理辅导中心为员工提供心理咨询等方面的投入会更大，且有必要，是降低企业人才流失率的有效法宝之一。

（四）多样化的员工需求对人力资源管理提出了更高的要求

随着"00后"逐步进入劳动力市场，我国企业员工队伍发生了深刻变化，企业员工日益多元化、多样化、差异化、个性化，特别是新生代员工视野更加开阔、自主意识更强，他们不再仅仅追求工资、福利，而是对企业在各个方面所能满足自己日益增多的各种需求的程度越来越重视。例如，福利待遇、工作制度、婚恋问题、文化娱乐、生活困难问题、心理健康、员工关系问题均是员工重点关注的内容。

依照马斯洛需求层次理论，员工有基于生理需求以衣食住行为出发点的待遇、医疗、保险、住房需求，有基于生理与安全层次的劳动保护和女工权利需求，而通常员工对于生理与安全层次的需求最显著。员工心理疏导属于情感归属层次，也是重要部分，还包括精神文化、娱乐活动等精神层面的需求。另外，员工对于获得关爱、赢取尊重的需求也有所提高，更有一些员工希望获得民主权利，参与企业管理、制度建设。

多样化需求恰恰表明，员工不再满足于传统的人力资源管理，对差异化、精准化人力资源管理与人才开发的需求迫切，要求人力资源管理提供个性化、定制式人力资源产品、服务和关系管理，反映了员工对人力资源管理职能的期盼与信赖。因此，企业人力资源管理应在关注员工身体健康的同时，关注员工感受，倾听他们的心声，使其切实感受企业大家庭的温暖。有条件的企业要为员工争取更便利的交通条件，提高餐饮服务质量。还可从丰富员工文化生活的角度入手，为他们配备必要的体育活动器材与设施，提供文化活动场所，定期组织各项专题活动。通过组织专题讲座、知识竞赛，开设咨询热线，创办员工书屋，组织员工读书交流会等方式，帮助员工更新知识。不仅如此，企业还要积极采用员工善于接受的方式做好宣传引导，帮助他们形成正面阳光的心态，以健康、饱满的态度面对人生。开展丰富的娱乐活动充实生活，探索具有企业特色、更具可操作性和适应性的企业文化体系。在吸收优秀的企业文化、理念、精神的基础上不断创新和发展，逐渐探索具有企业自身特色，涵盖人本文化、安全文化、环保文化、廉洁文化、节约文化、和谐文化等更具操作性和适应性的企业文化体系，增强对企业的认同感，提升员工归属感。

新时期企业人力资源开发与管理需要实现跨越式发展，除开展常规工作外，还需要向精细化、丰富性、人性化延伸。人力资源开发与管理要恰当地平衡组织与员工个人的利益，既要推动企业发展，又要保障员工权益，形成和谐发展环境。企业人力资源工作应积极适应新环境需要，加快观念转变，以员工需求为发展之根本，满足生活需求，关注员工健康需求、发展需求以及民主需求，通过丰富员工民主化参与管理形式，确保员工应有的知情、监督、参与、表达等权利，维护合法权益，提升员工归属感，进而真正激发员工核心潜能，开创和谐的工作环境，实现良好的双赢发展局面。

（五）移动学习愈加成为员工知识更新和能力提升的有效途径

在信息大爆炸的今天，终身学习的理念已经深入人心。信息技术迅速发展，特别是从互联网到移动互联网，创造了跨时空的生活、工作和学习方式，使知识获取的方式发生了根本变化。网络学习主要采用自主学习和协商学习的方式进行。相对于传统学习活动而言，网络学习有以下三个特征：一是共享丰富的网络学习资源；二是以个体的自主学习和协作学习为主要形式；三是突破了传统学习的时空限制。网络学习具有效率高、方便、低门槛、教学资源丰富的特点。通过网络支持平台还可以方便地设置讨论区向学习者开放，允许只有浏览权限或允许参与讨论。借助移动互联网平台和工具学习，知识获取方式灵活与多样化，移动学习成为新生代更愿意接受的学习方式。网络培训在现行概念中一般指的是一种基于网络的学习行为，与在线教育即 e-Learning 概念相似，或称远程教育、在线学习、移动学习，是一种通过应用信息科技和互联网技术进行内容传播和快速学习的方法。基于网络的交互具有高度的空间灵活性和相对的时间灵活性以及一定开放性。网络培训灵活、自主，教与学可以不受时间、空间和地点条件的限制。

随着新职业的涌现，数字化管理师、无人机驾驶员、人工智能工程技术人员、农业经理人、物联网工程技术人员成为人们最想从事的新职业。在新职业的学习方式选择上，72%的人选择线上学习。在线学习平台为满足国民终身学习需求，以及劳动者技能提升和转换提供了平台和载体，将对国家稳就业、保就业起到重要作用。在线学习平台可以提供身份认证、在线学习、在线考核、学习记录导出、电子培训证书等功能，可满足学员、培训机构、企业组织等用户的需求，快速推进新职业人才培养工作。

这次疫情中，视频面试、在线测评、在线学习（微信学习平台、App 学习平台）受到更多企业的重视，特别是延迟复工后的在家办公，会有越来越多的人去寻找一种更有效率的工作方式。一旦涌现好的视频面试、在线测评、在线学习平台，内容和服务将会有质的飞跃，人力资源管理工作也就会得到进一步提升。疫情过后，相信不少企业将会重视起公司的在线学习资源与平台。

随着移动通信的发展，基于网络技术环境的学习形式也逐渐变得移动化，新型的移动化、碎片化、游戏化培训方式处于蓬勃发展态势，学习者和学习资源都是移动的，随时随地的碎片化学习，具有高互动、高效率、随学随用、个性定制等特点。移动学习因低成本、移动性、场景化的特点备受企业青睐。移动学习充分利用移动互联网与生活、工作的密切结合，移动培训备受关注，理念领先的企业都在筹建自己的移动学习平台。移动学习打破了时间和空间的限制，为用户提供了更加灵活、方便、标准统一的学习体验，将成为未来的主流学习方式。如何让学习内容更加生动、有趣，更具互动性，充分调动员工的积极性，寓教于乐，理论与实践有效融合，成为企业培训的痛点。

三 经济和社会发展使企业人力资源开发与管理面临更大的挑战

20 世纪 90 年代以来，世界新一轮科技革命蓬勃兴起，不仅发展迅猛，影响广泛，而且种种颠覆性科学技术层出不穷，从而催生一系列重大的产业变革，创造出从未有过的新产品、新需求、新业态，其影响将涉及社会各个领域，包括国际战略力量对比和国际政治格局，这既为所有国家提供了机遇，也是一次巨大的挑战。

（一）世界新一轮科技革命和产业变革加剧高层次人才竞争

世界新一轮科技革命和产业变革正在以前所未有的高速度向前发展。当今的世界，国与国之间不仅仅是竞争关系，更是一个相互联系、相互制约、相互依存的整体。一个地区、一个国家的经济和社会动荡，很快就会影响到全球，甚至影响到其他国家和地区的安定与发展。世界经济格局的这一重大变化，对全球的劳动力市场是一个巨大的冲击，为人才的国际流动和配置提供了更多的机遇和便利的条件，已经使人才竞争与人才流动国际化变成了现实。

随着经济的蓬勃发展和加入 WTO，中国综合经济实力显著增强，参与全球经济程度稳步提升，中国已经成为许多跨国公司投资的热点。中国企业不仅要面对国内的竞争者，而且还要面对全球竞争者的挑战。人力资源作为企业管理的重要组成部分，同样面临着非常激烈的挑战。如今企业的竞争和高科技创新型人才的竞争已趋于白热化，只有那些能够吸引人才、留住人才并能够对人才进行规范开发和合理激励的企业，才能真正营造核心竞争优势。

《2019 年全球人才竞争力指数报告》[①] 显示，瑞士、新加坡和美国在人才竞争方面继续领先于世界；亚洲、拉丁美洲和非洲国家的人才基础略有流失。中国在 2019 年全球人才竞争力指数排行榜中名列第 45 位，较前一年下降 2 位，但仍领先于其他 4 个金砖国家。《2020 年全球人才竞争力指数报告》[②] 指出，瑞士继续领先全球人才竞争力，排名从 2013 年指数首次发布至今一直稳居第 1 位。美国则从上年的第 3 位上升至第 2 位，新加坡比上年下降 1 位排名第 3。中国从上年的第 45 位，跃升 3 位至第 42 位。

全球化与信息化的来临，促使人才全球化趋势进一步增强。许多国家特别是发达国家采取了人才开发战略，以其强大的综合国力、领先的科技条件、优越的社会环境和丰厚的待遇吸引各国的优秀人才，在具有广阔潜在市场的国家或地区设立研发机构，人才竞争出现"国内竞争国际化，国际竞争国内化"的局面。在技术、个人、企业和国家政策之间的差距日益增大之际，有效驾驭人力资本领域的管理在弥合这些因素之间的差距中起着至关

---

① 德科集团（Adecco）、欧洲工商管理学院（INSEAD）、塔塔通信（Tata Communications）：《2019 年全球人才竞争力指数报告》，2019 年 1 月。

② 德科集团（Adecco）、欧洲工商管理学院（INSEAD）、谷歌（Google）：《2020 年全球人才竞争力指数报告》，2020 年 2 月。

重要的作用，而真正能够抓住机遇、乘势而上的国家，是有充足的人才储备并为人才作用的发挥提供了良好体制机制的国家。有效应对世界新一轮科技革命和产业变革的最重要的战略资源和战略手段就是人才，是能够紧跟和引领世界科技潮流的创新型高端人才。不论哪个国家，只要造就和凝聚了一大批这样的人才，就能够占领世界新一轮科技革命和产业变革的战略制高点，掌握新一轮科技革命和产业变革的主导权，发挥先发优势，立于不败之地。

党的十九大报告指出，人才是实现民族振兴、赢得国际竞争主动权的战略资源。如何确保人才不流失，如何保持长期的竞争优势，这是每一个有责任感的管理者都应该深思和解决的问题。

（二）区域经济发展强劲，促使"抢人大战"步步升级

改革开放 40 余年来，中国城市全面快速发展，强弱格局不断变化，特别是一些副省级城市、地级市的经济增长持续强劲。人口作为物质生产要素之上的第一生产要素，是支撑区域经济发展的核心动力。人不仅扮演着简单的劳动者角色，而且已经作为一种特殊的资源影响着城市发展。餐饮、保洁、安保、快递等第三产业需要人口，不仅如此，中国经济已从高速增长阶段进入高质量发展阶段，迫切需要从要素驱动转换到人才支撑的创新驱动，尤其是如今互联网和软件技术领域的创新往往需要多学科的合作，人才的集聚将进一步增强城市的竞争优势，人才表现已成为地区经济增长和持续繁荣的关键因素。

2017 年初以来，武汉、西安、长沙、成都、郑州、济南等先后掀起"抢人"大战。2018 年，海南、四川、江西、山东、吉林、云南等若干省份也先后加入，使人才竞争更加激烈并波及全国百城。各地纷纷推出"抢人"政策鼓励人才落户本地。东部沿海地区中心城市陆续推出了尖端人才专题引进计划，推出巨额资金吸引、支持团队创新创业，大力加强对平台型机构包括互联网平台企业、国家级研发设施 10 亿美元以上独角兽企业、高能级峰会论坛等的争抢，以重大功能平台落地推动人才集聚。

2019 年各地又密集出台了一系列人才政策，"抢人大战"非但没有降

温，反大有"升级"之势。58 同城、安居客发布的报告显示，截至 2019 年已有超 30 城陆续出台新落户政策，从人才落户、购房补贴、生活补贴、配套保障等方面开启"抢人大战"，有百余座城市出台了人才政策，力度空前。例如，宁波人才安家补贴最高可以达到 800 万元，而柳州、南宁、苏州、吉林、厦门、南通等地也都开出超百万元的高补贴吸引优秀人才。此外，厦门、三亚、济南、中山、南京等城市也高调加入了"战局"。

近年来，上海、深圳、北京、杭州等地全面加大了制度先行和政策支持的力度，例如自贸区新片区启动，科创板以及注册制试点，外籍人才个税 15% 封顶，服务业也全面扩大开放。京津冀协同发展、粤港澳大湾区、长三角一体化等国家战略相继出台，以及"中国特色社会主义先行示范区"设立等，给政策落地地区发展带来了巨大的领先优势和品牌效应。

习近平总书记指出，发展是第一要务，人才是第一资源，创新是第一动力。各地"新政"一定程度上体现了各地对人才的重视，而比起用政策吸引人，留得住人更重要。2019 年国家发改委出台《2019 年新型城镇化建设重点任务》，针对不同城市提出了更为细化宽松的落户要求并全面取消重点群体落户限制。这不仅意味着阻碍人才流动的"闸门"将逐渐松动，更将对中国城市竞争格局产生深远影响。

未来，在深化供给侧结构性改革、激发各类市场主体活力，实现高质量发展方面，人才无疑是城市发展最关键也是最急缺的要素。这也成为各地通过优惠政策"广栽梧桐，争引凤凰"的根本原因。

（三）制造强国战略使高技能人才培养成为当务之急

改革开放 40 余年，我国科技发展取得举世瞩目的伟大成就，科技整体水平持续提升，一些重要领域跻身世界先进行列。"十三五"时期，基础研究、前沿技术、高端装备、重大工程等领域取得一批重大成果，从 5G 到运载火箭，从着陆月球背面到人造太阳，从人工心脏到大兴机场等诸多领域取得领先全球的成就。

制造业是实现科技成果转化，实现工业化和现代化的主导力量，也是国家综合实力和国际竞争力的体现，是一个国家和地区经济和社会发展的根基所在。习近平总书记多次强调，工业是我国的立国之本，只有工业强才能国家强。制造业是实体经济的主体，是技术创新和高质量发展的主战场。

改革开放以来，我国制造业生产规模和效率都有了显著提升。我国已经基本完成工业化，打造出独立完整的现代化工业体系，成为世界上唯一拥有联合国产业分类中全部工业门类的国家。1978 年改革开放之初，中国制造业在全球所占比重非常低。1997 年占 5% 多一点，2009 年占比超过美国，2011 年超过欧盟，而今天中国的制造业已经占到全球的 25%。截至 2018 年，中国工业增加值占全球份额实现 28% 以上，接近美、日、德三国的总和，数百种工业品产量居全球首位。按照国际标准工业产品分类的 22 个大类，我国制造业占世界的比重在 7 个大类中高居榜首，在 15 个大类中名列前三。党的十八大以来，为抓住世界新一轮科技革命和产业变革的机遇，中央制定了创新驱动发展战略和"中国制造 2025"等国家重大发展战略。

国际金融危机后，发达国家重新聚焦实体经济，纷纷实施"再工业化"战略，加强对先进制造业的前瞻性布局，在人工智能、增材制造、新材料等新兴领域加快部署，谋求占领全球产业竞争战略制高点。近年来，我国制造业面临发达国家制造业回流和后发国家快速追赶的双重压力，迫切需要加速转型升级，提升竞争力和效益水平，振兴实体经济，实现高质量发展。我国参与全球化过程中，很多核心技术和核心部件都依赖于全球分工体系，而最近一个时期以来逆全球化和大国博弈的浪潮给中国的产业链、供应链带来根本性的冲击。因此必须要在技术层面，通过基础研发和集成性的创新来突破目前的"卡脖子技术"。这就需要在内部产业链与国际产业链对接过程中，形成新策略、新思路，而不是简单地"走出去"，简单地进行单一供应链、产业链的布局。不仅如此，随着新型工业化、信息化、城镇化、农业现代化同步推进，各行业对装备升级的需求，人民群众对消费品质量和安全的需求，国防技术对装备保障的需求，都要求有先进强大的制造业做支撑，打造具有国际竞争力的制造业是提升我国综合国力、保障国家安全建设世界强国的必由之路。"十四五"时期，中央和国内各地必将加速实施"中国制造2025"战略，着眼建立自主可控的现代化产业体系，聚焦集成电路芯片、生物科技、航空航天、核心部件等一批"卡脖子"关键前沿技术短板。

党的十九大报告从党和国家事业发展全局出发，描绘了新时代全面建设社会主义现代化国家的宏伟蓝图，作出了我国经济已由高速增长阶段转向高质量发展阶段的重大战略判断。在新时代的历史方位下，加快建设制造强国既是全面建设社会主义现代化国家的重要支撑，也是高质量发展阶段增强我国经济质量优势的关键。落实国家重大发展战略，必须紧紧抓住"人才"这个牛鼻子，将人才强国战略确立为强国第一战略。对此，习近平同志指出："人才是创新的第一资源。没有人才优势，就不可能有创新优势、科技优势、产业优势。""人才是创新的根基，创新驱动实质上是人才驱动，谁拥有一流的创新人才，谁就拥有了科技创新的优势和主导权。"为此，我们需要具备全球视野和战略眼光，充分开发利用国内国际人才资源，主动参与国际人才竞争，完善更加开放、更加灵活的人才培养、吸引和使用机制，不唯地域引进人才，不求所有开发人才，不拘一格用好人才，确保人才引得进、留得住、流得动、用得好。

习近平同志在中南海同中华全国总工会新一届领导班子成员集体谈话时发表重要讲话指出，"要加强产业工人队伍建设，加快建设一支宏大的知识型、技能型、创新型产业工人大军"。这为各类企业人力资源开发与管理提出了更高的要求，也就是说，新时期人力资源开发与管理应积极发挥教育培训职能作用，通过对员工开展综合素质、技能素质、文化素养建设以及职业道德教育，全面提高员工的职业能力和思想道德水平，积极引领员工为社会发展贡献力量。

人才是制造强国建设的关键，要以先进制造业发展需求为导向，加快培养一批专业技术人才、经营管理人才，特别是高技能人才。积极探索产教融合人才培养新模式，要不断健全培育劳模精神和工匠精神的制度措施，营造劳动光荣的社会风尚和精益求精的敬业风气。

（四）产业结构升级催生新职业、新行业、新岗位，人才缺口较大

科学技术的提升引发传统职业变迁，产业结构升级催生高端专业技术类新职业、新行业、新岗位。随着人工智能、物联网、大数据和云计算的广泛运用，与此相关的高新技术产业成为我国经济新的增长点。借助于移动互联网和信息技术红利，一大批中国科技企业迅速崛起，孕育出多种多样的新职业。过去五年间，新职业产生的速度和多样性超乎想象。

人工智能、大数据岗位从曾经的无人问津到如今的广受追捧，无人机飞手、带货主播、青少年编程开发等岗位也从无到"热"。无人机技术的成熟，以及工业机器人和无人机的大量使用，使对工业机器人系统操作员和系统运维员的需求剧增，无人机驾驶员成为名副其实的新兴职业。随着物联网在办公、住宅等领域的广泛应用，物联网安装调试从业人员需求量激增。电子竞技已成为巨大的新兴产业，电竞玩家从公众认知中的不务正业转变为新型岗位，电子竞技运营师和电子竞技员职业化势在必行。农民专业合作社等农业经济合作组织发展迅猛，从事农业生产组织、设备作业、技术支持、产品加工与销售等管理服务的人员需求旺盛，农业经理人应运而生。

2019 年 4 月，人力资源和社会保障部、国家市场监管总局、国家统计局向社会发布了 13 个新职业信息。这是自 2015 年版国家职业分类大典颁布以来发布的首批新职业。这 13 个新职业包括：人工智能工程技术人员、物联网工程技术人员、大数据工程技术人员、云计算工程技术人员、数字化管理师、建筑信息模型技术员、电子竞技运营师、电子竞技员、无人机驾驶员、农业经理人、物联网安装调试员、工业机器人系统操作员、工业机器人系统运维员。之后还有第二批的供应链管理师、网约配送员、人工智能训练师、全媒体运营师、健康照护师等 16 个新职业以及包括区块链工程技术人员、互联网营销师等在内的第三批 9 个新职业。至今，人力资源和社会保障部联合国家市场监管总局、国家统计局正式向社会发布了 38 个新职业，意味着新职业已经初步被认可并逐步建立相应的规范制度。

目前，新职业普遍面临人才需求旺盛与人才供给短缺之间的矛盾，新职业人才整体呈现年轻化、高增长态势。数据显示，2019 年新职业岗位求职人群平均年龄为 24.9 岁，低于本年求职平均年龄（26.1 岁），人才存量同比增长 105%。未来 5 年，新职业人才需求规模庞大，超 3000 万人。[1] 然而，目前新职业人才存量远远无法满足人才市场需求，其发展的难点是学校教育无法跟上行业发展速度，企业反而成为新职业人才培训的核心基地。

（五）人口结构变化和人才流动高频化，加大了企业人才获取的难度

现阶段青年劳动人口总量下降，高学历人才供需不均衡，特别是人才在岗位、行业、城市之间流动频繁，企业之间、求职者之间的竞争更为激烈。一系列新问题的出现，使企业在招聘力度不断加大、培训频次持续提升、员工薪酬水涨船高、福利保障机制日渐完善的情况下，依然难以摆脱无法招聘到适配人才、很难留住核心人才的困境。获取人才的难度大幅增加，已经成为各类型企业面临的一大难题。

针对劳动力短缺的趋势和高频化人才流动，越来越多的企业认识到要有整体思维、系统眼光，着重在营造人才发展生态上下功夫；人才竞争最终比拼的是"内功"，没有好的平台、好的制度、好的机制，即使把人才引进来也发挥不了作用。大到一个国家、省份和城市如此，小到一个企业也如此。

随着人才流动越来越少受到地域、制度、成本或信息方面的限制，人才有可能不完全依附于任何一个组织。所以，企业要从对人才所有权的追求转向对人才使用权的追求，不求所有，但求所用；还需要创新观念将"员工"变成"合作伙伴"（Human Partner）。企业与人才之间的关系，不是简单的雇佣关系，而是合作关系。企业与员工的伙伴关系可以紧密，也可以松散，企业随时可以与更多的新人合作，员工也可以同时为多家企业

---

[1] 人社部中国就业培训技术指导中心、阿里钉钉：《新职业在线学习平台发展报告》，2020 年 7 月。

服务。一旦员工成为企业的伙伴而不是雇员，员工就会主动去开发自己的人力资源，主动投资自己的人力资本，而企业则成为员工发挥才干的舞台或创业平台。企业不是仅靠薪资待遇吸引优秀人才，也不是靠360度考评来筛选人才，而是要找到有潜力和激情、渴望创造一番新天地、善于自我激励的合作伙伴。

为此，企业人力资源管理要适应环境的变化，从人才吸引、保留、激励以及自身建设等方面创新思维，以包容的心态，实现跨界融合。企业要想引入优秀人才、留住优秀人才、充分发挥每个人的能力，势必要打造好的平台、制度和机制。

无论是创新观念，还是革新机制，人力资源管理变革的根本目的是激发员工的创新激情、使人人都成为创业者和创新者，也是使企业更好地应对时代的挑战。

（六）企业数字化转型推动着企业人力资源开发与管理方式的变革

当前，世界正处于第四次工业革命时期，以移动互联网、云计算、大数据、人工智能、物联网、区块链等为代表的新一代数字化技术正在颠覆人类的生产生活方式。数字经济与传统产业加速融合，成为引领中国经济发展的强劲动能。2015年12月，习近平总书记在致第四届互联网大会的贺信中指出，"中国数字经济发展将进入快车道"。2016年9月，中国作为G20主席国，首次将"数字经济"列为G20创新增长蓝图中的一项重要议题。2017年12月，中共中央政治局第二次集体学习中，提出加快建设"数字中国"。2018年8月9日，中国信息通信研究院（简称信通院）产业与规划研究所发布的《2018数字经济时代的人才流动》中揭示，在中国，数字经济发展正进入新的阶段。来自信通院的数据显示，2017年，中国数字经济规模达27.2万亿元，同比增长20.3%，占GDP的比重达到32.9%，规模位居全球第二。人工智能、大数据、物联网、云计算等新一代信息技术取得重大进展，数字经济与传统产业加速融合，成为引领中国经济发展的强劲动能，显示了新时代的巨大活力。2018年，习近平总书记在中共十九大报告中提出，要促进数字等新兴产业蓬勃发展。2018年12月，在阿根廷举行的G20峰会上，习近平总书记再次强调，"世界经济数字化转型是大势所趋"。

在移动互联网和AI技术赋能之下，近年来我国数字经济规模不断扩张。据信通院数据，2019年我国数字经济增加值规模达到35.8万亿元，占GDP的比重达到36.2%。按照可比口径计算，2019年数字经济名义增长15.6%。相比传统制造业，这个增长速度之高难以想象。而2008年，中国数字经济的规模才达到4.8万亿元，占GDP的比重仅为15.2%。2019年10月，习近平总书记向中国国际数字经济博览会致贺信指出："中国正积极推进数字产业化、产业数字化，引导数字经济和实体经济深度融合，推动经济高质量发展。"

随着云计算、大数据、人工智能等新兴技术的深化应用，中国数字产业蓬勃发展，各行各业都在推进数字化转型。但是转型的失败率居高不下，根据国际数据公司（IDC）的调研结果，2018年全球1000强企业中有67%、中国1000强企业中有50%把数字化转型作为企业的战略核心，但是失败率高达70%~80%。2019年的报告预测，企业数字化转型旅程可长达十年之久，企业数字化转型局面复杂、挑战多样。

企业数字化转型过程中不少企业把重点放在扩大数据技术设备和软件的投资上。但是，仅对这些技术领域的硬性投入只能解决阶段性和局部的问题，无法解决企业持续推动变革转型过程中出现的所有问题，也无法保障企业内全体员工愿意且更好地应用新技术来推动企业数字化转型。企业数字化转型过程涉及重新梳理企业发展愿景、核心价值观、组织文化、管理体系、组织架构、业务流程及管控模式等全方位的完善和转型。

数字化转型面临的最大挑战不仅在于技术等硬实力，更关键的是组织和经营管理等软实力。数字化转型本质上是一次高难度的"组织和经营管理体系转型升级"。数字化转型的首要挑战是协同不足的组织架构，要成功实施数字化转型，就必须要打造适合数字化转型的敏捷组织。如何打造组织的软实力，建立与数字化转型匹配的企业文化、组织形态与考核机制，为数字化转型保驾护航，是摆在企业人力资源管理者面前的新课题。

四　新发展格局将为企业人力资源开发与管理提供更大的发展空间

2020年是全面建成小康社会和"十三五"规划收官之年，更是实现第一个百年奋斗目标、为"十四五"发展和实现第二个百年奋斗目标打好基础的关键之年。"十四五"时期，我国进入新发展阶段，要贯彻新发展理念，构建新的发展格局，解决新发展问题。企业人力资源开发与管理方面应根据经济和社会环境的变化，选择有利于企业可持续发展的应对方略。

（一）平台经济迅猛发展，拓展企业人力资源管理的新领域

近年来，平台经济迅猛发展，逐渐成为引领经济增长的重要力量。平台经济是基于互联网、云计算、大数据等新一代信息技术，通过提供虚拟或真实的交易平台，促成双方或多方供求之间信息分享并达成交易的一种数字经济形态。

大规模的互联网平台出现，促使网约车司机、外卖小哥、网红等很多新的就业方式诞生。新的就业方式相对比较自由，可以比较灵活地去创造价值，这是一种新的生产力和生产关系，和其他的新业态一起，为社会持续创造就业岗位。互联网平台经济发展潜力巨大，在形成新经济增长点的同时，也能对实体产业产生带动和激活效应。其在解决消费需求"痛点"的同时，也创造出新的就业机会，成为就业扩容器和缓冲带。

随着平台经济的快速发展，新的业务模式、经济业态不断涌现。作为一种新的经济形态，平台经济由于跨界融合广、业务流动强、交易留痕难等特性，打破了有形界限的传统经济形式，呈现网络化、信息化、无边界化、跨界融合等新趋势。平台与劳动者之间并无绝对的附属关系，劳动者自由度高，这也是近年来雇佣需求的一大变动。

2019年，国务院出台《关于促进平台经济规范健康发展的指导意见》，2019年7月17日，国务院总理李克强主持召开国务院常务会议，确定支持

平台经济健康发展的措施，壮大优结构、促升级、增就业的新动能；部署进一步加强知识产权保护工作，切实保护各类市场主体合法权益。会议指出，互联网平台经济是生产力新的组织方式，是经济发展新动能，对优化资源配置、促进跨界融通发展和"双创"、推动产业升级、拓展消费市场尤其是增加就业，都有重要作用。

近年来，平台经济新业态顺应群众需要发展"互联网＋服务业"，支持社会资本进入医疗健康、教育、养老家政、旅游、体育等服务领域，提供更多优质高效的便民服务，适应产业升级需要加快工业互联网平台建设及应用，推进制造资源、数据等集成共享，发展智能制造和服务型制造。

2020年政府工作报告明确提出，要"坚持包容审慎监管，发展平台经济、共享经济，更大激发社会创造力"。平台经济作为一种创新型的商业模式，已经成为产业转型升级的新龙头和推动经济增长的新引擎，拓展了企业人力资源管理的新领域。

（二）VUCA 时代，作为企业核心职能的人力资源管理正在发生深刻的变革

随着全球化、信息化和移动互联网的发展，新技术和新商业模式层出不穷，企业今天所处的经营环境正变得越来越不稳定（Volatile）、不确定（Uncertain），愈发复杂（Complex）和模糊化（Ambiguous），被称为 VUCA 时代。

对于企业来说，在 VUCA 环境下，如何迅速对外部变化做出反应成为一个十分重要的课题，这要求企业对经营管理方式、产品定位、开发与运营，以及企业组织架构和工作流程进行准确而快速的调整，其中当然包括人力资源管理部门的工作适应和调整。当 VUCA 成为这个时代的特征，任何企业都无法回避无处不在的挑战，作为企业核心职能的人力资源管理，正在发生深刻的变革。

在 VUCA 时代背景下，工作方式逐渐转变，云组织、柔性组织、阿米

巴经营体等组织形式逐渐涌现,业务单元的边界越来越模糊,行业与行业、部门与部门越来越多地连接在一起,以业务为导向共同创造企业价值。在这种新的运营方式和组织形态下,传统 KPI 考核只关注考核内容、忽视指标背后战略价值,弊端凸显。

在 VUCA 时代背景下,员工关注自我价值的实现和发挥,当企业战略和经营理念为员工所认同并成为其行为导向,所有的行为就变成了心甘情愿的全力以赴。为此,企业越来越倾向于将企业价值观植入员工价值观,连接企业绩效与员工未来,最大限度激发员工工作的自主性和创造性。企业逐渐转变为资源提供平台,员工与企业的连接促使员工自我管理,让员工在实现自我的同时成就企业价值。绩效考核的目的也正在于企业整体绩效的提升,因此这将成为驱动员工行之有效的管理方式。

在 VUCA 时代背景下,企业经营稳定性下降,员工对于企业的忠诚度也受到相应影响,这也导致企业对于人才培养持更加审慎的态度。不少企业,尤其是中小型企业,在经营上面临诸多挑战,从投资回报的角度考虑,往往不愿意在长期的人才培养上进行投入,大部分情况下都倾向于通过招聘外部候选人的方式来获取所需的人才。而在 VUCA 时代背景下,劳动力比以往任何时候更有流动性、更加稀缺、更加关注体验,为此,企业人力资源管理更关注人力资源产出。创建企业人才引擎要从未来人才需求分析和现有人才开发两方面着手,一方面,主动开发和管理现有人才,创建集成的人才供应链,包含资源管理、人才发展和流动性规划等;另一方面,积极引进与企业发展价值观匹配的高素质人才。

极具 VUCA 特征的外部经营环境对于企业人力资源队伍的要求也变得更高。人力资源管理者必须转变之前作为支持性职能部门的角色,具备更全面和专业的人力资源管理技能,懂得企业业务和经营管理,能够在不确定的经营环境中给出有针对性的人力资源管理解决方案,并能将方案切实贯彻执行下去,成为解决企业经营问题的排头兵。在实践中,企业人力资源管理的成功有共同的"秘诀":帮助企业全面适应社会、法规及国家政策的变化,积极承担企业的社会责任,帮助领导者变革企业组织方式和管理方式，帮助员工适应新型工作模式和岗位要求，关心关爱员工，重视依靠员工，把企业与员工打造成为命运共同体，凝聚起共谋企业发展、共促社会和谐稳定的强大力量。

（三）数字信息化技术迅捷发展，促进人力资源管理模式创新

数字化时代，5G、人工智能、工业互联网和物联网等新技术的发展正在给数字经济带来更多可能。在技术革新与市场变化的持续驱动下，企业的商业模式与管理模式均面临着冲击与挑战，利用大数据、云计算、物联网、移动互联等技术推动企业管理的数字化转型成为发展趋势。人力资源管理作为企业管理的重要组成部分，也在经历着数字化带来的深刻变革，建立健全的人力资源管理体系显得尤为重要，建立、更新、优化其 eHR 管理系统，从制度和流程方面打造专属的员工招聘、培养和晋升体系，完善对于员工考勤休假、社保、薪资绩效等方面的有效管理，可以助力企业在数字化时代的人才竞争中占据优势。

企业发展进入提质增效的新阶段，人力资源部门的职责正在迅速扩展，从最早的招聘管理、薪酬管理和解雇流程等，延伸至人才盘点、绩效管理、人才发展、组织发展等，HR 在整个企业架构中的价值正与日俱增。面对新时代、新组织、新人类，人力资源该如何借助数字化力量激活团队、赋能员工、提高效率，是每一个 HR 值得认真思考的问题。

数字化人力资源管理模式首先是一种新的人力资源管理模式，这种新的人力资源管理模式是以"电子商务""网络化""人力资源业务流程优化""全面人力资源管理"等核心思想为基础的。数据显示，已经有 63.13% 的企业把人力资源数字化新技术视为一种有效的辅助型手段。互联网和大数据的升级和普及、人力成本的逐步上升，这些因素促使越来越多的企业借助第三方数字化平台处理人力资源相关工作，以寻求系统高效化的管理。通过互联网平台，打通人力资源事务中的各个模块，实现一站式全流程管理，将成为大势所趋。

数字信息化技术的迅捷发展，促进了人力资源管理模式的创新，成为人

力资源管理未来发展的主要趋势。数字化管理不能等同于表单在线，不能停留在过程控制的信息化上，数字化人力资源管理最核心的出发点是赋能平台和机制的建设。企业要能完整建好人才标准、人才测评、人才盘点、人才发展的闭环体系，从组织战略出发，与直线经理全力协作，共同制定和执行人才策略，从关心绩效向赋能于人转变，以人的发展驱动组织发展。数字化时代的人力资源管理要跳出公司的边界，构建起人力资源的社会化共享与协作机制。

（四）以互联网思维打造战略性人才供应链，开启人力资源管理新思路

人才供应链理念，最早是由沃顿商学院教授彼得卡珀利（Peter Cappelli）提出，强调面临未来世界的急速变化，人才资源管理方式应该更加灵活和快捷。简单地说，就是从精益生产的理念出发，以企业业务需求为导向，通过与人才市场的无缝连接，做到人才 just in time，无时差供给，在控制成本的基础上，让员工的胜任能力与岗位要求迅速匹配，实现类似供应链管理，形成与及时制生产方式相类似的需求—供应链框架。

人才供应链管理就是企业要将人才作为资源，通过高效的获取和使用培育，满足企业发展的需求，从而提高企业的经营绩效，实现可持续发展。为此，企业要做的是以高绩效人才画像为基础，打造企业内外部两条人才供应链。企业内部人才供应链指的是企业通过人才测评考核和反馈、人才的选拔配置和人才培养，最大限度利用存量人才资源，实现人才供给。企业外部人才供应链指的是企业通过校园招聘、外部关键岗位招聘和外部人才地图的绘制等方式，借助互联网和市场化人力资源服务，整合外部资源，以期实现人力资源的无时差供给。

高绩效人才画像是人才供应链的核心，是企业人才供应链的人才产品原型和标准。在内部通过对现有的人才盘点，最大化人才培养、人岗匹配的人才任用，打造符合企业需求的人才队伍，在外部用来指导外部人才招聘，实施精准找人，实现人才融入计划，并形成一个闭环，打造出快速稳定的人才

供应链体系，从而实现最终目标，提升组织能力，打造高绩效组织。

人才供应链体系下的人才盘点包括对人才总量、人才结构的盘点，也包括人才利用效率和业绩的盘点，以及人才质量、知识技能和能力的盘点。通过人才盘点，可以获取有效数据、及时准确的信息，提升人力资源管理效率，为企业决策或人才决策提供依据，并大幅提高决策的准确度。

组织的成功与组织中人的胜任力密切相关，甄选合适的人以及最大限度地激励和留住合适的人是人力资源管理过程中最核心、最重要的环节，但企业用人部门和 HR 对岗位人才胜任特征在感知上有偏差，没有统一的岗位人才甄选标准，招聘结果不理想，最终经常导致人力资源部被用人部门管理者抱怨，招不到他们想要的人。基于岗位胜任特征模型的人才招聘技术，明确企业各类岗位胜任特征数据画像，能帮助企业统一人才的甄选标准，帮助企业 HR 及业务部门管理者快速识别人才，用最合适的成本找到对的人。

大数据技术应用为岗位胜任特征建模提供了新的思路，它摒弃了常规岗位胜任特征建模过程中对企业要求与岗位胜任特征之间"因果关系"的渴求，而关注岗位任职资格、工作职责、工作内容与行业岗位胜任特征关键词词云大数据之间的"相关关系"，通过大数据技术方法快速构建各行各业各类岗位的"岗位特征数据图谱"数据中台。各行业"岗位特征数据图谱"的应用，可帮助人力资源管理者提升企业岗位胜任特征模型构建效率，用大数据画像技术构建岗位胜任力图谱，可以实现"精准找人"。

对于大多数企业而言，选人比育人更为重要。在互联网时期，人才的竞争更加激烈，组织的形态更加多样化，如何运用科学的人员甄选录用手段，获取最有发展潜质的人才，招募到适合企业发展的优秀人才至关重要。互联网时代，个体"社交化"特征凸显，每个人都是移动的宣传平台，招聘信息可以在几秒钟通过社交媒体传播；求职者逐渐摆脱对传统媒介的依赖，缩短与企业间对话距离；运用互联网思维，拓宽人才获取渠道，可以提升人才与企业匹配度。不仅如此，基于大数据画像技术开发的企业"招人难"诊断工具，可以精准识别用人单位特征及其招聘岗位特征，帮助用人单位根据市场供求状况科学制订和调整招聘计划，合理确定招聘条件，做好岗位需求特征描述等基础工作，提高招聘的针对性和成功率，可为企业提供更精准的服务。

（五）通过知识管理系统提升组织能力，全方位为员工赋能

所谓知识管理，即首先推断某一社会组织所拥有的何种信息能够对组织中的个人有所裨益，然后设法使组织上下能够方便地获得该信息，在组织中建构一个人文与技术兼备的知识系统，让组织中的信息与知识，通过获得、创造、分享、整合、记录、存取、更新等过程，达到不断创新的最终目的，并回馈到知识系统内，使组织与个人的知识得以永不间断地累积。从系统的角度思考，这将成为组织的智慧资本，有利于系统提升组织能力，同时将提升个人的能力。

"赋能"顾名思义，就是给谁赋予某种能力和能量。它最早是心理学中的词汇，旨在通过言行、态度、环境的改变给予他人正能量。"赋能"这个词用在管理学中，是指企业由上而下地释放权力，尤其是员工们自主工作的权力，从而通过去中心化的方式驱动企业组织扁平化，最大限度发挥个人才智和潜能。近年来，"赋能"成为一个现象级的热词并且被跨界应用到人力资源领域，方兴未艾。赋能型组织更强调文化的作用，强调员工职场的体验感，在提升员工体验感的背后，组织的最终目的是让员工能更加乐业、敬业，更好地为组织发展创造价值。

员工是企业的财富，每个人都拥有独特的能力和能量，关键就是如何能够调动出来。"赋能"从字面上来看，就是"赋予员工能力"，既包含"赋予员工能量"的意思，更包含"赋予员工高效调动自身能力能量之环境构建"的意味。赋能的目的在于：释放人才的潜力，发挥人才的价值，盘活人的效率。企业人力资源管理让员工尽可能按照自己喜欢的方式去工作、去发挥自己的价值，是一种必然趋势。

在过去，许多组织都是"金字塔"形结构，中心化、自上而下的管控以及规范的制度与流程是这类企业的特点。但随着时代的发展，越来越多的

企业感觉到这种组织结构已经无法适应这样错综复杂的时代，越来越多的企业逐渐认识到要对员工"赋能"。因此，与"赋能"紧密相关的，应该包含信任、授权、成就、知识、迭代等核心词。

"员工赋能"对于组织来说是一项巨大的工程，从组织结构、文化与氛围、制度体系、流程、团队工作模式到管理者的工作方式，都需要重新塑造。对于如何为员工赋能，从人力资源管理或人力资本经营方面，会有许多不同的方法、技术和工具。从不同公司组织的知识管理实践来看，通过知识管理来赋能员工，不失为一种行之有效的手段。

（六）深化人才体制机制改革、构筑新时代人才发展治理体系成为核心议题

人才是经济社会发展的第一资源。在推进我国社会主义现代化事业的进程中，我们党深深地认识到人才资源的重要价值，做出了"人才资源是第一资源"的科学判断。2003 年，全国人才工作会议明确提出"实施人才强国"战略。党的十八大以来，习近平同志高度重视人才问题和人才工作，明确指出："人才资源作为经济社会发展第一资源的特征和作用更加明显，人才竞争已经成为综合国力竞争的核心。""没有一支宏大的高素质人才队伍，全面建成小康社会的奋斗目标和中华民族伟大复兴的中国梦就难以顺利实现。"[1] 2015 年 10 月，党的十八届五中全会进一步提出"深入实施人才优先发展战略"。贯彻习近平同志的人才战略，将依靠人才实现国家强盛的战略确立为强国第一战略，对于抓住世界新一轮科技革命和产业变革的机遇，落实国家重大发展战略，促进产业结构转型升级，实现国家强盛、民族复兴的中国梦，具有重大而深远的意义。

新中国成立以来，特别是改革开放以来，我国各级各类人才在社会主义现代化建设中发挥了举足轻重的作用，做出了巨大贡献。但面向现代化、面向世界、面向未来，我国人才队伍的总量、结构、质量的矛盾突

---

① 《习近平在欧美同学会成立 100 周年庆祝大会上的讲话》，《人民日报》2013 年 10 月 22 日。

出，特别是适应经济社会转型升级的需要、应对世界新一轮科技革命和产业变革的挑战所需的"世界级科技大师缺乏，领军人才、尖子人才不足，工程技术人才培养同生产和创新实践脱节"。① 只有将人才强国战略确立为强国第一战略，把人才资源开发放在创新发展最优先的位置，加大开发人才资源的力度，加大人才创新创业支持激励力度，改革人才培养、引进、使用等机制，才能造就高质量、创新型人才大军，为实现强国梦提供强有力的人才支撑。

落实强国第一战略，必须以充分发挥人才作用为核心，以创造人才充分发挥作用的良好环境为重点，要健全完善人才市场体系，畅通人才流动渠道。发挥好政府在人才宏观管理、政策法规制定、公共服务、监督保障等方面的作用，进一步加大人才创新创业支持激励力度。大力落实以增加知识价值为导向的科技人才收入分配制度改革，显著提高科技人才待遇，完善海外高层次人才（及其家人）签证、永居、移民、税收、社会保障等政策和制度体系。研究制定外国人才工作许可、出入境、居留、创新创业、外汇结汇、社会保障等细化配套政策。

深化人才体制机制改革，"要着力破除体制机制障碍，向用人主体放权，为人才松绑，让人才创新创造活力充分迸发，使各方面人才各得其所，尽展其长"。② 2016 年，中共中央印发了《关于深化人才发展体制机制改革的意见》之后，中央和国家机关相继出台相关改革配套措施 30 余项，制定配套文件 100 余个，全国 30 个省（区、市）也先后出台了地方人才体制机制改革配套文件。该意见实施以来，我国在推动人才体制机制改革方面取得了重要进展，但不容忽视的是，人才发展体制机制改革的一些深层次矛盾还不同程度地存在。

2019 年 10 月 28 日至 31 日，在北京召开的党的十九届四中全会提出，

---

① 《习近平：在中国科学院第十七次院士大会、中国工程院第十二次院士大会上的讲话》，《人民日报》2014 年 6 月 10 日。

② 《习近平就深化人才发展体制机制改革做出重要指示强调：加大改革落实工作力度 让人才创新创造活力充分迸发》，《人民日报》2016 年 5 月 7 日。

深化人才发展体制机制改革，加快人才制度和政策创新。坚持党管人才原则，发挥党在人才发展中的核心治理主体作用，推进人才管理制度向人才治理体系的战略升级，形成多元参与、有序分工、优势互补、协同高效的新型治理结构，构筑新时代人才发展治理体系，是构建具有国际竞争力人才制度体系，形成我国人才发展制度优势的必由之路，是新时代深入实施人才强国战略的核心议题。

（七）在逆全球化和大国博弈的环境下，构建全球化人力资源发展新格局

改革开放之初，我国采取"两头在外，以国际大循环为主体"的外向型发展战略，20 世纪 90 年代中期我国逐渐融入东亚经济体系，21 世纪之初，我国已深深嵌入全球经济体系。从全球价值的循环来看，一方面，中国与发达经济体之间形成了以产业分工、贸易、投资、资本间接流动为载体的循环体系；另一方面，中国又与亚非拉发展中经济体之间形成了以贸易、直接投资等为载体的循环体系。不仅如此，随着"一带一路"倡议的扎实推进，我国已成为共建"一带一路"25 个国家的最大的贸易伙伴。我国综合经济实力显著增强，逐渐发展成为一个超大经济体，参与全球经济程度稳步提升。

目前，我国经济发展正处于由工业化中后期向高收入发展阶段迈进的转型时期。这一阶段，需要更大程度、更高水平的开放，通过进一步嵌入全球产业链，加强国际大循环，带动产业结构的升级和效率提升。然而，国际形势风云变幻，经济全球化是全球经济市场化的历史过程，是社会生产力发展的客观趋势和必然结果。进入 21 世纪以来，经济全球化一度呈现空前迅猛的发展态势，其所引发的政治、文化、安全等多个领域的全球化，显著增强了世界的整体性，"地球村"的概念广为流行。但自 2008 年爆发严重国际金融危机以来，世界经济发展持续低迷，国家间贸易和投资争端不断加剧，全球产业格局和金融稳定受到严重冲击。在此背景下，贸易保护主义行为再现，全球化出现了逆转的浪潮，新冠肺炎疫情在全世界的蔓延更使其出现加

速性的变化。

习近平总书记指出，世界发展环境正面临"百年未有之大变局"。中国想要在全球范围内配置资源（特别是在人力资源中处于较高层次的人才资源），利用好国际市场，必须要面对国际形势的变化，而不是简单地按照过去的模式开放，它必须要从基本要素、基本制度、基本循环的角度来改善和提升资源配置效率，使生产力发展到一个新阶段。

在全球的技术水平和产业结构以及国内、国际整体的经济发展规律、模式、格局、结构等发生重大变化的背景下，2020年5月召开的中央政治局常委会会议首次提出，构建国内国际双循环相互促进的新发展格局，逐步形成以国内大循环为主体、国内国际双循环相互促进的新发展格局，培育新形势下我国参与国际合作和竞争新优势。"国内国际双循环"是在新的时代节点上提出的一个夯实国内经济基础、引领新型全球化格局的理论和实践范式，有助于建设开放、联动、公正和更具包容性的世界经济体系，塑造迈向未来的"人类命运共同体"，也将为国内和全球经济发展注入新活力，为中国和世界共同繁荣带来新机遇。

为此，我们有必要对内循环的布局形成一个更高的认识，内循环虽然是以满足人民美好生活需求为出发点和落脚点，但在本质上依然是全方位开放的，并不拒绝利用国内与国际循环之间的对接，内循环的构建也需要跨国公司、外国资本、国际人才的积极参与，需要大规模集聚世界一流人才、智力，需要建立面向国际、面向市场、面向现代化的人才开发和使用制度，有效配置全球创新创业资源，产生有世界影响力的大家、大师和原创性成果。

"建立集聚人才体制机制，择天下英才而用之"是党的十八届三中全会发布的中共中央《关于全面深化改革若干重大问题的决定》提出的重大改革任务。当前我国"聚天下英才"的政策支撑体系还不够健全，人才配置中市场的决定性作用发挥还不够充分，人才发展体制机制改革的一些深层次矛盾还不同程度地存在。在利用外籍人才方面，引进的人才在办理社会管理证件方面以及求职就业、薪资待遇、养老保险、医疗保健、租房购房、子女入学等方面的保障问题还较为突出；在一些不涉及国家安全的行业和部门，外籍人才从业还存在准入门槛；顶尖高校青年人才来华创新创业通道还不够通畅。这些都需要进一步解放思想，革新求变。

世界百年未有之大变局，是构建新型全球化人力资源发展格局的坐标。充分发挥市场配置人才的决定性作用，树立全球人才发展的"共享、共生、共赢"理念，正视疫情下全球人才交流合作面临的挑战与机遇，建立适应新时代人才发展要求的治理框架和运行机制，推进人才管理制度向人才治理体系的战略升级，更好地聚天下英才而用之，不断提高全球人才资源配置能力，塑造具有国际竞争力的人才制度优势，是新时代应对新一轮科技革命和产业变革、应对全球人才竞争的重大发展性命题。

制度变革篇

R . 2

多元化产业集团战略性人力资本
管控体系的构建与实施

北京首都创业集团有限公司 *

摘　要：　多元化产业集团业务布局在多个不相关的产业领域。面对跨行业管理难度加大，资产规模不断增加，从业人员不断增长的管理现状，本报告介绍了北京首都创业集团有限公司在面对改革中的各项难题、破解国有企业人力资源管理困境、提升人力资源管理效率方面的经验和做法，为新时期国有企业人力资源改革与创新提出了思路和建议。

关键词：　国有企业　战略性　人力资本管控

---

* 执笔人：刘婷婷，北京首都创业集团有限公司人力资源部总经理；党明播，北京首都创业集团有限公司人力资源部副总经理；许芳，首创环境控股有限公司人力资源部总经理。

一 战略性人力资本管控体系的实施背景

北京首都创业集团有限公司（以下简称首创集团或首创）成立于1995年，是北京市国资委所属的大型国有集团公司。已构建起以环保、基础设施、房地产、金融服务和文化创意产业为主的多元化业务格局。截至2019年底，首创集团总资产接近3600亿元，拥有资本运作、产业协同、创新研发、国际合作等竞争优势，立足北京，布局全国，进军海外，拥有4家上市公司和1家新三板挂牌企业，享有较高的品牌知名度、美誉度和较大的社会影响力。

首创集团作为北京市国资委下属一家战略清晰、产业板块多元、企业层级较多的大型企业集团，一方面，需要通过管控的方式将上级和集团的管理理念和要求传递到管理层级的末端；另一方面，其市场化程度相对较高，市场化人才的引进提升了市场化管理理念，这也是首创集团具有持续生命力和强劲创新力的有力支撑，但是对于市场化人才的管理，更需要打造开放和协同的组织环境。因此，一面是自上而下的管控硬要求，一面是自下而上的创新与活力软需求，首创集团基于上述现实背景，通过采取一定的管理艺术和创新方式来构建战略性人力资本管控体系。

（一）推动集团战略与执行变革的客观要求

首创集团创立初期，子企业所处行业极为分散，集团对下管理主要采取"分权"模式，鼓励下属企业勇于突破、大胆创新、开拓市场。但随着集团规模日益壮大，子企业数量不断增多，管理层级不断增加，业务模式更加复杂。集团需要克服母子公司之间以及各子公司之间在产权关系、发展规模、文化融合等方面的问题，清晰做好总部与分子公司功能定位，做到集权有道、分权有序、授权有章、用权有度，提高和增强管理资源使用的效率和效果，将集团的战略层层落地执行。"管控"是确保分子公司的执行行为与集团战略保持高度一致的一个法宝。集团管控是以集团战略为导向，通过将集团战略规划、管控模式设计、管控流程与组织架构优化、人力资源与企业文化管理进行有机连接的一整套体系。

（二）互联时代组织价值创造和个体价值激活的新命题

互联网时代集团型企业面临着管理新范式的挑战：一是不确定性已成为常态，让组织成员拥有持续创造力是组织驾驭不确定性的根本解决之道；二是传统的科层制组织架构抑制着员工的创造力，而在科技型企业，无边界价值网络组织的构建正在日益帮助企业获得竞争优势；三是随着"90后""00后"逐步进入职场，互联网时代的员工更追求内心的快乐，更重视有趣的工作，需要有展示自己的平台，更在意参与决策以及表现自我。这意味着企业需要构建内部无边界知识共享、价值共享平台，不断为员工赋能，激活个体，让强大的个体嫁接在强大的组织平台上，才能释放出个体巨大的价值，使组织持续保持创新力、创造力、生命力。

二　首创集团人才观

早在2013年首创集团就确立了首创人才观，即首创人力资本理念，并以人力资本理念为指导，以人力资本TOPS模型为核心，具体指导人力工作的开展。

1. 首创人力资本理念

首创人力资本理念认为，首创集团业绩的辉煌、事业的发展，前提是员工的发展，没有优秀的员工，就没有优秀的首创事业。所以首创集团把员工的培养和发展作为集团事业发展的前提去考虑。首创集团一直坚持一个理念，一种追求：对于首创集团员工，公司给的是能力，是开采金山的本领，希望将每一位员工培养、打造成业内的行家、精英。首创集团希望进入首创体系的每一个员工，在历练和培养一段时间后能被深深打上首创价值的烙印，实现个人价值增值。

2. 首创人力资本TOPS模型

在TOPS模型里，首先强调聚焦战略的价值创造，人力资源战略一定是跟集团的战略、业务发展战略密切相关的，也是TOPS模型的核心，它统领组织管理、人才管理、业绩管理。其中，组织是载体、人才是支撑，业绩是结果，形成一个有机融合。

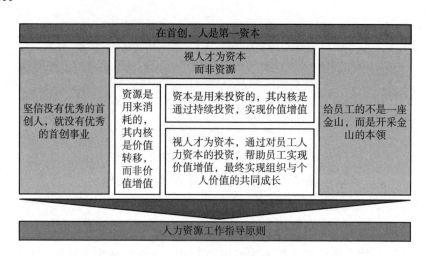

图1　首创人力资本理念

TOPS 模型是首创集团战略性人力资本管控的一个底层理论架构，人力资本各个模块的运作始于战略服务于战略，使战略落地生根，成为循环的一体，通过这个模型，首创基本上实现了事务性人力资源管理向战略性人力资本管控的转变。在这个模型里，组织能力是重要支撑载体，创建具有核心竞争力的组织能力是企业的无形资本，是人力资源管理体系不可分割一部分；人才是基础性保障、是动力和源泉，人才管理是人力资源管理体系建设的中心目标和服务核心；业绩是企业生存之本，业绩管理是组织和人才有效匹配，衡量目标达成的重要标准，或者称检验人才和组织效率的试金石。

图2　首创人力资本 TOPS 模型

三 战略性人力资本管控体系的主要内容

（一）所属企业薪酬绩效管控实践

在薪酬绩效领域，集团对二级子企业采取的是"强管控"方式，主要包括以下两方面：一是多元化集团公司子企业分类绩效考核体系；二是集团对二级子企业的薪酬福利管控，包括管工资总额、管薪酬结构、管二级企业高管的薪酬激励、管薪酬福利制度。

首创集团按照子企业管理层"年薪标准规范化、激励个性化、考核指标差异化"原则，以集团制定的子企业分类绩效考核体系标准框架为主导，同时鼓励子企业探索适应企业发展、以业绩增长为导向的差异化激励模式，实现对主业板块企业负责人的整体薪酬绩效管控。

1. 子企业分类绩效考核体系

首创集团子企业分类绩效考核体系，核心是强化分类与差异化管理，提高考核分配工作科学性、针对性、有效性。聚焦于回答集团在对下绩效管理过程中如何对子企业进行分类、分为哪些类、子企业负责人的年薪标准如何核定、如何对子企业进行考核、考核哪些指标、子企业负责人的薪酬结构和激励政策包括哪些内容等问题。

（1）子企业分类

首创集团按照不同子企业在集团内战略定位、发展阶段、发展重点、发展要求及行业对标的不同，把企业分为价值创造类、战略培育类、战略退出类三种不同类型。针对不同类型的子企业，选择不同的业绩管控模式，实现母子公司的"分类管控"。

价值创造类子企业（V类）指业务模式较为稳定、业务经营基本正常，以实现集团财务贡献为主要目标的子企业。集团所属的大部分子企业应归属价值创造类。

战略培育类子企业指为支撑集团长期可持续发展，实现集团中长期战略目标，目前处于投资新建期或战略重组期且尚未产生稳定业务经营的企业，一般把培育期定为两年。

战略退出类子企业指按照集团战略结构调整要求应退出的或以控制亏损、降低风险为目标，通过资产重组等方式实现价值提升或择机退出的。

首创集团二级子企业中以价值创造类企业最多，为进一步对价值创造类企业进行细分，首创集团建立了"价值创造类企业综合测评模型"，利用三大类指标对企业进行综合测评。三大类指标分别是："管理幅度"（包括总资产规模、总人数规模）、"效益贡献"（包括营业收入、利润总额）、"行业对标"，用这些指标对价值创造类子企业进行综合测算，并根据综合测算结果将子企业细分为五个梯次。

（2）子企业高管年薪标准确定

子企业管理层年薪标准由子企业分类结果确定。按照企业自身经营发展状况以及集团整体战略要求，结合任期考核，原则上每三个自然年度对价值创造类企业进行一次重新调整，将企业的价值贡献与管理层年薪规范挂钩，以实现短期与中期效益的结合，实现企业管理与领导人回报的统一。

（3）对子企业的考核

在分类的基础上，集团对二级子企业进行年度经营绩效责任书签约和经营绩效考核，实行"战略—计划—预算—考核"闭环管理。经营绩效考核指标包括经营计划核心指标体系、党建工作责任制和全面从严治党主体责任考核指标、民主测评类指标、管理控制类指标。其中经营计划核心指标体系是绩效考核指标体系的关键组成部分，由财务结果类、业务运营类、重点任务类指标组成，每类指标的权重依据企业类型的不同有所差异，对于价值创造类子企业主要侧重考核财务结果类指标；对战略退出类和战略培育类企业，以业务运营类和重点任务类指标为主。

2. 集团对二级子企业的薪酬福利管控

为进一步规范和完善集团薪酬福利管控体系，有效支撑集团和各子企业发展战略落地，制定并出台了《薪酬福利管理指导意见》，明确规定了集团总部及各二级直属（控股）企业在工资总额管理、薪酬福利结构管理、薪酬福利制度管理和二级子企业负责人薪酬福利管理方面应遵守的规范性要求。同时加强薪酬福利指导意见宣贯，以制度为保障指导监督下属子企业薪酬体系规范化。

（二）基于首创商学院建设的人才发展管理实践

首创集团始终秉持人是第一资本的理念，致力于激发每一位首创人的持续学习力，打造组织的学习文化。基于此，首创集团2013年出台《教育培训管理办法》，构建分层级、分类型的培训体系。2015年挂牌成立首创商学院，通过构建内部无边界知识共享、价值共享平台，不断为员工赋能，激活个体。

首创商学院作为首创集团的学习型组织平台，将先进的培训理念、丰富的管理手段、科学的运作机制、灵活的运作方式融为一体。近几年，首创商学院依托集团职级序列开展了纵向针对职业经理人领导力、针对不同板块和不同专业线条、针对特殊人群和关键岗位，横向区分不同层级的培训实践尝试。其中，"领导力培训"重点针对集团及子公司各级管理者、领导干部，侧重于领导能力的提升；"专业线条培训"重点针对集团及子公司各职能岗位、业务板块各专业岗位，侧重专业技术能力的提升；"专题培训"重点针对关键岗位和特殊人群的需求，侧重专项能力的提升。

1.挖掘优势，打造精品，统筹推进集团中层和中青年干部领导力培训

首创商学院在过去几年将职业经理人领导力培训作为重点工程。2014～2016年，分别面向集团管理序列六到八级中层管理人员开展"卓越领导力培训"，面向五级及以下中青年后备干部开展"创赢领导力培训"。通过前期精准调研和访谈，结合集团能力素质模型，最终形成既讲战略管理、业务发展、企业文化，又讲政治理论、党风廉政的课程体系。以系统理论和案例分析为主，引入行动学习的方式，增设研讨课程和在线学习，使首创商学院成为"红色职业经理人"培养平台，着力培养打造一支具备变革、创新思维和能力的职业经理人队伍。职业经理人领导力培训共培训200余名中层及后备干部，形成500余份行动学习主题报告，近百余份毕业论文，其中部分行动学习成果已在子企业落地实施，有效促进子企业之间的协同合作。

同时，在长期系统培训的基础上，针对专项能力面向中层管理人员及中青年干部开展"战略性人力资源管理、团队领导力"等短期专项培训，通过长期系统培训和短期专项培训相结合的方式，帮助领导干部夯实理论基础、增强党性修养、树立战略思维，成为助力集团发展的德才兼备、勇于担当、善于经营、充满活力的领军人才。

2.质量并举，深入业务，创新开展产业板块及专业线条培训项目

首创商学院以"打造未来希望之星"为主旨，从横向和纵向分别延伸至业务板块和专业线条开展人才培养。

2017年首创商学院面向集团金融板块开展为期5个月的"金引擎"人才培训班，学员以金融板块中层管理人员及中青年干部为主，课程涵盖战略落地与推进、管理与运营提升、产业升级与发展、创新与变革等模块，并加入党建和党风廉政建设课程。通过大量的案例分析，辅以课堂讲授，由表及里，由浅入深，将知识融会贯通，并且引入小组研讨、学员抢答、6S管理训练、课前微讲坛分享、演讲训练等多元化培训形式，充分调动学习积极性，营造浓厚的学习氛围。此次共计93人参加培训，形成12份行动学习报告，主要亮点在于培训层次高、针对性强、形式多样、学习氛围浓厚、效果显著。

2018年面向集团环保板块开展为期7个月共计18天的"清源"领导力培训班，培训内容涵盖党建和党风廉政建设、战略变革与落地、管理与运营提升、产业升级与发展、创新与变革等多个模块。培训特别安排前往深圳华为和腾讯两家高新技术企业对标学习，并安排部分学员赴法国进行主题为"国际视野下的环境产业投资管理及高管领导力培训"学习，通过对标学习和境外学习加深环保板块领导干部对"生态＋"战略、"以科技智慧引领未来、以技术带动商业模式创新"的理解。培训共形成6份行动学习报告，在党建与企业经营结合、项目协同、以客户为中心等方面对企业实际经营管理起到了促进作用。本次培训工作贯彻了集团人才培养的精神，吸收了行业的优秀做法和创新成果，体现了问题导向，丰富了商学院培训实战积累。

2019年面对集团辅业板块开展为期4个月共计6天的"聚力"人才培

训。首创商学院针对京发投公司中层干部及业务骨干定制化设置了职商领导力、企业退出实务与破产清算要点难点、国有资产转让法律法规、非财务人员的财务管理沙盘等课程。培训多采用沙盘模拟和情景模拟教学形式，同时增加互动环节，提升学员培训的参与度，促进团队协作融合，有效提升京发投公司中层干部及业务骨干的领导力、执行力及团队协作力等综合素质。

首创商学院于2017年针对集团人力线条打造了"首创HR智享公社"。首创HR智享公社是首创集团200余名人力资源从业者的一个资源共享平台，它打破产业板块和企业层级的界限，通过正式和非正式的线上分享、线下活动等方式展开无边界知识共享，打造人力资源队伍自由平等的知识交流平台，创建共建、共享、共赢的首创人力资源生态圈。在线下培训活动方面，2017~2019年，共举办4期培训交流会，培训内容分别聚焦战略管理、绩效管理、人才管理和薪酬管理等不同主题以及内部实践经验分享和行业前沿发展趋势等。每一期都有100余名首创集团人力资源从业者参加培训交流。通过不断地培训、互动、分享，提升能力、集合智慧、催生协同，持续传导集团文化和价值理念，全面提升集团人力资源队伍的专业能力，统一人才管理的语言，碰撞未来发展的思想火花，最终用大协同实现万物互联，更高效率地创造价值。

2019年首创商学院联合首创集团审计部组织实施首创集团系统内审从业人员专业能力提升培训，全集团系统专职和兼职内审、内控人员共90余人参加培训，同时打造了内审线条"IA增值特训营"品牌。"IA增值特训营"作为首创集团审计线条的人才培养和回炉再造基地，旨在打造一支信念坚定、业务精通、作风务实、清正廉洁的高素质专业化内审队伍，初期着力于解决内审队伍发展不均衡的问题，中后期着眼于拓宽员工眼界、思维和知识边界。

3. 精准定位，打造特色，规范实施集团董监事专题培训

考虑到集团外派董监事的重要性以及集团新任外派董监事缺乏履职经验的现实情况，首创商学院2018年设计开发"外派董监事专题培训班"，切实将理论与实践相结合，系统学习公司治理理论，并通过实战模拟将理论学

习落地。2018~2019年，共举办7期外派董监事专题培训班，培训范围覆盖集团总部和各子企业外派及后备董监事，共有500余名学员参加培训并通过闭卷考试获得资格证书。通过培训对外派董监事提高履职能力和管理水平起到很好的促进作用，着力打造集团优秀董监事人才队伍，为集团各子企业实现规范化治理提供人才保障。

4. 首创商学院区别于传统企业大学的关键创新点

（1）成功探索企业内部轻资产企业大学运营模式

首创商学院是首创集团内部轻资产运营的企业大学，轻资产运营是网络时代与知识经济时代基于价值驱动理念的组织管理新范式。首创商学院轻资产运营是以核心能力打造为基础，依托知识管理，以人力资源管理为纽带，打造内部知识共享、价值共享平台。优势在于：降低运营成本，极大减少企业大学运营风险；通过整合内外各种资源，将资金和精力集中于核心业务，而将非核心业务外包出去；拥有更快的速度与更持续的增长力，能更好地依据外部环境变化对自身进行动态调整，提高企业大学组织结构的灵活性。首创商学院运营心得：企业大学成功的关键在于其内涵和软件，而不在于设施和硬件条件。软件建设包括企业大学的知识资产、整合能力、管理理念、标准化管理成熟度等，而硬件通常包括实体场地、配套设施和人员配置等。

（2）多举措实现企业集团内部知识与信息共享

首创商学院在不打破既有组织架构、持续发挥集团管控效能的同时，创造性地打造具备互联网时代全新组织属性（平台属性、开放属性、协同属性、幸福属性）的共享平台，通过平台的打造与引导来激活个体价值，为员工赋能。具体举措包括以下几方面。一是信息共享。通过打造内部专业线条人才的知识共享品牌，如"首创HR智享公社"和"IA增值特训营"，倡导追求新生事物、追求创新，将这些虚拟组织打造成为内部各个线条分享智慧的精神家园，通过正式和非正式的线上分享、线下活动等方式及时分享专业领域的新知识、新观点，鼓励内部交流、探讨和知识碰撞。二是业务协同。首创商学院创新培训形式，在课堂学习之外引入行动学习的方式，通过行动学习让学员走访参观集团内部的产业，如奥莱、京港地铁等，来自集团内部各企业的学员了解彼此的业务，增进交流，促进业务协同。三是丰富传播途径。首创商学院在持续开展精品培训课程的同时，也汇集了集团系统内优秀干部的学习精髓，形成了大量实用性强的学习成果，据此首创商学院创办了集团内部刊物《商学院论坛》，并向全系统发放传播。刊物包含了学员的优秀论文以及经典管理与领导力文章，得到了系统内员工的良好反响。此外，首创商学院每一期培训班都会以易企秀等通过移动互联网来发布邀请函，让培训信息被广泛获知，并针对一些长期班制作培训小报，来报道最新培训信息，总结培训成果。

（3）创造性地构建三维立体培训体系框架

基于首创集团跨行业、跨板块人才结构的情况，传统的二维培训体系框架已不能满足需求，为此首创商学院创造性地构建了跨行业、跨层级、跨序列三维立体培训体系框架（见图3），并在此基础上搭建特色课程体系。

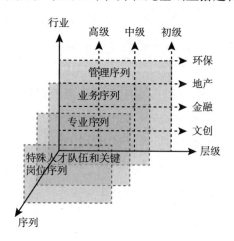

图3 首创商学院三维立体培训体系框架

三维立体培训体系框架的意义在于以下几方面。一是作为商学院开展培训的一个框架指引，能最大化包容首创商学院的各类培训，在这个框架中任意切片即可提炼出一类培训，或者说首创商学院开展的任意一类培训都可以在这个框架里找到相应的位置。二是在框架基础上，精准对接每一类培训需求，定制化开发课程体系。首创商学院对每一个培训项目进行精准需求分析和价值评估，在此基础上设计培训课程及内容。所有培训项目的设计都是结合行业发展、业务特点和企业实际存在的痛点，在不同的侧重点上设计不同的培训内容。同时将首创集团领导力素质模型和首创集团员工素质模型融入培训体系建设，推动人才管理科学化。通过三维立体培训体系框架，在开发课程体系时可以看到有些课程是交叉或者重叠的，比如同样是针对管理序列的培训，有其共性的课程，但不同产业板块、不同层次管理序列的培训课程更有其差异化的地方。

（4）顺应移动互联时代背景，积极推进商学院数字化转型

随着学习技术的快速迭代，资源和信息爆炸式产生，企业的学习不单单发生在传统课堂上，而应采取反转课堂的方式，回归企业学习和人才培养的真正价值。首创商学院利用数字化构建知识工厂，正在积极推进全面数字化转型，打造移动学习平台。未来首创商学院移动学习平台将实现培训需求管理、培训班级管理、培训资源管理、学习管理、考试管理、师资管理、知识管理、运营管理、统计分析等功能全部线上管理，用新技术实现更多培训功能。

学习平台将以"让学习变得有趣、让学习变得快乐"为主旨，让更多的年轻人热爱学习，由被动学习状态走向主动学习状态，并为员工提供展示自己、表现自我的空间和机会，通过移动学习驱动人才发展。该线上移动学习平台将被打造成一个样板工程，既能满足轻资产在线企业大学标准化基本功能需求，又能开放多接口、满足个性化需求接入和功能打造。

四　战略性人力资本管控体系的实施效果

（一）经济效益方面

首创集团重组时，合并总资产为 66 亿元，2013 年启用"分类绩效考核体系"之初，集团资产为 1295 亿元，截至 2018 年第三季度，首创集团总资

产已提升至 3045 亿元。近几年，首创集团业绩不断取得历史性突破，实现了规模、质量和效益的全面均衡发展，各项经营考核指标在市属国企中也名列前茅。"子企业分类绩效考核体系"充分发挥了考核分配的导向、杠杆作用，为子企业提升发展质量和经济效益做出了积极贡献，引导子企业在调整改革、转型升级、创新驱动等方面实现突破。

通过考核激励的导向作用，集团重点任务得到全面落实，子企业工作完成卓有成效，助力集团在近几年实现全面深化结构调整，加快了资源整合和资产盘活，经营质量和效率稳步提升。金融管控聚焦初见成效、主业综合竞争力明显提升、业务转型成效显著、文创产业拓展实现良好开局。

（二）管理效益方面

作为多元化企业，首创集团在考核机制上做好顶层设计，对不同层次、不同岗位、不同行业类别的人才进行全方位的有针对性的激励。一有与"总部指挥，一线执行"相匹配，"按照绩效考核、年底达成"的传统激励模式；二有利润分享、超额激励、专项奖等以鼓励超额完成、不断挑战自我的激励模式；三有体现收入分配绩效导向，以"控制总量、优化结构，突出激励"为阶段性目标，对于条件成熟的子企业研究设立具有本企业特点的中长期奖励方案；四有摒弃传统激励弊端的"项目跟投机制"，该机制既有效解决了"长期激励"看似有吸引力，但门槛很高，往往让员工觉得是"水中月、镜中花"的问题，又解决了"短期激励"兑现周期虽短，但往往想象空间有限之间的平衡问题。

综上所述，"首创集团战略性人力资本管控体系"既提高了首创集团在业绩考核、薪酬分配、人才发展与培养等人力资源管理领域的科学化水平，又丰富了人力资源管理实践的应用，可以说是北京市属国有企业在人力资源管理方面具有重要代表性的方法探索和实践尝试。下一阶段，首创集团将持续构建战略型人力资本管控体系，以提升人力资源管理水平为主线、更好助力集团改革发展为目标，不断开拓创新、扎实有效地做好各项工作。

ℝ.3
深入推进三项制度改革，
全面助力企业高质量发展

四川发展（控股）有限责任公司*

摘　要： 按照中央和四川省全面深化国资国企改革的部署，结合公司在新阶段承担的新职能，作为省唯一的省级国有资本运营公司，四川发展（控股）有限责任公司以建设具有全球竞争力的世界一流企业为目标，坚持党的领导与市场化相结合的原则，以劳动、人事、分配三项制度改革为切入点，不断完善现代企业制度，创新体制机制、创新发展理念、创新企业文化，建立完善"员工能进能出、干部能上能下、收入能增能减"的激励约束机制和优胜劣汰的竞争机制，全面推进企业的改革发展，使企业焕发了新的旺盛生机，形成强大活力。

关键词： 国有企业　人力资源　三项制度改革

　　四川发展（控股）有限责任公司（以下简称四川发展）成立于2009年1月，注册资本为800亿元，最初是四川省委、省政府采取"1＋N"模式组建的省级综合性产业投资公司。2015年下半年，在经济环境变化、宏观政策调整的情况下，四川发展开启转型发展的新征程，积极探索市场化的发展路径，并于2016年被四川省委、省政府批准为全省唯一的省级国有资本

---

* 执笔人：张宜刚，四川发展（控股）有限责任公司党委副书记、副董事长、总经理。

运营公司。

为建立与企业转型发展相适应的市场化运营管理体制机制，四川发展按照国家和省关于深化国有企业改革的总体要求，以人力资源三项制度改革为切入点，不断完善现代企业制度，创新体制机制、创新发展理念、创新企业文化，全面推进企业的改革发展，使企业焕发了新的生机与活力，不断做强做优做大，企业竞争力、创新力、控制力、影响力、抗风险能力不断增强。截至2019年底，四川发展合并资产总额11417亿元，净资产3103亿元；旗下共有各类出资企业数十家，有A股、H股上市公司10家；连续9年获得国内AAA信用评级、连续5年获得国际A-信用评级。

四川发展三项制度改革在国务院召开的全国国企改革座谈会上做了经验交流，入选国务院国资委"地方国企改革100例"，并入选四川省改革开放40年国企改革10大经典案例。

一 背景条件

党的十八届三中全会以来，以习近平同志为核心的党中央作出全面深化改革的重大战略部署，深化国有企业改革是其中的一项重要内容，推出一系列涉深水、破难题的改革举措。2015年，中央下发《关于深化国有企业改革的指导意见》，随后国务院国资委出台《进一步深化中央企业劳动用工和收入分配制度改革的指导意见》等系列配套文件，着力解决在行政化体制机制和思维影响下，国有企业普遍存在的内生动力不够、运行活力不足等问题，切入国企改革发展的难点和关键点，明确要求"深化劳动制度改革，建立员工择优录用、能进能出的用工制度；深化人事制度改革，建立管理人员竞聘上岗、能上能下的人事制度；深化分配制度改革，建立收入能增能减、有效激励的分配制度"，为四川发展深化三项制度改革提供了遵循、指明了方向。

四川发展深入推动三项制度改革，是扎根于全国全面深化改革的宏大背景，贯彻落实中央和四川省国资国企改革的总体部署，着力破解国企存在的一些共性问题的需要，也是把握企业自身发展特点和规律，立足于转型发展的现实需要，是结合企业发展阶段和企业文化，推出的一系列具有四川发展特色的务实举措。

首先，四川发展本身是改革的产物，先天具有改革创新的文化基因。四川发展诞生于"5·12"汶川特大地震之后，四川省委、省政府立足于总体欠发达的省情和遭受地震严重破坏的现实，为破解地震灾后恢复重建和推进跨越式发展的资金难题，创新投融资模式，在整合部分省属国企资产基础上，采取"1＋N"模式组建的省级综合性产业投资公司。自成立以来，四川发展牢记责任使命，拓展融资渠道、创新融资手段、创新投资策略、优化投资布局，在助力四川省实现"小财力"带动"大建设"、"小资本"撬动"大发展"的过程中，锤炼了改革创新能力，培育了干部职工改革创新意识，逐步形成了改革创新的企业文化。

其次，四川发展成立的时间较短，没有历史包袱，有利于轻装上阵、高点起步推进改革。从成立之日算起，到全面启动三项制度改革，四川发展本部刚刚走过 6 年左右的历程，旗下企业只有 14 家，且成立时间大多数在 1～2 年之内，与大多数央企、地方国企比较起来，是一家新公司。没有历史遗留问题，不受固有的体制机制、固有的利益格局所束缚，为四川发展对标市场化、专业化、国际化、法制化要求，高起点谋划、大手笔推动改革创造了有利条件。

最后，四川发展面临转型发展的现实选择，有市场化改革的迫切需要。在宏观经济下行压力加大、外部经济形势严峻复杂的背景下，为了迎接挑战、抢抓机遇、赢得生存发展空间，必须通过深化改革，与国际化、市场化接轨，提升企业核心竞争力，闯出一条低风险、有效益、可持续的高质量发展新路径。2015 年下半年，四川发展新的领导班子到任后，开启了"转型发展、二次创业"新征程，为了与业务转型发展相配套，必须刀口向内、自我革命，深入推动三项制度改革，建立和完善与市场完全接轨的现代企业治理体系。

二　主要做法

按照"市场化导向、契约化管理、规范化运作"的基本原则，以劳动、人事、分配三项制度改革为切入点，推动干部职工从国企人转变为社会人，管理手段由行政化转变为市场化，打破传统国有企业体制机制障碍，建立优胜劣汰的竞争机制，让市场竞争压力有效地传导到公司，传导到全体干部员工身上，转化为创新突破、推动发展的动力和活力。

（一）全面建立"能进能出"的劳动用工制度，彻底打破"铁饭碗"，形成人才选用"一池活水"

一是优化选人用人标准。按照推动高质量发展打造一流国有资本运营公司的战略定位，科学设置部门和岗位，明确岗位职能责任，因事设岗、以岗选人，选"胜任"不求选"圣人"，破除"唯年龄论""唯学历论""唯出身论"，把适应发展战略、适应企业文化、适应岗位需要、善于在市场竞争中开拓进取等作为选人用人的首要标准，着力选择适合于事业发展的优秀人才。近年来选聘的人才，既有来自全球四大知名会计师事务所、全球知名投行、华尔街知名基金管理公司、全国知名律师事务所，以及华为、中兴等优秀跨国企业的领军型人才，也有来自党政机关、普通民营企业的适应公司发展需要的优秀人才；既有阅历和经验都很丰富的职场"老人"，也有高校优秀应届毕业生，形成不拘一格降人才的生动局面。二是拓宽选人用人视野。按照业务全球化、经营全球化、资源配置全球化、人才队伍全球化的发展定位，面向海内外，构建了顶尖人才引进、高端猎头挖掘、常态网络招聘、外部定向选聘、内部公开竞聘的立体化人才招引和选用格局。先后引进了中组部"博士服务团"成员等海内外高层次人才 6 名，并已逐步培养成为公司相关领域的领军型人才。先后到北京、上海、伦敦、香港、澳门等地举行中高端人才专场招聘会 12 场次，引进一批高层次人才，持续优化人才队伍结构；到清华大学、同济大学、电子科技大学、西南交通大学举办招聘会等，引进了高素质、紧缺型人才271人。全面构建了市场化人才团队，除公司领导班子成员外，其他人员实现100%市场化选聘，本部平均年龄为34.3岁，硕士及以上学历达62.67%，初步构建了一支市场化、年轻化、专业化的高层次人才队伍。三是畅通竞争性淘汰渠道。在定编定岗的前提下，要让更优秀的人进得来，就必须通过市场化的竞争机制，把不适应企业发展的人淘汰出局。四川发展建立考核淘汰和竞选淘汰机制，两大机制互为补充、相辅相成。考核淘汰，就是过程考核和结果考核相结合，根据岗位特点和工作任务，设置不同的考核权重，过程考核和结果考核加权平均，不合格者自动淘汰，解除劳动合同。竞选淘汰，就是建立员工与部门双向选择的工作机制，各部门和团队可以面向全公司选择员工，员工可以选择意向部门，没有被任何部门选择的员工，给予一定期限的学习期，期满后仍没有被部门或团队选中的，解除劳动合同。近年来，通过双向选择共有55名员工调整了工作岗位，有3名员工解除了劳动合同，2018年员工双选后岗位变动率达到28%，进一步提高了人岗匹配度，激发了人才活力。

（二）建立完善"能上能下"的选人用人机制，彻底打破"铁交椅"，形成能者上庸者下的生动局面

坚持"选贤用能，蹲苗助长"的总体导向，大力加强干部人才队伍建设。一是赛场识才选才。先后对本部中层正副职实施"全体起立、重新上岗"，100%的中层领导干部实行竞聘上岗。2015年以来，先后开展4次本部部门及直接出资企业负责人竞聘大会，通过员工参与、现场竞聘、领导评分的方式公开选拔32名中层正职和15名中层副职；推行项目选才、一线选才机制，三项制度改革以来，有90余名干部从项目一线、业务一线脱颖而出，打破了论资排辈，形成"唯贤是举、人尽其才"的选人用人格局。二是多维度培育人才。从领军型人才培育的维度，致力于将担当有为、业绩突出的公司骨干培养成为行业领军人才。2018～2019年，公司5人入选"天府万人计划"，5人入选省会计高端领军人才，数量位居全省国企前列。从后备干部培育的维度，出台《后备人才遴选培养使用办法》，着力培养具备

市场竞争力的后备干部人才。第一期选拔 31 名后备干部，通过脱产培训、项目锻炼、交流挂职等方式递进培养，其中 10 名后备干部由员工提拔为本部部门或直属企业副职、6 名后备干部由中层副职提拔为中层正职，个别还成长为下属企业董事长人选，目前正在筹备第二期后备人才班，逐步建立后备人才梯队。从能力普遍提升的维度，以发展需求为导向，以金融知识、产业投资、资本运营、企业并购等为重点，通过举办高级管理人员培训班、四川发展大讲堂、"项目复盘"分析会、直接出资企业项目推进及业务开展情况交流会等多种方式，培训员工 4500 余人次。三是严格逗硬兑现"下课"机制。制定了《中层管理人员选拔任用管理办法》等相关制度措施，明确了中层管理人员的选用程序和退出机制；按照能上能下的原则，目标任务完成率低于制度规定基准线的干部要自动辞职。近几年公司通过刚性考核、严格打表，有 3 位直接出资企业董事长、总经理及本部部门总经理，因达不到业绩底线而"下课"。

（三）建立完善"能增能减"的收入分配机制，彻底打破"大锅饭"，形成以实绩论英雄的鲜明导向

公司始终坚持市场化导向，对标市场，严格逗硬，不断丰富完善市场化激励约束机制的内涵。一是实施薪酬与考核市场化"双对标"。针对本部部门，公司按照"业务、服务、保障"实施分类管理，参照市场化对标确定各个职级和岗位的绩效薪酬，按业务部门 3∶7、服务部门 5∶5、保障部门 6∶4 的固浮比设定。针对出资企业，2018 年及以前，公司对标市场化、同类型、同阶段企业，确定企业主要负责人年薪标准，约定固浮比为 3∶7，并以出资企业绩效考核结果确定最终应发的绩效薪酬。二是优化调整出资企业工资总额管理机制。研究制定《直接出资企业工资总额管理办法》和《直接出资企业考核评价办法（试行）》，将原来的"核标准、管制度"，改变为"核效益、管总额"，建立起与直接出资企业效益相挂钩的工资总额决定机制；工资总额由原来的"固定薪酬＋绩效薪酬"调整为"固定薪酬＋考核薪酬＋绩效薪酬"，同时将三年周期管理改为每年清算，建立起以效益为导向

的企业薪酬分配机制。三是深入落实全员绩效考核制度。本部各部门和直接出资企业主要负责人与公司签订业绩合同，部门员工与部门负责人签订绩效考核"一人一表"，形成业绩目标、经营责任压力层层传导。2019年公司研究制定《员工过程考核的实施办法（试行）》，结合部门职能职责及工作实际，将组织目标进行层层分解并实施分类考核，公司的考核结果与部门、个人考核结果相结合，结果考核与过程评价相统一，公司统一考核与关联部门联动考核相配套，人员薪酬分配与个人绩效考核结果相挂钩，做到了压力层层传递、工作层层落实。四是严格逗硬兑现绩效考核结果。公司每月在行政例会上通报各部门、出资企业绩效考核排名，半年召开经济运行分析会，通报分析各单位目标完成情况，总结经验，查找不足，年终逗硬考核奖惩。按照公司绩效考核制度要求，绩效考核得分低于60分的，当年绩效薪酬为0，近3年共有11人年度绩效薪酬为0。

三　取得成效

通过不断深化人力资源三项制度改革，四川发展建立起了市场化的良性运转机制，激发了干部员工干事创业的责任担当和工作热情，增强了企业发展的动能和活力；广大干部员工获得了价值的实现，找到了干事创业的舞台，获得了发展提升的机会。深入推进三项制度改革，不仅推动了四川发展成功实现转型发展，而且建立和完善了现代企业治理体系，为进一步推动高质量发展奠定了坚实的基础。

（一）与企业高质量发展相适应的人力资源支撑不断加强

人才是企业发展的第一资源，是高质量发展的基础支撑。四川发展通过三项制度改革，优化了人才结构，提升了人才队伍的整体素质，激发了人才队伍的动力和活力。一是队伍结构不断优化，人才素质不断提档升级。通过拓宽选人视野、强化人才培育、畅通淘汰出口，让人才队伍合理流动。一方面大量优秀的人才加入四川发展，另一方面与企业发展不相适应的人员被淘汰出局。对在职人员而言，形成了"本领恐慌"意识，倒逼在职人员加强学习、提升素质，不断创造新的发展业绩。自 2015 年以来，本部在职人员实现学历提升 22 人次，通过律师、CPA、CFA、FRM 等职业资格考试的有 47 人次，专业职称晋升的有 34 人次。二是形成比学赶超的工作氛围，各项业绩不断提升。从负向激励看，形成完不成业绩自动"下课"机制，部门负责人可能因管理不善、无员工选择而被迫"下课"，普通员工可能因无部门录用而被迫离职，倒逼干部职工提升能力、创造业绩；从正向激励看，实行薪酬总额管理，业绩完成好的出资企业与业务完善差的出资企业之间，薪酬差可以达到 10 倍以上，旗帜鲜明地给予干得好、贡献大的人员更高薪酬，激发大家干事创业的动力，形成了员工高收入与企业高效益的良性循环。三是提升攻坚破难的能力，不断突破发展难题。实施项目选才、一线业务选才、工资总额管理等一系列激励约束措施，激发各项目团队、业务团队攻坚破难，不断闯关夺隘，实现新的发展目标。2015 年以来，各项目团队完成了一系列重大业务布局、重大项目攻关，形成四川发展改革发展的强大动力。

（二）体制机制的创新能力和运营管控能力大幅提升

三项制度改革是公司体制机制改革的关键一招，一子落而全盘活。通过三项制度改革，各直接出资企业的市场化运营能力大幅度提升。在此基础上，四川发展进一步推出一系列新的制度举措，推动公司体制机制不断优化，集团化管控能力和水平不断提升。一是进一步优化本部部门职能。2018年将本部内设机构由 21 个精减到 15 个，后又新设了国际业务部，本部机构变为 16 个。二是出台《直接出资企业重大事项管理办法》和流程规范。开展企业经营效果评价，根据评价确定企业等级，进一步优化管控模式，提升管控实效。强化财务管控和资金运营管理，实现本部与直接出资企业统一的财务核算和资金的集中管理。三是创新"五大联动"风险管理组织体系。外派财务总监、外派董事、外派监事、风控负责人、纪检负责人从各自的工作条线提供企业运营过程中的风险信息，交由公司本部风控部门汇总和处理，形成横向到边、纵向到底的风险防控网格，筑牢风控底板。四是创新推行"一企一策"授权经营管理。对直接出资企业进行分类授权，实行"放管结合"，动态调整，做到放中有管、管中有育。运行机制更加顺畅，分工更加合理，有效激发了内部运行的蓬勃生机和旺盛活力。

（三）服务国家和省委、省政府重大战略落地的能力大幅提升

通过三项制度改革，企业自身的动力和活力更强，在全省重大战略实施中发挥了更加重要的作用。四川发展以投资为手段，把自身的改革发展与助推全省重大战略落地紧密结合。探索创新"基金＋园区＋研究院＋龙头企业"运作模式，组建集成电路和信息安全、军民融合发展等产业引导基金16只，总规模460亿元，引领带动全省现代产业发展。抓住资本市场下行机遇，2017年战略性投资上市公司实现零的突破，短短两年多时间，旗下上市公司增加到5家，参与投资的上市公司达4家，既推动国有资本向战略性领域布局，又提升了公司资产证券化率，增强了公司资本市场运作能力，引起社会的广泛关注。参与旅投集团、医药集团改革重组，以及一些专业性投资集团组建，优化国有资本布局。在乡村振兴、环境治理、精准扶贫等重大战略中，通过组建专业投资公司，推动全省战略落地，正在发挥越来越大的影响力和引领带动作用。

（四）推动业务创新和模式创新的能力大幅提升

在三项制度改革中，把全体干部职工的创新创造能力充分激发出来，实现业务模式创新、投资方式创新，在企业高质量发展中注入了强大的创新基因。2015年下半年以来，创新建立了"投资—建设—运营—管理"的业务链条，夯实企业发展的产业基础，实现了四川发展从组建以来一直靠财政贴息的"输血式"运作到自我"造血"的根本性转变，一举奠定了四川发展可持续发展的产业、业务和资产资本的重要基础。2016年底以来，围绕国有资本运营改革，创新运营模式，探索出一条国有资本运营新路径。通过"融—投—管—退"业务运行，推动"资金—资产—资本"循环转化、流动增值。

（五）企业在国际国内的影响力和市场竞争能力大幅提升

三项制度改革以来的四年多时间内，四川发展投资布局了现代产业、基础设施与地产、优势产业、现代服务业、国际业务、金融创新等六大板块，从 2015 年到 2018 年底，公司合并资产规模大幅度增长，成为全省最大的省属国有企业，资产规模超过 1 万亿元。截至 2019 年底，从 2015 年的 14 家直接出资企业，扩张到 24 家直接出资企业和 23 家重要子企业。在打破过去对财政贴息依赖的情况下，公司本部 2017 年、2018 年、2019 年营业总收入分别达到 36.1 亿元、40 亿元、49.1 亿元，年度实现利润总额 3.4 亿元、2.03 亿元、11.47 亿元；业务布局到四川省 21 个市（州）、全国 20 余个省（区、市）和全球 45 个国家和地区，在国际国内市场的影响力和竞争能力大幅提升。

四 经验启示

回顾四川发展推进三项制度改革等重大改革历程，有一些值得总结和思考的经验和启示。取得三项制度改革的成功，需要坚持和加强以下六个方面。

（一）坚持和加强党的领导，强化改革的政治保障

四川发展在推动三项制度改革的过程中，始终把坚持和加强党的领导与完善公司经营管理统一起来，坚持党管干部、党管人才原则与市场化选人用人有机结合，建立健全现代新国企的管理制度体系。建立党组织研究讨论前置决策机制，把三项制度改革的相关举措作为"三重一大"事项，由党组织"前置"讨论研究后，再提交总经理办公会、董事会决策，充分发挥公司党委把方向、管大局、保落实的保障作用，坚持党组织的政治核心和组织核心地位，保证三项制度改革坚持正确的政治方向，在改革中不断巩固和筑牢企业发展的"根"和"魂"。

（二）坚持系统谋划、分步实施，统筹推进各项改革

三项制度改革是四川发展转型发展、推动市场化改革的重要组成部分。在改革过程中，始终坚持推动三项制度与运营模式改革、投资模式改革、业务模式改革、体制机制改革、集团化管控改革等各项改革措施统筹起来，系统性地研究，防止孤立、静止地看待三项制度改革，片面推动有关改革举措，而产生顾此失彼、互相脱节的现象。另外，根据企业发展特点和规律，根据发展的不同阶段，采取有针对性的改革措施，推动改革由浅入深，由简单到复杂，逐步实现改革目标。

（三）坚持问题导向、结果导向，突出改革实际效果

四川发展在推动三项制度改革中，认真排查梳理包括劳动用工、选人用人、薪酬管理等在内的各类问题，分类拟定研究课题，落实相关牵头领导和责任部门，逐项深入调查研究，找准化解问题的措施办法，然后汇总各项研究成果，形成三项制度改革的总体思路和举措。在改革的实施过程中，不断针对新情况、新问题，创新举措、精准发力、彻底击破，从根本上、根源上、全局上解决问题，破除困扰和阻碍发展的障碍。把发展效率和质量、年度利润收入、运营活力、核心竞争力，作为检验改革成效的硬指标；拿出抓铁有痕、踏石留印的真功夫，一项一项地抓落实、抓出成效。

（四）坚持市场化改革取向，不断提升企业市场化经营能力和水平

围绕建设具有国际竞争力的世界一流企业目标，四川发展三项制度改革，牢牢把握市场化总方向，锻炼员工适应市场、参与竞争的能力。实行员工与部门双向选择，打破了"铁饭碗"，让市场对员工做出选择；实施"优胜劣汰"的竞争上岗制，增强员工"不进则退"的危机感、紧迫感；实行绩效与薪酬的对标考核，增强绩效与薪酬的激励与约束。其他改革举措也都

坚持了市场化原则和方针，努力推动企业各个层面把握市场运作规律、增强适应市场和参与市场竞争的能力。

（五）坚持走群众路线推进改革，让改革成为自觉行动

创新企业党建工作的方式方法，按照打造"政府满意、社会认同、员工自豪"现代新国企的新理念，努力培养员工的责任意识、担当精神、进取动力，培育形成四川发展独特的企业文化和精神。在改革方案制订之前，开展广泛的员工思想动向和工作状况问卷调查；在方案形成过程中，充分发挥党组织、工会、职工代表会等的作用，在公司各个层面进行了反复的沟通引导；召开改革动员大会，进行宣传动员和布置。为配合改革，还专门组织了专题演讲比赛，畅谈大家对改革的认识理解、对推动改革的建议意见，全面激发员工争当改革先锋的热情。

（六）坚持公开、公平、公正，给员工创造更多成长发展的机会

四川发展三项制度改革，始终按照方案设计公开、参与条件公开、改革过程公开、参与机会公平、评判标准公正的原则和要求实施。尤其是公开竞聘，公司结合中层管理岗位空缺实际，发布了公开竞聘岗位，部分岗位有多人报名参与竞聘，部分岗位由于竞争激励进行了两轮演讲，个别岗位因竞聘者旗鼓相当通过两轮竞聘仍无法产生。公开竞聘只是四川发展三项制度改革的一个缩影，公司给每一位优秀员工都创造了公平公正、脱颖而出的机会，大大激发了员工的进取精神和奋斗热情。

R.4
国有企业办社会职能移交后
人力资源优化配置探索与实践

中国石化中原油田分公司*

摘　要：　本报告以中国石化中原油田为例，分析了国有企业在"四供一业"等办社会职能移交后面临的人力资源问题。按照国家对国有企业深化改革的要求，直面问题和困难，不回避、不绕开，通过做好顶层设计，科学分类施策，设计了一系列优化配置新方法：应用企业人力资源优化配置平台调余补缺，全局调配人力资源；结合外部市场开发优先使用现存人员；大力强化转岗人员、储备人才培训，通过提升能力强化人力资源价值提升；让低价值人才转化走上高价值岗位，实现个人创业的二次突破等措施，下决心从根本上解决问题。通过踏实稳妥的组织实施，保障了企业"四供一业"及办社会职能的稳妥移交，推动了移交后生产经营的良好发展。

关键词：　社会职能移交　人力资源　优化配置

中原油田是我国最后一个以"大会战"模式建设的油田，位于豫鲁两省交界处的黄河两岸，地跨河南省的濮阳、新乡、安阳、开封和山东省的菏泽、聊城，本部位于河南省濮阳市。油田在建设初期由于远离城区，自开发

---

* 执笔人：祖钦先，中国石化中原油田分公司人力资源部油田教育培训专家，正高级经济师；陈东升，中国石化中原油田分公司人力资源部经理，正高级经济师。

建设以来垦荒种田、修路盖房、建医院办学校，以及生产生活所需的水、电、气、暖等均需"自力更生"。经过40余年的发展，油田形成了相对独立、自成系统、配套完善的"小社会"。在我国经济社会发展历程中，国有企业承担"四供一业"及其他办社会管理职能，对于促进企业生产、保障职工生活发挥了不可替代的作用。随着经济社会的发展，特别是在经济新常态下，现代化、社会化、市场化已成为经济社会发展的主要特点。国有企业继续承担"四供一业"及其他办社会管理职能，不仅阻碍了企业发展，而且影响了职工群众生活质量的提升。通过不懈努力，2019年油田基本全面完成了"四供一业"分离移交工作。分离移交后，中原油田坚持改革的问题要用发展去解决，立足推动转型发展，积极盘活用工存量，通过业务承揽、竞争上岗、提前退休、内部退养等多种渠道，对人力资源进行优化配置，把富余人员再次转化成为推动发展的新资源，使人力资源价值得到提升，发展之路更宽。

一　实施背景

（一）优化人力资源配置是适应国家和集团公司深化企业改革的需要

分离移交国有企业办社会职能和解决历史遗留问题是"十三五"必须完成的重大战略任务。习近平总书记连续三年在中央经济工作会议上强调，要加快解决国有企业办社会负担和历史遗留问题。李克强总理做出具体部署，要求各方面统一认识，要直面存在的困难和矛盾，不回避、不绕开，下决心从根本上解决问题。2012年以来，国务院国资委、财政部先后在黑龙江、河南等10省（市）开展中央企业"四供一业"分离移交试点工作，取得了好的效果。中原油田坚决贯彻国家和集团公司有关要求，将办社会职能分离移交列为2018年"三大攻坚战"之一。2019年，各油田企业"四供一业"等办社会职能移交工作基本完成，采油厂"减负瘦身"也初见成效。但是与兄弟企业相比仍比较落后，对标先进，在人力资源优化配置方面仍有很大的努力空间。优化人力资源配置，是中国油田深化企业改革过程中对标对表、赶超先进的需要。

（二）优化人力资源配置是保障油田"四供一业"移交后人员妥善安置的需要

按照国家政策规定，分离移交的业务及职能范围主要为中原石油勘探局有限公司的主营业务，包括"四供一业"、文教卫生、市政基础设施、社会保障等业务，涉及用工总量10002人。根据国家改革工作部署，中原油田积极与地方政府、接收单位沟通协商，于2019年底已经全面完成了"四供一业"等办社会职能分离移交工作。"四供一业"等办社会职能移交后，过剩人力资源的转型与优化配置对企业持续轻装前进形成严峻挑战，若不能得到有效化解，会产生负面影响：一是损害职工利益，导致员工收入断崖式下跌；二是影响员工情绪，员工长期无岗可上，必会产生各种负面情绪，直接影响队伍的稳定；三是影响油田形象，员工负面情绪的宣泄，必然形成各种消息四处散播，从而造成多方面的负面影响。因此，及时快速妥善安置相关人员，是油田面临的一项紧迫任务。强化"四供一业"等办社会职能交后人力资源的优化配置，对"四供一业"等办社会职能移交后显现的冗余人力资源进行快速消化，也是在移交后对相关人员进行妥善安置的迫切需要。

（三）优化人力资源配置是服务油田全面可持续发展的需要

企业生存的根本是效益。2019年是油田决胜全面可持续发展的关键一年，也是"四供一业"等企业办社会职能移交后的第一年，结构性调整带来的变化较大，过剩人力资源较多，人工成本压力加大。这些过剩人力资源长期找不到有效出口，对油田必然形成沉重负担，不但影响油田生产经营效益提升，也将影响整个公司体制机制建设工作的全面推进。必须加大力度进一步转方式、调结构、提质量，通过加大外闯市场力度、开拓社会化服务业务等措施，释放转型发展活力，尽快将富余人员转变为实现增收增效的优质人力资源，推动油田全面可持续发展。

二 主要问题

（一）国有企业办社会职能移交后富余人员安置阻力较大

中原油田所涉及的移交业务包括"四供一业"、社区、市政、医疗、幼教等，分离移交业务地跨河南、山东两省，涉及 12 个县（区），点多、面广、人员接收政策不一。相关业务移交协议签订后，部分业务接收方明确只要业务不要人，但短时间内没有相应的队伍接替，导致油田原有人员无法顺利撤回，再加上这些富余人员长期在油田形成的各种社会关系等多重因素干扰，油田人力资源分流安置压力较大，也给油田转型发展、妥善安置人员造成了较大的障碍。

（二）"四供一业"移交后留下的员工队伍市场竞争力较弱

中原油田"四供一业"及其他办社会职能分离移交共涉及 10002 人，主要集中在物业管理、幼教、社区等业务。涉及人员总量大、女性较多（占 67%），平均年龄 47.5 岁，且长期从事社会化程度较高、岗位技术含量低和入职门槛较低的单一服务工作，员工自身技术能力较低，核心竞争力较弱，加上这些人年龄偏大，学习接受能力较低，通过组织培训提升比较困难，从而形成了人力资源存量过大、分流安置选择空间狭窄的困境。

（三）面对职业岗位调整，大部分员工思想认识有波动

部分老员工由于长时间在油田工作，对油田感情深厚，认同感和归属感比较强，内心不愿离开油田。也有员工因个人学习及生产适应能力都比较弱，担心不能适应新岗位，对于个人岗位的调整和新的去向心存畏惧。还有部分员工尤其是需要转岗的员工，更加关注新岗位以及职业技能等级问题，认为转岗需要放弃之前的一切重新开始，受年龄、学习能力等影响，对参与新岗位工作存在较大顾虑。更有大部分员工担心业务移交，工作量减少，自

己的薪酬收入无法得到保障，致使思维和行动仍旧局限于原有业务或单位的价值观念，不愿、不敢突破现状，错过良好发展机遇。在分离移交后，如何有效利用人力资源优化配置盘活用工存量，把分离移交过程中滞留在企业的富余人员再次转化为企业创收创效的资源，成为当前亟须解决的重大问题。这个问题解决不好，既影响分离移交后企业的发展和稳定，还可能形成社会的不稳定因素。

三　主要做法

面对以上种种问题，中原油田坚持改革的问题通过发展去解决，着眼于老油田的转型发展，按照"依法合规、妥善安置、稳妥积极"原则，努力拓宽人力资源统筹配置渠道，大力提升人力资源价值，立足稳油增气做好主业，积极拓展新能源、新经济、新市场等业务领域，强化自我造血功能，构筑油田新的经济增长点，努力把改革遗留富余人员转化成为推动油田新发展的新资源。

（一）做好顶层设计，科学分类施策

1. 明确人力资源配置新理念

按照石油行业"四供一业"分离移交工作整体部署，及时掌握国家、地方政府和集团公司关于"四供一业"供电业务分离移交的相关文件精神和政策，中原油田调查了解接收企业的接受条件与意向，编制分离移交实施方案。按照"四供一业"分离移交时间节点，在清查各单位、社区设备资产、家属区居民状况的基础上，提出油田"四供一业"分离移交整体部署，明确树立以人民为中心的发展思想，坚持以职工群众为中心的工作导向，把各项工作做深做细做实，积极探索"四供一业"分离移交"后时代"社区服务的新方法和新模式，顺应"四供一业"移交形势，进一步合理安置人员，更好地服务油田。根据业务量变化，以市场为导向、效益为中心，按照专业化、区域化管理，就近安置的原则，妥善做好各类人员安置、培训、分

流，确保 2018 年底完成所有移交，为油田高质量发展奠定扎实基础。

2. 设计人力资源优化配置新方法

2019 年是决胜全面可持续发展的关键一年，也是油田"四供一业"企业办社会职能移交进入移交后时代的第一年，结构性调整带来的变化较大，必须加大力度转方式、调结构、提质量，进一步做好各项工作，确保油田工作目标的实现。因移交过程中，地方接收方明确只接收业务不接收人员，业务移交后留下的人员安置成为最难解决的问题。为有效处理这些问题，油田设计出一系列优化配置新方法：应用油田人力资源优化配置平台调余补缺，全局调配人力资源；结合外部市场开发优先利用现存人员；大力强化转岗人员、储备人才培训，通过提升能力强化人力资源价值提升；让低价值人才转化走上高价值岗位，实现个人创业的二次突破等。另外对于短时间内实在无法安置的人员，油田建立保底政策机制，确保待分配人员薪酬标准不降低，生活水平不受影响。系统化的思考与设计，确保在人员移交及优化配置过程中工作进度不减、企业效益不降、员工情绪不乱。在保证 2019 年完成全部移交基础上实现企业完成全部生产经营目标，首次甩掉亏损帽子。

3. 采取人力资源分流安置新举措

"四供一业"分离移交中人员分流安置与资产剥离移交的处理方式方法也不同，资产移交重点是搞清楚资产状况，做好账物相符、手续齐全即可。对于人员分流安置来说，每调整一个人员的岗位，都会改变一个人员的个人利益。因此，在油田安置分流过程中，做到让每位员工都同意，大家都满意非常困难，牺牲个别人利益的情况在所难免。为了保证工作的开展，油田特别重视员工思想稳定与队伍稳定。一是成立油田领导工作小组。由油田党政领导任组长的分离移交人员安置小组，将班子成员、相关业务处室负责人全部纳入小组，人力资源部门作为分流安置指挥部，同时在该临时机构中设人员安置工作组与宣传稳定工作组。二是提前规划与部署，结合分流安置人员用工类型、性别、年龄结构与退出岗位状况进行摸底调查，甄别实际需要安置人员情况，扎实做好分流安置前的基础工作。设计"四供一业"分离移交涉及人员分流安置需求调查表，从现工种着手，深入了解员工取证需求，提供一线、外部市场等多个选择的方向，并结合退出岗位政策，准确把握员工意向。三是明确市场需求，掌握前线单位岗位状况。针对市场需求，积极从"四供一业"分离移交人员入手，合理优化人力资源安置渠道。四是储备能力，创造就业机会。油田在"四供一业"分离移交伊始，即提前谋划、超前布局，每年结合市场用人需求预测，组织开展储备人才培训。自 2017 年以来，油田组织储备人才培训 4670 人，为人员分流安置奠定了转岗能力基础。

（二）踏实稳妥组织，保证油田稳定

1. 稳妥安置富余人员，力求人稳且心稳

"四供一业"移交后，除通过劳动输出、拓展市场消化一部分人员外，待安置的尚有 815 人。为解决这部分人员的去向和员工队伍的整体稳定问题，油田采取如下措施进行妥善安置。一是结合油田外部项目用工需求，提前预测，尽早动手。鼓励有条件的员工向优质项目高价值岗位跨界流动。二是对以外包方式的社会用工进行清理清退，腾出岗位安置富余人员，以单位组织的方式承揽"家门口"社会业务。三是加大政策宣讲，引导符合条件的员工通过内部退养、离岗休息等兜底措施，退出岗位约 590 人。操作过程中进一步确定职责分工、细化工作程序。建立政策托底机制，保证涉及的员工心中安定、情绪稳定，能够配合并支持工作推进。

2. 提前预测未来需求，加强分析与研判

凡事预则立，不预则废。中原油田根据集团公司"打造世界一流能源化工公司"的发展目标和发展战略，围绕勘探局构建新型社会化服务体制机制，将"四供一业"及其他办社会职能分离移交后人力资源优化配置工作纳入"十四五"人力资源发展规划，为分离移交"后时代"人员分流安置明确了努力方向。在此基础上，针对移交后转型发展要求，在单位内部实行"内部区域化服务＋外部项目化管理"组织架构模式，支持单位向专业化发展转型，由管业务向经营人力资源转变。同时，以供给侧结构性改革为主线，针对涉及分离移交的队伍开展人力资源盘点，分渠道摸清下一步需安

置员工队伍情况,为稳妥分流安置打下基础。通过对涉及人员的年龄结构分析,预测员工安置需求。经测算,"两个三年"内,需安置的 7523 人中,预计退休 3037 人,占总人数的 40%。其中,2019~2020 年退休 1148 人,占总人数的 15%。至 2023 年需要安置人员仍有 4486 人。2019~2023 年退休人员数量变化情况如图 1 所示。

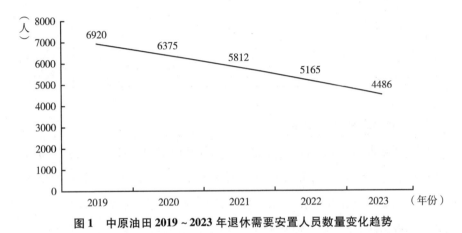

图 1 中原油田 2019~2023 年退休需要安置人员数量变化趋势

为建立长期的分流安置机制,中原油田深入基层各单位加强调研,与移交单位充分沟通,加强意向结合,细化明确员工分流安置渠道。对于供水管理处、供电服务中心、供热管理处等 9 个单位需安置人员、分流安置的具体渠道、对部分滞留人员的兜底保障进行了精细化设计,对每个单位、每项措施精确到具体人数,确保无一遗漏,形成精准实施安置分流的行动方案(见表 1),为今后一段时间的人员分流安置明确了具体方向。

表 1 2019~2023 年富余人员分流安置行动方案

单位:人

业务	需安置人员	分流安置措施渠道			兜底保障		富余人员
		人力资源输出	外部市场安置	内部调剂	内部退养	离岗休息	
合计	7523	5396	863	685	59	78	442
供电	406		73	329	4		
供水	510		110	349	14	37	

续表

业务	需安置人员	分流安置措施渠道			兜底保障		富余人员
		人力资源输出	外部市场安置	内部调剂	内部退养	离岗休息	
供热	464		399		38	27	
燃气	290		281		1	8	
物业	3684	3660					24
医疗卫生	623	623					
培训中心	843	753		7	2	5	76
基地社区	474	284				1	189
钻采社区	229	76					153

3. 多措并举同步推进，保证进度与稳定

坚持多措并举，盘活人力资源存量，不仅实现了"四供一业"等社会职能的顺利移交，而且保证了员工队伍稳定，有效释放了过剩人力资源价值。一是交出业务留用一批，依托移交业务用工需求，加大与接收方沟通协调力度，提升能力素质，强化服务意识，目前社区、燃气等业务留用470人。二是内部统筹安置一批，充分发挥油田人力资源统筹配置平台作用，坚持"共享、共赢"理念，优化运作流程，完善人员借聘费用支持政策，实现用人单位"自有他养"与用工单位"他有我用"双赢互动，妥善安置685人。三是外部市场安置一批，发挥油田品牌、技术和专业优势，积极挖掘系统内和社会市场以及油田周边企业资源，以单位成建制业务承揽和人力资源输出相结合等灵活方式，拓宽人员输出渠道，妥善安置556人。四是兜底保障一批，坚持"员工有出路、保障有托底"，加强政策宣传，加大政策支持和救助帮扶力度，通过提前退休、内部退养、停岗留薪等方式退出937人，切实保障员工切身利益。

（三）强化能力提升，拓宽安置渠道

1. 实施新岗适应培训工程

在"四供一业"等办社会职能分离移交后，相关人员岗位职责、能力

要求发生变化的情况，按照人岗匹配的原则，要求岗位所属工种、职责、环境等要素发生变化的员工，均须参加相应的转岗培训。针对新的市场项目，制定并细化员工岗位能力标准和操作规范，分模块明确培训内容和要求，研发培训课程体系和技能考核题库，对油气主业"留下来"的员工在能力结构、持证要求等方面重新评估，查找分析现有能力与岗位要求之间的差距，确定培训方向与目标，实施精准培训、严格考核，做到"先培训、后上岗"，较快完成了"老石油"向"新员工"的转变。2017年成功组织了普光高含硫人才储备等培训项目16个，培训3067人次，组织指导天然气产销厂、供水管理处等12个单位自主举办压缩机操作工、维修电工等各类培训项目46个，培训5190人次。确保分离后新上岗人员能适应岗位，留在主业的岗位人员能更好地履行岗位职责，确保油田生产经营不受影响。

2. 实施战略储备培训工程

结合市场管理部门及基层单位提供的企业发展战略和市场动态信息，强调项目未动培训先行，提前就储备人才培训工作进行谋划布局，争取人才储备启动在项目之前，让项目能够有及时充分的人才储备，支撑油田创建"中原气服"品牌。多年以来，油田每年把天然气业务等储备人才培训列为油田重点项目，凡储备人员培训的培训费用，一律由油田支付。自2015年起，又针对水、电、信、暖等单位外闯市场发展战略，在提前预测基础上，提前组织开展大力度市场储备人才培训，立足各二级单位现场培训基地，强化生产现场实际操作技能的提升，注重解决生产施工问题，使各单位在外闯市场过程中都得到有力的人才支持。目前已完成4670人的储备人才培训，并构建了涵盖天然气净化等10个专业的外部市场人才"蓄水池"，支撑外部市场发展的能量进一步提升。

3. 实施人力资源增值工程

一是通过组织开展"大岗位"和"一人多证"、"一专多能"的培训，不仅让员工拓宽了就业渠道，而且能够满足甲方对施工队伍人员规模的限制要求。二是开展外部项目核心业务专业人才的培训，按照"缺什么、补什么"的原则，采取"现场＋课堂"的方式，通过集中强化与现场跟班实习相结合，突出安全教育、岗位规范、资质取证等重点内容，补齐人员能力短板，确保"上岗能胜任"。努力实现外部市场由廉价的劳动力输出转型为技术承揽，提升队伍创效能力。三是面对新的形势、新任务，坚持把队伍能力提升作为人员分流安置的基础性、战略性工作来抓，按照"分层组织、统一建库、资源共享"的原则，推行"项目＋人才"培养模式，开展订单式人才储备培训，引导分离移交人员向天然气净化、集输、仪表维修等高价值岗位流动。根据外部市场用工需求，及时组织移交业务涉及人员开展转岗培训，引导其向外部项目流动，促进外部项目安置3533人。

四　实施效果

（一）保障了油田"四供一业"及办社会职能移交的稳妥推进

截至2018年12月31日，中原油田基本完成"四供一业"分离移交任务目标，分离移交计划项目81个，服务户数47.87万户，完成全部项目资产清查审计、实物资产交割和资产无偿划转账务处理工作。接收方已经派驻管理人员予以接收。其中，供电业务7个项目已经全部完成资产划转和业务职能移交工作，目前正在配合接收方开展维修改造。供水分离移交9个项目已经全部完成资产划转和业务职能移交工作，接收方已经派驻人员管理。供热分离移交8个项目已经全部完成资产划转和业务职能移交工作，经谈判，接收方已经同意借聘油田99人。供气分离移交工作中，燃气业务整体移交合资公司，顺利完成资产划转，油田原有从业人员51人已阶段性调动到合资公司工作，151名操作人员通过借聘的形式已经全部上岗，合资公司实现正常运转。物业管理分离移交的9个项目已全部完成资产划转工作，业务职能移交工作通过积极与各县市区及接收单位沟通实现顺利交接。其他如市政、社区管理、学前教育和医疗卫生等办社会职能的移交，完成计划移交47个，包括资产清查、审计、实物资产交割、资产无偿划转账务处理及业务职能移交。高质量完成相关移交任务。完成了油田主业与"四供一业"

的稳妥分离，中原油田三大攻坚战的重要一战——"四供一业"等办社会职能分离移交攻坚战取得胜利。

（二）推动了油田移交后生产经营的良性发展

"四供一业"等办社会职能分离移交后，中原油田实现轻装上阵，通过优化增收增效措施，强化全员要素成本管理，实现全价值链创效增效。深化基础研究，开展地面、地下大调查，持续滚动扩边建产。全年生产原油124万吨，超计划1万吨，有效实现气田产能有序接替。内蒙古"两干"地区以稀油为基础、以白音查干为重点，加大滚动勘探和油藏评价研究力度，优化部署新建产能，形成3.67万吨原油生产能力，新增控制储量1084万吨。普光气田加强普光主体综合调整，超额完成天然气年度产销任务。油田坚持效益优先，优化人力资源配置，做优科研、采油、作业等骨干队伍，完善低成本运营和高回报投入产出机制，确保老区稳产、新区上产，降低盈亏平衡点，分公司盈亏平衡点控制在72.46美元/桶以下。

（三）推动了油田企业外部市场的进一步拓展

2019年，中原气服深化合作机制，与中国石化天然气分公司统一签订技术服务合同，续签北海LNG技术服务合同，参与川东北联络线运营等3个老市场项目二次招投标，全部中标。"中原气服"老市场的55个合同全部续签，实现了长期效益。重点拓展石化系统内部及煤化工公共服务运维项目，积极开拓周边社会后勤服务市场。2018年，油田本部以外共运行327个项目，用工8982人，签订额18.18亿元，累计结算16亿元，与上年相比，用工增加477人，合同额增加2.27亿元。其中，新签订项目84个，比上年增加用工1027人，合同签订额1.13亿元。截至2019年12月31日，油田本部以外市场35个单位，用工11125人，比上年用工增加2143人，签订合同额22.54亿元，运行项目337个，创收21.8亿元，外部市场实现全面突破。2020年天然气处理厂一举斩获中国石油1.4亿元大单，标志着中原气服产业链再一次得到延伸。

ℝ.5
人力资源改革创新助力
供热企业转型升级

青岛能源集团有限公司 *

摘　要： 青岛能源集团下属青岛能源热电公司建厂 30 周年，随着公司组织、人员和市场规模的不断壮大，作为国内集中供热行业领域内名列前茅的大型国有能源企业，发展也遇到了组织架构老化、岗位设计滞后、职业通道单一等现实瓶颈。因此，如何顶层设计，开展定岗、定编、定薪、定员工作成为近年来该企业人力资源管理创新改革面临的重点工作。2017 年以来，能源热电秉承企业转型升级发展主题和"内涵式改革"发展新思路，聚焦市场化方向和现代企业创新管理思路，不断推进企业人才机制改革，补齐短板，持续优化人才配置、薪酬考核和精细化管理路径，在集团内率先启动并完成定岗定编工作，将人才机制优势转化为发展动能，为国内同行业供热企业提供较为翔实的参考和示范。

关键词： 定岗定编　德尔菲法　热电联产　岗位价值评估　7S 管理

　　人力资源是企业最关键、最核心的财富资源，对人力资源的管理始终是现代企业管理的重要内容。定岗、定编、定薪工作又是做好人力资源管理工

---

　　* 执笔人：康在龙，青岛能源集团有限公司高级人力资源管理师。

作的基础环节，在企业供热面积年均增长 10.5%（行业平均增速约为 8.5%）的同时，科学预测人力需求，合理配置人才岗位，准确判断人才价值，对于需提高工效，精益成本，赢得供热"煤改气"转型升级攻坚战的青岛能源热电公司而言，具有十分重要的战略意义。

一 定岗、定编、定薪基本概况

企业定岗、定编、定薪从基础概念上讲就是通过对既定企业人员岗位、编制、薪酬管理理念和技术的创新和改革，借助机构搭建、流程再造、岗位设置和人员配置等手段进行"因事设岗 + 人岗匹配"，实现企业人力资源最优配置和人才潜能最大发挥的"双优"目标。

二 青岛能源热电公司人力资源现状

青岛能源集团有限公司是 2012 年 12 月经青岛市人民政府批准，由青岛市原三大能源企业合并组建成立的市政府直属的国有独资大型能源供应服务企业。集团拥有职工 6500 余人，主营燃气、供热、发电相关的投资、建设、管理、服务及新能源的推广应用等业务，集团拥有全国供热行业唯一的中国驰名商标"暖到家"，经营范围覆盖青岛市内七区（市南、市北、崂山、李沧、城阳、黄岛、即墨）和市郊三市（胶州、平度、莱西）。截至 2019 年 12 月，集团拥有燃气用户 150 余万户，年供应天然气 8 亿立方米；拥有供热用户 100 余万户，供热面积 1.3 亿平方米；年发电量 9000 余万千瓦时。本文以青岛能源集团下属最大的供热板块企业——青岛能源热电公司的人力资源发展与创新改革为例开展专题管理成果研究，以为供热行业企业发展提供较有市场价值的示范性参考。

青岛能源热电有限公司近年来处于快速爬坡阶段，生产运营规模不断扩大，增速连续多年位居北方第一。供热面积的扩大必然带来所需人员的乘数性增加，在市场、组织、人才发展规模不断膨胀的同时，对企业内部岗位设置、人员配置与公司治理也带来了更大的管理性挑战。

1. 人才职业成长路径单一，"一眼看到尽头"的短板暴露

公司原有岗位体系模型中管理职级晋升占绝对主体，而技术、技能职级晋升被边缘化。在这种岗位体系管理下，企业片面注重管理岗位的发展，管理渠道晋升成为提薪方式"华山路"。然而，管理渠道的岗位毕竟有限，"论资排辈"和"前任退休，现任才有机会"的模式，极大忽略了专业技术人员和技能操作人员的职业发展，员工职业成长和晋升通道过于单一，对人才激励性较差，导致"优秀人才引不来，引来了也留不住"的尴尬现象逐年增加，而企业的高质量发展，对新鲜的、高素质的人才需求较为迫切。

2. 人员总量大，老龄化严重，公司治理任务重、难度大

作为老牌国有集中供热企业，近3年来，公司采暖季用工突破3500人，而平均年龄在39岁，老龄化严重，庞大的人员规模和采暖季与非采暖季用工弹性较大，极大地增加了企业的用工成本。

3. 分子公司标准不统一，地理距离远，管理跨幅大，公司治理难度大

总公司下属12个分子公司，其中超过40%为近年来通过兼并、划归方式转化而来，岗位、人员、薪酬各式各样，标准不统一，地理距离远，管理跨幅大，给公司治理带来现实难度。总公司于2012年初制订过薪资基本方案，初步对既有人员进行分类、分层和分级化管理。根据员工岗位职责的不同，划分了机关总部、分公司、子公司、热电联产公司等四大序列，各大序列岗位又分A、B、C、D、E、F等6类岗级，整体纵横薪级共有24个。随着公司整体规模的不断扩大，此类单一的"大锅饭"式分级体系亟待进一步优化和革新。

三　定岗、定编、定薪指导思想和基本原则

为适应公司规模迅速扩大的发展需要，配合集团愿景及战略目标的实现，青岛能源热电公司加大力度和加快节奏推进企业定岗、定编、定薪工作。2016年9月，公司成立了定岗、定编、定薪专题工作小组，"一把手"

亲自参与研究，专班调度，对定岗、定编、定薪工作安排和部署并提出了明确的要求和顶层设计原则。

第一，必须坚持因事设岗和以岗用人的原则。按照组织、工作流程中的关键环节进行岗位划分，能定量化的必须定量化，分解职责点，制定任务表，严格按工作量进行定编，保障"事、岗、人"的360°匹配。

第二，必须坚持精简高效和宁缺毋滥的原则。结合经营目标，明确各部门、产业板块的职责分工，区分重点、次重点，建立岗位负面清单，倡导价值"上秤称一称"，践行"一人多能"、"一岗多专"、"一岗多效"、"一岗多薪"和"一人多兼"原则，实行差异化，进行人才分层和梯队建设。

第三，必须坚持总额控制和动态化、弹性化管理的原则。按照薪酬总额"包干包底"和"减人不减薪，增人不增薪"的原则，创造能者"多劳又多得"，庸者"不甘平庸"的激励氛围。

第四，必须坚持岗位编制严格从紧和梯队建设融合共生原则。岗位总编制既要充分满足企业近期或未来三年发展目标需要，也要考虑人才梯队建设，"以老带新"和岗位"AB角互补"的平衡需要，努力把人员总量控制在一个相对完美的范围。

四　定岗、定编、定薪主体方法和实施步骤

定岗定编专班小组及时对接外部的标杆公司"取经"，创新消化后，苦练内功，组织系列专题研究会议，按照方案设计蓝本进行梳理、讨论、分析和验证。本次定岗、定编、定薪主要采用了德尔菲法、工作写实调研法，在部分板块岗位和辅助性岗位采用了行业类比法。

定岗定编专班小组通过发放岗位定编写实调查表、实地考察和专家约谈等开展了一系列基础性工作。通过密集的管理层、专家层访谈，清晰把握各层员工的工作量、流程的闭环性，参考管理层和专家层对人员总量定编的合理化建议与研判，预测人员总量在未来一定时期内的纵向、横向流转，甚至包括晋升、轮岗、退休、离职等，运用 Python 等爬虫软件建立了人员总量的

大数据模型，结合各板块人员的岗位结构类型，运用大数据和"互联网＋"思维，考虑组织层级和管理幅度，精准统计、分析未来各板块人员的动态变化趋势，确定总量编制，保障"人才战"稳在"中端"，赢在"终端"。

首先，进行工作测评与分析。工作测评与分析是对传统供热板块的司炉工进行定编和定薪的前提，司炉工是供热行业的主体工种之一。通过清晰把握各类供热产业，如热电联产板块、区域锅炉房板块、无热源热力板块对司炉工的工作要求差异特点，并据此对锅炉总量、类型情况进行科学分类；了解年度内季节性运行和全年运行对司炉工班制的个性化差异，按照对司炉工工作量分解情况的研究，判断影响主体运行司炉工定岗、定编的两大主要因素——巡检所需时间和监盘关注度要求。根据上述方案的要点，按照类别搭建模型，并根据企业实际情况，将公司供热板块的锅炉进行梳理、归类。

小步骤一：按照司炉工对关键供热季发电设备进行巡检所需时间计算，较大的、复杂程度高的锅炉所需巡检设备多，楼层高、跨距大，一般按照一台一人配置，较小的、复杂程度低的锅炉可以考虑安排司炉工兼顾。

小步骤二：按照司炉工进行监盘的过程中对其关注度的精准要求程度进行计算，机播链条炉需关注指标较少，运行出问题概率较小，可以考虑安排司炉工兼顾，但对于流化床或煤粉炉和带运行汽轮机组的锅炉则至少要求每台锅炉由一人进行现场监盘。

综合上述两个小步骤，将公司供热板块的81台锅炉划分为三类。

其次，确定定岗、定编计算模型。根据上述锅炉分类，结合锅炉工配置情况，为每个运行班的司炉工定编，并充分考虑运行周期，以确定司炉工的班制。

最后，进行定量模型的实证性检验。充分收集并参考行业参数及规范，根据锅炉定编模型，对各单位司炉工配置情况进行核定，并验证模型的有效性。

五　人力资源管理创新项目主体科研成果

首先，定岗、定编、定薪管理工作对公司整体经济效益的改善运营和工作效率的提升作用逐步显现。根据前期调研和跟进反馈，结果显示定岗、定编后，企业进行了系列"瘦身"和"减肥"，人事费用率、劳动生产率、百元销售收入工资含量等定量化指标都有了明显改善，员工的工作积极性、主动性和创造性明显增强，员工士气大振，定岗、定编工作"才露尖尖角"，其正向激励作用却"早已立上头"。在供热面积年均扩张 10.5% 的基础上，上个供热季用工总量减少 121 人，节省成本 132.1 万元，人工成本同比下降6.68%，取得了突出的边际成本效应。

其次，结合青岛能源热电公司特点，定岗、定编、定薪摸索出了适合自身的系列计算模型与规范化标准，具有较强的针对性、专业性和易操作性。

在定岗、定编管理创新项目收尾阶段，将根据集团供热板块管控模式设计与优化路径，对管理岗位定岗、定编方案进行修订和完善，形成一定的规范和标准。同时，公司定岗、定编项目结题后，形成了《定岗定编管理办法》《岗位说明书汇编》《薪酬体系诊断及优化建议》《组织架构优化方案》《组织说明书》等 12 项管理科研创新成果。这些成果作为规范性标准，在供热行业内得到了较广泛的推广和宣传，陆续有济南、威海、太原、石家庄、兰州、哈尔滨、包头等省内外区域的热力单位前来观摩调研。

六 定岗、定编、定薪工作持续改进思路

首先，持续改进，有保有压，有所为，有所不为。定岗、定编、定薪工作的实质是提升管理水平，向管理要效益，向公司治理要效益。绝非单纯的一刀切式减员。特别是对于管理盲区、短板及薄弱环节暴露的问题绝对不能视而不见，而应积极应对，大胆出击，想问题、出对策、搭班子、带队伍、解问题，向专业技术和技能操作倾斜，加强学习型组织的建设，比如司炉工配置、员工 TTT 培训、薪酬优化、技改替代等环节；同时，对能够借助管控流程、技术升级和资源整合节省下来的人力资源要二次优化，突破"人力资源攻势"。

其次，量化小指标类的绩效考核，激励措施及时配合。不能"既想马

儿跑"，又想"马儿不吃草"，要以定岗、定编、定薪管理创新为契机，推广小指标绩效考核竞赛，及时跟进激励方案，多措并举，拓宽人才职业晋升渠道。同时，对完成管理目标和效益任务的板块单位、部门进行一定的福利性支持，比如浮动奖金予以一定的系数倾斜。有增有减，可充分调动员工的积极性和主动性，激发人才的干事热情和创业干劲，培养员工的忠诚度和归属感，真正"以厂为家"。

最后，科技化、信息化创新手段要跟进，以"互联网＋"和 EHR 为抓手。定岗、定编、定薪工作是企业的基础性工作，在现代互联网和信息化时代，配套相关的技术手段，特别是大数据平台，对此项工作能起到事半功倍的效果。企业要重视信息化建设，并不断提高信息化管理水平，增加信息化成本投资，以先进信息技术为企业人力资源管理提供可靠的数据分析和预测评价支撑；借助 EHR 平台整合企业培训师资，提升培训赋能水平，对转岗的人员及时进行技能拓展再培训、再学习和再提升，助力员工平凡不平庸。

七　青岛能源集团人力资源管理与开发策略

（一）青岛能源集团人力资源管理规划与策略

1. 系统提炼并宣贯集团化人力资源管控理念

人力资源开发是每一位管理者履职尽责不可忽视的任务，集团应进一步强化共赢的人才理念，以建立科学合理的人力资源体系，选拔、锻炼、培养并留住集团需要的卓越人才。

2. 强化人力资源管理体制建设与监管

随着集团化管理模式的加强，建立"总部机关—二级直属—三级所属"一体的 A、B、C 三级人力资源管控体制，将人力资源管控理念深化到所属各企业，明确各层级的人力资源管理定位。

集团总部机关：管理职能部室负责整个集团人力资源战略目标的制定与调整，集团政策、制度的制定与监督实施，核心人才的管理等宏观调节与控制，具备总部招聘、培训、薪酬、绩效、员工职业生涯发展等各项人力资源管理职能。

二级直属企业：在集团总部规划与政策的指导下，制订本单位的人力资源计划，在权限范围以内，负责本单位招聘、培训、绩效考核等各项人力资源管理职能的实施。

三级所属企业：集团总部人力资源政策和直属企业人力资源管理措施的执行主体，负责具体人力资源操作业务的办理和实施。

（二）聚贤赋能，优化人才结构

依据集团战略规划和定岗、定编顶层设计原则，按照工作测评、分析和岗位价值评估，突破国企的传统"大锅饭"和"干多干少一个样"、"干不干一个样"的"一刀切"模式，明确岗位价值和发展空间，真正践行市直企业"赶深圳、学深圳"的内涵，建立"能源精英"计划，每年有计划地选拔一批优秀的毕业生，为集团高质量发展注入新鲜血液，增添新动能。

（三）系统学习、深挖人才潜能，铸就能源智力资本

随着知识经济和"互联网＋"时代的到来，智力资本成为企业发展的核心要素。因此，集团应综合运用各种方式、方法来系统"解锁"人才潜能，最大限度发挥智力资本在新一轮国企改革浪潮中的利器作用，助力青岛能源集团打造国内综合能源服务的引领品牌。

1. 创新选人用人机制，激发人才潜能

在选人用人方面全面采用创新、竞争机制，在竞争中发掘、培养和使用人才。通过公开选拔、竞聘上岗、民主推荐、员工自荐等不拘一格选拔人才，使各类优秀人才脱颖而出，也使企业更多地发现、掌握和储备后备人才，保证员工队伍的活力和朝气，以最大限度地激发人才潜能，真正实现"能者上、庸者下"。

2. 创新激励机制，开发人才潜能

人才是有价值的，同样也是有价格的。企业应根据业务模块的差异，建

立市场化的激励机制和业绩导向的人才选拔机制，鼓励有创新、有担当、有作为的优秀人才脱颖而出；通过设置管理对标奖、能效创新奖、标杆示范岗等奖项来激发员工潜能；通过组织内部培训师选拔、后备人才选拔、技能比武和能源拔尖人才选拔来激发人才的潜能。

3. 创新推进轮岗、挂职等人才锻炼机制，培养"多面手"人才

健全企业调任、借调、轮岗、挂职、交流、内训、外训等模式，有计划地选派和培养优秀职工到集团内外多个岗位学习和锻炼，激发人才潜能，让平庸的人走向优秀，让优秀的人走向卓越，加速培养一批具有坚定的政治素养、扎实的专业知识、先进的实战经验和卓越的管理能力的复合型人才。

4. 创新培训机制，拓展员工职业能力，激发潜能

根据集团几大产业板块，对工种、岗位、人员进行定量化评估，建立胜任模型，确定各类人才成长与自我学习路径。借助导师带徒、轮岗交流、比武切磋、外部交流等多样化发展路径，争取人人不掉队，争做"新时代学习人"，营造学习型组织文化，全面提升人才的岗位技能和综合素质。

（四）建立岗位和职级相结合的薪酬福利体系

加强岗位价值管理和工作测评与分析。借助测评工具对管理岗位进行评估，依托专业知识、职称及任职资格、角色定位、管理幅度、责任风险等因子明确岗位之间的相对重要性，在薪酬体系中体现岗位价值的差异，建立以岗位价值和绩效为导向的宽带薪酬福利体系。

（五）建立员工职业生涯规划，进一步完善员工年度发展计划，促进员工的职业发展

营造尊重知识、尊重人才、尊重创造的企业文化。在岗位价值评估和绩效管理的基础上，建立管理人员培养与员工职业发展机制，采取"卅"型职业发展通道。根据集团各业务板块、岗位性质和工作特点，推进经营管理、专业技术、技能操作的职业发展体系建设，确定员工在不同职系中的发展通路及要求。

（六）运用信息化工具提高人力资源管理工作效率

现代公司治理，离不开现代互联网信息技术。企业应重视信息化工程建设，增加信息化管理投入，并按以下基本步骤推进人力资源管理信息化。首先，通过人力资源管理系统项目核心模块的实施和推广，实现人力资源信息储存和基础实务的标准化；其次，通过人力资源管理信息化项目的实施，进行人力资源管理流程的改进和优化；再次，实现招聘、培训、薪酬管理、绩效考核和职业发展等工作在人力资源管理信息系统中的信息化；最后，通过人力资源信息化系统的普及与培训，实现人力资源管理信息化的最高级阶段——员工自助服务，从而大大减少人力资源专业人员在行政事务处理方面的工作时间和精力。

八 结论与展望

实施人力资源创新改革的三年来，青岛能源热电公司同时致力于"五化"管理建设，在制定招聘、培训、配置、薪酬、绩效等系列制度的基础上，组织十余次专题会议，通过问卷调查、技术对比分析、专家访谈、实地考察、工作写实等方式开展上述基础工作，结合青岛能源热电公司实际特点，最终摸索出了适合公司发展的定编模型，并形成《定岗定编管理办法》《岗位说明书汇编》《薪酬体系诊断及优化建议》《组织架构优化方案》《组织说明书》等系列规范性项目成果，在集团内部率先完成了定岗定编工作，在供热面积年均增长 10% 的基础上，用工总量减少 399 人，节省成本 4321.1 万元，用工费用同比下降 6.68%，人均劳动生产率稳步提升，取得了显著的经济效应，得到了集团公司的高度肯定和行业内的一致认可。

看同行，补短板，在定岗、定编、定薪工作的基础上，借助互联网信息化平台和手机 App，通力整合培训师资、搭建热电企业内部培训师管理平台，形成了"以企业培训大学为主，相关行业院校为辅"的培训体系，连续多年承办青岛市职业技能大赛、"金蓝领"培训、"暖到家"杯技能培训和技能比武，以赛促培，以考带培，完成了 1662 项，合计 59962 人次的培训，及格率达 100%，切实提高了员工理论水平和实操技能，"能源人"已然成为青岛乃至北方供热行业的标杆与示范。

综上所述，科学、合理地定岗、定编、定薪改革与管理是企业实现人力资源战略目标的有力支撑，也是传统供热企业发展到一定阶段所必然面对、必定解决和必须攻克的课题。回头看，积微成著，向前冲，探求蝶变，现代国有供热企业的人力资源管理工作将站在新的起点上，公司治理将继续加强"转思路，开眼界，讲高度，抓细度"的精益管理，为打造"新思维、新动力、新形象、新能源"夯实管理基础。

参考文献

李凯然、康在龙：《国有供热企业人力资源管理现状与改革优化》，《现代企业》2017 年第 9 期。

钟卉、廖兰芳：《企业标准工时定额管理的实践与思考》，《商场现代化》2017 年第 11 期。

李凯然、康在龙：《国有企业中层领导干部绩效考评管理实证研究》，《企业经济》2018 年第 8 期。

李志娟：《新时期国有企业人力资源管理发展的问题与解决策略》，《现代商业》2020 年第 13 期。

李凯然、康在龙：《集中供热企业转型期人力资源管理实证研究》，《管理观察》2017 年第 12 期。

施旭平、宁娜：《国有企业定岗定编的影响因素及策略分析》，《现代国企研究》2017 年第 2 期。

范姗姗：《国企改革过程中人力资源管理的变革思考》，《管理观察》2019 年第 34 期。

刘岩松：《浅谈国企重组中的人力资源设计》，《国企管理》2019 年第 9 期。

胡滨：《国企人力资源管理的改革与创新》，《现代国企研究》2019 年第 1 期。

林新奇：《定岗定编影响因素及其作用机理》，《企业管理》2017 年第 8 期。

ℝ.6 现代企业人力资源数字化管理的趋势探索

社宝信息科技（上海）有限公司 *

摘　要： 随着国际交流的深入以及中国科技创新进程的不断推进，人力资源数字化管理正在影响着传统招聘、薪资、保险等领域的实践。当前，企业人力资源管理部门正面临着巨大的变化——人力资源数字化管理模式的崛起，即通过技术和创新对人力资源管理中的人事管理、薪酬管理、时间管理、绩效管理、培训管理等业务功能进行规划和部署，提高人力资源管理效率，全面提升人力资源管理质量，为未来人力资源发展提供了新思路。

关键词： 数字化　人力资源管理　商业模式创新

当今，人力资源管理领域正面临着许多挑战和变化。经济全球化、多元化和技术变革对组织提出了新的要求，推动全球人力资源向全新的方向发展。这些挑战为未来人力资源和组织文化建设创造了无数的机会，带来了无限想象，尤其是技术的变革使人力资源走上了一条全新的道路。人才管理被认为是 21 世纪改革的两大主要推动力之一，人力资源的数字化进程正以信息技术、大数据管理等前沿技术影响着人才、人力资源的改革和变革方向。

---

* 执笔人：张建生，社宝信息科技（上海）有限公司市场总监。

全球化引起的研究领域的多样化正在增强，人们对创新和可持续发展的兴趣正在扩大。数字化已成为人力资源管理的必然趋势。

一 人力资源数字化管理的全球化发展背景

（一）何为人力资源数字化管理

人力资源数字化管理模式首先是一种新的人力资源管理模式，这种新的模式是以"电子商务""网络化""人力资源业务流程优化""全面人力资源管理"等核心思想为基础的。社宝信息科技（上海）有限公司（简称社宝科技）旗下稳赢云对企业人力资源数字化转型有过深层次的定义，即利用数字化技术和能力来驱动企业商业模式创新和商业生态系统重构的一种途径与方法。企业通过技术和创新，对人力资源管理中的人事管理、薪酬管理、时间管理、绩效管理、培训管理等业务功能进行规划和部署，提高人力资源管理效率，全面提升人力资源管理质量。利用了各种 IT 手段和技术，如考勤机、各种终端设备等。除了一般的人力资源管理业务员，普通员工、部门领导和公司决策层都会与相应的基础平台存在相应的权限交互。

（二）中国企业人力资源数字化现状

目前，据调查，超过半数的企业表示已经应用了人力资源数字化管理。大部分企业已经应用了团队协同沟通工具，以及提高劳动生产率的团队协作工具。中国企业大面积应用数字化比预期来得更早一些。调查显示，23.1%的企业已经应用移动门户，18.8%的企业已经使用人力资源云平台，说明移动云服务已经成为企业人力资源数字化升级的重要选择。

《2019～2020 年中国企业薪酬福利保障调研报告》显示，已经有63.13%的企业把人力资源数字化新技术视为一种有效的辅助型手段。互联网和大数据的升级和普及、人力成本的逐步上升，这些因素促使越来越多的企业借助第三方数字化平台处理人力资源相关工作，以寻求系统高效化的管理。通过互联网平台，打通人力资源事务中的各个模块，实现一站式全流程管理，将成为大势所趋。

二 日益增长的人力资源数字化管理需求

（一）人力资源数字化管理的意义与作用

1. 人力资源数字化管理的根本意义

根据社宝科技旗下稳赢云对数字化企业（Digital Enterprise）的定义，数字化企业即在内部和外部运营中使用技术作为竞争优势的组织。加强人力资源管理数字化信息化建设，使数字技术在企业人力资源规划、岗位设置、人力成本预测与控制中发挥作用，可以有效降低人力资源管理成本，最大限度地发挥员工创造力，简化业务流程，整合内部资源，提高员工的经验意识，使人力资源管理数字化信息系统中的数据及时、准确，直观地反映组织人事管理的基本情况和发展，可进行人均效益分析和决策，提高企业的组织绩效。由此，即人力资源管理数字化应运而生。

2. 人力资源数字化管理的作用

当前大型企业面临着跨区域、跨组织和文化多元的经营管理挑战，只有不断加强人力资源管理数字信息化建设，才能最大限度地提高管理效率。例如，考勤和薪酬是员工信息管理的重要基础工作之一，但是占用大量人力资源管理人员的时间和精力。《2019～2020年中国企业薪酬福利保障调研报告》显示，薪酬架构的成熟度，将直接影响企业的人力资源体系，也是企业未来可持续发展的因素之一；超六成企业认为，制定薪酬架构主要是为员工的利益着想，合理的薪酬架构能够产生激励作用，提升员工的工作效率以及满意度，对企业和员工产生双赢的效果。人力资源管理数字信息化的应用，可以提高企业薪酬信息搜集效率和准确率，实现区域资源共享。传统的人力资源管理技术效率低下，操作困难，无法实现信息共享。数字信息化技术的迅捷发展，促进了人力资源管理模式的创新，人力资源数字化管理成为未来的主要趋势。

（二）数字化时代人力资源管理模式转型的必要性

共享经济是指借助互联网平台，实现供需精准对接，通过促进社会闲置资源的高效利用和精准配置，实现价值创造的新经济模式。而传统"一对一"的雇佣关系与"共享"的特征有很大不同。为适应共享经济的趋势，变革组织人力资源管理模式势在必行。

人力资源作为最具活力的资源，是企业的重要资源之一，这种资源的共享是组织价值创造的重要源泉。滴滴绝大多数司机都是兼职，司机通过滴滴平台接单，这种共享平台的灵活性使人力资源可以自由加入组织，共享资源价值，而无须传统烦琐的招聘流程和人员培训。根据社宝科技推出的《2020第一季度企业灵活用工调研报告》，在疫情期间，许多企业首选尝试共享用工模式来解决阶段性的用工难问题，有51%的企业选择了灵活用工或者共享用工来"自救"，可以说，共享、灵活已成为引领经济的潮流。

（三）人力资源数字化进程面临的挑战

共享经济催生了人力资源共享，给传统的社会生产关系带来了巨大冲击。所谓人力资源共享，就是劳动者同时为多家企业或平台提供服务或产品，实现企业与劳动者之间的资源共享。传统的员工与企业之间的关系是通过签订劳动合同来确定的。但在数字经济时代，互联网的快速发展增强工作时间和地点的灵活性。多元雇佣关系冲击了传统的劳动合同关系，劳动者与企业的关系呈现多元化，变得更加松散，不再是简单地依附与绝对服从关系，而是基于价值实现的资源配置与赋权关系。

这就使人力资源数字化工具愈发在人力资源管理工作中展现强大的效能。《2019～2020年中国企业薪酬福利保障调研报告》显示，HRSaaS、公有云、私有云等工具是最被人力资源管理者（HR）认可的有价值的数字化工具。67.58%的企业更青睐一款功能强大，能够同步解决人事、审批、考勤、薪资问题的一站式数字化系统。可见，数字化人力资源工具不但在多元化雇佣关系处理中展现了强大的实力，而且能激发员工与公司之间的化学反应。

（四）数字化企业的连接与降本增效

利用数字化进行组织连接是根本需求。应用现代技术打造统一的数字化工作环境，提升团队工作协同效率，降低沟通成本，优化员工体验，提高团队生产力是未来的大势所趋。目前，企业在招聘、劳动关系、证书管理等方面都缺乏规范性，员工与员工的连接性降差。人力资源管理数字化使效率、创新、信息化成为可能，促进人们之间的连接。人力资源数字技术帮助员工相互连接，以借人际关系的建立产生一种归属感，也正因如此，技术意味着连接而不是接触。数字化连接最终会使个人生产力与组织绩效全面提升。

另外是解决困难、降本增效。《2019～2020年中国企业薪酬福利保障调研报告》显示，招聘管理、社保公积金、薪酬服务几乎并列为人力资源管理的TOP 3难题，57.5%的HR认为，招聘管理是目前最需要数字化人力资源工具来协助的工作，其次，56%以及52.5%的HR分别认为，薪酬服务以及社保公积金业务也亟须数字化工具带来的效率提升。人力资源部一直以来都存在工作人员普遍短缺的困难。在部门能量有限的前提下，不仅要做好基本的人事管理工作，而且要搞活公司的人力资源。HR认为的难题基本是重复性的工作，所暴露的问题往往是由缺乏数字化工具所带来的高效工作方式。

着眼公司未来人才战略，解决以上这些问题，人力资源数字化管理迫在眉睫。

三　人力资源数字化管理的企业探索和应用

（一）人力资源数字化的创新性质转变

数字化时代，要实现流程、资产、设备、人员的数字化连接，要通过人员赋能，加快提升人员的数字化连接、协同、分析、决策能力，提高数字化时代人员自我管理、自我决策、自我提升的能力。工作是以人人互联、企业互联为特征的交流与合作。员工可以通过企业工作圈和演讲，促进相互之间的交流、合作和分享，提高工作效率。建立企业社交，连接人与人、人与工作，让原来的业务单位通过社交属性从陌生变为主动协作，让员工体验到工作的乐趣。

（二）数字化转型对传统人力资源体系提出挑战

员工代际转换将挑战传统人力资源管理效率，年轻劳动者更青睐人力资源数字化管理。随着人口结构的演变，"80后""90后"新生代员工成为知识型员工的主力军，"00后"将逐渐登上历史舞台。新生代员工的个人特征和偏好与传统员工存在较大差异，表现出不同的择业观和价值观，更加注重个人价值的实现，对个人发展目标与组织目标的一致性提出了更高要求。

数字化转型的深入、信息化和工业化的融合带来企业、产业和整个社会经济的转型升级，"互联网＋"的模式不断颠覆传统思维定式和传统商业模式。新一代信息技术全面支撑传统产业的各个运营环节，渗透到整个价值链的增值链，推动传统商业模式变革。变革之下，机遇与挑战并存，快速变革造就了大量新兴领域的跨界人才需求，同时对高级生产要素的创新能力、即时反应能力、风险承受能力等提出了更高要求。人力资源从业者还需要不断完善自己，借助技术从日常重复性工作中解脱出来，做更多价值高的工作。从企业方面来说，为了应对转型阶段的人员变动（例如，人员减少、原有岗位被机器取代等）。企业可以提前规划员工职业生涯，关注能力要求的变化，及时提供岗位调动或外部授权培训机会，自然顺利实现转型。

四　新需求带来人力资源数字化深度实践

（一）新型用工模式崛起带来人力资源数字化深度实践

近来自由职业者如雨后春笋般冒了出来。其中一些人因为裁员而被迫自我开业，一些人是厌倦了"996"的工作模式，辞去工作做起小老板；还有一部分人则是遇到了职业发展的瓶颈，触及职场天花板，生活的压力让他们开始思考其他能做的工作，于是就开始做直播、做微商。

《2020第一季度企业灵活用工调研报告》显示，2020年开局，51%的企业已经开始选择灵活用工模式来进行改革和"自救"，展现劳动群体和管理群体的观念突围和转变。不难理解，灵活用工实则是一种新型的社会化人力资源配置模式，也就是企业与员工的关系不再像传统的雇佣关系那样"僵硬"，而是独立合作关系，从而能够帮助企业降低运营成本，企业从中能够最大限度地"减负"，还能提高自身抗风险能力，根据业务灵活调整劳动力结构。而自由职业者个人则能有更多工作的选择，增加收入。

《2020第一季度企业灵活用工调研报告》显示，50.4%的企业对于灵活用工的风险存在一定的顾虑，也有过半数的企业对灵活用工人员的归属感认同有疑虑。可以发现，对于企业来说，灵活用工是降低劳动力成本、提高效率的最佳选择，但在实际操作过程中，灵活用工流动性大、匹配度低、面试率和到达率低，管理层没有从系统模式中规避灵活就业风险、降低就业成本，这些都是阻碍灵活用工发展的绊脚石。事实上，通过数字化灵活就业服务平台，从专业角度去开展灵活用工，风险就不攻自破，同时能更好地帮助企业进行税收、薪资等方面的优化。

（二）构建共享数字化时代组织人力资源管理新生态模式

1. 搭建数字化人力资源共享平台

在数字化时代，组织内部的运作都可以以数字化呈现，从企业采购、生产、物流到销售末端，都可以与数字化相连接。企业的人、财、物、信息资源都可以通过数字化互联网平台实现共享。数字化"大平台"就像一个大转盘，将企业的价值链与各种资源"小产品"连接起来，将企业原有的自动化流程、人员、信息通过计算机有机整合，使企业人力资源得以灵活配置，各项业务得以相互协调，根据不断变化的市场需求和企业经营环境，灵活及时地调整企业的产品结构、各种生产要素和人力资源的配置，快速实现整体优化。随着互联网的普及和数字化的发展，各种干扰信息越来越多，不确定性越来越强，数字共享成为一种新的竞争力，组织必须提高自身的敏捷性，调整自身的适应性，这就要求改变传统的"命令式"管理，在组织和员工之间搭建创意共享平台，利用更强大的信息网络平台快速反应，实现授权赋能式管理。这种"大平台"与"小产品"的共享，帮助企业实现了敏捷、精准的运营，同时也使企业的员工获得了更多的成长机会。

2.构建人力资源数字化管理运营模式

社宝科技旗下稳赢云指出，"人力资源部门是企业数字化转型的推动者和引领者"。随着新的数字共享生态和连接建立，企业的人力资源管理模式必须与新的连接相匹配。在共享经济时代，世界各地的人才都是组织的人力资源，人才通过一项工作任务与组织进行数字化连接，实现与组织的双赢发展。人力资源数字化管理运作模式是利用人才大数据实现人才的准确匹配、看板管理和自主开发，充分实现对人力资源的准确管理。

传统的人事信息是静态的，但在数字时代，企业的人员岗位匹配不再是基于顶端式的组织结构和基于分工与合作的岗位匹配，而是基于工作任务的动态匹配和调整。这种动态的人员和职位之间的数字匹配需要建立一个实时的人才数据库，管理的重点是对人的能力进行判断和挖掘，不仅要勾勒出每个人才的能力和专长，而且要勾勒出人才的缺陷，并实时跟踪和修复人像，实现动态更新。当有工作任务时，可以从人才数据库平台中选择匹配的人才形象，实现基于任务目标的准确的人员和岗位匹配管理。

五 未来人力资源数字化发展趋势

云化、移动化、智能化是数字化人力资源系统的必然趋势。人力资源管理数字化转型战略需要借助数字化技术在人力资源管理领域发挥作用，运用数字化思维顺势而为，打造与企业战略相匹配的人才供应链，建立符合数字化人才的管理机制，是人力资源管理部门从容应对数字化时代人才管理挑战的必然选择。数字技术改变了企业的商业逻辑，数字化转型是企业战略的重塑，实施企业战略的人才也需要重新定义。

在人才吸引和招聘上，一方面，企业需要打造具有知名度和美誉度的雇主品牌形象，吸引更多优秀人才。另一方面，数字时代的人才招聘不再是机械操作。人工智能技术帮助招聘人员自动筛选和识别；视频技术和虚拟现实等面试技术使应聘者和招聘人员能够更高效地交流；利用大数据技术对行业人才报告和薪酬报告进行基准化，可以帮助管理者做出更清晰的人才决策。在员工学习与发展方面，数字化技术给员工学习带来了诸多变化，学习模式从"以教师为中心"转变为"以员工为中心"。员工通过移动设备利用非正式的、社交的（知识社区、问答互动等）碎片化时间学习，而大数据技术结合工作学习档案、行为数据等，为员工量身定制个性化学习方案，自动推送学习课程，助力员工成长，传统的基于流程和功能的学习管理系统将转变为基于员工社会化和知识管理的学习管理平台。数字化企业绩效管理将实现以数据为驱动的绩效管理目标，绩效辅导实时进行，管理更为方便敏捷；员工激励管理与绩效管理集成一体，充分调动员工积极性，激发组织活力，最终达到持续提升组织绩效、提高员工能力的目标。

值得注意的是，人力资源管理的数字化转型不是简单把"人力资源部"改名为"数字人力资源部"，人力资源部门需要进行更富有创造性的思考。人力资源管理者应跳出支撑角色，成为企业数字化转型的引领者、推动者，通过立足数字化转型，帮助企业建立员工能动、业务创新、文化升级的人力资源管理体系，进而实现组织激活。

人力资源管理的数字化转型不是一蹴而就的，而是一个持续迭代、不断进化的过程。相信在未来几年内，随着政府政策、企业态度的不断明朗和数字化技术的高速发展，人力资源行业的数字化转型将迅速突破，实现大跨度飞跃。可以预见，经过数字化转型的企业人力资源管理岗位数量将趋于减少，但在组织中的重要程度会不断提升。面向未来人工智能时代，企业将逐步减少事务性、操作性岗位，将相关工作外包给专业人力资源服务供应商，而将 HR 的精力集中于思考"如何帮助企业在快速变化的商业环境中随机应变""如何制定更好的人才战略""如何建立出色的企业文化和价值观""如何帮助企业领导者建设合理的接班人计划"等问题，这种新价值的迸发，会带领人力资源产业走向新辉煌。

机制创新篇

R.7
充分发挥人力资源管理对中管金融
企业改革发展的战略支撑作用

中国农业发展银行*

摘　要：　本文在分析中国农业发展银行现阶段改革发展所面临的机遇
与挑战的背景下，以人力资源管理为视角，围绕"选、配、
育、用、留"等方面，通过梳理、归纳近几年在人力资源管
理方面进行的探索与实践，进一步总结取得的经验与成效，
提出了集约化的用人理念、动态化的人员配置方式以及不间
断的人力资本投入管理方式，为中国农业发展银行的高质量
发展提供了重要的战略支撑。

*　执笔人：徐长平，中国农业发展银行人力资源部机构人员管理处处长；刘鹏，中国农业发展
银行人力资源部机构人员管理处行政经理。

关键词： 人力资本投入　集约化　动态化管理　战略支撑　高质量发展

党的十九届四中全会通过的《关于坚持和完善中国特色社会主义制度、推进国家治理体系和治理能力现代化若干重大问题的决定》，提出了"推进国有经济布局优化和结构调整"的战略安排。中国农业发展银行（以下简称"农发行"）作为全国唯一的农业政策性银行，进入 21 世纪以来，各类贷款余额从 2000 年末的 7400 亿元，增加到 2019 年末的 5.6 万亿元，增长了 6.6 倍；资产总量从 2000 年末的 7887 亿元，增加到 2019 年末的 7.1 万亿元，增长了 8 倍。20 年来，尽管农发行的业务经营范围不断扩大，资产规模取得了数倍增长，但人员总量稳定，始终保持在 52000 人左右。与 2000 年相比，人均贷款余额、人均资产规模分别增长了 6.3 倍和 7.7 倍，为我国农业经济持续健康发展注入了强劲的动力，发挥了"当先导、补短板、逆周期"作用。如何按照国家的战略部署进一步做强做大做优，实现高质量发展，成为其当前及今后一段时期的主要目标和任务。

面对新形势新任务新要求，为服务"三农"事业、支持脱贫攻坚和乡村振兴提供智力支持和人才保障，进一步发挥人力资源对全行改革发展的战略支撑作用，变得越来越具有现实意义。

一　聚焦发展战略选聘人才

近年来，农发行贷款规模和资产总量大幅增长，职能定位也发生了重大调整，同时，信息科技的快速发展加速了经营管理模式的转变；学历高、专业性强的农业经济、法律、风控、信息科技类专业人才明显短缺。为适应发展要求，本着缺什么人才就招什么人才的原则，农发行提出了更有针对性、更加细化的选才计划。

（一）聚焦服务"三农"

农发行以农为本，伴农成长。为提高服务"三农"的专业化水平，加强农业信贷队伍建设，2019 年起，在校园招聘中增加了农业经济类、土木工程类、水利水电类等与农业信贷相关专业背景的岗位。2019 年全行招录 2423 人，其中农业信贷类岗位招录 2047 人，占比 84.5%。

（二）聚焦脱贫攻坚

积极响应党中央关于全力打好脱贫攻坚战和精准扶贫的战略部署，支持各分行同等条件下优先招录"三区三州"地区和建档立卡贫困家庭的毕业生，助其实现就业脱贫。2019 年，共招录各类贫困生 126 人，占招聘总人数的 5.2%。其中，贵州、四川、江西、甘肃、青海、宁夏、西藏 7 个分行招录建档立卡贫困生的比例超过了 10%。

2020 年是打赢脱贫攻坚战收官之年，农发行进一步加大就业扶贫力度，共招录建档立卡贫困生 138 人，同比增加 12 人，如图 1 所示。3 年间，农发行在"三区三州"和其他艰苦边远地区所在地分支行招聘了大量建档立卡贫困生和家庭贫困生。每招聘一名贫困家庭的大学生，不仅能满足学生自身生活和就业需求，也能解决一个家庭的基本生计问题，体现了人力资源管理中招聘工作在精准扶贫领域中的探索、实践与担当，履行了企业的社会责任。

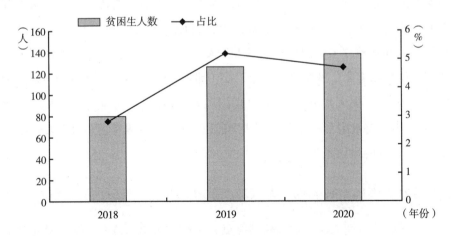

图 1　2018～2020 年贫困生招录人数及占比

（三）聚焦风险防控

为推进治理体系和治理能力现代化建设，防控系统性风险，农发行进一步加大风险防控类专业人才选聘力度，提高相关岗位招聘数量和专业素质要求，从高校毕业生和市场专业机构中选聘了 77 名硕士及以上学历的法律、审计类专业人员，占全年招聘人数的 3.2%。

（四）聚焦金融科技

顺应大数据和金融科技发展趋势，提高集约化、专业化、信息化经营管理水平，着力打造现代化的政策性银行。不断加大信息科技类专业揽才力度，为农发行的信息化建设提供了重要支撑。其中，2019 年通过校园招聘招揽信息科技类人才 69 人，占当年校园招聘总数的 2.8%；配合新核心系统研发等专项任务，通过社会引进的方式一次性招录 30 余名有研发经验的专业技术人才。

截至 2020 年 6 月底，农发行 2020 年度校园招聘共招录毕业生 2946 人，其中，研究生（含硕、博）学历 1540 人，占比 52.3%；本科学历 1406 人，占比 47.7%。从岗位分布上看，为加强党建引领和服务"三农"事业，共招录经济金融（含农业经济）、土木工程、水利水电、党建、哲学、文学等专业毕业生 2555 人，占比 86.7%；为支持脱贫攻坚，继续招录"三区三州"地区和建档立卡贫困户毕业生 138 人，占比 4.7%；为顺应财税制度和管理会计改革需要，共招录财务会计类专业毕业生 284 人，占比 9.6%；为加强合规经营和风险防控管理，共招聘法律类专业毕业生 52 人，占比 1.8%；为支持金融科技发展，共招聘信息科技类专业毕业生 55 人，占比 1.9%，具体情况如图 2 所示。

（五）优化招聘流程，加大揽才留才力度

为适应新时期人才择业和招聘特点，提高人员招聘效率，第一时间留住优秀的人才，2019 年农发行总行在报名、筛选、笔试通知环节缩短了审核

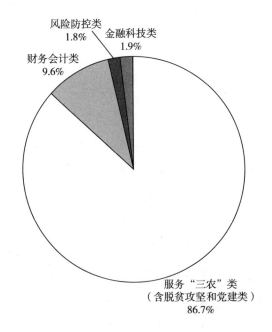

图2　2020年度校园招聘岗位分布（截至2020年6月）

时间，同时优化了进入审批程序，各省级分行择优录取的考生，向总行报备即可。实践中发现，通过优化审批流程，大大缩短了考生面试结束到签约之间的时间，由过去的普遍20天以上缩短到3天左右，签约考生质量和考生体验感、满意度均有不同程度的提高。

二　服务发展战略配置人才

（一）支持国家重大战略，优化战略布局

为支持京津冀协同发展、长江经济带发展、粤港澳大湾区建设、黄河流域生态保护和高质量发展等国家重大战略，农发行通过横向调整、优化人员地域间布局，对涉及的机构（总行机关＋23个省级分行）制订了差异化的人力资源倾斜配套方案。截至2019年末，农发行在上述涉及国家重大战略区域内配备的员工占总员工数的78.3%，平均每个机构配备1719人，比全

行平均数多 122 人。

1. 支持京津冀协同发展

京津冀协同发展涉及 3 个省市，农发行依托总行所在地为北京的优势，积极作为，加强与津、冀两地的合作；2015 年 7 月，与河北省人民政府签订落实《京津冀协同发展规划纲要》战略合作协议，2018 年 12 月，与天津市人民政府签订支持京津冀协同发展全面合作框架协议。

目前，农发行在京津冀地区设有一个总行和 3 个省级分行。总行作为全行的战略决策平台，负责落实国家重大战略部署，制定全行的发展战略，北京、天津、河北分行作为经营管理枢纽平台，配合总行落实执行京津冀协同发展战略。截至 2019 年末，总行和北京市分行配备的员工占京津冀区域内机构总人数的 34.8%，占全行总人数的 3.6%，平均每个机构配备 949 人；天津市分行配备的员工占京津冀区域内机构总人数的 5.5%，占全行总人数的 0.6%；河北省分行配备的员工占京津冀区域内机构总人数的 59.7%，占全行总人数的 6.2%。

2. 支持长江经济带发展

长江中下游是重要粮食产区，长江生态保护、防洪减灾工程建设关系农产品的产量和品质，关系国家粮食安全。长江经济带涉及 7 个集中连片贫困区，是打赢精准脱贫攻坚战的主战场之一。长江生态大保护是我国生态文明建设和生态环境保护的重要组成部分，是打好污染防控攻坚战的主战场。

长江经济带涉及东中西部 11 个省市，农发行根据长江全流域规划，制定了差异化人力资源支持策略。截至 2019 年末，长江经济带途经的 11 个分行（重庆、四川、贵州、云南、江西、湖北、湖南、上海、江苏、浙江、安徽分行）配备的员工占全行总人数的 37.2%，平均每个分行配备 1780 人。

3. 支持粤港澳大湾区建设

粤港澳大湾区是国家建设世界级城市群、参与全球竞争的重要空间载体。粤港澳大湾区建设将对全国深化改革起到带头示范作用，对扩大开放起到带头示范作用，对充分发挥湾区科技、人才集聚优势实现高质量发展起带头示范作用。

广东是国内最大的粮食主销区，粮食需求量自给率低，保证湾区粮食供给和市场稳定对粤港澳大湾区、广东乃至全国粮食安全都有重大意义。广东省分行以保障国家粮食安全作为工作的重中之重，全力做好政策性粮食信贷资金供应，大力支持粮油市场化业务。目前，农发行在广东省辖区内设有 1个省级分行、21 个二级分行、56 个县级支行，共 78 个分支机构。截至2019 年末，广东省分行配备的员工占全行总人数的 3.5%。其中，男员工占比 60%，研究生（含硕、博）学历员工占比 6.8%。

4. 支持黄河流域生态保护和高质量发展

黄河流域绝大部分位于中西部欠发达地区，涉及 5 个集中连片特困地区，同时又是我国重要的粮食主产区。黄河流域生态保护和高质量发展，与农发行助力打赢三大攻坚战和保障国家粮食安全的职责密切相关。

黄河流域涉及东中西部 9 个省区市。农发行根据黄河全流域规划，制定了人力资源方面的支持策略及行动方案。黄河流域途经的 9 个分行（青海、四川、甘肃、宁夏、内蒙古、山西、陕西、河南、山东分行）配备的员工占全行总人数的 32.3%，平均每个分行配备 1893 人。

（二）明确职能定位，优化层级间布局

经过近 20 年的发展，农发行已实现了由专司粮棉油收购资金封闭管理向全方位支持"三农"转变，贷款种类由粮棉油两类四个品种，增加到包括脱贫攻坚、农业现代化、城乡一体化、改善农村人居环境、水利、林业资源开发与保护、农村土地整治等在内的八大类七十二个品种，基本覆盖了"三农"的主要领域。截至 2019 年末，农发行各类贷款余额达到 5.6 万亿元，是 2000 年的 7.6 倍；资产总量达到 7.1 万亿，是 2000 年的 9 倍。此外，信息科技的迅猛发展和应用大大提高了集约化程度和工作效率，对数量大、重复性高的操作性工作产生了巨大的替代效应。

为顺应现代银行发展趋势，推进治理体系和治理能力现代化，农发行按照集约化、扁平化、专业化、信息化目标，计划用 1~2 年的时间，对现有的

"三级行管理、一级行经营"的经营管理模式进行适当调整，在严格控制人员总量的基础上，调整优化各级行人员布局，改变人员集中沉淀在基层行、管理行从基层行大量借调人员的不合理情况，强化集约运营，提升管理重心。

（三）注重发展质量，优化地域间布局

通过加强顶层设计，进一步厘清各级行职能边界，完善部门设置，在控制人员总量、优化人员结构的前提下，按照业务规模、管理难度和复杂程度，对分支行实行分类管理、动态调整，有区别地设置部门和配备人员。总体思路是资源配置向规模大、质效好的行倾斜，为争创一流提供必要的保障；对人员年龄结构老化、专业结构亟须改善的行，适当提前储备人员，为转型升级和可持续发展奠定基础；对业务量较小或经营不善的行，实行降级处理，从而达到鞭策后进的目的。

在综合考虑历史问题和客观现状的基础上，通过分类管理、动态调整人员配置，为各分支行的转型和发展留有人员流转调配空间。

三　整合资源培育人才

对标同业教育培训优秀做法，结合自身人才队伍实际，农发行在人才培养方面坚持统放结合、按需施教、分类培训，充分利用行校、内部讲师、高校师资、境外培训班等多种渠道，摸索出了一条"既要懂金融、又要懂农业"的育才之路，着力推动全行干部员工素质能力全面提升。

（一）有计划、分层次地培训员工

通过制定《农发行2019～2022年干部教育培训规划》，对农发行今后几年的培训进行全面安排。大力实施政治能力提升、领军人才、复合人才、优秀年轻干部、专业人才、基层行青年英才"六大培训工程"，突出"一把手"、新提拔干部、长期未参训人员培训，确立"入职必训、提职必训、转岗必训"基本原则，加强对省级分行的培训统筹指导，谋划做好全行教育培训工作。

（二）整合行校、高校、境外资源集中办学

2019 年，紧跟党和国家重大政策，农发行深化八项改革部署等，先后组织了省级分行党委书记暨总行机关部门党组织书记集中培训班、财经政策培训班等 5 个高级管理人员培训班，共计 200 余人参加了培训。采取行校办学、线上线下、国内国（境）外相结合等方式开展针对性培训，先后举办领导干部研修班、人力资源专题培训班、中长期经营管理（EMT）培训班、因公出国（境）培训班、"三区三州"基层行骨干培训班等培训 34 期，培训近 9000 人次；指导业务部门开展专业培训 53 期，培训近 4400 人次，总行党校（职工大学）培训班次、人次创历史新高，教育培训实现了多层次、全方位、广覆盖。

（三）加强师资建设，保证培训质量

加强培训能力建设，不断完善课程教材体系，增加特色培训内容，成立教材编审委员会，编写新员工入行指引手册等教程。完善职工教育经费、因公出国培训等管理制度和办法，建立行校合作办学、分类分级培训、培训评估考评等机制，抓好兼职教师队伍和线上培训系统建设，加大培训投入，初步确立与高质量发展相衔接、相配套的教育培训体系，为全行干部增长本领创造条件。

四　广开渠道，锻炼使用人才

（一）畅通交流挂职机制，拓宽选人用人渠道

加大优秀年轻干部培养和系统内外纵向、横向交流力度，农发行通过交流挂职选派等方式，把优秀、有潜质的人才放到重要岗位和艰苦环境中锻炼。一是畅通系统内上下交流机制。2019 年从总行选派 20 名副总经理及以下干部到系统分支机构交流挂职，从省级分行选调 13 名优秀年轻干部担任

总行部室负责人。二是加强与政府横向交流。结合农发行主要业务战场、本人专业特长和人才重点培养方向，从全行选派 100 余名政治素质强、专业能力过硬、有发展潜力的中青年人才到地方党政、发改委、财政部门等相关岗位挂职或分管政府金融工作。三是鼓励到艰苦环境中历练。选调东部地区优秀年轻干部到"三区三州"行挂职或交流任职，从"三区三州"行选派骨干到东部地区交流锻炼或跟班学习，从总行机关选派 4 名干部到新疆、西藏、青海分行任职。四是注重基层实习锻炼。针对 2019 年总行机关校园招聘的 100 余名优秀毕业生，制订了为期两年的"蹲苗"计划。第一年安排在二级分行实习锻炼，主要熟悉业务品种、营销方式、前台操作流程等；第二年安排在省级分行实习锻炼，在前期感性认识的基础上，加强对业务全流程的了解，包括营销、贷前调查、信用审批、贷后管理、内控合规管理、风险防控等，并逐步熟悉管理行工作机制。五是选派骨干到困难行啃"硬骨头"。专门选派有潜力的优秀年轻干部到业务发展困难的分支行任职，一方面通过"压担子""淬火"等方式，提高干部自身的素质和能力；另一方面集中优势人才力量去啃"硬骨头"，助力困难行早日脱困。

（二）加大定期轮岗力度，助力员工快速成长

加大全员轮岗力度，农发行员工多岗位锻炼，农发行采取了以下四种做法。一是完善制度。制定《全面加强干部员工轮岗工作规定》和《重要岗位工作人员轮岗和强制休假管理办法》，进一步明确轮岗人员范围，突出强调重要岗位人员交流轮岗年限要求。二是摸清底数。为切实做好重要岗位轮岗工作，人力资源部组织开展了各行自查、检查工作，明确了 3 年目标和任务，提出了分类管理、分级管理、各条线协调联动等措施。三是建立台账。要求各级行建立和完善重要岗位人员轮岗管理台账和报告制度，加强日常跟踪管理，确保轮岗工作落实到位。四是强化考核。把重要岗位轮岗情况纳入经营管理考核体系之中，将考核结果与评优评先、绩效工资挂钩。坚持交流轮岗与培养使用相结合，鼓励员工在不同工作条线、不同工作岗位历练，将交流轮岗作为提升员工全方面能力的重要途径。

截至 2019 年末，农发行各类重要岗位综合轮岗率达到 99.7%，同比提高 8.9 个百分点，其中各级管理岗位轮岗率达到 99.4%，同比提高 11.4 个百分点，基层操作岗位达到 99.9%，同比提高 7.4 个百分点。

（三）建立专业岗位体系，实现"双通道"发展路径

为加强人才队伍建设，拓宽各级行员工职业发展通道，充分发挥专业骨干的积极性，在管理岗位序列之外，农发行专门制定了专业岗位序列，组成了管理岗位与专业岗位双线运行、互相转换的员工职业发展通道。专业岗位设置经理、工程师两类。其中，经理类专业岗位设置特级经理、资深经理、资深副经理、高级经理、高级副经理、经理、副经理、执行经理、执行副经理 9 个等级，工程师类专业岗位设置总工程师、副总工程师、主任工程师、副主任工程师、主管工程师、副主管工程师、执行工程师 7 个等级，如表 1 所示。

表 1　管理岗位与专业岗位职级对应关系

管理岗位序列	专业岗位序列	
	经理类序列	工程师类序列
三级管理岗位	特级经理	
四级管理岗位	资深经理	总工程师
五级管理岗位	资深副经理	副总工程师
	高级经理	主任工程师
六级管理岗位	高级副经理	副主任工程师
七级管理岗位	经理	主管工程师
八级管理岗位	副经理	副主管工程师
—	执行经理	执行工程师
—	执行副经理	

注：以上对应关系只作为内部管理参照。

通过建立专业岗位序列，一部分钻业务、懂技术的员工走上了专业岗位，有效缓解了千军万马走管理岗"独木桥"带来的矛盾，同时调动了大部分员工的积极性。

五　完善机制，留住人才

农发行近年来的人力资源管理实践表明，集约化的用人理念、动态化的人员布局方式以及不间断的人力资本投入（包括延揽高素质人才、教育培训、薪酬福利保障等），为农发行的高质量发展提供了重要的战略支撑。

（一）积极推进绩效考核机制改革

考核是现代企业管理的重要内容，也是提升企业经营管理质效的有效手段。2015 年农发行专门设立绩效考核办，引入先进考核理念，对标管理要求，借鉴同业做法，建立以突出服务国家战略、侧重风险控制、兼顾可持续发展能力为导向的考核体系，使考核工作更加健全、完善。

目前，由农发行总行组织开展的考核主要分为两个层面。第一个层面是全行性的综合考核，由省级分行领导班子及成员考核、省级分行绩效考核、总行机关部室及员工绩效考核三部分构成。其中，省级分行领导班子及成员考核包括党风廉政建设情况，直接采用党风廉政建设责任制考核结果；经营业绩情况，由省级分行绩效考核得分按照 50% 的比例折算为项得分；综合测评情况，重点是领导班子及成员履行党建责任、抓政治建设、贯彻民主集中制等评议情况。省级分行绩效考核，主要是对省级分行业务经营情况的总体评价，由综合考核和脱贫攻坚考核两个方面构成。总行机关部室及员工绩效考核，主要是针对机关工作特点，对总行各部室及其所有员工进行综合考评，分为"部门（岗位）履职"、"党建廉政"、"基础管理"和"综合测评"四个方面。第二个层面是承接全行性综合考核而开展的 6 个专项考核，其中党组织书记抓党建述职评议、党员积分管理、党风廉政建设和支部工作量化考核，主要运用于省级分行领导班子及成员、总行机关部室及员工绩效考核；支持脱贫攻坚工作考核和省级分行综合考核，主要运用于省级分行绩效考核，考核体系构成如图 3 所示。

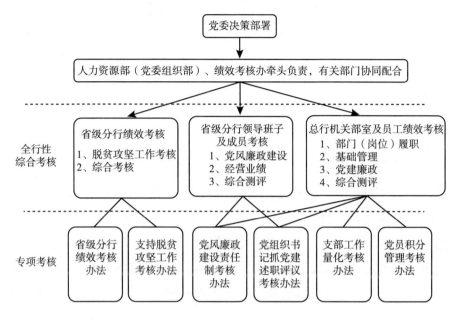

图3　绩效考核体系构成

省级分行以下各级分支机构的考核，由省级分行按照总行考核政策组织实施，从而在全行形成了总分结合、"政""绩"融合、特色鲜明、特点突出、全面覆盖的绩效考核体系；同时，考核工作也得到了上级有关部门的认可，在财政部政策性金融机构绩效评价中连续三年被评为 A 类。

（二）稳步推进薪酬制度改革

一是全面落实员工绩效工资管理办法，其中，基础性绩效工资用以保障员工日常生活水平，主要体现公平性；奖励性绩效工资用以发挥考核激励导向作用，主要体现效率性。二是有序实施绩效工资延期支付办法，对高级管理人员和对风险有重要影响的岗位实行绩效工资延期支付及追索扣回制度，增强风险管理意识。三是改革工资总额管理模式，建立"增人不增工资总额、减人不减工资总额"的激励约束机制；建立健全工资储备金制度，在各级行建立"奖金池"，发挥以丰补歉调剂作用，保障员工工资收入的稳定性。四是妥善解决员工工资收入地区差异问题，结合地区经济发展水平、物价水平和历史因素，参照国家统计部门发布的相关指标，规范和调整基础性绩效工资标准。

通过落实薪酬制度改革各项工作，进一步强化了工资资源的激励约束作用，激发了各分行减员增效的内生动力。

（三）着力完善内部收入分配机制

一是建立资金同业、信息科技人员奖励机制和研发人员补贴机制，培养长期稳定的专业化队伍，激励高层次人才的积极性和创造性，提高工作质量。二是按照责权利相匹配要求，绩效工资分配重点向经营一线、关键岗位、紧缺急需的高层次人才、业务骨干和作出突出贡献的员工倾斜。三是逐步推进奖励性绩效工资零基数管理，提高省级分行统筹决定内部工资分配的自主性和积极性，强化穿透管理。四是完善挂钩联动办法，员工的绩效薪酬与自身考核结果、所在机构（部门）考核结果挂钩，集中各方力量形成经营合力。五是建立累进奖励机制，对连续三年考核被确定为"绩效突出"档次的员工给予一次性奖励。六是对违规违纪受处理员工按规定比例扣减即期或延期奖励性绩效工资，督促员工行为合法合规。

通过完善内部收入分配机制各项工作，逐步打破收入分配平均主义，拉开了内部收入分配差距，进一步提高了全行各层级机构员工工资收入分配曲线斜率。

R.8
人力资源视角下的中国汽车
行业发展周期探索

华晨汽车集团控股有限公司 *

摘　要： 本文以企业生命周期理论为依据，通过分析、提炼2014年以来中国汽车行业劳动用工和薪酬对标报告的相关数据，构建了人力资源生命周期模型，从人力资源的视角判断样本企业的发展周期，并将该判断结论与样本企业的财务情况和实际调研结果进行比对，以验证人力资源生命周期模型的可靠性。在此基础上，以该模型为工具，通过采集中国汽车行业人力资源数据，推断中国汽车行业处于稳定期末期，未来迈入调整/变革/挣扎期的可能性较大。

关键词： 行业发展周期　人力资源　企业生命周期　汽车行业

一　研究背景

中国现为全球最大的汽车生产和消费国，然而面对2018年首次出现的产销量年度负增长，以及汽车消费需求日益多元化和转型升级的现实情况，对于中国汽车产业是步入了下行通道，还是仍处于高增长、高利润的黄金时

---

* 执笔人：郝乐乐，华晨汽车集团控股有限公司高级管理师；赫英书，华晨汽车集团控股有限公司党委副书记；刘雁冰，华晨汽车集团控股有限公司组织部（人力资源部）部长；宗宇淙，华晨汽车制造有限公司副总经理；于嘉伟，华晨东兴汽车零部件有限公司主管。

代，抑或行将弯道超车、重新洗牌，机遇与挑战并存，业内出现了不同的声音和观点。源于浸淫中国汽车行业多年，对其深切的热爱和关注，秉持着汽车行业从业者的一份责任感、使命感，我们尝试凭借现有资源，以一种科学、可行的方式，较为清晰地勾画了中国汽车产业的发展周期和变化趋势。

多年的管理实践使我们深深认识到人力资源管理与企业管理之间存在着密切联系。企业在不同的发展时期，面临内外部环境的变化，差异化战略规划的制定，适合的经营策略选择，这些都有赖于人力资源的有效组合。而企业实际的经营成果和发展情况，也会在人力资源的相关指标变化趋势中得以体现。

目前，行业内尚没有一个能够将人力资源相关指标的变化和企业经营情况与发展趋势相对应的模型，而两者的联系又客观存在，那么二者到底是怎样的逻辑关系，企业身处快速发展、稳中有进、近况不佳等不同时期，人力资源管理又会呈现什么样的变化特点，上述疑问成为驱动我们开展本次研究的驱动力。

二 分析研究过程和模型建立

（一）世界上任何事物的发展都存在生命周期，每一个行业和企业也不应例外

在翻阅相关文献之后，我们发现自 20 世纪 50 年代以来，有许多学者都开始关注企业生命周期，并从不同视角对其进行了考察和研究，其中最有代表性的是美国学者伊查克·爱迪思，他曾用 20 余年的时间研究企业如何发展、老化和衰亡，并在其专著《企业生命周期》中，揭示了企业生存发展的规律和轨迹，将企业生命周期分为孕育期、青春期、壮年期等十个阶段，生动地概括了不同阶段的特征，提出了相应的对策。

基于伊查克·爱迪思的研究成果，结合自身的管理经验，我们初步将中国汽车产业和车企的发展周期划分为 5 个阶段：萌芽期、发展期、稳定期、调整/变革/挣扎期和衰退期。

（二）在明确了研究的理论基础和发展周期的划分之后，确定人力资源各类数据的来源

基于中国汽车行业劳动用工对标报告和薪酬对标报告数据存在的如下特点，我们认为其具备极大的参考性和应用价值，可以采集和研究。

1. 广泛性。行业对标报告由业内主流车企和人力资源经理人组织联合发起，参与对标企业的销量占行业整体销量的80%，样本数据量大，能够代表整个行业。

2. 连续性。行业对标自2014年开始，已连续进行了5年，参与单位逐步扩展，对标板块不断细化，数据经过5年的沉淀和积累，呈现了明显的变化趋势。

3. 精准性。行业对标伊始就对各指标做了明确定义，统计口径做了清晰说明，确保了历年对标报告指标的一致性和数据的精准性。

（三）在确定数据采集途径之后，对整车集团的各类人力资源指标进行归纳、梳理，系统分析指标间的内在逻辑关系

经过反复推演论证，初步提炼了四个分析维度：①效率维度反映的是整车企业人均产出情况，由人均营收、人均利润、人均工业增加值、人均利润四个指标构成；②经营维度反映整车企业主营业务发展状况，由营收和销量两个指标构成；③负担维度体现企业人工成本的消耗情况和单位人工成本的贡献情况，由人事费用率和人工成本利润率两个指标构成；④结构和流动性维度是指企业在不同状况下，人员数量流动变化趋势和人员结构的变化趋势，由离职率和各类人员占比等指标构成。

（四）不同发展周期企业呈现的特征和各维度数据表现

1. 萌芽期

生产组织、技术工艺和业务模式、渠道、品牌形象等远未成熟，处于缺少资金和资源，抗风险能力弱的生存状态，策略灵活、可控性差，决策权高度集中，极易受外部机会驱使。因此每一个维度的指标均大概率处于无规律波动状态。

2. 发展期

发展方向、战略目标、企业运营管理等趋于定形，主营业务快速发展，行业地位不断提升，创新精神仍然较强，但由于是快速发展，存在实际管理水平滞后于业务发展需要的可能性，为此需不断调整和完善。与此对应，效率、经营维度指标整体上应处于连续大幅提升状态，负担维度指标既可能大幅提升，也可能会出现波动。

3. 稳定期

发展稳健，基本与行业的发展变化保持同步，行业地位稳固，具备较强的竞争力，能够展现较强的资源整合能力和控制能力。在指标数据表现方面，效率、经营及负担维度整体上应处于小幅波动或稳定的状态。

4. 调整/变革/挣扎期

动作频频，主动或被动地开展业务扩张、重组，进行内外部资源的整合与管理变革。因此在这个阶段，各维度指标的数据会呈现多种变化趋势，需结合起来具体分析。

5. 衰退期

业务严重萎缩，内忧外患，行业地位不保，伴随而来的是企业内部氛围紧张、人心动荡，导致经营、负担维度的指标连续大幅下滑，效率维度指标同样以下滑趋势为主。

（五）基于以上假设，构建人力资源生命周期模型

模型由效率维度的整体一个指标，经营、负担维度的各两个指标，共计五个指标构成。模型暂以 2014 年为初始年份，通过测算历年指标数据与上一年的变化，观察数据表现，描绘变化趋势：连续大幅增长或下降、总体保持稳定、小幅增长或下降、波动增长或下降、先升后降或先降后升等。不同指标的趋势线存在交叉、间距放大或缩小的情况，可结合具体情况进一步分析形成一些有价值的判断。

表1　人力资源生命周期模型

阶段	指标数据表现和变化趋势				
	效率	营收	销量	人事费用率	人工成本利润率
萌芽期	—	—	—	—	—
发展期	↗	↗	↗	↗ 或 ↗	↗ 或 ↗
稳定期	➡ 或 ↝	➡ 或 ↝	➡ 或 ↝	➡ 或 ↝	➡ 或 ↝
调整/变革/挣扎期	↻ / ∩ / ↘ / ↗	↗ / ∩ / — / ↗	↗ / ∩ / — / —	↻ / ∩ / ↘ 或 ↝ / ↗	↻ / ∩（降幅最为明显）/ 或 观察期或出现负值 / ↗
衰退期	↘（观察期或出现负值）	↘	↘		↘（观察期或出现负值）

（六）样本企业推断

基于构建的人力资源生命周期模型，以5家整车集团、4家整车企业、7家零部件企业为样本，推断其发展周期。

表2　人力资源生命周期模型推断的样本企业发展周期

序号	车企	人力资源指标数据特征	模型推断
1	整车集团A	各指标数据小幅波动	稳定期
2	整车集团B	各指标数据先升后降，且降幅较大	调整/变革/挣扎期
3	整车集团C	效率、营收、销量连续大幅提升，人事费用率和人工成本利润率小幅波动	发展期
4	整车集团D	各指标数据连续大幅提升	发展期
5	整车集团E	各指标数据小幅波动	稳定期
6	上市车企A	各指标数据小幅波动	稳定期
7	上市车企B	销量、营收小幅波动，效率、人事费用率波动下降，人工成本利润率连续大幅下降	调整/变革/挣扎期
8	上市车企C	各指标数据大幅波动	调整/变革/挣扎期
9	上市车企D	各指标数据连续大幅下降，连续出现负值	衰退期
10	上市零部件企业A	营收、效率连续小幅提升，人工成本利润率、人事费用率小幅波动	稳定期

续表

序号	车企	人力资源指标数据特征	模型推断
11	上市零部件企业 B	各指标数据小幅波动	稳定期
12	上市零部件企业 C	营收提升明显，其他指标先降后升	调整/变革/挣扎期
13	上市零部件企业 D	营收提升明显，其他指标先降后升	调整/变革/挣扎期
14	上市零部件企业 E	各指标数据整体上小幅波动	稳定期
15	上市零部件企业 F	效率提升，其他指标波动下降	调整/变革/挣扎期
16	上市零部件企业 G	效率提升，其他指标波动下降	调整/变革/挣扎期

三 人力资源生命周期模型的验证

针对以人力资源生命周期模型推断的 16 家样本企业发展周期结论是否可信，我们分别通过财务数据、实际调查两种途径对人力资源生命周期模型进行了验证。

（一）财务数据验证

提炼财务三大报表中的相关指标，比对分析后，结合企业在不同发展周期会呈现如下的特征和数据表现。构建类似于人力资源生命周期模型的财务

表 3 财务数据验证模型

阶段	指标数据表现和变化趋势					
	营业收入	经营现金流量	归属于上市公司股东的扣除非常性损益净利润	营业外收入占利润总额比	速动比率	资本积累率
萌芽期	—	—	—	—	—	—
发展期	↗	↗	↗	—	—	↗
稳定期	→	→	→	较低	—	→
调整/变革/挣扎期	⤴ 或 〰 或 →	⤴ 或 〰 或 →	↘ 或 〰	较高	↘	↘ 或 〰 或 ↘
衰退期	↘	↘	↘		↘	↘

验证模型。该模型主要由营业收入、经营现金流量、归属于上市公司股东的扣除非经常性损益净利润、营业外收入占利润总额比、速动比率、资本积累率等6个指标构成，同样暂以2014年为初始年份，通过观察样本企业各指标的历年同比变化趋势，判断样本企业的发展阶段。

整理前述16家样本企业的相关财务数据，根据财务验证模型得出的样本企业发展阶段判断结论，对人力资源生命周期模型推导的结论进行校验。通过校验，我们发现，整体上人力资源生命周期模型推导结论与财务验证模型推导结论符合的有14家企业，较符合的有2家企业，无结果相异的企业，校验详情如表4所示。

表4 财务数据验证模型对人力资源生命周期模型推断结论的校验情况

序号	车企	人力资源生命周期模型推断结论	财务数据验证模型推断结论		校验结论
			数据特征	判断周期	
1	整车集团A	稳定期	主要财务数据稳健增长	稳定期	符合
2	整车集团B	调整/变革/挣扎期	主要财务数据先升后降，净利润出现负值	调整/变革/挣扎期	符合
3	整车集团C	发展期	主要财务数据连续、大幅增长	发展期	符合
4	整车集团D	发展期	主要财务数据连续、大幅增长	发展期	符合
5	整车集团E	稳定期	主要财务指标小幅波动	稳定期	符合
6	上市车企A	稳定期	主要财务指标整体上小幅波动	稳定期	符合
7	上市车企B	调整/变革/挣扎期	部分财务指标小幅波动，利润明显连续下滑	调整/变革/挣扎期	符合
8	上市车企C	调整/变革/挣扎期	部分财务指标小幅波动，净利润持续为负	调整/变革/挣扎期	符合
9	上市车企D	衰退期	主要财务指标连续下滑，利润持续为负	衰退期	符合
10	上市零部件企业A	稳定期	主要财务数据稳健增长	稳定期	符合
11	上市零部件企业B	稳定期	主要财务数据小幅波动	稳定期	符合

续表

序号	车企	人力资源生命周期模型推断结论	财务数据验证模型推断结论		校验结论
			数据特征	判断周期	
12	上市零部件企业 C	调整/变革/挣扎期	主要财务数据连续增长	发展期或调整/变革/挣扎期	较符合
13	上市零部件企业 D	调整/变革/挣扎期	部分财务指标增长强劲,净利润出现负值	发展期或调整/变革/挣扎期	较符合
14	上市零部件企业 E	稳定期	主要财务指标小幅波动	稳定期	符合
15	上市零部件企业 F	调整/变革/挣扎期	部分财务指标保持增长,净利润下滑明显并出现负值	调整/变革/挣扎期	符合
16	上市零部件企业 G	调整/变革/挣扎期	部分财务指标保持增长,净利润持续为负	调整/变革/挣扎期	符合

（二）实际调查验证

通过业内会议互动交流、实地调研访谈等方式，了解对标样本企业的经营情况。将交流、访谈记录进行系统的整理后，与人力资源生命周期模型的结论和财务验证模型的判断进行对比，我们发现，结论基本一致，校验详情如表5所示。

表5 访谈、调查结果与人力资源生命周期模型、财务数据验证模型推断结论的校验情况

序号	车企	人力资源生命周期模型推断	财务数据验证模型推断	业内互动交流、实地调研访谈情况和判断		校验结论
				访谈结果	判断周期	
1	整车集团 A	稳定期	稳定期	保持市场领先地位,稳中有进,板块协同,高质量发展	稳定期	符合
2	整车集团 B	调整/变革/挣扎期	调整/变革/挣扎期	近况不佳,开展战略研讨厘清战略思路和战略举措,启动第三次创业	调整/变革/挣扎期	符合
3	整车集团 C	发展期	发展期	产销高于行业增速,产品质量和品牌形象不断完善,整体表现强劲	发展期	符合
4	整车集团 D	发展期	发展期	发展快速,持续、高效进行技术开发和自我创新,规模快速扩大,自主业务大放异彩	发展期	符合

续表

| 序号 | 车企 | 人力资源生命周期模型推断 | 财务验证模型推断 | 业内互动交流、实地调研访谈情况和判断 | | 校验结论 |
				访谈结果	判断周期	
5	整车集团 E	稳定期	稳定期	经营保持稳定,商品力持续提升	稳定期	符合
6	上市车企 A	稳定期	稳定期	持续夯实经营基础,保持稳定发展的同时调整产品结构,完善产品布局	稳定期	符合
7	上市车企 B	调整/变革/挣扎期	调整/变革/挣扎期	一方面推动新产品开发,控制运营成本,提升生产效率,另一方面在新产品、新技术等方面开展投资	调整/变革/挣扎期	符合
8	上市车企 C	调整/变革/挣扎期	调整/变革/挣扎期	全力筹措资金,剥离相关业务,调整整体架构,尝试通过变革摆脱困境	调整/变革/挣扎期	符合
9	上市车企 D	衰退期	衰退期	萎靡不振,营销刺激举措收效甚微,开启第四次创业	衰退期	符合
10	上市零部件企业 A	稳定期	稳定期	经营业绩稳中有升,综合竞争力不断加强,努力打造全产业链	稳定期	符合
11	上市零部件企业 B	稳定期	稳定期	良性经营,积极拓展和开发外部市场,进一步优化资源配置	稳定期	符合
12	上市零部件企业 C	调整/变革/挣扎期	发展期或调整/变革/挣扎期	开展兼并活动,扩大规模,持续加大新兴业务研发和产业化力度	调整/变革期/挣扎期	较符合
13	上市零部件企业 D	调整/变革/挣扎期	发展期或调整/变革/挣扎期	进行强有力的业务外延扩张,扩大规模,聚焦汽车主业	调整/变革期/挣扎期	较符合
14	上市零部件企业 E	稳定期	稳定期	在保持稳定增长的同时,提升管理水平,确保经营业绩	稳定期	符合
15	上市零部件企业 F	调整/变革/挣扎期	调整/变革/挣扎期	面临的经营压力在持续增大	调整/变革/挣扎期	符合
16	上市零部件企业 G	调整/变革/挣扎期	调整/变革/挣扎期	面临诸多困难,非公开发行募集资金,实施员工持股计划,引入战略投资者,优化公司治理结构	调整/变革/挣扎期	符合

（三）结论

以人力资源生命周期模型为工具，对16家样本企业发展阶段和生命周期推断的结论，整体上与财务数据验证模型的判断、实地调研的情况相吻合，效度得到保证；同时，由于人力资源生命周期模型各指标的数据采集自行业对标报告，数据口径定义明确、精准，信度可以得到保证。

综上所述，鉴于效度和信度均可得到保证，我们认为以人力资源生命周期模型为工具，推断中国汽车行业整体状况和未来的发展趋势是可行的，所得结论也应较为可靠。

四 基于人力资源生命周期模型判断 中国汽车行业的发展周期

首先，根据人力资源生命周期模型，对2014～2018年中国汽车行业劳动用工和薪酬对标报告中的相关数据进行整理，结果如表6所示。

表6 2014～2018年人力资源生命周期模型行业指标数据

年份	效率	销量	营收	人事费用率	人工成本利润率
2014	1	1	1	1	1
2015	0.96	1.09	1.11	0.95	0.83
2016	1.09	1.14	1.15	1.06	0.95
2017	1.07	1.05	1.16	1.00	0.97
2018	1.01	1.00	1.06	0.96	0.90

其次，将以上数据代入人力资源生命周期模型，可以看到效率、销量、营收、人事费用率、人工成本利润率等指标增幅小幅波动，判断行业仍处于稳定期；但人事费用率和人工成本利润率的同比增长率呈现波动下降趋势，表明行业面临着持续上升的人工成本压力，加之销量、营收增幅出现拐点，暗示行业或已处于稳定期末期，在新技术、政策因素的叠加影响下，未来迈

入调整/变革/挣扎期的可能性较大。

另外，发现以下几点：第一，营收增幅高于销量增幅，表明行业整体上产品单价增幅明显，产品调整、升级较快，各车企在竞争压力下努力提升产品附加值；第二，人事费用率增幅高于人工成本利润率增幅，表明行业受成本、外部竞争等多重因素影响，盈利水平下滑，综合判断或以告别高增速和高利润率的时代；第三，效率增幅高于人工成本利润率和人事费用率的增幅，表明相对于人工成本而言，行业内更关注人员总量的控制，也取得了一定成效。

当前，中国正凭借其巨大的市场体量、近十亿的潜在消费群体、高效完备的供应链和蔚然成风的互联网生态系统，日渐成为全球汽车产业革命的主战场。在新技术、新商业模式的助推下，可以预见的是未来汽车产业将会发生更为深刻、剧烈的变革，而人力资源生命周期模型正是以人力资源为切入点，希冀从某种程度上能够洞察行业发生的变化，预测行业未来的变化趋势。

未来已来，将至已至，洞察趋势，方能预见未来，前瞻布局。

参考文献

〔美〕伊查克·爱迪思：《企业生命周期》，赵睿译，华夏出版社，2004。

R.9

打造共享中台，强化市场机制，提升组织效能

——人力资源呼叫交易结算机制创新

中兴通讯股份有限公司*

摘　要： 在全球化和互联网时代背景下，大型组织如何打破行政边界强化资源配置，HR 管理如何推动管理体制和机制创新是当下面临的重要管理挑战。本文以中兴通讯为例，重点从项目化运作、共享中台打造构建市场化资源呼叫交易结算机制的构建，讨论分析了基于市场交易机制构建的 HR、财务和运营等平台管理机制的变革思路和具体实践。

关键词： 组织效能　能力中心　共享中台　交易机制

"潮水退去才知道谁在裸泳"，在突发的疫情形势下 2020 年各行各业压力巨大，整体效益下降明显，严峻的形势更加考验企业的经营质量。不过依然有不少企业逆流而上进一步抢占先机，为未来的复苏发展奠定基础。这些企业的共同点就是具备强大的组织能力、稳健的现金流和卓越的企业效能，而这些造就了短期的业绩表现，更凸显了中长期和面临疫情的形势下企业的价值和韧劲。

企业效能管理是企业以效能为中心，为了保证企业目标的实现，通过优

---

* 执笔人：郑利锋，中兴通讯股份有限公司 HR 一部副部长/云视频及能源产品经营部人力资源总监。

化组织结构，合理配置人、财、物等资源，强化职能分工管理，同时注重运用控制职能维护和督促整个管理体系作用的发挥，以提高工作效率和经济效益而发挥的最大效能。公司一切管理体系的规划设计和运作的核心目的就是提高效率和效益，组织能力、现金流和高周转等能力本质上都是围绕效率和效益两个基点。

如何提升企业运作效率、提高投入产出比是各单位面临的巨大挑战，特别是大型企业由于内部运作流程复杂，组织机构设置比较庞杂，可能存在经营逻辑不清晰，投入产出比核算困难等经营问题。笔者所在的中兴通讯是全球领先的综合通信解决方案提供商，成立于1985年，是在香港和深圳两地上市的大型通信设备公司，为全球160余个国家和地区的电信运营商和政企客户提供创新技术与产品解决方案，让全世界用户可进行语音、数据、多媒体、无线宽带等全方位沟通，全面服务于全球主流运营商及政企客户，在过去多年的发展道路上，为有效应对大企业运作面临的效率和效益管理挑战，中兴通讯进行了比较多的探索和实践，并取得了一定的成效。

一 组织管理创新打造主建主战平台，提升组织效能

随着全球化业务的不断推进，中兴通讯的海外市场规模不断扩大，产品种类日益增多，交付方式不断多样化，业务运作以客户为中心，海外业务收入的获取非常强化海外一线项目和平台资源部门协同运作，其中平台部门重点是指市场MKT（简称MKT）和工程服务平台（简称工服），也包括BUHR、财经管理和运营管理三大平台管理部门。基于目前的经营形势，为有效破解组织运作效率和企业效能提升问题，中兴通讯在组织模式创新、经营逻辑升级和内部市场化机制变革方面开展了创新和探索。

（一）强化项目化运作，聚焦客户提升运作效率

德鲁克说企业存在的价值就是创造客户，解决客户问题，赢得收入。而围绕客户、满足客户是基于客户需求的一个个项目，项目从获取、执行到盈

利的闭环运作是实现业绩的关键，公司所有资源的配置应该以项目为单元规划，同时要确保项目结束后各类资源可以迅速转移调整，实现敏捷弹性运作，基于项目的管理体系构建成为必需。

基于此，项目化运作应运而生。这个机制就是打破行政部门壁垒和边界，实现客户需求满足，内部运作要求横向到边、纵向到底的资源配置，其中聚焦点就是客户的问题，提供客户问题的解决方案，而内部的组织运作和资源调配构建了从商机到收入（Lead to Cash，LTC）的营销市场运作流程，高效研发产品（High Performance Product Development，HPPD）的交付流程，衔接 LTC 和 HPPD 的问题解决（Issue to Resolve，LTR）流程三大主流程，项目化运作的逻辑和思路在这三大主流程中内嵌，实现了行政部门资源主建和项目部门资源主战的矩阵解耦，为组织运作有效打破部门壁垒，实现共同的利益驱动奠定了基础。

让听得见炮声的人主导决策本质上也是在组织运作和项目资源调配决策上更加靠近客户，掌握项目信息的人发挥更大的作用。海外铁三角的资源配置以国代客户经理为龙头，HPPD 产品研发以产品经理为核心的双轮驱动机制核心目的就是促进责权利的匹配和决策机制的高效。

同时，项目化运作变革带来的最大变化就是行政线和项目线矩阵组织的运作，为了有效地支撑这种经营机制的变革，构建项目财务核算管理机制、项目人力资源管理体系、项目运营管理机制成为必然，并且需要根据管理实际不断地迭代和创新探索。

（二）专业主建，业务主战，打造共享中台

矩阵运作是项目化运作的典型特征，按照军队运作的观点，业务一线作为打仗作战单元，可以理解为作战部队，是军区；而各级行政部门可以理解为士兵的能力培养单位，属于军种；其中战场有军区选择，而军需有军种供应，而其余公司各级管理单位如财务、法务、商务、HR 等定义为职能参谋单位。在这样的运作模式下，为了在新的形势下打赢企业竞争战，中兴通讯提出了业务主战、专业主建的组织运作逻辑，其中对于 MKT 技术和工服交

付两大主领域搭建了公司层面的共享中台，全球调配这两个领域的人员，全球调配的过程也是全球资源呼叫的过程，降低资源计划调节的程度，强化资源使用方按需呼叫资源，而资源有偿使用纳入核算成本及交易结算，这一套资源呼叫结算机制可实现资源的共享共用和能力的提升。

中台这一概念，最近在国内大热，从技术领域到组织领域都开始使用这个词汇。其中阿里巴巴、腾讯、百度等一众互联网巨头，接连开始组织架构的调整，意图建设技术中台。所谓"中台"，其实是为前台而生的平台，它存在的唯一目的就是更好地服务前台规模化创新，进而更好地服务用户，使企业真正做到自身能力与用户需求的持续对接。

中兴通讯在推进项目化运作过程中，在组织管理领域比互联网企业更早提出并践行了中台的概念（互联网企业更多是技术中台构想带来的组织中台调整，逻辑一致），搭建了 MKT 和工服两大中台组织，公司海外销售处的主要职责就是根据产品布局、地域分布、项目数量规模和项目周期等因素打仗，而技术交流投标和工程交付等重点工作更多依靠 MKT 和工服两大中台，根据项目需要呼叫所需的人力资源。这种运作架构的优点是能够较大程度上发挥平台部门的规模效应，灵活机动开展人员调配，平抑各代表处因项目所处阶段不同带来的人力需求结构性矛盾，减少人员的重复配置，通过平台部门加强资源池建设，促进知识资源的共享。为有效发挥中台组织的效能，首先要求中台人员的能力要很强，适合全球资源调配作战；其次运作流程和机制要全球统一，有助于实现无缝衔接；再次共享共建，有效实现效率最大化。在这样的逻辑下新的时代也更加需要数字化赋能来有效实现资源、工具、流程等链接。

在围绕上述共享中台的打造，以中台为支撑载体，有效支撑铁三角一体化运作的基础上，构建前方项目化作战部队，中台分布式资源布局，反向驱动后台的职能参谋部队的服务导向，真正实现前方资源呼叫后方，后方主建赋能前方的管理运作机制创新。随着实践的不断深入，依托项目化运作，主战主建责任日益清晰，中台组织效能也在不断发挥。这种组织运作模式和军队的改革方向如出一辙，未来"平台赋能支撑＋特种兵部队作战"将成为趋势，在移动互联时代，企业组织的变革转型趋势也将沿着这个方向不断迭代。

（三）构建能力中心，打破组织边界，提升作战能力

围绕业务主战、专业主建的逻辑，为了有效发挥军种的主建功能，虚拟能力中心的组织创新应运而生。目前国内的很多企业通过搭建企业大学来承担能力提升的牵头组织运作，而客观上企业大学距离业务相对较远，组织上一般和人力资源部整合在一起或是公司层面的独立机构，对于业务的深入是远远不够的，同时也没有有效地卷入业务或者内嵌到业务流程。

中兴通讯创新设计的能力中心主要承担军种士兵的能力标准设置、学习地图/技能矩阵梳理，能力测评体系建设、能力提升体系规划等工作，对于每一位员工的能力水平情况需要出具认证结果，让持证上岗或者能力达标上岗成为可能，并成为牵头责任组织。能力中心的成员来自军种各作战单元的优秀战士（专家），一线对于每一个士兵的要求是非常清晰的，通过这种机制让能力标准动态可迭代，能力测评结果更加接近实战，训战结合在公司具备了可能，而且来自一线的专家提出了很多接地气的手段和方法。

能力中心在中兴通讯不是一个实体机构，而是一种虚拟组织，工作界面主要和企业大学、人力资源部、业务单位和员工个体存在工作互动。其中人力资源部主要通过构建以能力为基础的人力资源管理体系，顶层设计阶段就定义员工能力提升与岗位聘任和职业发展的内在逻辑，把能力内嵌到员工发展的各种应用环节，为能力中心的闭环运作打好基础；企业大学作为能力中心的委托方主要协助具体练兵任务的交付，包括技术、管理、领导力等各种专项能力提升方案交付；业务单位主要根据能力中心的要求落地学习地图和技能举证梳理，并且在部门层面落地实践学习工作；而员工作为能力提升的主体，能力提升本身就是自身绩效的重要方面，积极实践强化能力提升的同时实现高绩效，争取正面的各种结果应用。

在上述能力中心的逻辑运作下，按照各种军种设置的能力中心真正承担起其职责，有效地支撑了主战单位提出的高质量资源需求，同时对于不符合

作战要求的士兵回炉再造，对于长期不能提升的士兵予以退出认证等举措，实现了共建共享基础上的资源管理闭环。

二 构建内部市场化资源呼叫机制，提升资源经营效率

在上述三大组织创新运作逻辑的基础上，梳理一下业务项目单元在前方作战的场景逻辑。业务前方作战的队伍主要来自两个方面，一部分是前方以客户经理为主的固定驻扎部队，而另一部分是 MKT 和工服作战资源需要呼叫平台资源，这种人力资源呼叫需要将付出的代价纳入项目核算，这个过程及资源结算任务完成后需要及时释放，降低成本且资源释放有效服务于其余项目，这一整套管理机制就是资源呼叫的交易结算机制。为了强化企业内部的市场化，促进资源使用方的约束激励，真正回归经营，平台的 HR、财务和运营部门需要在明确经营责任基础上引入市场交易机制，牵引各方行为的有效性，实现自组织运作。下面详细探讨中兴通讯的资源呼叫交易结算机制构建的内在逻辑，平台管理变革的管理实践。

（一）MKT/工服组织中台建设面临的资源效率现实挑战

随着中台组织建设的不断深入，组织创新的变革在落地上从效率视角来看还是存在很多困境和问题，从平台部门、项目和 HR 团队三个视角来看确实存在很多的困惑和挑战。

1. 以平台部门为视角（无论是 MKT 平台还是工服平台）

平台部门的年度人力规划需要结合当年前方项目的经营预测开展，主要通过预测计划的手段对于全年的人力配置予以统筹规划，但是这种预测的准确度受到实际项目运作情况的影响，准确度和合理性存在一定的问题。同时平台部门的人力资源经常面临结构性矛盾，如现有人员已经全部下沉到前方部分项目中（部分因签证等暂时派不出去）抽不回来，但是前方其余项目人力还是紧缺、需要支持，短时间的大规模招聘补缺又可能导致后续的人员冗余。

2. 以项目为视角

一方面，存在项目资源不足、呼叫不到的困难，或者呼叫到后无动力及时释放，当然也存在部分项目想释放但是释放不了的问题；另一方面，呼叫资源到达前方后管理考核权仍在后方，一线对于呼叫资源的评价缺乏反馈机制，而平台其实非常希望获取呼叫资源在项目一线工作情况的评价反馈，机制的缺失导致对于平台的员工评价维度缺失等现象，反向影响平台部门的资源池建设。

3. 以 HR 团队为视角

HR 团队面临的最大的困境是人力需求预测准确性和供给满足能力矛盾冲突的挑战，在单方面注重加强招聘能力提升的同时面临人力效率不高的困境；另外，由于平台员工缺乏前方项目的评价反馈数据，HR 部门对于员工绩效评价、能力提升和激励机制构建不能寻找到根源性的因素，中台资源池质量和人员管理缺乏有效依据。

（二）平台运作挑战的原因和问题剖析

上述平台部门、项目、HR 团队视角的困境问题存在的根本原因如下。

第一，平台的费用规则没有清晰体现谁呼叫谁承担的结算机制，使资源呼叫没有直接的交易驱动机制，市场化价格手段没有成为资源流动的决定性因素。

第二，费用分摊规则中一线项目呼叫和成本分担的不匹配，一定程度上容易扭曲项目实际经营业绩成本核算。作为资源使用方的项目存在夸大项目的重要性和紧急性的冲动，加大对平台人员的资源呼叫，同时对于支持的人力资源没有及时释放的动力，给平台的人员调配带来非常大的资源压力，使平台经常处于缺人或者冗余等不稳定状态，冗余可以通过出差或者释放不了的状态等效率不高掩盖，而缺人会很容易暴露。

第三，由于前方项目和平台部门在资源使用和呼叫中没有市场化的资源使用和成本摊销机制，当项目夸大资源索取的时候，平台部门经常处于被撕扯的状态，只能主观判断所服务项目的重要性和紧急性，平台部门和项目之间博弈的情况，使"会哭的孩子有奶喝"的思维逐步固化到项目管理层，从而导致平台支持部门的定位发生偏差。

第四，缺乏成本支付机制，使预测计划主导平台人力规划和调配，根据对公司全年整体项目的预测，进一步开展平台人力调配的同时，会存在项目预测偏差较大，导致人力规划不准确；人员到了一线项目后，一方面会存在非客户（代表处）呼叫下的项目支持，也会存在实际支持时间超过项目需要的情况，另一方面也会出现人力被沉淀而其余项目很难覆盖的情况，进而导致人力资源的错配和人力成本的浪费。

第五，信息经济学告诉我们，价格或者成本的市场化博弈是市场经济的核心。缺乏价格成本机制在平台人员调配过程中的体现，带来的另一个问题就是资源本身也就是平台员工的优劣和价值也没有体现，更加没有经过一线项目的评价和反馈，导致对于资源的评估都是基于编制部门结合 HR 政策定义的标签，比如岗级、任职测评成绩、工作经验等，理论上应优质资源高价，劣质资源低价或者退出市场，目前却存在"劣币驱逐良币"，或者对于优秀员工的激励和评价缺乏一线依据而不到位的情况。

（三）关于创新平台资源效率提升的解决方案探索的思考和实践

根据上述现状和原因的剖析，要彻底厘清逻辑关系，核心是要加强机制的创新，明确将资源呼叫纳入经营成本核算，建立资源经营决策机制进而提升人力规划水平，促进内部人力调节配置，通过机制的构建获取大数据来分析人力需求的合理性，进一步提升供给能力。中兴通讯通过内部研讨思考和不断的实践，逐步走出了一条基于组织创新的资源呼叫结算机制，搭配相应的管理创新，取得了一定的成效。

1. 树立一线呼叫资源，并且为资源支付成本的原则

项目是公司主营业务收入的核心渠道，公司平台所有的费用最后都是要通过销售项目予以吸纳消化的，基于此，机制创新的关键还是要从源头上树立一线呼叫资源，一线承担呼叫资源的成本，坚持谁使用谁买单的原则，让成本因素对于经营的影响作为项目决策的依据，同时落实强化一线对于资源

的选择、评价、反馈的机制建设，进一步让平台部门在人员规划、调配、能力培养和考核激励机制上有更多客观的数据支撑。

2. 变革现行的平台费用分摊机制，落实"谁使用、谁受益、谁买单"的原则

平台部门费用分摊要充分依据一线呼叫的项目人力资源投入实际，费用的分摊需要考虑项目的真实资源呼叫，成本分摊要和项目经营紧密结合，充分体现"谁受益、谁买单"的原则。当然海外代表处的项目资源呼叫不是没有约束的，不是无限制的，需要依据预算制和结算制的资源使用能力进行经营约束，对于具备充足资源的项目通过利润和成本加强内部约束，而对于缺乏资源支撑的部门控制其呼叫能力。

3. 进一步变革现行平台的资源预算分配和使用机制

对于平台部门的资源预算按照"二八法则"予以调整，根据上一年度的平台部门资源使用情况，结合当年度业绩增长等情况核算当年预计资源总包，其中资源总包的20%仍然由平台部门主导使用，但主要用于平台在没有一线项目资源呼叫的情况下主动的资源使用支撑业务规划，具体包括平台本身的资源投入和主动到一线给予项目支持的资源投入。对于这20%的资源，平台内部可以按照各级项目目标收入予以分摊，体现平台资源对于公司整体业绩支撑的投入。

当年度资源总包的80%部分可以考虑作为一种虚拟资源，这部分资源并不是由平台部门直接主导使用，而是根据一定的规则（按照当年度目标收入等方式）直接分配到项目，因为根据目前资源最后都是由项目予以分摊的。而如何才能落实前方呼叫资源，核心就是资源呼叫和成本分摊的匹配，这部分资源主动合并到项目有利于理清平台和代表处之间的合作界面，前方无呼叫情况或者呼叫不足的情况能反映平台资源的冗余，而前方呼叫平台不足以支撑的情况就说明前方的业绩足以支撑资源投入，将推动平台部门开展人力的储备等。而这个80%资源的切分需要由项目和平台部门一起根据当年度的业绩、项目和产品、收入和利润等预测，建立原则明确的分配机制，在预算阶段就纳入项目，可以更好地体现和海外代表处项目、收入等挂钩的原则。当然就算预算拨给了项目，最后资源的使用还是

要结合结算资源和预算之间的平衡，由平台部门予以管控。而平台部门对于80%资源包进行虚拟核算动态监控，从公司视角关注资源的投入角度和业绩的匹配，如果超过了80%，那么必然意味着完成了全年业绩并且资源池部门需要加大人才储备，反之则需要做好人员效能提升计划。

4. 建立和完善平台资源的服务价格和成本体系，引导项目根据资源价格决策资源呼叫数量和质量，树立成本意识

根据平台部门上一年度的整体支出数据和当年度核算的整体资源包，按照整体投入工时，并且结合平台员工的岗位管理级别和能力要素，形成对于平台专业人员在产品方向和岗级等维度的 5~6 档的服务价格，核算建立不同岗位、不同产品和不同水平人员的服务结算收费标准（公司财务部门明确整体收费预算不得超过上年的整体部门开支，防止价格畸形，不利于内部机制的构建），明码标价，明确平台部门非营利部门而是成本部门，使价格机制具有合理性。

5. 构建规则明晰、以价格成本为导向的资源呼叫机制，搭建资源使用部门间的合理竞价机制

根据平台部门发布的各类型员工的服务计价原则，鼓励项目根据指导价进行资源呼叫。当遇到多部门呼叫同一资源时按照"价格第一，谁先呼叫谁先得"的原则，但是价格到一定程度时由平台部门根据项目的重要性和人员的匹配度予以裁决。将呼叫资源使用成本及时纳入项目全程利润核算机制，通过经营的压力传导项目及时释放资源，同时对于业绩资源不足以支撑的项目，控制资源呼叫和选择的能力，对于关键项目和战略项目由平台部门特批予以支持，此部分资源费用全部由该代表处承担，不做二次摊销，体现"谁受益谁买单"的原则。

6. 平台部门建立和完善资源呼叫台账

对于前方频繁或者经常竞争呼叫的员工，建立优质资源的服务价格调整机制，而对于项目呼叫率不足的员工可以调低价格促进其呼叫，通过台账数据的完善与分析，构建优质资源的奖励激励机制，能力不足资源的淘汰退出机制和能力提升机制，对于新招聘资源由平台的20%予以解决或者

申请额外拨付予以解决，在被呼叫之前统一按照代表处人数或者目标收入分摊。

7. 进一步建立和完善店长（项目经理）经营责任制

通过上述呼叫资源机制的变革，项目经理不断完善围绕项目的用工决策机制不断完善，基于市场价格机制获取资源，同时成本意识增强，及时释放资源，反向促进平台规划资源调配和周转。随着项目资源呼叫和呼叫有偿的概念不断梳理，人力使用调配的科学度不断提升，公司人力效率提升。

三　基于机制创新的未来平台职能管理转型方向和趋势展望

通过上面的案例，以客户为中心，聚焦做好每一个项目，围绕项目的资源配置和资源呼叫体系构建成为管理的重点，重点解决项目如何呼叫资源、呼叫结束后如何释放、释放后如何重复利用，让每一个项目高效运作并最终营利，企业往平台型组织转型的趋势日益明显，转型的关键就是构建资源呼叫结算管理体系。

（一）资源中台搭建实现大中台、精前台，市场交易贯穿前后

中台共享组织搭建就是为了有力支撑资源呼叫结算体系的落地，大中台，精前台，资源灵活机动，而确保资源呼叫体系有效运作的关键就是发挥内部交易市场的功能，核心是塑造形成以价格作为指挥信号，引导各利益相关方自组织和自运作。

企业运作围绕项目需求，通过建立基于服务价格的核心市场机制，促进一线作为资源使用部门树立成本意识，明晰经营成本，完善项目成本，严肃资源呼叫管理行为，同时也促进平台部门、资源建设部门结合前方的需要合理规划人力、调配人力，通过市场交易体系贯穿中台和前台，变革计划调配资源的逻辑，强化市场交易属性，增强组织运作敏捷性。

（二）能力中心强化专业主建，平台部门从人才管理到人才经营

资源呼叫交易结算体系实施推进需要资源质量的不断提升，而中兴通讯能力中心的虚拟组织是实现军种练兵变革的有效手段，企业大学、能力中心、人力资源部和业务单位各方参与的体系有助于按照市场需求体系化和实战化地提升能力。随着资源呼叫前方大数据的不断积累，市场/业务一线的资源业绩数据不断反馈后方，大数据挖掘有利于资源的优胜劣汰，进一步提升资源质量，服务于前方作战，实现良性循序，真正创新人才管理手段。

资源呼叫体系构建的过程也是平台管理部门从人才管理升级到人才经营的过程，人不仅仅是成本也是资源，如何通过经营手法让有限的人力发挥最大的价值，需要通过市场化交易机制，实现良币保留激励、驱逐劣币的机制。无论是 HR、财务还是运管整体配套机制的建设都是有效打造市场化的人才经营体系。

（三）平台管理部门转型支撑构建市场化交易机制

平台管理部门的重点是支撑组织构建基于资源呼叫和成本核算依据的经营管理体系，运营管理、财务和 HR 等平台部门不仅仅是管理部门，更是机制构建部门和交易监管部门。

运营管理部可以围绕上述变革完善经营核算管理体系，建立有利于一线营销、责权利明确的成本费用分摊机制，构建基于项目经理经营责任制落实的组织绩效考核管理办法；财务部门要按照这个方向进一步核算清楚项目层面的经营业绩和利润核算机制，为项目经理的资源呼叫决策提供财务数据支撑；HR 部门需要结合资源呼叫建立人力资源大数据体系，通过对于呼叫信息和数据的收集、汇总和分析，使数据成为未来人力资源应用的基础，比如岗位晋级、绩效考核、奖金分配等都要向被呼叫频率高和服务价格高的资源予以倾斜。同时 HR 要推动平台部门的人员配置紧密围绕一线项目真实人力需求，产品和能力维度的人员需求信息准确度会提升，推动和完善平台资源池建设，包括及时补充呼叫频繁、调配压力比较大的岗位人员，而对于冗余

的和能力不足的，设计相应的管理措施予以优化调整。

　　展望未来，HR 等管理部门也必须转型为经营部门，多一点经营创新，少一点管理成本，而转型的过程就是不断构建市场化机制，打破科斯的交易成本理论，激发人的善意和人性，让自组织自运转成为趋势，让看不见的手调节调配资源，这个是最大的趋势，也是本文探讨的中心思想。

R . 10
金融行业的人力资源需求
和职业认证体系的创新实践

——以"深港澳金融科技师"专才计划为例

深圳市金融稳定发展研究院 *

摘　要：　"深港澳金融科技师"专才计划，于 2019 年 3 月发起，是在深港澳三地金融管理部门共同指导下，由三地金融科技有关市场机构、高等院校和行业组织发起的金融科技领域人才胜任力体系构建和职业认证项目。本文阐述了专才计划发起的背景、运作结构、课程体系、培训组织、考试认证等进展情况，并且对专才计划下一步的工作重点进行了讨论和展望。

关键词：　金融科技　人力资源需求　职业认证体系

一　背景与意义

2016 年以来，金融科技浪潮席卷全球。金融与信息技术的深度融合改变了传统的金融业务模式，获得了监管、企业、学术、资本和社会各界的广泛关注。新冠肺炎疫情在全球的暴发更是加快了金融科技的渗透速度，非接触、数字化、智能化的金融服务在疫情防控的背景下发挥了巨大的作用，金

---

* 执笔人：李凯，深圳市金融稳定发展研究院院长助理。

融机构加速线上转型的需求更加迫切，战略更加坚决。

为巩固金融科技领先地位或者实现弯道超车，英国、美国、新加坡、爱尔兰、卢森堡、以色列、印度、巴西、波兰、阿联酋、巴林等国家均围绕金融科技的创新、风险及监管进行了深入的研究、前瞻的探索、缜密的论证和长远的布局。

在此背景下，我国金融科技企业迅速崛起，成为全球金融科技发展的强劲力量。中国人民银行、银保监会、证监会等金融监管部门高度重视金融科技稳健发展，出台规划、制定标准完善基础设施，开展试点；各类金融科技创新主体借助科技手段推动金融服务普惠化，助力产业转型升级，成为全面实现中国梦的推动力量；深交所、平安科技、微众银行等金融科技龙头机构在全球赢得了广泛的认同，树立了业界标杆，主导了全球议题。监管机构借助科技手段强化监管效能，加强信息归集和风险识别，加速构建适应金融科技要求的监管体系；价值在线等龙头监管科技公司和腾讯灵鲲系统等监管科技优秀案例也产生了广泛的影响。与此同时，科技向善的理念逐步深入人心，金融科技在推动实现联合国可持续发展目标方面的重要作用也逐步显现。

北京、上海、杭州和深圳是我国金融科技中心城市，同时承担着为我国占据全球金融科技制高点、提升我国金融业国际影响力的战略使命。深圳作为我国富有活力的金融创新中心城市，在市委、市政府的坚强领导下构建了强龙头、全业态、广基础的金融科技生态体系，同时在地缘上地处粤港澳大湾区，承担中国特色社会主义先行示范区建设使命和综合改革试点历史任务，在国内外各金融科技中心具有独特的竞争优势。

金融科技竞争的基础是金融科技人才的竞争。各金融科技中心城市均采取了多种措施吸引金融科技人才入驻、创新创业，并着力构建多层次、多主体、多渠道的金融科技人才培养体系。对深圳而言，联合港澳率先打造和构建并完善金融科技人才培养体系，抢占金融科技人才培养的制高点，为金融科技发展提供人才支撑至关重要。

二 金融科技人才需求和培养现状

（一）金融科技人才需求特点

金融科技是技术带来的金融创新。在人工智能、大数据、云计算、区块链、生物识别、物联网等技术支持下，通过创造新的业务模式、应用、流程或产品，从而在支付结算、存贷款与资本筹集、投资管理、市场设施等多个方面对金融市场、金融机构或金融服务的提供方式造成重大影响，并且已经发展出信贷科技、保险科技、风控科技、财富管理科技、供应链金融科技、绿色金融科技、监管科技、合规科技等细分应用领域。

在推动金融科技转型过程中，人才短缺是最经常被提及的困境之一。根金融科技企业招聘需求调研和对金融科技业界领袖的访谈，金融科技人才需求体现如下特点。

一是金融科技岗位要求更加综合的知识背景和技能水平。金融科技公司具备金融和信息技术双重属性，岗位要求同时具备计算机技能及金融领域知识，人才需求呈现跨学科、复合型特征。例如计算机方面，要求掌握 Python或者 R 语言、Java 和 C/C＋＋等编程语言用于建立数据分析模型，要求掌握 MySQL 和 Oracle 等数据库操作应用用于有效管理海量数据，要求具备云计算和大数据分析能力用于应对多样化数据类型的管理和分析等。同时要具备金融知识，掌握资产配置、资产管理和投资策略，量化模型的建立等技能。

二是金融科技领域对创新应变和跨界合作能力要求更高。全球金融科技创新前沿瞬息万变，新的创新项目和解决方案层出不穷，要求金融科技专业人士更加关注竞争与合作，将前沿科技与金融业务相融合来实现金融创新，拥抱监管并管控风险，对人才的信息收集整合能力、组织协调能力和应变决策能力提出更高要求。

三是金融科技对职业道德和诚信从业提出更高要求。金融科技企业面对的风险种类更加多样，对业务合规和风险管理的要求更高，包括熟悉金融科技领域相关的法律法规、对客户忠诚及对客户信息保密等要求。从国际范围来看，客户数据泄露等信息系统风险对金融机构的影响越来越大，处于关键岗位的金融科技人员必须有能力建造更加安全、可靠、稳定的业务管理流程和信息技术系统，同时保证高水准的职业道德和诚信从业，避免对客户信息的滥用，造成无可挽回的社会损失。

（二）金融科技人才培养体系存在的问题

1. 金融科技人才总体存在较大缺口

接受调研的金融科技企业中 70% 反映合格适用的金融科技人才存在缺口，总体缺口大约在 20 万人。在金融科技的各个门类，包括产品设计、基础研发、系统运营等各个岗位类别招聘到胜任的金融科技人才都存在不同程度的困难。

2. 学科体系不适应金融科技领域多层次、复合型人才需求

目前金融科技人才相关高校专业开设处于起步阶段，且金融科技相关学科通常分别由金融学院、法学院和计算机学院实施，主要沿用原有金融和信息相分离的课程体系进行教授，体现金融科技交叉学科特征的研究中心和培养机制不多，对金融安全、职业伦理等领域较少涉及。

3. 培养模式未能形成高校、机构、监管、政府各方的有效联动

新加坡和香港等金融科技中心城市由中央银行牵头推动，银行、证券、保险等金融业界和行业组织与高校签订人才培养框架协议，集合高校、业界、监管方、政府等多方面力量，采用实习、比赛、专题夏令营等模式进行综合性人才培养。

4. 国际化培训内容和形式较少，与全球化趋势不相匹配

纽约、伦敦、新加坡、硅谷和香港等金融科技国际中心的经验表明，金融科技服务市场呈现全球化趋势，东南亚、拉美、非洲等地区是科技手段支持下普惠金融的天然市场。而金融机构的运作则呈现开放态势，

在统一、开放的标准下，全球的金融科技人才可以为我所用，客户将享受更加便捷安全的金融服务。相比之下，我国金融科技人才培养体系在国际化程度上较弱，对语言及跨文化交流和合作能力培训不足，无法有效支撑我国金融科技模式"走出去"服务"一带一路"倡议和人民币国际化等战略。

三 "深港澳金融科技师"专才计划的实践

粤港澳大湾区建设是新时期国家重大的战略部署。2019 年 2 月 18 日推出的《粤港澳大湾区发展规划纲要》明确提出，将"香港、澳门、广州、深圳作为区域发展的核心引擎"，并要求深圳加强金融科技载体建设。金融科技是粤港澳大湾区跻身世界级湾区的引擎，人才是推动金融创新的第一载体和核心要素。为贯彻落实习近平总书记的讲话精神，响应国家发展大湾区金融科技战略部署，紧扣科技革命与金融市场发展的时代脉搏，持续增进大湾区金融科技领域的交流协作，助力大湾区建成具有国际影响力的金融科技"高地"，深圳地方金融监管局经与香港、澳门金融管理局充分协商，在借鉴国际 CFA 特许金融分析师和 FRM 金融风险管理师考试体系经验的基础上，拟依托协会和科研院校，在三地推行"深港澳金融科技师"专才计划，建立金融科技人才培养机制。

（一）基本原则

立足国际化标准，紧扣粤港澳大湾区金融科技战略定位，以人才国际化发展为主线，以人才体制机制创新为动力，以人才市场化发现、使用、评价为突破口，进一步集聚海内外优秀金融科技人才，实现金融科技人才的自由流动、交流、合作，为深港澳三地支持大湾区建设、打造更具国际竞争力的现代服务体系提供坚强的人才保障和智力支撑。

1. 坚持政府引导、市场主导原则

借鉴 CFA、FRM 等职业资格证书体系的成熟经验，充分发挥市场在金

融人才资源配置中的决定性作用。金融科技师的认定工作由更具行业权威性的协会组织承担，例如深圳金融科技协会、香港银行业协会和澳门金融学会三地金融监管部门负责联合"搭台"指导，凸显人才评价体系更加灵活的市场化机制，实现权利、义务、责任相统一，体现金融科技师在深港澳金融市场上的价值，实现三地金融科技人才自由地"走出去"和"引进来"，无缝对接交流合作。

2. 坚持国际化标准、复合型培养原则

与国际上金融资格考试体系接轨，并顺应当前金融科技发展浪潮，力争集聚和打造一批精通国际金融市场通行规则，又具备科技创新理论功底，以及较高伦理道德职业标准的高素质、复合型的金融人才队伍，为提升湾区城市在全球金融科技市场中的话语权和参与规则制定权提供丰富的人才储备资源。

3. 坚持海纳百川、开放共享原则

深港澳金融科技师立足大湾区，逐步形成金融科技和金融行业应用的地方标准和区域标准，并与国际有关金融科技中心城市和专业组织加强交流和合作，力争形成全球标准、扩大深港澳金融科技师证书体系在全球的影响力。因此，在课程方案设计、专家委员会组建、报考人员来源、持证人员就业、证书的认可范围等方面，力争突出开放性，坚持人才优先发展，聚天下英才而用之。

4. 坚持考培分离、与时俱进原则

金融科技师培训课程及资格认定体系的工作在组织架构方面分设课程委员会和考试委员会，实现"考"和"培"的相互隔离、相互制衡，确保认定结果客观中立，代表三地金融行业对从业人员专业水准和职业道德的客观评价。

（二）组织架构

遵循政府指导、市场主导的基本原则，专才计划避免由政府直接设置认证证书，改由深港澳三地金融主管部门担任指导委员会，指导委员会下设秘书处；设在深圳市地方金融监督管理局下属的事业单位深圳市金融稳定发展研究院，负责代表专才计划统筹日常工作和行使具体决策职能并发表官方意见。具体工作主体方面，严格遵循考培分离的原则，设置课程委员会和考试委员会两个专业委员会，其中课程委员会由资本市场学院统筹，负责知识体系构建、模块划分和教材编写出版。考试委员会由深圳市金融科技协会统筹，在统一的知识体系框架下，分模块组织独立于课程委员会的命题小组，同时搭建命题审题信息系统运行环境和线上考试系统，负责考试宣传、考生招录、考试组织、成绩核算和证书发放以及后续服务等。为了规范专才计划的财务管理，在深圳市慈善会下设立了"深港澳金融科技师"专才计划教培测评基金，接受捐赠和管理专项资金；并建立了规范的管理委员会制度，由慈善会监督，秘书处统筹，专业委员会和捐赠人代表参与，保证款项用于且仅用于专才计划的课程开发、教材印制出版、培训开展、宣传推广、考试组织等事项。

（三）知识体系和模块设计

在前期人才需求调研基础上，专才计划秉承国际化标准、复合型培养原则，设置二级认证体系。其中一级认证以通识为主，强调宽阔的知识口径和对基础知识点的熟练掌握，设置 13 门课程，编写主体以国内高校知名教授团队为主，搭配金融监管部门主管官员和业界权威从业人士，现已完成教材编写工作，计划在机械工业出版社出版系列教材。一级通识课程包括三大方向：一是为了提高金融科技从业人员的守法合规意识和伦理道德素质，一级课程包括监管合规和伦理与职业素养通识两门法规基础和心灵建设导向的课程；二是职业基础知识包括金融和科技两大板块，金融方面包括经济、财会、金融等金融从业必备知识模块，科技方面则覆盖人工智能、大数据、云计算、区块链等入门基础知识以及相关业务场景应用案例等；三是为了突出金融科技岗位的复合变革特征以及强化金融服务实体经济的使命依归，专才计划一级课程还设置了创新管理和战略性新兴产业发展前沿模块。具体课程或教材设置如表 1 所示。

表1 专才计划一级课程/教材设置及主编安排

课程/教材设置	主编
《经济通识读本》	哈尔滨工业大学深圳经管学院教授 唐杰
《金融通识读本》	武汉大学经管学院院长 宋敏
《金融标准化通识读本》	全国金融标准化技术委员会副主任委员、中国人民银行科技司司长 李伟 山东大学商学院院长 戚桂杰
《财会通识读本》	哈尔滨工业大学深圳党委书记 吴德林
《创新管理与综合素质通识读本》	北大汇丰商学院教授 魏炜
《监管与合规通识读本》	北大汇丰金融研究院执行院长 巴曙松
《伦理与职业素养通识读本》	北大汇丰金融研究院执行院长 巴曙松
《战略性新兴产业通识读本》	南方科技大学商学院院长 黄伟
《人工智能通识读本》	哈尔滨工业大学深圳计算机学院执行院长 王轩
《大数据通识读本》	腾讯集团副总裁 赖智明 北大汇丰金融研究院执行院长 巴曙松
《区块链通识读本》	哈尔滨工业大学深圳经管学院教授 林熹 平安壹账通首席运营官 黄宇翔 微众银行区块链首席架构师 张开翔
《云计算与信息安全通识读本》	中国信息通信研究院云计算与大数据研究所所长 何宝宏 南方科技大学商学院讲席教授 江俊毅
《5G与物联网通识读本》	中国信息通信研究院云计算与大数据研究所所长 何宝宏

二级课程于2020年1月3日启动编制，在一级通识的基础上，以模块化思路围绕业务场景和技术应用两个维度构建知识体系，突出以实践应用为主的编制思路。二级考试课程教材初步计划设置12个知识模块。其中伦理道德与法规标准为两个必考科目。在业务场景维度方面，主要针对金融财会知识背景的学员，分为支付结算与零售业务，存贷款、资本筹集与公司业务，智能投资顾问与投资者保护，合规科技与监管科技，供应链金融、智能制造等行业解决方案等5个模块；在技术应用维度方面，主要针对ICT知识背景的学员，分为大数据、云计算与信息安全、人工智能、区块链和5G与物联网在金融行业的实践和应用5个模块。

二级教材突出应用场景分析及案例实践教学。学员在通过一级通识课程考试的基础上，通过二级课程相关模块知识的学习，深刻了解金融科技相关经典案例及具体应用场景解决方案，或者深入掌握大数据、云计算、区块链及人工智能等技术解决方案，从而具备较强的金融科技项目实际操作能力，与金融科技企业紧缺人才岗位需求有较高匹配度。在考试方面，学员可结合自身知识背景及职业发展方向，从上述十大模块中选择学习不少于两个模块（一个业务场景加上一个技术应用），通过相关模块考试后获得相应方向的认证证书。

（四）培训工作

在一级课程体系的基础上，资本市场学院已经牵头举办了两次一级考试培训，覆盖人数达 1500 人。其余市场培训机构和金融机构持续关注专才计划有关进展，参与培训和招生活动热情很高。在新冠肺炎疫情影响下，培训工作也加快线上部署实施的进度，以短视频和动画等形式呈现给培训学员。

（五）考试组织

深圳市金融科技协会牵头完成了一级考试的组织工作。受到新冠肺炎疫情影响，一级一次考试已于 2020 年 8 月 5 日顺利进行，共有 1500 名深港澳及海外考生报考，其中实际参加考试 1147 人，通过认证的 480 人，通过率 42%。考试委员会依托深圳本土的考试科技专业公司海云天集团搭建了线上命题组卷系统和考试系统，组织各模块的命题专家组，完成了题库命制工作，采用全线上远程考试、录音录像监考人工智能辅助的方式判定是否考生违规和作弊，取得了良好效果。

（六）政府支持政策和有关主题活动支持

政策层面对金融科技人才的培养和对专才计划的支持力度不断增大。2020 年 5 月，中国人民银行、银保监会、证监会、外汇管理局发布了《关于金融支持粤港澳大湾区建设的意见》，指出要推动粤港澳三地金融人才培养与交流合作；2020 年 5 月，深圳市福田区出台《深圳市福田区支持金融科技发展若干政策》，专门就金融科技人才获得认证后的奖励办法做出明确规定："对取得'深港澳金融科技师'二级及以上资格证书后，在福田区内同一家金融科技企业（机构）全职工作的人才，每连续工作满一年给予一万元的奖励，同一个人获得奖励累计金额最高 3 万元。"深圳市政府正在起草审定的市级金融科技专项支持政策中也将专才计划纳入支持范围。

与此同时，为推动区域可持续发展和生态建设，汇集国际高端人才，搭建沟通平台，促进人才、资本、项目紧密对接，打造深港澳大湾区金融科技人才新高地，福田区已将每年 6 月 16 日定为"湾区金融科技人才节"，并举办节日启动仪式及系列活动。该活动也是全国第一个以区域"金融科技"为特色的人才活动，并将立足福田，覆盖深圳，辐射粤港澳多个城市，将为后疫情时代大量尚未进入社会的高校毕业生和面对职场转型压力的社会人士提供进入金融科技行业的管道和枢纽。福田区将基于此活动成立"湾区金融科技人才库"，助力大湾区企业人才工作建设，为搭建更好的金融科技产业生态提供源源不竭的动力。

四　专才计划的未来发展方向

（一）进一步优化专才计划的组织架构

酝酿组建运营机构和专职团队，在课程、考试、资金、国际合作等各个职能条线上持续优化专才计划组织体系，提升运营水平，形成专才计划的系列制度和决策流程，不断提升专才计划整体运营水平，优化服务、扩大影响。

（二）酝酿与市场同类型项目的标准互通和证书互认

在"深港澳金融科技师"专才计划推出后，中国银行业协会等机构推出了中国银行业金融科技师（CFT），上海交通大学上海高级金融学院和上海高级金融研究院也推出了特许全球金融科技师（CGFT），表明各方面对金融科技认证的高度认可。专才计划将与有关项目持续互动，在方法论层面上进行比较，酝酿在模块化的基础上打通标准并实现证书互认。

（三）提升专才计划整体的科技含量

课程方面，完善二级课程应用场景的配套数据集和实操练习环境搭建工作；培训方面，持续推进开发形成系列数字化的培训材料和讲义笔记；考试方面，持续优化命题组卷管理系统、远程考试系统、数字证书管理系统开发和上线维护工作；认证和持续服务方面，推进电子签章、系统、证书管理系统和人才区块链的开发运营和维护工作，将考试成绩、认证结果、活动参与、持续学习、实际履职情况纳入区块链记录，积分化管理。

（四）加大专才计划项目国际化宣传力度

持续推进专才计划双语运行，持续提升深港澳金融科技专业人士在专才计划中的贡献程度，并发挥其国际窗口和枢纽作用。加大与国际金融科技中心城市和行业协会的联合力度，持续推广专才计划课程体系和证书体系，提升专才计划国际化程度。

ℝ.11
新时期人力资源企业转型
发展的探索与实践

诚通人力资源有限公司*

摘　要： 近年来，伴随着人力资源产业新兴业务领域的全球化发展，人力资源服务业的发展空间进一步拓宽，为探索人力资源企业的信息化、多元化发展，打造新型人力资源运营模式，本报告从产业互联网时代人力资源服务行业发展的探索和"银发浪潮"下人力资源管理服务的实践两方面进行研究。

关键词： 新兴业务　人力资源服务平台　老年人才再就业

在技术、规模等带来的竞争优势日渐消弭的今天，人力资本已成为企业创造持久竞争力的最后一种资源，因此人力资源企业必须顺应市场环境，以客户需求为中心，打造新型人力资源运营服务模式，促使公司业务向信息化、多元化方向发展。

诚通人力资源有限公司（简称诚通人力，CTHR）作为国务院国资委监管的中国诚通控股集团有限公司的独资企业，是国务院部属的人才服务机构。诚通人力历经十八年的奋斗和发展，已构建了丰富完整的服务产品体系，拥有分布于全国250个城市的服务网络，形成了专业化、流程化、工具化、人性化的全方位人力资源服务的业务优势。

---

* 执笔人：李跃宗，诚通人力资源有限公司总监；文娟，诚通人力资源（北京）有限公司副总经理。

诚通人力拥有独特的业务链条，它覆盖一个人大学毕业、参加工作及离退休后三个阶段，其现有业务主要包括两大板块。一是市场化业务，包括向外国企业驻华机构、外商投资企业派遣中方雇员，并提供配套的人事管理服务和外事服务（属涉外人力资源服务公司），以及人事代理、劳务派遣、猎头、咨询、人才招聘、人才测评、教育培训、档案管理等人力资源服务；二是离退休管理及非经营性资产服务业务，包括接收、托管离休、退休、内退人员的日常服务、管理及费用代发，非经营性资产及物业的接收管理服务等工作。

近年来，伴随着人力资源外包、网络招聘、人才培训、人力资源管理咨询、人才测评等新兴业务领域的全球化发展，人力资源服务业的发展空间进一步拓宽，成为具有广阔发展前景和高成长性的生产性服务业。诚通人力作为国有企业人力资源服务平台，其转型探索主要是从以下两方面开展：一是产业互联网时代人力资源服务行业发展的探索；二是"银发浪潮"下人力资源管理服务的实践。

一　产业互联网时代人力资源服务行业发展探索

移动互联网、云计算、大数据、物联网、O2O、社交网络等颠覆性的技术变革对人力资源服务业的商业模式产生了深远的影响，极大地颠覆了传统的商业运作模式。诚通人力结合目前"互联网＋"新常态下人力资源服务行业面临的挑战和机遇，对于产业互联网时代传统的人力资源服务行业如何发展进行了探讨。

（一）"互联网＋"到产业互联网的转变

简单来说，互联网的发展在国内大致经历了四个阶段。第一阶段：传播互联网化。这一阶段产生了许多门户型、搜索型的互联网企业。第二阶段：销售互联网化。这一阶段出现了淘宝、天猫、1号店、京东商城，这是电商主导的时代。第三阶段：供应链互联网化。这一阶段出现了团购、定制化生产、工厂直销，包括个性化需求的满足。第四阶段：生产经营互联网化。这就是目前所处的实体经济与虚拟经济相互交融的时代。

从互联网发展历程可以看出，"互联网＋"的提出正是顺应了互联网的发展趋势，是互联网技术和模式与传统产业的融合。通俗来说，"互联网＋"就是"互联网＋各个传统行业"，但这并不是简单地两者相加，而是利用信息通信技术以及互联网平台，让互联网与传统行业深度融合，创造新的发展生态。它代表一种新的社会形态，即充分发挥互联网在社会资源配置中的优化和集成作用，将互联网的创新成果深度融合于经济、社会各领域之中，提升全社会的创新力和生产力，形成更广泛的以互联网为基础设施和实现工具的经济发展新形态。

互联网发展的这些年，不管是传播、销售的互联网化，还是供应链的互联网化，其实主要是由消费者主导的互联网。我们知道，消费者主导的互联网时代，是以提升个体消费体验为主，但并没有完全解决产品质量提升的问题，也没能解决更深层次的产品的环保、生产过程的安全和资源合理配置的问题。要真正解决这些问题，只有真正回归客户价值，而这只能依靠产业互联网。产业互联网是以生产者为用户、以生产活动为应用场景的互联网应用，体现为互联网对各产业的生产、交易、融资、流通等各个环节的系统改造。在真正的产业互联网时代，互联网已经全面渗透到传统企业，它将重构消费者和生产者之间的关系与价值，重构实体经济的价值。产业互联网，是从消费者主导的互联网变化为生产者主导型互联网。如果说"互联网＋"还只是碎片化、叠加式创新思维，而产业互联网则是整体性、系统性、颠覆式、延续性的创新。产业互联网时代，打通了消费者和生产者之间的关系，重构了实体经济的价值，是一个充满挑战和机遇的全新时代。

人力资源服务行业将面临根本性挑战。产业互联网时代，面临的是互联网的技术升级，人才流、信息流、物流与金融流的融合，要求真正构建共生、共赢、共享的产业生态圈与人才生态圈，需要基于产业链进行整合、提升，实现互联网平台化的人力资源服务管理。

（二）互联网新技术对人力资源服务业影响深远

近年来，中国经济保持高速发展为中国人力资源服务市场的快速发展奠定了坚实的基础。国内外环境发生了广泛而深刻的变化，世界经济中不确定性因素不断增加。与此同时，物联网、云计算、大数据、移动互联等颠覆性的技术变革对商业产生了深远的影响，极大地颠覆了传统的商业运作模式。信息时代，移动互联网颠覆了价值创造的规律，互联网思维对企业人才管理提出了新的挑战。面对全球化带来的挑战和机遇，身处其中的人力资源服务机构需要在不均衡的发展中求新求变，不断寻找突破与新生，才能抵御不确定经济环境的不确定性，在未来市场发展中赢得一席之地。

1. 云计算对人力资源服务业的影响

云计算（Cloud Computing）是一种基于互联网的超级计算模式，在远程的数据中心里，成千上万台电脑和服务器连接成电脑云。这使企业能够将资源切换到需要的应用上，根据需求访问计算机和存储系统。它是网格计算、分布式计算、并行计算、效用计算、网络存储、虚拟化、负载均衡等传统计算机和网络技术发展融合的产物。云计算通过多租户模式服务多个消费者，其原理就如同人们的用电模式，如今人们不再需要自己购买发电机，只是购买大型发电企业输送在电网上的电力。这意味着计算能力也可以作为一种商品进行流通，就像煤气、水电一样，取用方便，费用低廉。最大的不同在于，它是通过互联网进行传输的。"云"中的资源在用户端看来是可以无限扩展的，并且可以随时获取，按需使用，随时扩展，按使用付费。

随着云计算概念的普及，无论是硬件公司、软件公司，或是平台技术公司，几乎所有的信息技术厂商都在努力向云计算靠拢。据弗雷斯特研究公司（Forrester）估计，2020 年，云计算的市场规模将增长到 2410 亿美元以上。整个人力资源服务市场也"飘荡"着各种各样、形形色色的"云"——"云招聘""云培训""云测评"等。目前市场上已经出现了基于互联网"云服务"模式的社保服务如金柚网、51 社保网、仁云等。这些厂商利用资本对互联网的青睐引入风险投资，极大地降低了服务的价格；HR 用户可进行员工信息管理、人事事务处理、劳动合同管理、移动考勤管理、员工休假申请、工资计算发放、社保公积金管理等人事管理；这些模式的社保服务逐渐受到中小企业的欢迎，成为市场上一股不可小觑的力量。

　　2. 社交网络招聘冲击传统招聘模式

　　在国内自从有了互联网，网络招聘一直是企业招聘的首选，传统招聘网站一直是企业主要的招聘渠道。企业在传统的招聘渠道上付费、发放广告，然后收集求职者投递的简历。对于求职者来说，投递简历之后便只能被动地等待面试电话，而企业和求职者双方都迫切需要直接进行互动交流，社交网络所拥有的人际功能恰恰为企业和求职者提供了所需的互动平台。社交网络正在改变招聘、猎头等人力资源服务业的营销模式，而招聘的商业模式和产品模式也正在发生剧烈变化。以领英（LinkedIn）为代表的社交招聘方式逐渐兴起。领英调查显示，相对于传统招聘方式，通过社交招聘获得优秀人才的成功率更高，两者比例在 2:8 左右。数据表明，相较于世界其他国家，中国在利用职场社交网站这一吸引高质量人才的渠道上大有潜力。24% 的企业招聘者认为职场社交网站是高质量员工的重要来源，而 40% 的中国受访者认为职场社交网站在招聘人才方面是一个关键而持久的趋势，且对这一趋势的信心高于全球和美国水平。

　　社交网站的兴起为招聘开拓了新的渠道，通过"拓展人脉"的方式将人际关系导入招聘过程，在企业与候选人之间建立联系。社交网络基于关系的深度数据挖掘能力也使招聘过程中信息更精准，候选人的教育背景、职业履历、专业优势、人际口碑等企业所重视的简历项目都一览无遗，极大地降低人才搜寻与背景调查成本。另外，社交网站依靠按效果付费的广告模式吸引了众多用户，也为收费服务提供了基础。在国内，微博宣布推出"微招聘"服务，大街网融资 2 亿元，猎聘网、猎上网也不断开拓市场。可以预见，LinkedIn 进入中国将改变职业社交与网络招聘市场的格局，极大地冲击本土的传统招聘网站，中国在线招聘领域将会重新洗牌。

　　此外，基于一些垂直行业的互联网招聘网站也异常火爆。比如拉勾网的模式，通过对互联网垂直行业的职位聚合，最大化地解决职位信息的不对称问题；同时，让求职者和招聘部门负责人直接对接，减少了中间环节，提高了招聘效率。这类平台确实切中了互联网行业招聘的痛点，占据了一些垂直行业招聘市场。

3. 移动互联网带来培训模式变革

随着移动设备增多，就业群体年轻化，移动学习时代来临，学习者随时随地实现碎片化学习。而协作式学习、社会化学习使学习者通过分工协作、蜘蛛网状式学习，不断地联结，并在过程中不断地学习。这些新技术与理念的运用，使学习的方式发生了重大变革：由静态的、以讲师为主的、传统的课堂培训转变为动态的、以学习者为主的、随时随地互动的学习体验。基于LBS（基于位置的服务）和大数据的运用，用移动互联网思维搭建教育培训O2O平台，使教学双方能够充分利用碎片化时间，随时随地、精准高效地进行对接和沟通，帮助求学者轻松找到性价比最高的老师，帮助老师创业并实现自我价值。

最新的调查显示，将 E-Learning、虚拟课堂教学以及移动教学融为一体的"混合式学习"这种全新培训模式将成为企业未来首选的培训模式。同时，传统课堂教学所占比重将从现有的44%降至17%。数据同时显示，1/5的企业期待"社会非正式学习"能够在员工培训中扮演更重要的角色。采用"混合式学习"的培训模式意味着培训内容可以用更多样化的方式传递给员工。

显而易见，移动互联网思维和技术在教育培训领域的应用，将极大地改造传统教育培训行业现状，甚至颠覆原有教育培训领域市场格局。人力资源服务机构在培训产品及商业模式方面都需要考虑结合移动互联网技术和年轻人的学习习惯做出相应调整。否则，在这场移动互联网大潮中，将被时代抛弃。

（三）产业互联网环境下人力资源服务行业发展策略

IBM 研究院推出的报告中认为，中国的互联网发展，未来将以生产为导向；其真正的主导者，将是传统产业的生产者，而不是电商企业。过去电商主导的互联网是虚实结合，以虚带实，而根据 IBM 的研究，未来产业互联网是以实为主导的实虚融合。传统产业的基础加上互联网思维，有了更大的创新动能，以实带虚会更有力量。人力资源服务业作为生产性服务业，从 20 世纪 80 年代初，经过改革与发展，尤其是最近十几年以来的市场化进程，已经逐渐从管控走向服务，服务业态从最初的社会保障、住房公积金的代缴和申报、工资代发、流动人员档案管理业务逐步发展成为涵盖人才测评、网络招聘、高端人才寻访、人力资源外包、管理咨询、人力资源软件服务等较高端业务。在产业互联网时代，人力资源服务行业如何利用好自身的优势，将互联网思维与传统业务相融合，就显得更为迫切，下面从几个方面进行探讨。

1. 进行价值链整合，打造新型人力资源服务生态链

目前国内的综合性人力资源服务企业基本已经建立起了比较完善的服务产品体系，包括人事代理、雇员派遣、薪资代发、代理招聘、猎头、人才测评等。但是大多还停留在独立的产品和服务阶段，一般都是基于市场的形势和客户的需求被动建立起来的，所以发展的速度也不是很快。随着人力资源服务的专业化程度不断提升，对人力资源服务业的需求将更多的是解决战略性发展方向问题、非核心业务外包以及提供业务流程外包的解决方案等，供应商在提高人力资源服务质量的同时，需要帮助客户降低企业的经营成本。

人力资源服务市场提供单一服务打天下的时代已经过去，现在进入整合服务阶段，要想赢得市场，必须有能力为客户提供多样化的服务，包括薪酬福利管理、猎头服务、招聘外包、人才派遣等。客户在遴选人力资源服务供应商的时候，也要求提供更多服务项目，这就要求人力资源服务企业能够整合自身的服务产品，给客户提供"一站式""全链条"的人力资源服务。

在建立人力资源服务生态链的过程中，如何将自身的各种资源共享、整合在一起，关键就是要通过互联网技术，建立一个基于大数据的基础共享资源库（见图1），将人才流、信息流、物流与金融流进行整合，可以根据各种需求随需打造高效、快捷、低成本的解决方案。

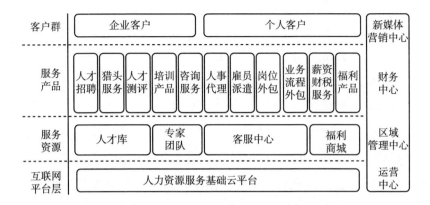

图1　基于大数据的基础共享资源库

2. 利用互联网思维创新商业模式

中国的人力资源外包业务是以收取月度服务费为主要收入来源的"人事代理"模式。随着互联网浪潮及高额融资进入人力资源外包领域，原来的行业内企业之间以实力和服务为主的竞争逐渐演变为以价格为主的恶性竞争，服务费不断降低。部分业内资深人士认为，零服务费模式已变成大势所趋。而这些进入人力资源服务领域的互联网企业习惯了互联网思维，一旦试图真正与传统产业融合，它们就会发现，传统产业有着独特的管理体系、独特的技术和经验要求，都是它们搞不定的。传统产业的问题，最终都会归到技术和管理上，规范化、标准化、模块化这些都是传统产业多年发展所塑就的天然意识和积淀，而互联网企业的互联网思维在这方面会失灵，这是它们现在最痛苦的问题——在融资不断消耗的同时还尚未形成清晰的商业模式和盈利模式。

国内传统的人力资源外包企业有优质的线下资源和全国布局优势，ADP的独特商业模式——软件平台式业务流程外包模式就很值得借鉴，采用这一模式的ADP是全球人力资源服务领域内利润最高的企业之一。客户使用提供的软件平台进行部分自助式操作，降低了人工成本，提高了准确率和信息交付的速度，同时，这一模式是人力资源服务业内为数不多的技术密集、轻资产型和高现金流量型业务，有着极高的资产回报率。我们可以结合中国的具体情况和互联网技术、思维，在此基础上进行商业模式创新，将企业的云服务平台和线下资源进行整合，打造线上线下一体化的服务运营模式，从而降低成本，通过规模效应提高边际利润。

3. 用互联网、O2O思维来提升服务品质和用户体验

互联网技术的创新、"90后"即将成为职场主力，以及自由职业、灵活用工等新的用工方式的发展变革无处不在，这都促使人力资源服务业的新模式、新思维、新创意不断涌现，人力资源服务行业企业日臻活跃，产业发展呈现蓬勃态势。在"互联网＋"的大潮中，人力资源服务业也在经历一场大变革，云计算、大数据等在移动互联网时代对人力资源服务业的驱动作用越来越明显，过去提供招聘服务、人事服务的人才企业也纷纷搭上了"互联网＋"、O2O的概念列车。

在产业互联网时代，传统行业的人力资源服务必须通过互联网、O2O思维来改造传统运营和服务模式，以专业化、信息化、产业化的人力资源服务体系挖掘传统行业新的核心竞争力。例如，从事人力资源外包服务的人力资源服务公司结合"互联网＋"探索O2O的新产品，通过研发互联网人力资源服务平台，结合微信、App等移动端同步技术，为中小微企业、个体工商户、职场转换者打造专属的互联网平台，满足客户的社保缴纳、薪资发放、人事管理等需求，并通过提供全国网格化的、可落地的针对性服务为传统业务插上O2O的翅膀。

在互联网招聘领域，拉勾网、猎聘网分别拿到高额融资，让各类招聘应用受到极力追捧，一时间各种招聘类互联网创业公司层出不穷。各类招聘网站或应用有的基于垂直领域，有的基于位置搜索，有的专注生产制造领域蓝领，有的针对高端猎头等，但是从根本上来讲，均不外乎媒介服务的本质。从产业互联网角度来看，招聘类服务可以站在服务生产者的角度，将传统的互联网招聘媒介服务提升到人才开发、挖掘、指导培训的新层面，从单纯撮合好事的"媒人"上升为发掘千里马的"伯乐"，真正地在线承担起部分或全部招聘工作，这才是产业互联网时代招聘类人力资源服务O2O思维的一种典型体现。通过这种方式，招聘双方在线就可以完成招聘工作的部分内

容，其余部分则通过线下即可迅速完成。这种方式不仅简化了招聘环节与手续，降低了不必要的社会成本，而且实现招聘双方的精准匹配，实现人力资源的优化配置。

诚通人力对产业互联网时代传统人力资源服务行业如何发展的分析成果不仅为本企业转型升级提供思路，而且在 2017 年中国人力资源服务业博士后学术交流会议上荣获三等奖，为实现行业共同发展提供了新的探索方向。

二 "银发浪潮"下人力资源管理服务的实践

（一）关注老年人可提供价值的重要意义

面对迅速推进的老龄社会，社会对待老年人除了助其追求基本生活保障，更应该挖掘老年人才这一特殊人力资源宝库，将老年人未开发的能力资源转化为劳动力资源，使之在健康生活的同时，既能提升自我生存的能力，也能为社会进步和可持续发展贡献出自己的力量，实现老有所为。

然而，虽然我国拥有十分丰富的老年人力资源，但是存在老年人受教育水平较低和地区分布不平衡的问题。与此同时，我国对老年人力资源的开发利用率也较低，老年人再就业的社会参与情况不稳定，但老年人再就业的优势显而易见。

从社会角度看，随着人口老龄化的发展，出现了劳动力有效需求不足的问题，同时也会对养老制度等造成冲击。老年人再就业可以使老年人从被抚养者变为劳动者，可以减轻社会的抚养压力。老年人再就业可以为社会提供大量有经验的劳动力资源，解决劳动力有效需求不足的问题。老年人虽然占有一定的岗位，但并不会与年轻人就业形成冲突。

对企业而言，老年人再就业所需承担的成本相对较低。老年人丰富的经验和阅历以及稳定性，使得企业不必为人员流动付出太多成本。对于有特殊技能的老年人，比如医生、教师、财会人员等经验型人员，退休不会降低他们的可利用价值。虽然年龄的上涨会造成体力等方面的不足，但他们的经验却随着年龄的增加而有所积累，技能水平也会随之提高。老年人再就业可以给企业提供更多劳动力资源，企业可以寻找到具有更高性价比的劳动力资源。

从老年人自身角度看，老年人再就业不仅可以获得经济收入，改善生活，而且是实现老有所为的重要手段。随着生活水平的提高，人们的预期寿命和健康水平都在提高，很多老年人不再局限于现在的生活水准，也向往自我价值的实现。再就业可以使老年人重新进入社会，发挥他们的作用，在工作中的满足感可以使老年人心情愉悦。

（二）我国老年人才再就业的主要表现形式

其一，有专业技术的高校教授、医生等高级知识分子返聘工作，这类多为正常工时制，是与在职人员同工同酬的再就业形式。

其二，政府倡导的志愿服务，这类多为非正常工时制，是待遇相对较低的一种再就业形式。如经常看到的上下班高峰期的公交站秩序维护员。

其三，自主创业。老年人的自主创业一方面来自退休前事业的延续，另一方面则源自个人兴趣爱好的体现。如爱好书法的老年人退休后开办自己的个人工作室，展现才华，实现愿望的同时结交朋友、教授他人。

中国有庞大的老龄人口且隐含着丰富的资源，所以对老年群体的研究与开发，是解决人口老龄化背景下诸多社会经济问题的新思路，其中对于老年人力资源的开发显得更为迫切与可行，这将是一个系统性工程，不可一蹴而就。既需要政府对整个开发过程进行宏观层面的引导，也需要市场上各方对开发进程的推进，更需要老年人自身主动投入开发的大潮之中。很多人在退休后希望通过再就业继续实现自己的价值，但目前的强制退休机制使他们很早就离开工作岗位。尤其是 50 ~ 65 岁的低龄老年人群体，他们身体较为健康，精力还很充沛。现实的例子就是很多老年人在退休后的一段时间，通常是前一两年对闲居的生活并不适应，总是想做点什么。他们有很强的工作欲望，是绝佳的人才力量储备。但目前大多数人力资源公司对于老年人再就业并不关注，认为风险高、难度大，缺少保障机制等，而老年人再就业的主要目的已不再是金钱与成就，而更多的是兴趣和身心愉悦，因此诚通人力将老年人才再就业称为"乐业"。这也是我们在"银发浪潮"冲击下提出的人才储备创新思路。

（三）"银发浪潮"下诚通人力所取得的成效

诚通人力作为人力资源专业化平台，在企业结构调整、接收企业人员分流安置、劳动人事政策法规咨询、离退休及内退人员的接收管理工作上发挥着重要的作用。诚通人力共接收和服务着包括中国普天、中国寰岛、中国华诚在内的七家中央企业的近万名离退休人员；已经在北京、天津、上海、河南、四川、贵州、广西和吉林等八个省（自治区、直辖市）建立了分公司；拥有一支熟悉政策、热爱老龄事业、专业技能和知识丰富的人才队伍，已经并将继续为企业改革提供专业化帮助，为老年群体提供优质服务。诚通人力在离退休等人员的服务管理过程中，在充分发挥离退休人员特长、实现其老有所为方面取得了一定的成绩。

第一，根据工作需要，拿出部分岗位由返聘的退休人员胜任，这也是现在常见的老年人再就业的方式。由他们牵头在我们管理的有条件的家属区，修缮室外活动场地，成立老年大学，设立活动室，购置书籍、棋牌、麻将等。这些活动场所虽然简陋，却是老朋友、老同事、老邻居学习、聊天、娱乐的最佳场所，也是工作人员与他们沟通交流、了解他们需求的场所，从而能够更好地为他们服务。

第二，"低龄帮高龄"创新互助式管理。这是诚通人力托管离退休人员的工作中一个极具特色的亮点。这种模式的基础是：这些老人有工作经历、生活体验、精神追求等方面的交集，他们之间语言共通，能够相互理解、彼此交心。这种模式的运作就是公司搭建平台、创造环境，离退休人员自发组织、互帮互助、紧密团结、融乐和谐，丰富了精神生活，增强了社会认同。创新互助式管理模式在诚通人力以点带面，在服务的地区推广，取得了较好的效果。

第三，提供多种类技能培训。我们结合老年人的特点和需求，在老年大学进行有需求的课程设置，从外部或托管人员里聘任有特长的老同志任教。近几年我们陆续开办了合唱班、电脑班、舞蹈班、柔力球班、老年门球班、太极拳班等，举办了老年心理学、老年社会学、老年健康保健等知识讲座。一方面为有特长的老年人提供教授他人的机会，另一方面丰富了老年人的退休生活，有利于他们的身心健康。每年诚通人力组队参加地方老年体协举办的各类球类、棋牌、健身操、歌舞等比赛和表演，均获得不错的成绩，大概每年参加的人数在 3000 人次。

第四，打造老年人才信息化服务综合平台。目前，诚通人力接收和服务着中信集团、中国普天、中国寰岛、中国华诚、中国包装、中国物流等企业的近万名离退休人员，并以此为基础建立起老年人才数据库。市场化接收项目、中老年特色旅游项目等老龄业务项目的开展，还将进一步扩大和丰富我们的数据库资源。

同时为了将"互联网＋"技术应用于养老产业中，诚通人力自主开发"诚通健康养老"网、RM 社区离退休管理系统，其重要的功能之一便是为养老人才"乐业"提供信息发布与交流平台，一方面帮助有老年人才需求的企业提供信息发布平台，另一方面为老年人才提供再就业选择平台。诚通人力自主开发的"诚业通""诚聘通"等专业化人才交流平台，不仅在在职人员招聘方面取得了较好的效果，还充分利用现代招聘技术促进老年人才"乐业"，在老年人才再就业方面取得突破性进展。

诚通人力坚守"诚信、通达、人本、力行"的行为准则，秉承"诚尽中央责任、践行服务宗旨"的使命，努力实现"建造阳光家园、铸就最佳品牌"的愿景，在发展好主营业务的基础上，紧跟人力资源服务发展潮流，积极为人力资源企业转型发展进行探索与实践。

R.12
首都企业国际人才服务体系探索与研究

北京外企人力资源服务有限公司 *

摘　要： 在全球一体化进程加快的背景下，北京作为首都率先发力，为吸引国际高层人才来京，从多个方面同时发力，为全球优秀人才引进创造良好的环境基础，加速首都企业国际人才引进工作进程。然而，在吸引国际人才进入企业后，企业能否形成科学的管理制度、完善的服务体系，将影响国际人才引进工作的实际效果。因此，开展首都企业国际人才服务体系与管理体系的研究将有利于更好地吸引并留住国际人才，提升人才引进、使用与保留效果。为此，本文通过分析首都国际人才引进趋势，整理企业国际人才人力资源管理需求以及国际人才在京工作及生活的实际需求，从企业人力资源管理角度出发，形成首都企业国际人才服务体系建设思路，旨在为国际人才引进、使用及保留等提供思路与借鉴。

关键词： 企业管理　人力资源　国际人才　服务体系

人才强则事业强，人才兴则科技兴。习近平总书记多次在不同场合强调，"发展是第一要务，创新是第一动力，人才是第一资源"，充分说明了人才对于提升国家综合实力的紧迫性和重要性。新时代我国综合国力提升、科技实力发展、产业经济发展、社会环境优化等都为全球优秀人才的引进创造了良

---

* 执笔人：郝杰，北京外企人力资源服务有限公司党委副书记、董事、总经理。

好的环境基础，也使我国引进国际人才成为必然趋势，加速了国际人才引进的发展进程。近年来，我国一、二线城市相继放宽人才政策，各城市人才政策不断出台，展现了我国各地政府正以全球视野、改革思维、开放理念，聚焦区域优势产业和潜力产业，结合产业发展情况，进一步扩大人才对外开放，不断推出人才引进新举措，构建人才引进新优势。

在各个区域人才抢夺过程中，北京作为首都率先发力，为吸引国际高层人才来京，从引智政策顶层设计、人才引进计划方案、国际人才出入境政策创新、国际人才配套设施建设等方面同时发力，旨在将首都打造为全球高层次人才向往并主动汇聚的"人才之都"。北京市人社局发布的《北京市引进人才管理办法（试行）》，指出北京要围绕"四个中心"战略定位和城市总体规划布局，立足首都经济社会发展的多样化人才需求，通过多种方式不拘一格地为本市行政区域内各类创新主体引进紧缺急需人才。

一 首都企业国际人才引进趋势分析

（一）首都国际人才引进环境分析

当前，为了让国际人才"进得来、留得住、干得好、融得进"，北京相继实施涉及外国人签证、停居留、出入境等方面的政策，并设立中关村、顺义、石景山、朝阳、通州等5个外国人出入境服务大厅，为外籍人才提供更加便捷优质的出入境服务和宽松的停居留环境；加快朝阳望京、中关村科学城、未来科学城、石景山首钢等8个国际人才社区建设，为外籍人才生活、工作提供便利条件。2015年以来，北京市共受理外籍人才永久居留2100余人，超过前十年办理的总量；截至2018年底，北京市境外机构达3.7万家，其中，外国驻华使馆172家，联合国机构和国际组织总部5家，国际组织分支机构26家；北京常住外籍人员14.2万人，超过4000名外籍高层次人才获得永久居留权。这是北京积极吸引全球高端人才、推动高质量发展的例证。

（二）企业国际人才引进现状分析

人才的长期发展离不开组织，良好的发展平台是吸引并留住人才的必要载体。北京对国际人才来说拥有良好的发展机会，这与其所拥有的企业优势密不可分。根据国家发改委的统计，截至 2019 年 6 月，北京拥有世界 500 强企业 56 家，占国内世界 500 强企业数量近半数，已连续 6 年居全球城市首位。其他类型总部企业数量也已接近 4000 家，北京总部企业人均贡献是全市规模以上企业的 1.4 倍。

此外，北京市外资企业及跨国公司总部发展势头同样迅猛。截至 2018 年北京外商投资企业数量已达 32306 家，外商投资企业投资总额 5477.2 亿美元，外商投资企业注册资本 3444.3 亿美元，跨国公司总部达到 179 家。北京在外商投资企业数、外商投资企业投资总额和外商投资企业进出口总额三个指标上与全国其他 31 个省（区、市）相比，均排在前列。

目前，北京大量的总部企业、外资企业及跨国企业的存在，为北京吸引国际人才提供了良好的平台与环境。随着这些优秀企业的业务发展、规模增大，其对国际化、全球化要求也随之加大，对于国际人才的用人需求也相应增加。在这一背景下，如何在中国情境下以科学化、高效化、国际化方式管理国际人才这一问题亟须找到解决方案，这也为企业国际人才服务带来了一定的挑战。为更好地解决当前企业对于国际人才管理及服务所面临的问题，一方面需要进一步澄清企业在国际人才引进、培养、保留等各个环节的实际需求，另一方面也需要更深入地分析国际人才在京工作和生活过程中所面临的常见问题。

二　企业国际人才人力资源管理需求分析

（一）企业国际人才引进需求分析

1. 国际人才战略化布局有待提升

企业长远发展需要战略性人才规划作为保障。目前，北京市企业在国际化引才聚才上的力度和认知参差不齐，仍有许多企业缺乏对于国际人才引进的长远思考。目前，在顶层设计和人才规划过程中，仍有大量企业没有意识到吸引优秀国际人才对于企业创新化、多元化、国际化发展的重要意义，因此并未真正重视对于这类人才的引进。这种情况下，企业国际人才引进过程中可能会出现由缺乏资源支持导致的国际人才引进效果不佳的现象。例如，企业对于国际人才户口、引进等指标支持不足，制约了企业引进国际化人才工作的具体开展。由于北京市对于户口控制仍然处于较为严格的水平，因此经常出现人才由于无法拿到户口指标而放弃工作机会，使企业无法吸引合适的国际人才。加之户口影响人才的住房、购车、子女教育等一系列事项，企业无法为优秀人才提供户口名额也会对其现有员工的工作稳定性产生影响，使企业无法形成国际人才引进和留用的良性循环。

2. 国际人才招聘渠道有待丰富

在国际人才招聘方面，一是缺乏有效的招聘平台。无论是从区域层面还是从行业层面，都尚未建立起统一的、动态更新的国际人才数据平台，导致企业联系人才的方式相对单一，且能力有限，有需求的企业与国际人才之间无法有效匹配。二是人才引进工作流程较烦琐。国际人才相关的各类政策依然存在流程烦琐、办理点分散、流程周期长等问题，使企业在为国际人才办理相关入职手续时会面临更多的困难，增大了企业人力资源管理工作者的工作难度。加之缺乏统一、专门的渠道解决企业所面临的实际问题，使企业耗费了大量精力和物力后依然无法解决实际问题。三是信息搜寻和政策响应能力较弱。企业引进国际人才过程中对于政策和信息渠道的依赖性较高，需要严格依照相关政策办理，但无论是在证件办理、出入境管理，还是优秀人才引进政策申报等方面，北京市都尚未建立起统一的信息发布渠道，政策更新变化的频率也较高，因而企业在捕捉信息、及时响应政策方面需要花费大力气，一方面影响企业内部人力资源管理工作的效率，另一方面也不利于优秀国际人才及时享受到国家及北京市出台的各类人才优惠政策。

（二）企业国际人才发展需求分析

1. 缺少国际化人才培养方案

国际化人才培养方案对于国际人才的发展具有很大的现实意义。一方面，国际人才有其特殊的文化背景与成长环境，建立更加匹配的人才培训体系有利于帮助国际人才快速上手。另一方面，建立国际化培养方案，也能够帮助本土人才培养的国际视野，学习国际视角下的专业知识，积累国际经验。目前，在京企业大多尚未搭建起符合国际人才特点及发展需求的人才培训体系，国际人才在企业工作过程中接受的各类培训力度不足，不利于此类人才快速适应国内企业工作环境及要求。此外，北京市国际人才交流便利措施并不完善，缺乏可操作的科研人员因公出国（境）分类管理制度。在资金扶持上，对于人才参加各类国际技能竞赛，也缺乏有力的资助，使人才难以在企业层面获得国际化舞台，相应地也难以继续融入国际化人才培养方案之中，在人才层面一定程度上制约了国际人才继续保持其国际化、多元化等特点。

2. 国际人才内驱力尚待开发

如前所述，目前许多企业并未建立起符合中国国情的国际人才培养计划，仍缺乏全球化人才培养体系，在培养具有全球化视野，知晓中国文化，认同企业文化和理念，具备企业归属感、认同感和责任感等方面，缺乏有针对性的培养管理机制。同时，具有胜任力的国际人才不仅需要具备较强的语言能力和专业素质，而且需要培养起符合企业文化的价值观，企业与员工相同的价值观体系有利于激发员工的内驱力，使其主动表现出有利于组织的行为。而目前，企业在此类人才的内驱培育和考量上仍有很大的提升空间。

（三）企业国际人才保留需求分析

1. 跨文化管理体制不健全

若想盘活人才这一第一资源，更好地留住优秀人才，还需要企业发挥科学管理的职能，使国际人才感受到自身与企业的共同连接，感受到自身对于企业的价值。而对于企业而言，文化融入是国际人才管理过程中所面临的一大困境。如何在尊重外籍人才的基础上，促进他们对组织承诺的兑现，提高参与意识与主人翁意识，是企业留好国际人才需关注的重点问题。同时，北京作为全国文化交往中心，企业在对国际人才进行管理的过程中，更应该重视跨文化管理的重要性，然而企业在这一过程中往往缺乏与产业、区域规划的联系，因而难以发挥文化之都的优势。因此，当前北京市亟待建立起具有北京特色的国际人才跨文化管理机制。

2. 国际化人才管理体系有待建成

目前，我国企业已逐渐意识到应搭建起科学的组织管理、绩效管理、薪酬激励、员工关系管理等管理体系，逐步形成流程规范化、过程透明化、结果数据化、业绩公开化的人力资源管理体系。但目前国内企业人力资源各个模块工作开展的国际化水平相对较低，尚未与国际先进人力资源管理模式对接，科学性与先进性仍有待提升。未来，企业为了更好地为国际人才提供优质的人力资源管理服务，需要与国际通用的人才管理体系接轨，结合企业实际与业务情况，对国际人才进行有针对性的科学管理，形成精简高效的组织架构、分类分级的评价体系、公平公正的激励体系、合法合规的员工关系管理体系，以此提升国际人才管理效果。目前在这一方面，企业还缺乏理论基础与实践经验，体系建设仍需进一步完善。

三　国际人才服务需求分析

（一）国际人才在京工作方面需求分析

1. 人才政策信息理解不到位

掌握各类政策信息是国际人才来京工作的关键需求。了解人才证件办理工作有利于国际人才来京后各类证件的顺利办理，了解人才引进政策有利于保证国际人才能够享受到我国颁布的人才优惠政策，了解各类法律法规也有利于国际人才尽快适应我国文化背景。然而，由于各类政策发布的主体部门不同且较为分散，国际人才尤其是外籍人才引进后缺乏掌握一手政策信息的统一渠道，信息相对闭塞，加之由于语言不通等问题，外籍人才对于政策中的各类条款理解存在一定困难，这都导致了国际人才在政策适用方面存在困难，一定程度上阻碍了国际人才在京发展。

2. 证件办理耗时耗力

对于外籍人员而言，具备符合国家和北京地区相关规定的完备证件是来华工作的第一步，因此诸如工作居住证等证件的办理是外籍人才来京工作的一大需求。语言不通、办事人员业务水平参差不齐、办理手续多且材料杂、各类证件办理点分散等问题，导致许多外籍人才来京工作后耗费大量精力于这些程序性工作中。此外，一些各部门未统一证件办理具体执行标准、所需材料和要求不一致等问题，导致外籍人才证件办理流程不顺畅，体验感较差。

3. 社会保障体系有待完善

目前，我国在国际人才的社会保障服务体系建设方面尚不健全，亟须进一步明确外籍人员社会保险清算流程、退休福利体系等社保制度。同时，医疗保险等社会保障制度的普及力度也有待加大，对于此类人才的社会保障工作强制性程度仍需提高。除社会保障体系外，在税务优惠及金融服务方面，北京市目前对于国际人才的税收优惠政策较少，且普及度不高，在税收方面的吸引力有待提升。

（二）国际人才在京生活方面需求分析

1. 住房问题亟待解决

由于北京地区住房一直处于存量少、需求大的状态，购房、租房价格长期居高不下，即使是对于高收入的国际人才而言，居住成本也是其在生活方面面临的一大问题。同时，对于来京工作的外籍人才等，租房是首选，由于缺乏基本的城市认知，加之存在语言障碍等问题，需要付出较多的时间和精力才能找到合适的住所，一定程度上降低了国际人才对于居京的生活体验。此外，北京汇聚了大量的优秀人才，对于廉租房、公租房等一系列政策住房需求较大，国际人才在申请政策性住房过程中也面临着一定的困难，政策性住房申请成功率不高。

2. 出行条件有待优化

北京作为首都，虽然政府早已着手解决城市交通及出行问题，但"大城市病"现象依然严重，其表现之一就是路面交通拥堵和公共交通拥挤等问题，这一现象加剧了外籍人才出行的不便利性，有碍于提升国际人才在京工作及生活的体验。具体来说，一是目前北京依然缺乏适用于外籍人的车牌和购车标准。无论是传统机动车还是新能源汽车车牌，均需采用摇号的方式，却未对外籍人才的指标和标准予以明确，同时摇号的周期长，并不能解决外籍人，尤其是中高端国际人才的用车需要。二是通勤时间成本较高。往来于办公地点与住所之间是外籍人在京工作及生活的基本通勤需求。由于北京总面积相对较大，是上海总面积的2.5倍、深圳总面积的8.4倍、厦门总面积的9.8倍，香港总面积的15.2倍，也在一定程度上导致了通勤时间长、通勤成本高等问题，通勤时间占用了国际人才一定的时间和精力。当然，这是北京城市居民所面临的共同问题。

3. 子女教育问题需解决

子女教育一直以来都是国际人才所关注的问题，为优秀国际人才解决其子女教育问题，妥善安顿其子女接受良好的教育是国际人才关心的重点问题。从政策角度来看，现有的人才奖励政策中有关子女上学服务的扶持力度相对有限，很难吸引国际人才；从服务现状来看，公立学校入学名额少、国际化课程体系衔接差，国际学校学费水平高、教育资源信息不对称等问题依然存在，使国际人才来京后在安排子女教育方面面临许多实际困难。

4. 就医体验仍需提升

当前，北京虽拥有国际一流的医疗环境与专家资源，但国际人才在实际就医过程中，由于了解不足及语言不通等问题，依然面临一定的现实困难。一方面，目前北京市私立医疗机构与公立医院之间存在很大的差异。一些私立医疗机构的就诊环境和标准与国际化水平接轨，但受市场机制的影响，收费水平较高，且医疗水平有限，而公立医院医疗资源相对紧张，且结算存在壁垒，使国际人才同样面临"看病难"的问题。另一方面，国际人才对北京市医疗资源情况并不了解，尤其对于北京各类医院的医师资源、擅长领域和就医程序不了解，就医过程中语言沟通上存在一定的障碍，让许多外籍人才有病不敢就医。

5. 生活服务体系有待形成

随着北京国际人才引进工作的持续开展，北京国际人才数量持续增多、人才质量不断提升，这类人群已深度融入北京的城市生活中，会产生与国内居民同样的生活服务需求。换句话说，国际人才在社区生活、文化融入、外出旅行、吃喝玩乐、生活服务等方面需求日益突出，在这一过程中亟须建立一个针对国际人才的综合性服务平台或线上软件，为国际人才提供生活资讯、政策解读、问题解答、业务办理、文娱生活等一站式服务，提高其在京生活服务体验，帮助国际人才尽快融入。

四　首都企业国际人才服务体系建设思路

为了更好地帮助企业搭建起国际人才服务体系，企业作为国际人才的用人主体，应首先承担起国际人才服务的责任，充分考虑国际人才特殊性与实际需求，从人力资源各个模块上进行优化，为国际人才工作发展建立和营造完善的人力资源管理体系、人才发展环境、内部文化氛围。此外，在这一过程中，政府及专业机构应作为外部力量，从政策方面及专业服务方面为企业国际人才服务提供支持。

（一）从内部管理出发，企业完善内部国际人才服务

1. 提供与国际人才相匹配的工作岗位

在全球范围，人才竞争已经到了白热化的阶段。随着全球一体化以及国家"一带一路"倡议的实施，国内越来越多的企业已开始把多元化和包容性的人才战略提到企业发展的重要日程。中国各类企业尤其是高新技术领域的企业，已经逐渐认识到人才对于企业发展和技术革新的重要性。

在国家和政府大力引才、政策引才这一有利宏观背景下，中国企业顺势而为，在政府政策的指导下开出更加优厚的待遇，并匹配企业合适的工作机会吸引国际化人才就职，充分利用国际人才语言特长、文化特质、资源能力等素质特征，催化组织朝着更加开放、多元、创新的方向发展。

2. 创造良好的人才发展机会

除了为国际人才提供与其特质相匹配的岗位以外，企业自身应持续完善内部人才培养、考核及晋升机制，通过形成内部科学、先进、国际化的人力资源管理制度，为国际人才构造一个良好可持续的人才发展通道。首先，企业可以为国际人才提供语言培训、内部制度培训等通用培训，帮助国际人才更好地适应在京工作及生活。同时为国际人才提供与岗位相关的业务培训，帮助国际人才提升其专业技能，助力其更好地实现自我价值。其次，在企业内部建立公平公正的绩效管理体系和人才激励体系将有助于加强国际人才对于企业公平氛围的认同，确保国际人才在我国企业任职过程中能够享受公平的待遇，激励国际人才为企业做出更多的贡献。

3. 积极营造融合开放的企业文化

打造"多元兼容"的全球团队文化有利于更好地吸引并留住国际人才，从而增强企业内团队的多样性。尤其是中央企业、国有企业、民营企业、政府及事业单位等类型的组织，历史因素导致其团队文化相对单一。随着北京市国际人才引进趋势进一步扩大，此类企业更应以开放、包容的态度塑造企业内部多元融合的文化，促进国际人才与本土员工的融合。例如，通过在业余时间组织员工开展民俗活动，如让国际人才体验中国春联、泥塑等民俗项目，一方面能够帮助国际人才更好地融入北京当地文化，另一方面也能帮助其更快、更好地融入企业、团队、部门，快速承担岗位职责。

（二）从顶层设计出发，政府为企业提供政策及环境保障

1. 形成并完善有吸引力的人才政策体系

引进高素质人才对于城市未来发展的重要性不言而喻。近年来，国家及北京地区的引才政策日益完善，针对国际高素质人才的发展、工作以及配套

措施等都给出了完备和优厚的待遇。在此背景下，到北京发展越来越成为许多国际人才和海外学子的选择。为了进一步集中力量凝聚一批北京市当前急需的世界级顶尖人才、重点领域的领军人物，人社部、科技部等部门仍需继续研究各类引才政策，力争为提高北京自主创新能力、为建设创新型城市提供更加有力的人才制度保障。同时，除人才引进政策外，减少现有优秀人才的流失同样重要。因此，除了出台新的人才引进政策外，北京市还应关注对于已引进国际人才的服务工作，加大对于现有国际人才的激励力度，形成人才引进、人才保留的全流程政策体系。例如，通过建立区域内工作年限奖励机制，如以5年、10年、15年、20年、25年等为工作年限划分标准，对于在北京连续工作时间较长的高端国际人才给予一定的工龄奖励。此外，建议进一步考虑设置特殊奖励，对于在北京重点产业发展过程中做出突出贡献、起到关键作用的人才给予表彰和奖励，激励其继续为北京产业建设贡献力量。

各类优惠政策出台后还应配套政策宣传、指导和解读，避免政策出台后因落地不力而不能发挥其最大的作用。建议未来政策发布部门联合各区政府机构、行业协会、重点目标企业及人才、第三方人力资源服务机构等共同组织开展政策宣介会，开展最新人才政策宣传，并对新政策实施进行辅导、服务、跟踪，扩大政策普及度和实用性。

2. 基于区域产业优势，实现精准引才

政府对于国际人才的引进不能盲目开展，应结合北京地区产业规划及产业需求进行精准引才。目前，北京市产业格局逐渐重塑，需要形成与之相匹配的人才发展战略规划。当前新一代信息技术、集成电路、医药健康、智能装备、节能环保、新能源智能汽车等十大产业是北京市高精尖经济结构中的重点产业，急需大量优质的高层次人才支撑产业发展。

一方面，基于产业实际需求，通过制定符合产业内高级管理人才、科技人才特点的鼓励优惠政策，给予符合产业科研实际需要的经费与补贴科目，完善国际高层次人才柔性引入机制，加强人才创新创业专项服务。另一方面，精准引才需要利用"互联网＋"大数据挖掘系统，结合北京地区产业定位、产业组织、产业环境、产业内企业等现实情况，着眼于企业实际需求，将人才需求与人才供给逻辑紧密结合。通过整合产业资源，精准汇聚所需领域全球专家学者，为供需双方提供匹配和对接，提高国家和地区人才引进工作的效率，不仅实现把人"引进来"，更要确保进入本地区的各类人才能够发挥个人能力和价值，为地区发展做出应有的贡献。

3. 提升国际人才工作生活软环境

北京作为世界城市人力资本的汇聚地，在城市建设、社会发展、基础服务等方面一直走在前端。在居住环境方面，虽然北京常住人口及外来人口数量较为庞大，但人口密度、人均公园绿地面积、每万人公共交通车辆、铁路网建设等在国内都居于前列。在医疗保障方面，北京是我国三级医院、三级甲等医院等优质医疗资源的集聚地。根据《2018 中国医院竞争力排行榜》数据，从我国百强医院地区分布来看，榜单前十强中，北京有三家医院上榜；榜单百强中，北京地区以 16 家的数量排在榜首。同时，北京还拥有较为先进的社保福利体系，为人才在京的生活保障提供了方便。

"环境好，则人才聚、事业兴；环境不好，则人才散、事业衰"，区域能否为国际人才提供宜居宜业的生活环境，是影响国际人才长期工作生活的重要因素。未来北京市应持续推进城市环境的优化，在城市交通、基础设施、医疗卫生、教育发展等各个方面向全球先进城市对标学习，不断打造更为宜居的环境，高标准规划建设国际人才社区，营造"类海外"人才生态环境，提高国际人才的生活幸福感和满意度，为区域引才、留才提供环境保障。

（三）从专业经验出发，第三方服务机构为企业提供支持

1. 专业机构积极参与，打造国际人才"服务包"

专业的人力资源服务机构参与国际人才服务工作将有利于帮助政府提升服务效率，为国际人才提供更加专业、优质、高效的服务。北京市现有人力资源服务机构也在不断探索，积极承担北京市政府对于国际人才服务与管理

的职能延伸，以企业市场资源配置能力为牵引，助力政府打通国际人才服务的"最后一公里"。对于企业中认定的高层次国际人才，北京政府也可通过政府购买第三方服务的方式，为此类人才提供集成化、专业化的一站式服务。

例如，专业人力资源服务商北京外企人力资源服务有限公司（FESCO）目前已形成国际人才政务类及非政务类等服务包产品。政务类服务包括外籍人才证件办理服务、外籍人才社保服务、外籍人才薪酬服务、商务注册代理服务和外籍人才招聘服务五大类国际人才服务项目。通过与各政府委办局建立长期良好的动态沟通机制，实现线上＋线下咨询答疑，提供最及时的政策信息解读服务。非政务类服务指国际人才所需其他工作生活类服务，包括社保代理、薪酬服务、文件翻译、生活服务、商务注册代理及家政服务等，可以为国际人才子女上学提供解决方案，挑选合适的公立学校或国际学校，指导入学，更加便捷安心；也可以为外籍人士提供陪诊服务，解决其语言不通、就诊困难的难题，更加贴心安全；同时，针对高端国际人才也可提供"管家式"服务，将日常"琐事"交由对应的人才服务专员代为办理，这种服务方式十分符合高层次、高收入的高端国际人才需求，能够实现少跑腿、更省心，在京工作生活无忧的良好效果。

未来通过借助类似专业的第三方机构为国际人才提供服务，能够很好地发挥人才的"智库"、"渠道"和"服务"作用，有效提升国际人才服务的效率和质量。

2. 连接各方，探索"政企校服"的合作模式

在人才引进的过程中，企业和学校作为供需双方毋庸置疑要积极参与其中，在这个过程中第三方机构应协助政府做好各方连接。在人才培养过程中，专业机构可通过职业兴趣指导、为在校留学生提供在中国企业实习机会等，连接企业和学校，形成人才培养端和实际用人机构端共同培养国际人才的模式，从实践出发，推动我国高校探索出适合国际人才的课程培养体系。同时，人力资源服务机构可以通过搜集企业岗位需求，组织线下招聘会等活动，实现国际人才与企业岗位的精准匹配。未来，在政府主导下、第三方专

业服务机构应积极参与，继续探索"政府＋企业＋高校＋服务"四方合作的模式，实现从培养人才，到使用人才直至留下人才、服务人才全流程的支撑体系，引进、培养和使用国际人才和留学生，实现良好的人才引进效果。

参考文献

李庆、陈肖肖：《北京国际人才竞争力分析》，载王辉耀主编《中国区域国际人才竞争力报告（2017）》，社会科学文献出版社，2017。

王晓辉、田永坡：《我国人力资源服务市场发展现状分析》，载余兴安主编《中国人力资源发展报告（2018）》，社会科学文献出版社，2018。

北京外企人力资源服务有限公司课题组：《北京市区域经济与人才协同发展研究》，载张洪温主编《北京人才蓝皮书：北京人才发展报告》，社会科学文献出版社。

人才培养篇

R.13
大数据技术推动电网企业干部队伍
管理监督预警创新研究

国家电网有限公司*

摘　要：　在大数据技术深度应用的时代背景下，国家电网公司创新监督手段，多元化挖掘数据资源，从大数据的视角重新界定干部管理数据含义，建立综合评价数据模型，搭建起一套适用于电网企业的全维度"大数据＋干部监督"动态预警机制体系，实现对各单位领导班子及干部的分类分级监督预警管控。

关键词：　大数据技术　干部监督　预警机制

*　执笔人：孙峥，国家电网有限公司党组组织部监督处（数据处）副处长，高级工程师；陈彬，国家电网有限公司党校（国家电网管理学院）院长助理，兼培训开发部（党校部）主任，正高级经济师。

一 干部队伍全方位管控监督预警创新的必要性

（一）落实中央对国有企业干部队伍建设新要求

党的十八大以来，党和国家高度重视国有企业干部队伍建设。习近平总书记强调，国有企业干部必须做到"对党忠诚、勇于创新、治企有方、兴企有为、清正廉洁"，为新时期国有企业干部队伍建设提供了方向，对新时期干部队伍建设提出了新要求。作为国有企业重要骨干力量，国家电网公司要自觉学习贯彻党中央精神，与党中央保持思想高度一致、行动步调一致，以党的最新理论成果为指导，充分发挥好国有企业重要骨干力量的表率带头作用，坚决贯彻中央要求，牢记政治职责，加强国有企业领导班子和干部队伍全方位监督管理工作，以切实做好国有企业干部队伍建设。

（二）服务国家电网公司事业发展

面向新时代，要实现建设具有强劲竞争力的世界一流能源互联网企业的战略目标，对科学规划、建设、运营好世界最大的电网，构建与现代电网相适应的管理体系等都提出了高要求，对干部队伍的思路、格局、视野、能力等都提出挑战。因此，国有企业要始终践行党的组织路线，根据新时代发展需求，形成有效的、科学的领导干部管理和监督机制，紧密围绕企业战略和事业发展需要优化创新，加快推进新时代干部队伍建设，为进一步提高国有经济竞争力、创新力、抗风险能力等提供坚实的人才支撑。

（三）解决现有干部监督管理存在的问题

一直以来，国有企业领导干部监督管理面临的问题和挑战是多方面的。现有的干部监督大多是事后监督，事前监督较少，干部的一些严重问题往往都是被举报反映后才得以暴露，预防性的事前、事中监督比较薄弱，干部监督效率有待提升。新环境、新时代带来全新挑战的同时，也带来了新的机会和技术。结合新时代特征，可以借助大数据技术优势，加快干部队伍监督管理预警创新研究，大胆探索实践，进一步促进干部监督工作机制的完善，推动工作高质量发展。

二 干部队伍全方位管控监督预警创新机制

国家电网有限公司基于成熟的干部信息化管理系统及信息化技术应用，开展大数据环境下推动电网企业干部队伍全方位管控的监督预警机制创新研究，就是运用"大数据"思维，结合电网企业干部职业特点，采用个体相似度匹配分析方法，对个人行为表现与日常实绩的内在关联开展探索性识别，建立监督事项"负面清单"，搭建干部监督信息网，形成符合新时代国有企业好干部标准的"大数据识别、专业管控、综合研判"三位一体的干部监督综合评价机制并完成系统开发应用，推动电网企业干部监督管理由单一化、碎片化向整体化、立体化转变，进一步提升从严监督管理干部的约束力，总体逻辑流程如图1所示。

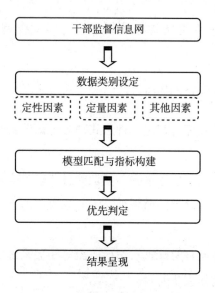

图1 预警机制总流程设计

三　干部队伍全方位管控监督预警
机制建设实现

（一）干部监督信息网

依托日益全面、完善的干部监督管理制度体系，结合电网企业组织人事专业工作实际，在强化信息收集、规范数据字段、整合数据资源的基础上，按照领导干部成长发展规律，围绕干部"选、育、用、留""八小时内外"全方面的干部监督，挖掘核心数据，破除信息壁垒，增强数据的有效性、实时性，形成立体式干部监督数据信息管理网。实现干部管理数据资源由分散向集中、由壁垒向协同、由粗放向精益的转变。

①广泛收集干部基础、个性、常态、专项、历史等五类数据；②纳入干部监督、干部选拔、干部调整、纪检监察等相关业务场景；③梳理督察督办、谈心谈话、巡视巡察、专项审计、工会活动等专项工作；④整合在统一标准管理下的"任职、工作、生活、学习、离任"等方面的"负面清单"数据；⑤实时采集更新指标体系建立与匹配模型构建中产生的动态数据。

（二）数据类别设定规则

采取定性、定量及综合判定三种形式划分干部监督相关数据。

1. 定性因素

将年龄、身体状况、债务情况、培训时长等较难定量的相关数据作为定性因素，采取红黄蓝牌预警的监督项，示例如表1所示。

2. 定量因素

将干部监督、专业日常管理、纪检监察等相关来源的数据整合为扣分制形式的监督项，示例如表2所示。

表1　定性因素数据类别设定

设定类型	事项类别	监督事项	预警标识	监督时限
定性因素	任职	正局级领导人员年龄达到57周岁、不到59周岁	蓝灯预警	长期
		个人健康原因,严重影响或者不能正常履行本岗位职责的	红灯预警	长期
		个人所负数额较大的债务到期未清偿的	红灯预警	长期
		……		……
	学习	每年参加网络培训学习时长小于10个学时	红灯预警	整改期限
		每年参加网络培训学习时长大于10个学时小于40个学时	黄灯预警	整改期限
		……		……
	离任	宣布后10日还未履行离任交接手续的	黄灯预警	一个月
		离任交接内容的真实性、完整性、合法性不够	黄灯预警	长期
		……	……	……
	……		……	

注:蓝灯预警,非个人原因需要提醒事项;黄灯预警,个人存在违反相关制度情况;红灯预警,人存在违反相关制度情况且情节严重。

表2　定量因素数据类别设定

数据设定类型	事项类别	监督事项	扣分值	监督时限	监督依据
定量因素	任职	受到开除党籍处分	20	一年	
		受到诫勉	20	一年半	
		受到警告处分	20	两年	
		受到记过处分	20	一年至两年	
		受到记大过处分	20	两年	
		……	5~20	……	
	工作	对综合考核、巡视巡察、审计等工作中发现的问题在整改期限内未完成整改的	5~20	整改期限	
		对综合考核、巡视巡察、审计等工作中发现的问题在整改期限内未完成整改的,经提醒教育后仍未有显著改善	5~20	整改期限	
		……	5~20	……	

续表

数据设定类型	事项类别	监督事项	扣分值	监督时限	监督依据
定量因素	生活	瞒报个人有关事项	10~20	长期	
		漏报个人有关事项	5~20	长期	
		不按时报告个人有关事项	5	长期	
		配偶已移居国（境）外或者没有配偶但子女均已移居国（境）外的	5	长期	
		……	……	……	
……		……	……	……	

3. 其他因素

结合干部监督实际业务需求，进行其他特定要求数据类型的设定。

（三）模型匹配与指标构建

针对干部的基本信息、履职实绩、生活学习等多个维度开展分析建模，整合重塑专业管理碎片化信息，为干部监督预警的研究提供数据支撑和理论依据。

1. 复杂特征下的自然语言处理技术——个体相似度匹配分析

引入大数据理念，运用自然语言处理技术，选取部分干部样本开展多维度特征属性下的建模分析，利用词袋模型（Bag of Words，BOW）、卷积神经网络（Convolutional Neural Networks，CNN）、循环神经网络（Recurrent Neural Network，RNN）三重模型，对违纪违规干部（"问题样本"）的民主测评、综合评价、职务特性、年龄分布、干部级别、任职任级时间、家庭结构、个人诉求等18项特征属性进行建模分析，旨在利用个体间多属性特征的相似度匹配分析，寻找与"问题样本"最为接近的"潜在样本"群体。

该模型构建采用复杂特征下的自然语言处理技术——个体相似度匹配分析解决方案，实证研究如下。

（1）数据清洗与数据处理。对收集整理"潜在问题样本"461人、"问题样本"13人18项特征属性数据，经专业识别进行如下清洗：剔除无效字段、剔除同属性缀余指标、剔除弱相关指标、剔除滞后指标。

（2）特征选择与数据结构化。利用"问题样本"基本特征词云（见图2），寻找总体"问题样本"的关键特征分布，初步筛选全样本的关键特征，实现手段为保留核心特征、做词向量回归、选用机器学习算法结合百度大脑AI自然语言处理框架。

（3）模型搭建与分析。在以上不同框架下对"潜在问题样本"与"问题样本"进行逐一的多特征属性匹配相似度计算并排序，等权重平均分配三种模型的相似度具体数值，得到最终排序结果。最大限度地减少单一模型分析的局部限制，提高模型整体预测的稳定性。

（4）模型测算结果。经建模统计分析，"问题样本"人群具有类似的特征结构。例如，年龄均为50岁以上、任职为2017年开始、家庭成员中有子女正在国内外上学的副处级干部；三年综合考评结果多为两次称职；半年考核党委的评价为良好；谈心谈话中具有班子配置或岗位调整类型的意见、建议或个人诉求。

图2 "问题样本"基本特征词云

2. 干部监督专业管控指标集——指标分解及赋权建模

按照管思想、管工作、管作风、管纪律的从严管理要求，依据国有企业领导人员"对党忠诚、勇于创新、治企有方、兴企有为、清正廉洁"20字进行指标分解及赋权建模，提升干部监督管理工作的实效性和准确性，为企业决策层提供信息化支撑。

（1）基于新时代干部监督工作数据建模

干部监督"清单化"。依据国家电网有限公司现行的"1＋N"干部管理制度体系对监督事项进行分类整理，厘清信息来源，明确管理责任、工作措施，统一管理标准，形成干部"任职、工作、生活、学习、离任"5个类别79项监督清单体系，实现干部监督项"清单化"，为建立干部监督专业管控指标集（见表3）提供制度依据与理论支撑。

建模思路指导。统筹规划干部监督管理、干部管理日常及专项工作，以国企领导人员20字方针为指导原则，建立开放化、可量化、可测量、可迭代演进的指标体系，一级指标设置对党忠诚、勇于创新、治企有方、兴企有为、清正廉洁5项，将模型应用于系统开发，实现可视化预警，自动评价领导班子运行状态和领导干部的履职情况。

（2）建模下指标集的应用

结合该指标集的实际应用，不仅从干部任职、工作、生活、学习、离任五个方面总结了79项相关事宜，划分了干部监督事项录入清单、干部管理事项录入清单、其他干部相关指标录入清单共3个清单，其中前两项清单直接与指标集三级指标挂钩应用，通过各项数据赋权赋值的模式应用于系统开发，以达到模型系统化的目的。

根据以上指标建模，通过对具体三级指标的归类赋值，开发录入数据角度为干部监督管理、干部监督方面，指标为扣分项、预警标识项，对每位干部数据赋予初始值100分，进行沙盘模拟推演测试，实现干部监督三色（红、黄、蓝）预警。

表 3　干部监督专业管控指标集

指标体系	一级指标 （好干部标准）	二级指标 （特征维度类别）	三级指标 （具体数据来源）
干部监督专业管控指标体系	对党忠诚 （20%）	对党忠诚 （20%）	1. 党建履职考评结果； 2. 班子考核、干部考察结果； 3. 优秀年轻领导人员民主推荐相关信息
	勇于创新 （20%）	追求卓越 （5%）	
		拥抱变化 （5%）	
		驱动创新 （10%）	1. 所获荣誉、职称、论文发表情况及培训教育信息； 2. 性格评估、学习专业、任职满意度测评结果，优秀年轻干部考察考核、综合考评结果； 3. 重大事件、重要关头、重点领域等急难险重时期表现； 4. 履职经历，挂职锻炼信息； 5. 多条线工作经历及绩效表现； 6. 领导班子民主生活会信息
	治企有方 （20%）	前瞻引领 （5%）	
		统筹规划 （5%）	
		全向协同 （5%）	
		塑造团队能力 （5%）	
	兴企有为 （20%）	务实担当 （5%）	
		坚韧不拔 （5%）	
		精细管控 （5%）	
		激发队伍活力 （5%）	
	清正廉洁 （20%）	廉洁自律 （20%）	1. 重要亲属和社会关系，亲属经商办企业核查结果； 2. 考察考核、综合考评、廉洁谈话、信访举报信息； 3. 干部日常管理信息纳入； 4. 个人有关事项报告内容

注：一级指标对党忠诚指标，该指标在应用场景上属于红线指标，如有碰触大部分情况属于"一票否决"。

3. 辅助综合研判——干部行为过程的评价体系

运用干部管理"日常、半年、年度"考核结果，客观记录干部个人在德、能、勤、绩、廉方面的具体表现情况，发现干部在思想品德、业务素质与岗位适应性情况，注重考察工作实绩和群众公认程度。通过开展行为过程预警评价，实时掌握领导干部的履职尽责情况，详细查看各指标测评情况，以主观与客观评价相结合的方式反映干部个人在工作中的全方位表现（见图4）。

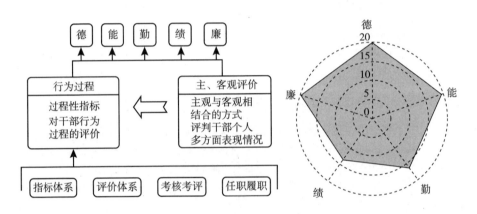

图4　干部行为过程的评价体系

（四）结果呈现

1. 预警提醒实现

根据模型运算结果及优先判定调整，基于监督警示严重程度优先呈现较为严重的群体，可选定个人详细查看各维度评价结果，还可选定其他干部人员进行直观对比。

采用模型匹配与指标体系评价结果，刻画生成干部"诊断报告"，实现干部个人预警；将本部部门"作风测评"、基层单位"大党建考评"结果与领导班子实绩表现挂钩，绘制班子"趋势预警"，实现班子预警。

2. 预警机制应用体系

依托上述模型与指标体系的构建，深化应用研究成果，结合应用情境对预警机制进行了信息系统应用方向设计，构建了六大应用体系（见图5），建立干部监督工作的红、黄、蓝分类分级预警机制，构建包括预警监督管理体系、选拔任用管控体系、履职监督管理体系、日常工作监督体系、干部要事监督体系、廉政风险监督体系六大应用体系，实现信息存储、数据分析、分类预警、健康诊断、跟踪问效系统功能。助力干部监督管理，实现业务管理从经验驱动、业务驱动到数据驱动的新旧动能转换。

图 5　业务监督应用体系

各模块建设遵从整体到局部、重要数据到非重点数据的分析思路，采用定量与定性相结合的数据统计方式，为干部管理、选拔、调整等工作提供有力支持，以合理的数据提升监督管理"智慧"。各模块实现内容如下：

（1）预警监督管理体系是以监督数据模型体系为依托，通过多维度、多数据模型加强数据分析，点亮监督警示色，建立"预警灯"警告机制，构建标签画像形象展示干部预警形态；

（2）选拔任用管控体系实现选拔前、中、后关注的问题与风险点进行监督，强化查核结果运用，呈现个人资格审查结果，联通个人有关事项报告，并对选任过程中纪实材料进行监督管控；

（3）履职监督管理体系对干部历史履职与当前履职实现路径分析，并客观分析未能履职尽责的负面信息记录；

（4）日常工作监督体系对干部考察谈话、民主生活会、专项工作等日常工作进行流程化监督，并对跟踪落实结果实施监督检查、问题整改等；

（5）干部要事监督体系是对干部重点个人事项监督工作的维护与统计，

在强调全程监督的同时，着力加强对重点对象、重点内容的监督，如请示报告、因私出国（境）、个人兼职等；

（6）廉政风险监督管理模块意在构建廉政风险防控机制，协同信访、监察等专业部门建立"月工作提示、季工作调度、内部自查、组织督查、常态化巡察、动态化复查"的协同监督机制，拓宽自下而上的监督渠道。

四 创新点

通过特征属性的建模分析，识别"问题样本"潜在特征，并对不同样本群体间的特征匹配相似度进行实际计算，量化未来"违规概率"，探索干部监督管理的新模式。

作为机制建设核心的匹配模型与指标构建，可塑性强，整体的规划和开放性的指标纳入（各参数指标均可根据实际应用情况进行后台优化调整）、分析和赋值模式，都具备较强的可复制性，通过新增、替代、更改响应监督指标。

从主体、对象、内容、实现方式等具体领域深入推动监督机制的创新研究，通过有效定位监督主体、有效识别监督对象、有效把握监督内容、有效实现监督机制创新路径四个方面支撑监督机制建设，同时这也是有效监督机制的内在机理。在促进制度设计与制度实践相契合方面具有一定的智慧性。

结束语

目前，国家电网有限公司已将干部监督预警机制开发为预警系统，并在所属二级单位开展试点应用。在对干部监督的大量数据进行采集、核查、分析和管理的基础上，借助预警系统智能判别、指标模型评价与全方面管理，极大地减轻干部监督的工作量，实现问题的事前防范，为选人识人提供参考依据，防止干部"带病提拔""带病上岗"，同时增强干部监督工作的科学化及全流程覆盖，为干部管理工作提供了辅助决策支撑。但随着应用的不断深化及相关政策的变化，还需进一步在实践中不断完善优化，通过经验积累改进评估指标和模型，提高风险识别和评估的有效性，以期为干部管理工作提供更高效的决策支撑。

参考文献

马雪松、王慧：《党和国家监督体系中的有效监督机制构建》，《理论探索》2020年第3期。

姚壮：《新中国成立后领导干部监督机制的建立与发展概述》，《现代商贸工业》2020年第19期。

徐玮：《新时代加强国有企业干部管理的有效措施探讨》，《企业改革与管理》2019年第21期。

李小中、王明生：《新时代党内巡视制度的功能和完善路径》，《南京社会科学》2019年第6期。

钟红兰、池径天：《创新手段强化监督　构建廉政监督长效机制——以广西防城港市局（公司）为例》，《东方烟草报》2019年3月28日，第3版。

李爽：《企业构建干部监督机制工作实践研究》，《企业改革与管理》2019年第3期。

郭幼端：《互联网时代的人才资源管理新思维》，《人力资源管理》2017年第5期。

何增科：《中国政治监督40年来的变迁、成绩与问题》，《中国人民大学学报》2018年第4期。

武国民：《对建立和完善干部监督工作体系的思考》，《黑龙江科技信息》2008年第15期。

龚和：《运用大数据信息平台加强干部管理监督》，《领导科学》2018年第19期。

陈晓钦：《基于大数据的干部监督管理机制建设研究》，《青春岁月》2019年第23期。

罗彦卿：《基于大数据思维的人力资源管理创新研究》，《纳税》2018年第4期。

邱林生：《浅谈国有企业领导干部党内监督存在的问题与对策》，《求实》2003年第z1期。

ℝ.14
建立员工职业生涯发展
通道的探索与实践

中车长春轨道客车股份有限公司*

摘　要： 人才资源才是企业发展的第一资源，是支撑企业参与并赢
得市场竞争的核心源动力。企业唯有不断提升自身人才培
养的能力，才能确保在激烈的竞争中获得足够的人才支撑
力，实现健康可持续发展。本文以中车长春轨道客车股份
有限公司构建内部员工职业发展通道经验为基础，结合大
型国有企业人才管理现状，对企业建立员工职业生涯发展
通道的目的、意义、原则、理论基础及实践经验进行了详
细的阐述。

关键词： 职业生涯　职业发展通道　人力资源管理

一　构建员工职业生涯发展通道的目的

中车长春轨道客车股份有限公司（以下简称中车长客股份公司或中车
长客公司）在"十三五"发展战略中提出，要成为轨道交通装备行业世界
级企业，打造受人尊敬的国际化公司，实现由传统生产制造企业向智能研
发服务型企业转变。然而，战略实现的本质是要打造一支能够支撑公司实

---

* 执笔人：王胜满，中车长春轨道客车股份有限公司正高级工程师；曲岩，中车长春轨道客车
股份有限公司正高级工程师；祸秋明，中车长春轨道客车股份有限公司工程师。

现跨国经营、集团化管控、全球资源整合、协同与配置的国际化一流人才队伍。因此，中车长客股份公司在原有专家、拔尖人才管理体系的基础上，构建并实施了员工职业生涯发展通道管理体系，实现了专业技能和经营管理的"双通道"管理模式，为员工提供坚实的职业发展平台，用人才牵引公司持续发展。

二 构建员工职业生涯发展通道的意义

（一）企业战略发展的需要

随着国家在轨道交通行业的持续投入，轨道交通行业快速发展，尤其是在高速铁路方面，无论是工程基建，还是高速轨道车辆研发、制造及运营维护，均跃居世界前列。与此同时，国际高速轨道交通市场已经趋于饱和，生产能力呈现过剩的趋势，中车长客股份公司继续保持当前优势的关键在于核心人才队伍的建设和在复杂环境下企业运营能力的打造。构建员工职业发展通道，已然成为公司发展的战略需要。

（二）经营环境的必然选择

伴随国家发展及科技文明的进步，以智能机器人为代表的"新制造"时代已然来临。国内人口红利逐步丧失，用工成本不断上升，特别是受国企分配体制、机制等因素限制，核心人才队伍不稳定、流失、断档等问题也日渐凸显。在海外，各国劳动法律体系、价值观念各有不同，对管控水平提出较高要求，加之新冠肺炎疫情形势依旧严峻，经济发展严重受阻，经营环境变得更加复杂。面对跨国经营格局，公司唯有重塑人才队伍结构，提升人力资本经营水平，才能更好地克服 VUCA 时代给企业带来的巨大威胁和挑战。因此，构建员工职业生涯发展通道是公司适应经营环境的必然选择。

三　构建员工职业生涯发展通道的原则

（一）满足公司发展需要的原则

坚持满足公司发展需要的原则，支撑公司人才队伍建设、员工素质能力提升的需要，牵引员工向公司需要的方向自我发展。

（二）以职位体系为基础的原则

坚持以职位体系为基础的原则，依据公司职位序列进行通道划分。

（三）"奋斗者"为先的原则

坚持"奋斗者"为先的原则，以体现员工能力提升和对企业贡献大小为导向，真正让有使命感、能力强、肯奉献、能持续创造价值，不断接受挑战、勇于自我超越的"奋斗者"得到晋升。

（四）定量和定性评价相结合的原则

坚持定量和定性评价相结合的原则，人才评价需以定量评价为主、定性评价为辅，能够实现量化的评价要素都要进行量化评价。

（五）公平、公正、公开的原则

坚持公平、公正、公开的原则，确保职业生涯发展通道建设及人才评价过程处于公平、公正、公开的环境中。

四　构建员工职业生涯发展通道的理论基础

要充分了解企业人才发展现状，更需要系统性的理论支撑，中车长客股份公司为了更好、更科学地构建员工职业生涯发展通道，确保在通道建设过程中核心人才队伍的稳定，做了大量的理论基础准备，并结合管理实践实施。

（一）专业术语

表1　常用专业术语目录

序号	名词	名词解释
1	职业生涯	所有与职业相联系的行为、活动、态度、价值观、愿望等连续性经历的过程，以及职业、职位的变迁及工作、理想的实现过程
2	职业生涯管理	由组织实施的、旨在开发员工潜力、留住员工，以实现组织目标和个人发展有机结合的一系列计划、组织、领导和控制等管理活动
3	职业锚	人们选择和发展自己的职业时所围绕的中心，是员工在不得不做出选择时，无论如何都不会放弃的那种至关重要的东西或价值观
4	职业生涯周期	从开始从事职业活动到完全退出职业活动的全过程
5	职业发展等级	公司为员工提供的职业发展机会和发展空间，分"层"和"级"进行管理
6	职业发展路径	员工职业生涯发展的轨迹，分为通道内的纵向职业发展路径和跨通道的横向职业发展路径

（二）职业生涯发展通道关键理论依据

员工职业生涯发展通道管理在人力资源管理中并非全新的管理专业，而已经形成了一套系统性、逻辑性较强的理论体系，主要由施恩职业锚理论、约翰·霍兰德职业性向理论、萨柏职业生涯发展阶段理论等构成。中车长客股份公司对以上理论进行了全面的研究，并将其与当前企业运营态势、战略发展方向、人力资本现状盘点、人才导向趋势等实践相结合，在理论的基础上，构建了支撑中车长客股份公司未来发展的员工职业生涯发展通道管理体系，让理论充分结合实践，并服务于企业发展。

（三）职业生涯发展通道划分依据

根据职业锚理论和职业生涯管理模型，具有相似的职业成功标准、职业发展方式和发展机会的共性职位是职业生涯发展通道划分的主要依据。职位共性一般体现在专业要求、技能要求、工作方式和工作性质等四个方面，主要内涵如表2所示。

表2　员工职业生涯发展通道划分依据

序号	职业共性	内容描述
1	专业要求	指胜任职位工作所需专业知识。专业要求相似的职位员工在职业发展中具有相似的职业锚选择和职业成功标准
2	技能要求	指胜任职位工作所需掌握的专业技能难易度和所需相关工作经验年限。技能要求相似的职位员工在职业生涯发展中具有相似的成长周期和机会
3	工作方式	指开展职位工作所采用的方法、手段和所利用的资源
4	工作性质	指开展职位工作的工作环境、工作对象、工作灵活性、工作均衡性、工作中的脑力与体力差异等

五　员工职业生涯发展通道实践：以中车长客股份公司为例

（一）中车长客股份公司员工职业生涯发展通道模型

中车长客股份公司以淡化官本位思想、强化专业能力提升为导向，设置"行政管理"和"专业技能"两条职业生涯发展通道，为员工提供充足的晋升机会和广阔的职业发展空间。根据员工成长和职业发展规律，任何员工进入企业后，首先都是从专业技能通道开始发展，到达一定等级后，可以选择行政管理通道或专业技能通道之一进行发展，同时，员工在后续职业发展过程中，也可根据企业或自身需要进行跨通道横向发展。据此，员工职业生涯发展通道模型如图1所示。

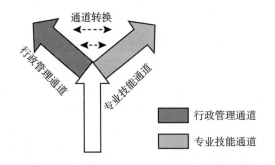

图1 中车长客股份公司员工职业生涯发展通道模型

（二）中车长客股份公司员工职业生涯发展通道

按照员工职业生涯发展通道划分依据，结合中车长客股份公司员工职业生涯发展通道模型及中车长客股份公司职位分类标准，公司员工职业生涯发展通道分为经营管理、专业管理、市场营销、工程技术和技能操作五个大类，其中根据工程技术类各专业人员工作特点，又细分为研发技术、工艺技术、信息技术和支持技术四个小类。据上所述，经营管理属行政管理通道，专业管理、市场营销、研发技术、工艺技术、信息技术、支持技术及技能操作属专业技能通道（见图2）。

（三）中车长客股份公司员工职业生涯发展通道等级架构

根据成功学和职业周期理论，员工在不同的职业周期对个人职业成功有不同的定义和价值取向。为此，职业生涯发展通道等级应满足员工整体职业生涯过程中对职业发展机会和上升空间的需求。

1. 员工职业生涯发展通道等级设定依据

员工职业生涯发展通道等级的设定具体包括员工职业生涯发展通道"层"和"级"的设定，主要设定依据如表3所示。

2. 中车长客股份公司员工职业生涯发展通道等级架构

根据员工职业生涯发展通道等级设定依据，中车长客股份公司员工职业

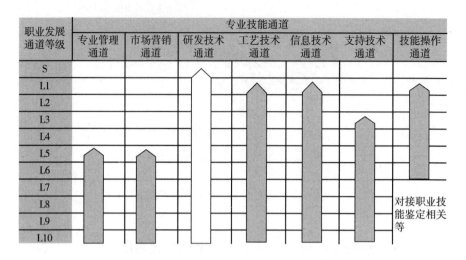

图2　中车长客股份公司员工职业生涯发展专业技能通道

表3　员工职业生涯发展通道等级设定依据

序号	职业共性	内容描述
1	人才层次结构	指人才在能力等级上的差异，一般分为初级、中级、高级和专家级4个层次。人才层次决定员工职业生涯发展通道"层"的框架，相对应分别是员级、师级、主任级和专家级
2	职业周期与人才成长规律	指员工从进入企业到退休所经历的所有成长阶段，且每个阶段的成长周期均需2～5年时间。职业生涯各阶段成长周期的差异决定员工职业生涯发展通道"级"的框架
3	工作复杂程度	指职位工作对所需掌握的知识、技能、工作年限和经验等方面的差异化要求。工作复杂程度亦在一定程度上影响员工职业生涯发展通道"级"的框架

生涯发展通道等级整体框架为：各通道自上而下设置专家、主任、师和员4个层；自下而上细分为L10级至11级，且数字越小表示等级越高（见图3）。其中，技能操作通道为便于操作和降低管理成本，L10级至7级直接与职业技能鉴定相关等级实行无缝对接，即L10级相当于取得职位入职资格证书者、L9级相当于取得初级职业资格证书者、L8级相当于取得中级职业资格证书者、L7级相当于取得高级职业资格证书者。

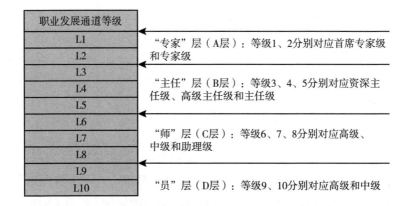

图3 中车长客股份公司员工职业生涯发展通道等级

（六）员工职业生涯发展通道评价

1. 人才评价标准

员工职业生涯发展通道评价标准是员工根据自我价值取向、职业倾向、学历、技术技能和工作能力确定职业发展等级的重要参照，也是企业根据人才需求特点对员工价值观、工作资质、专业能力、业绩贡献等进行职业发展等级综合评价的标准和依据。企业通过设定人才标准，可以实现组织目标和员工个人目标的协调与统一。

2. 员工职业生涯发展通道评价流程

不同的企业处在不同的发展阶段，人才管理的全面性和准确性不同，受到企业人才管理水平及企业管理文化的影响，员工职业生涯发展通道评价流程也是不同的。例如中车长客股份公司每两年进行一次员工职业生涯发展通道等级评定，不单独组织 L0 等级的评定，专业管理通道、市场营销通道、工艺技术通道的 L1～L7 等级由子通道牵头主管单位制订评审实施方案并组织评定，L8～L10 等级由各单位结合岗位管理进行考核鉴定，评价过程中，对牵头主管单位充分授权，全程做到公开透明、全员参与，确保评价过程的公平性。

（七）员工职业生涯发展通道的运行管理

员工职业生涯发展通道管理包括组织管理、初次定级管理、晋级管理、保/降级管理、横向发展管理等 5 个方面。中车长客股份公司员工职业生涯发展通道日常管理情况如下。

1. 组织管理

公司负责对专业管理、市场营销、研发技术、工艺技术、信息技术、支持技术通道 L1～L3 等级的晋升组织答辩、评价及审定，人力资源部负责组织 L7～L10 等级的认定工作；公司负责对技能操作通道 L1～L4 等级的晋升进行组织答辩、评价及审定，负责 L5～L10 等级的评定工作。

2. 初次定级管理

新员工（含社会招聘人员）取得职位准入资格后进入职位对应的职业生涯发展通道，即定为本职业生涯发展通道的最低等级。其中，本科生初始定级为 L9 等级、硕士研究生初始定级为 L8 等级、博士研究生初始定级为 L7 等级。

3. 晋级管理

根据各通道等级对应的人才标准，达到职业发展等级的基本评价标准要求，或符合《职业生涯发展破格评价标准》的员工，即视为取得职业发展晋级的资格，可提出晋级申请。

4. 保/降级管理

员工晋级后，结合年度考核评价结果，若结果为 D 或 E，需进行保级申请，同晋级申请的员工共同进行评审，满足相关条件可保留其职业生涯发展等级，否则将降低一个职业生涯发展等级。

5. 横向发展管理

职业生涯横向发展以立足职位在一个通道纵向向上发展为主，跨通道横向发展为辅。员工跨通道选择职业发展路径，除因公司正常职位调整以外，要按以下原则重新进行职业生涯发展定级或晋级评价：员工跨通道职业发展路径选择，要重新累计工作经验，除转入研发技术通道、工艺技术通道、信息技术通道的专业工作年限需重新累计外，其他情况专业工作年限可持续累计；受到惩处调离原岗位导致通道变化的，在新通道中降低 1 个等级使用。

员工跨通道职业发展路径选择中，后续职业生涯发展晋级需要按照新的通道评价标准进行评价，决定新的职业生涯发展等级。

R.15
打造符合国有资本运营公司需求的
高素质人才队伍

北京国有资本经营管理中心 *

摘　要： 作为目前唯一获批北京市国有资本运营公司试点资格的企业，
北京国有资本经营管理中心通过构建和运用能力素质模型，
在人才招聘、培训、实践锻炼、绩效管理等各个环节中帮助
员工提升能力、不断成长，打造了一支符合国有资本运营公
司战略发展需求的人才队伍。本报告介绍了北京国有资本经
营管理中心人才队伍建设的具体做法和成效，以及下一步改
进的方向和措施。

关键词： 国有资本运营公司　能力建设　人才队伍管理

2013 年 11 月，十八届三中全会通过了《中共中央关于全面深化改革若
干重大问题的决定》，首次提出要"完善国有资产管理体制，以管资本为主
加强国有资产监管，改革国有资本授权经营体制，组建若干国有资本运营公
司，支持有条件的国有企业改组为国有资本投资公司"。国有资本投资、运
营公司是国家授权经营国有资本的公司制企业，以投资融资和项目建设为
主，通过投资实业拥有股权，通过资产经营和管理实现国有资本保值增值，

---

* 执笔人：范月仙，北京国有资本经营管理中心原党委副书记；李奔，北京国有资本经营管理
中心党委组织部部长兼人力资源部总经理；滕越，北京国有资本经营管理中心博士后科研工
作站博士后。

履行出资人监管职责。改组组建国有资本投资、运营公司是国资管理体制发展的关键环节，对深化国资国企改革、推动国有资本做强做优做大具有重要意义。

相比国有资本投资公司以产业投资为主，国有资本运营公司更侧重于通过股权运作、价值管理促进国有资本合理流动，实现保值增值。按照党中央国务院和北京市委、市政府关于全面深化国资国企改革、国有资本授权经营体制改革的工作部署，根据国有资本运营公司的功能定位及运作特点，北京市国资委授权北京国有资本经营管理中心（以下简称国管中心）开展国有资本运营公司试点工作。

国管中心由北京市国资委于 2008 年 12 月出资设立，注册资本 350 亿元，是以国有资本运营和股权管理为重点，以国有资本的证券化和价值最大化为目标的北京市属重点骨干企业。自成立以来，国管中心始终坚决贯彻落实北京市委、市政府战略意图和北京市国资委工作部署，以市场化方式进行资本运作，推动国有资本有序进退，实现国有资本保值增值。2019年末，国管中心合并报表总资产 2.95 万亿元，净资产 9699 亿元，实现利润约 660 亿元，是唯一获批北京市国有资本运营公司试点资格的市属企业。

国管中心是银行间、交易所储架发行资质首批试点单位，具有境内投资人、发行人双 AAA 和国际三大信用评级机构 A＋的优质信用评级资质。国管中心受托管理北京市政府投资引导基金、城市副中心建设发展基金等重大基金，出资参与组建北京科技创新基金，并与世界顶尖金融机构及国内知名投资机构共同发起设立多只重点投向科技创新、节能环保、医疗健康等战略新兴产业的基金，是北京市唯一同时具备母基金、PE 基金、VC 基金、债券基金、创投基金管理经验和能力的大型国企集团。

多年来，国管中心始终高度重视党管人才原则，坚持"人力资源是第一资源"的人才定位，坚持"有为才能有位"的核心价值观，坚持"五湖四海、公平公正"的用人理念，坚持"能者上、庸者下、劣者汰"的人才选任机制，对标淡马锡，积极招募、培养和储备优秀人才。国管中心人才队伍总体呈现以下特点：一是年轻化，整体平均年龄 34 岁，其中中层管理人员平均年龄 42 岁，基层员工平均年龄 30 岁；二是学历层次高，87% 以上具有硕士及以上学历，且半数以上员工来自北大、清华、人大等重点院校；三是专业化，86% 的员工具有金融、经济、会计、管理、法律专业背景，与国管中心国有资本运营的专业性要求匹配度非常高。

国管中心以能力建设为主线，坚持将能力建设贯穿人才"选、用、育、留"全环节之中，用事业激励员工成长。国管中心的人才队伍符合业务发展需要，与国有资本运营公司的战略定位基本一致，是一支符合国有资本运营要求、具有国际视野、业务素质高、有责任敢担当的一流人才队伍。

一 打造能力素质模型，奠定科学管理基础

在企业管理中，能力素质是组织为实现战略目标，针对组织内个体需要具备的职业素养、能力和知识所提出的综合要求。实践证明，管理能力素质比管理知识技能更有利于创造高绩效。

通过理解企业核心价值观、结合宏观经济政策环境、对标投资行业市场，国管中心制定了通用能力素质模型和专业能力素质模型，并以此为标尺，在人才甄选与招聘、培训与锻炼、绩效考核与评估反馈等各环节中加以应用，衡量员工现有能力与理想水平的差距，对症下药，帮助提升员工能力。国管中心把员工的能力发展与组织的战略目标有机结合起来，以能力建设为基石，帮助企业发展壮大。

（一）通用能力素质模型

作为国有资本运营平台，国管中心的员工通用能力素质既践行社会主义核心价值观的基本规范与要求，又借鉴国际知名企业的员工能力要求。结合企业发展目标和机构特点，形成了国管中心通用能力素质模型 ACTIVE，包括 6 项通用能力素质，分别是专业进取（Attitude to Profession and Excellence）、审慎合规（Compliance）、沟通合作（Teamwork）、诚信正直（Integrity）、大

局意识（View of Overall）、尽职敬业（Engagement）。

具体来说，专业进取要求对常规工作细致严谨，对有困难的工作不畏难、不言弃，对新的工作主动思考、积极创新；乐于设定高标准的工作目标，愿意付出额外努力以更出色地完成任务，保持持续学习意识，主动实现自我提升。审慎合规要求具有主动的风险管理意识，在风险可控的前提下开展工作，处理问题冷静果断，将负面影响降到最低；工作中做到知法守法，在任何情况下做到合法合规，保持保密意识。沟通合作要求能根据沟通的需要，选择适合的策略、方式和方法进行有效沟通；积极融入团队，履行团队成员职责，努力创造合作、和谐的工作氛围，互相帮助，互相信任，形成合力。诚信正直要求言行一致，说到做到，能够坦诚客观地描述事实、表达自己和倾听他人；同时为人公正自律，时时处处以社会和企业倡导的道德标准和职业操守要求自己的言行。大局意识要求能理解企业的价值观念和发展目标，认同组织，忠于组织，并将实现组织目标作为开展工作的主导思想；具有全局视野，能全面思考问题；能调整个人行为，以适应组织的整体和长期利益。尽职敬业要求具有责任感和使命感，肯在工作上花时间、花心思，积极主动完成工作任务，具有职业精神；工作中以目标为导向，同时注重方法、效果和效率，以执行力保证目标达成。

通用能力素质模型体现了国管中心的核心价值观，从自我管理、任务管理、关系管理三个维度对公司全体员工提出了统一的基本要求。

（二）专业能力素质模型

国管中心注重在产业领域培养产业调整能力和产业引导能力，在金融领域培养金融创新能力和金融带动能力。结合国管中心的投资业务特点和市场通行的投资行业能力要求，经过多维度整合归纳，形成了国管中心专业能力素质模型：从思维维度提出了宏观思维、逻辑思辨等能力指标；从视角维度提出了政策敏感性、市场洞察力等能力指标；从行为维度根据岗位类别提出了不同的能力指标，如业务岗的研究能力、谈判能力等指标，职能岗的组织协调能力等指标。

具体来说，宏观思维要求具有长远性、前瞻性、全局性、关键性的思维，能够立足长远，预测变化，把握整体，关注目标；逻辑思辨要求能够通过分解事物和分析事物之间的关系明确事物本质，并通过归纳总结发现事物规律；政策敏感性要求对党和国家的相关政策、指导意见保持敏感性，准确理解政策含义，将政策变化与投资业务发展相联系，通过项目投资实现政府意图；市场洞察力要求能够透过市场表象，形成对市场独立而准确的判断，以指导投资业务；研究能力要求能够围绕研究主题，收集、处理、分析信息，形成研究报告，以指导投资业务的开展；谈判能力要求能够有效识别对方的需求，制定有效的谈判策略，根据实际情况灵活调整策略，达成双赢局面；组织协调能力要求能够根据企业目标合理分配工作任务，有效配置企业资源，在协作中积极沟通、善于激励、灵活控制、主动配合。

专业能力素质模型体现了国管中心的组织特点和业务特色，是对不同岗位员工的专业素质要求。

二　践行人才管理理念，实现选育用留全流程能力培养

（一）坚持人岗相适招聘，从源头保证人才的高质量

国管中心根据战略定位、业务发展与岗位需求，坚持以通用能力素质模型和专业能力素质模型为标尺，多角度衡量应聘者的职业动机、发展潜力和专业能力水平，评估应聘者是否具有国管中心需要的能力或潜力，招聘真正匹配企业不同需求的各类人才。

1.高素质应届毕业生为国管中心注入新鲜血液

国管中心优化面试流程、创新测评方式，高标准、严要求引进国内外顶级高校高素质应届毕业生，不断为国管中心全系统的人才队伍引入新鲜力量。坚持实习考核机制，既给学生提供了解企业的机会，又帮助国管中心对学生进行全方位考察，做到人岗相宜。加强雇主品牌建设，重视与国内著名高校的校企合作，深入推进与清华大学五道口金融学院、北京大学光华管理

学院等高校的实习生基地建设，把潜在候选人的能力素质培养往前延伸。

2. 专业化社会人才与国管中心分享成熟经验

国管中心积极引进具有成熟管理经验和专业技能的社会人才。通过猎头推荐、专业机构测评、能力素质评估等机制，加强对候选人专业经验、职业操守和综合素质的甄别，持续提高社会人才引进的效果，确保引进人才可用、可留、可靠。近年来，国管中心引进的社会人才主要来自大型央企集团总部、市属同类型企业集团总部、四大会计师事务所、知名金融机构等，具有丰富的业务经历和市场化管理经验，为国管中心的成长发展贡献了智慧与力量。

3. 科研型博士后为企业实践提供前沿理论支持

国管中心主动培养科研型博士后等高端人才，为企业实践提供前沿理论支持和前瞻性研究方案。2018 年国管中心与清华大学成立博士后科研工作站，2019 年已招募首批博士后研究人员进站，开展国有资本运营、国有股权管理、海外并购融资、绩效管理与激励机制等方向的研究。国管中心和清华大学发挥各自优势，将企业实践和前沿理论密切结合，强强联合、优势互补，为国管中心打造新型智库，为国有资本运营事业培养一批适应首都经济社会发展的复合型、战略型和创新型的高端青年人才。

（二）结合需求精准施训，促进能力素质提升

国管中心围绕战略、紧贴业务，制订《教育培训管理办法》，通过能力素质模型定时探查员工能力短板，分层分类开展培训，有针对性地进行能力建设。

1. 积极对标优秀企业

国管中心大胆创新"走出去"培训模式，浸入式深度学习优秀企业和机构的经营管理之道。如对标淡马锡，派出中层管理人员和业务骨干到新加坡开展培训，直接走进淡马锡总部、新加坡政府投资公司总部以及其他全球知名金融投资公司，深入学习先进管理经验和投资理念，拓展了员工的国际视野。此外，国管中心还派出骨干员工到华润集团下属华润大学学习大型集

团管理之道，派出新员工到中信建投学习券商业务知识等，提升了员工的综合能力素质，为国管中心更好地打造国有资本运营公司进行智力储备、人才储备。

2. 精心组织高端讲座

"国管中心大讲堂"是国管中心常年举办的品牌高端讲座，针对时事热点专题，邀请丝路基金、中投公司、京东方等知名企业和机构的顶级专家前来交流分享，如结合"一带一路"倡议讲解"海外投资与中国经济转型"，结合中美贸易摩擦讲解"战略型民族产业发展"等；"水木 BIF 大讲堂"是近两年来由国管中心组织、北京水木现代国有企业研究院和清华大学中国现代国有企业研究院承办的高端讲座，曾开展"分类改革逻辑下的国企混改与治理结构创新""重塑中国经济高质量发展的微观基础""银行金融生态与科技创新""宏观经济形势分析"等专题讲座，提升了国管中心员工宏观分析能力和政策敏感性。

3. 坚持抓好常规培训

国管中心坚持组织多层次多维度的专业类培训和管理类培训。专业类培训方面，紧贴主营业务，围绕投资、融资、财务、风控、企业管理等主题，完善员工知识体系，提升专业技能；管理类培训方面，中高层管理培训侧重做决策、带队伍等方面能力建设，员工管理培训侧重沟通表达、高效执行和思维逻辑等能力培养。培训师资来自合作企业（如 GP 摩根、高盛、凯雷、中信产业基金等）、国内外知名机构（如四大会计师事务所、四大咨询机构等）和知名高等院校（新加坡国立大学、北京大学、清华大学、中国人民大学等）。此外，国管中心鼓励部门进行学习型组织建设，鼓励员工自主选择与岗位要求和专业技能相关的培训，量身打造更加精准的培训方式和培训课程，提高了培训的针对性和实效性，切实实现了能力的提升。

（三）工作实践中锻炼能力，多渠道助力员工成长

国管中心始终鼓励员工在实践中培养能力，在工作中历练成长。为打造复合型人才，国管中心根据能力素质模型筛选可塑性强的人才，积极安排其

在本部、下属企业、外部单位之间进行轮岗、外派交流、挂职锻炼。多岗位的历练有效补齐员工能力短板、强化优势能力项，有助于国管中心培养复合型青年干部和后备人才，同时还推动了全系统人才融合和文化融合。

具体实践形式包括：与中央金融机构互派干部进行挂职锻炼；大力支持雄安新区建设，积极推荐并派出优秀人才到雄安投资集团挂职工作；积极支持脱贫帮扶工作，选派人才到房山区、平谷区担任驻村第一书记；向多家北京市创新投资类企业输出高端人才；根据国管中心外派董、监事及独立董事管理办法、外派财务总监管理办法，充分考虑员工工作年限、业务分工、能力素质、综合表现等情况，大力推荐年轻员工到相关投资项目公司兼任董、监事等职务。

同时，国管中心注重员工职业生涯管理，以能力建设和业绩指标为基础，建立了双职业发展通道，分别为通用管理型人才和专业技术型人才搭建施展才华的舞台。国管中心制定《员工快速晋升通道管理办法》《关于进一步规范部门总经理助理及以上领导人员选拔任用工作流程的暂行规定（试行）》等制度，定期组织能力评估和业绩考评，通过内部竞聘、晋级考核等多种方式选拔中层管理人员、骨干员工，加速员工职业发展。"十三五"期间，国管中心创新人才评价使用机制，组织多次竞聘选聘活动，如部门总经理助理竞聘、高级经理选聘、高级经理和业务经理晋级考核等，数批年轻优秀的人才已进入管理岗位或高级业务岗位。这种竞聘选聘方式已逐渐形成常态化的选人用人机制，极大地激发了国管中心人才队伍的活力。

（四）持续优化绩效管理，全方位保障稳人心留人才

国管中心高度重视绩效管理中考核、激励、评估与反馈等各个环节的工作，坚决反对"大锅饭"式的平均主义，强化绩效奖金和岗位职级的激励作用，吸引和留住了优秀人才。

国管中心遵循"指引方向、夯实基础、明确目标、精准细化"的总体思路，以绩效目标的制定、分解和落实为主线，修订《绩效管理暂行办法》，要求本部各部门及二级单位根据全系统发展战略，以工作任务书为抓

手，确定年度工作定量指标和定性成果，确保绩效目标逐项分解落实。强调量化考核拉开差距，强化考核结果在评优、选任、晋升等方面的运用，着力构建完善以绩效完成情况为基准的"能者上、庸者下、劣者汰"的竞争机制。在绩效评估机制中注重结合能力素质模型，分析员工当前绩效短板和未来能力提升方向。坚持绩效反馈，鼓励已完成，再接再厉，分析未完成，整改提高，进一步提升了人才队伍整体能力水平。

另外，国管中心在细节处安排周到，为人才提供全方位服务。国管中心为优秀人才积极争取进京指标；为符合条件的员工申请公租房和人才公寓；按合规性梳理工资福利项目，加强与绩效挂钩的激励机制；提升员工食堂服务水平；设立健身房，提供娱乐健身设施；工会设立跑团等多个团体，不定期组织团建活动。国管中心无微不至的贴心服务提升了员工生活水平和工作满意度，较好地解决了人才的后顾之忧，让员工能将更多精力放在能力建设和企业工作之中。

三　注重人才管理成效，开拓人才发展新格局

（一）现状反思

2019 年 4 月，国务院印发《改革国有资本授权经营体制方案》，强调国有资本运营公司以财务性持股为主，建立财务管控模式，重点关注国有资本流动和增值状况。2019 年 11 月，国务院国资委印发《关于以管资本为主加快国有资产监管职能转变的实施意见》，明确指出要根据国有资本投资、运营公司和其他直接监管企业的不同特点，有针对性地开展授权放权，充分激发微观主体活力。国有资本运营公司的目标是推动国有资本合理流动，改善国有资本的分布结构和质量效益，切实提高社会资源配置效率。国有资本运营公司侧重发挥市场机制的作用，在资本市场通过资本运作有效组合配置国有资本，推动国有资本在运作中增值。国有资本运营公司的特殊职能对人才队伍的业务水平、专业能力和综合素质都提出了新的要求。

随着企业的快速发展，国管中心人才管理工作虽然取得了一定成绩，但与国有资本运营公司的发展要求相比还是存在着一些亟待改进或加强的地方。如与国有资本运营公司试点工作要求相适应的选人用人体制机制尚需完善；干部队伍结构、数量、能力等方面有待进一步调整；新整合进来的二级企业人才结构不均衡，专业水平参差不齐；绩效管理效能与应用、员工能力素质提升与职业发展等方面有待改进。

国管中心需要继续扎实推进全系统人力资源管理的各项工作，提升人才队伍的研究能力、专业能力、学习能力，探索市场化薪酬分配机制和先进的选用育留方式方法，打造一流人才队伍、建成行业人才高地，为国管中心战略落地提供更强的人力保障和智力支持。

（二）未来发展思路

千秋基业，人才为本。习近平总书记曾强调，人才是第一资源，要深化人才发展体制机制改革，完善人才培养机制，改进人才评价机制，创新人才流动机制，健全人才激励机制。下一步，国管中心将从全系统层面按照国有资本运营公司试点要求，紧紧围绕企业战略定位，坚持党管干部、党管人才原则，进一步加强人才队伍建设，着重加强以下几方面的工作。

1. 加强人才能力建设，提高人才发展站位

国有资本运营公司试点及集团化管控、提升精细化管理水平的战略发展需求对人才队伍建设提出了更高的要求，要进一步明确全系统人才工作战略目标，与时俱进不断更新能力素质模型并加强运用，持续提升人才能力水平，避免人才同质化。根据不同业务模块打造符合发展站位的人才队伍结构，提升全系统整体人才质量。积极引进高层次经营管理人才，充分挖掘现有人才队伍潜力，加强后备人才队伍建设，逐步完善政策措施及制度保障。

2. 加强集团化管控，提升系统人力资源工作水平

要围绕建设一流国有资本运营公司和国有股权管理、重点投资管理、多层次资本市场、基金投资、现代服务业板块所构成的"一个平台，五大支柱"发展战略，建立权责一致、有序协同的组织架构。继续研究符合国管

中心党建工作、业务工作、内部管理及未来战略发展需要的全系统机构设置方案，继续优化职能设置，厘清职责边界，重塑总部职能。加强对二级企业人力资源工作的指导和服务，提高系统人力资源工作水平。

3. 加强多向交流，促进人才融合

随着北京市属企业整合重组工作的推进，陆续有新的企业被整合进国管中心。"人员的融合才是最好的融合"，要继续推动人才在本部、二级企业、外部单位之间的轮岗交流、挂职锻炼，促进人才多岗位历练成长。做好合并重组企业的人才配置工作，切实发挥协同效应，通过人员融合促进文化融合、业务融合。

4. 加强绩效管理，坚持有为有位

要积极探索更加有效、符合国管中心全系统实际需求的绩效管理改革方案，建立与岗位职责紧密挂钩的立体化考核机制。强化考核结果应用，坚持"压力传导，主动担责；量化考核，多干多得；差距拉大，能上能下"。弘扬"赛马文化"，用成长机会激励优秀人才发展。注重绩效反馈，实现闭环管理，通过能力建设弥补绩效短板，促进人才与企业共同成长。

未来，国管中心将继续踏实推进人力资本运营管理各项工作，不断优化人才选用育留创新机制，持续增强人才队伍活力，打造北京市人才高地。作为北京市委市政府贯彻中央精神、执行国家战略、推动首都经济社会发展和国资国企改革的有力执行者，国管中心大力发挥国有资本的战略引导作用，全面实现国有资本运营平台功能，为国有资本布局、结构调整优化发挥作用。

参考文献

王勇、邓峰、金鹏剑：《混改下一步：新时代混合所有制改革的新思路》，清华大学出版社，2018。

王槟：《关于国有金融企业员工通用能力素质和投资岗位专业能力素质模型构建及应用的研究——以 G 企业为例》，中国人民大学硕士学位论文，2015。

R.16
央企海外员工职业发展问题研究

中国航空技术国际工程有限公司*

摘　要： 本文通过对一些央企的海外员工的调查，结合管理实践，归纳得出了央企海外员工职业发展常见的问题。央企海外员工职业满意度水平一般，晋升和发展通道并不是很畅通，存在着海外员工流失率高的现象。针对上述问题，本文从管理实际出发，提出了央企海外员工职业发展的解决方案。

关键词： 央企　海外员工　职业发展

一　研究背景

央企为"中央管理企业"的简称，在关系国家安全和国民经济命脉的主要行业和关键领域占据支配地位，是国民经济的重要支柱。按照国有资产管理权限划分，国有企业分为中央企业（由中央政府监督管理的国有企业）和地方企业（由地方政府监督管理的国有企业）。伴随着"一带一路"倡议的实施，越来越多的央企走出国门，把中国改革开放的成果带给全世界，同时越来越多的央企从业人员走向海外。

海外员工（Expatriate）一般由母国的总公司派出，在东道国工作，既包含母国公民，也包括第三国公民，其管理方式在某些方面有别于东道国本地员工。本文的海外员工指的是由中国派出的境外（驻外、海外）机构工

---

* 执笔人：曲中华，中国航空技术国际工程有限公司高级经济师。

作人员，也称为海外派出工作人员。在中国企业"走出去"步伐日益加快的今天，海外员工的职业发展既是企业关注的问题，更是员工关注的问题。根据不同外派目的，海外派出员工的周期一般可以分为短期（1年以内）、中期（1~3年）和长期（3年以上）。随着央企海外业务的长期化、扎根化，海外员工的海外派驻也趋于长期化，甚至有很多终身海外从业员工产生。

二 央企海外员工职业发展问题表现

海外员工的职业发展问题一直是困扰企业和员工的共同问题。在具体企业管理实践中，往往有以下表现：海外员工离职率高，队伍稳定性差；海外员工的职业满意度往往较企业国内员工低；海外员工的职业发展不畅；海外员工对薪酬激励不满意。

（一）员工离职率高，队伍稳定性差

企业拓展海外业务，需要在当地扎根，很多需要在当地长期发展，企业虽然采取了海外员工常驻与雇佣本土员工相结合的方式，但核心岗位往往以海外派出工作人员为主。然而海外员工往往存在流失率高的现象，这给企业带来了很大的损失和不良影响。

1. 直接影响

员工离职后需要补充新的力量，然而任何员工加入一个新的企业或多或少都需要熟悉的过程，在这个过程中企业需要付出一定的代价，具体来说包括以下几个方面。

（1）离职成本上升。如果员工根据《中华人民共和国劳动合同法》第三十八条和第四十六条第一款的规定提出辞职，那么单位就要按该员工在企业的工作年限多支付一定量的工资。

（2）招聘费用增加。招聘新员工需要办理一定的手续，占用一定的人力、物力，员工流失性大势必增加企业的招聘费用。

（3）培训费用增加。有些培训可由企业内部员工进行，费用较低但时间成本较高；有些培训则需要由专业人员进行，费用较高。

（4）新员工胜任工作前带来额外支出。在新员工适应工作期间，很多相关工作需要其他员工协助完成，相当于加大了其他员工的工作量，一定程度上会增加工作时间，需要企业支付加班费用。

2. 间接影响

（1）影响企业的凝聚力和向心力。过多员工的离职将引发其他员工的心理反应，一方面不能专注于本职工作，另一方面对企业的发展产生怀疑，可能会受离职员工的影响考虑是否离职。

（2）影响人才招聘、破坏企业的声誉。应聘人员对流动性大的企业必然会采取一种谨慎的态度，怀疑企业是否能健康发展，从而降低企业的吸引力，企业的人才选择将因此受到一定的局限；离职的员工可能存在贬低企业的言行，对企业产生负面影响，造成恶性循环，对企业的持续性发展十分不利。

（3）影响企业效率和持续性发展。员工离职后需要马上补充新的力量，但新聘人员对岗位需要时间适应，这段时间将影响企业的连续性及企业的效率；较稳定的人员配备会自然地形成一种工作上的积累，但流动性大就很难有这种积累，如果后续员工不能满足岗位要求可能出现人才断层的现象，降低企业效率甚至影响企业的稳定发展。

（4）员工流动性大使企业机密泄露的可能性增加。虽然一般企业都会跟员工签署保密协议，但是很难规避员工离职带来的泄密风险，离职的员工越多，泄密的风险越大，可能直接影响到企业的核心利益。

（二）员工职业满意度低

在调研央企海外员工的职业发展问题时，笔者通过访谈和问卷调查的方式对多家企业员工进行了调查。为了保证调查工作的科学、严谨性，并且能真实反映海外员工的满意度情况，本次调查分两个步骤开展：步骤一：选取有代表性的企业和员工进行访谈，初步了解员工选择到海外工作的动机与顾虑、职业满意情况及员工重视的激励因素；步骤二：针对访谈中得到的信息，设计员工满意度调查问卷，得出海外员工对目前职业发展的自我认知反馈，作为解决职业发展问题的基础。

1. 访谈内容

通过访谈了解员工选择到海外工作的动机和顾虑有哪些。笔者针对这一问题，对15位不同年龄段、不同岗位类别、不同学历的员工进行访谈，以得到初步结论。访谈内容主要集中在以下三方面：第一，选择到海外工作的动机；第二，在海外工作时的顾虑；第三，哪些方面措施的加强最能增加工作动力。

通过整理访谈内容发现，在选择到海外工作动机方面，提到最多的是个人职业发展晋升、学习和成长机会、较有吸引力的薪酬福利这三项内容，说明员工非常看重的是这三项。针对海外发展的顾虑，大部分员工首要的顾虑是家庭，其次是海外环境的适应性，以及职称晋升和回国后的发展等。

对于最能增加工作动力的措施，绝大多数员工提到了个人职业发展和薪酬福利。可见，海外员工大多将在海外工作看作一个锻炼和提升的机会，提高自己国际化工作能力和综合素质；在发展的同时期望获得较高的收入回报。而海外员工最大的顾虑普遍来自家庭。由于海外员工大多需要长期在海外工作无法照顾家庭，家庭就成了员工最大的顾虑。当然对异国环境的适应及安全也是员工顾虑的问题。

2. 设计满意度调查问卷

结合访谈得到的初步结论信息，笔者基于对企业海外经营的了解和自己从事多年人力资源管理的工作经验，设计了员工满意度调查问卷。

满意度调查问卷主要包括三部分内容。①受访员工的基本信息。具体包括员工的年龄、性别、岗位级别、学历等内容，以便对不同员工群体的需求进行了解、对比和分析。②对海外人力资源相关政策和激励方式的满意度评价。将海外项目员工重视度较高的因素和现有的激励方式划分为保健因素和激励因素两大类。涉及海外人力资源激励方面的10个问题。其中，保健因素包括海外薪酬及福利、海外人际关系、探亲政策、医疗政策、人文关怀五方面内容，即问卷中的 1~5 题；激励因素包括学习成长、绩效考核、奖励效果、发展晋升与回国后的任用五方面内容，是问卷中的 6~10 题。每个问题有五个满意度选项，分别为非常满意、满意、一般、不满意、非常不满意。对应的得分项依次为 5 分至 1 分。③对海外工作环境、现有政策、制度的意见与建议。此部分内容作为第二部分的补充，以防止访谈不充分导致调查的不全面。

本次共发放 90 份调查问卷，回收 90 份，回收率为 100%。有效问卷为88 份，有 2 份问卷存在较多问题遗漏选项，视为无效问卷。从调查问卷结果来看，保健因素的综合得分为 2.95，激励因素的综合得分 2.14。由此可见，保健因素整体水平略高于激励因素水平，但整体满意度水平都偏低。其中，保健因素的 5 个项目中，员工对海外人际关系、医疗政策及人文关怀满意度为一般；对海外薪酬及福利、探亲政策的满意度水平为不满意。激励因素中，员工对绩效考核、奖励效果、回国后的任用满意度均为不满意，其中对学习成长和发展晋升为非常不满意。根据双因素理论，员工在对保健因素满意度较低的情况下，存在消极怠工甚至离职的可能性，对激励因素的不满会导致员工工作缺乏主动性和积极性，缺乏工作热情，从而降低工作效率等问题。调查问卷结果表明，海外员工没有得到很好的激励，现行的激励手段不能满足员工的需求，缺乏激励效果。

调查同时发现，海外员工对海外薪酬及福利的满意度水平随着年龄增加而提高。这表明针对年轻员工的薪酬政策存在较为突出的问题。而在海外薪酬及福利和探亲政策的满意度方面，随着年龄增加而下降。这表明随着员工年龄增加，其对海外福利和探亲政策的需求也相应增加。年长员工对回国后的任用方面有略高的评价，但所有员工在此项打分上都非常低。

（三）员工职业发展不畅

1. 海外晋升机制不完善

海外晋升制度不完善表现在两个方面。有的企业没有建立起合理的海外晋升制度；有的企业虽然建立起了海外晋升制度，但没有与国内的任用晋升制度打通，导致海外员工的晋升通道单一、狭窄。这在调查中表现为员工对发展晋升的满意度只有1.65，即非常不满意。员工对职业晋升通道和制度失望的时候，往往很难积极投入工作，很难与企业形成长久的心理契约，不利于维持员工队伍的稳定性。

2. 缺乏清晰可见的规划

很多企业缺乏有效的针对海外员工的职业发展规划，有的是因为项目短期执行完毕后没有新项目，因此缺少针对海外员工的职业发展规划，但有的是针对海外员工的职业发展规划不清晰、不合理。职业发展规划是企业和员工长期利益的统一，为员工指明职业发展方向，设计职业发展通道，使员工看到个人发展的希望，可以实现人才的长期稳定。如果企业不能够给员工提供一个良好的发展前景，员工看不到发展的希望，就会考虑新的选择。

3. 未建立健全职业生涯管理支持系统

职业生涯管理是企业帮助员工制定职业生涯规划和帮助其职业生涯发展的一系列活动。所调查的海外员工所在企业大多数没有健全的职业生涯管理支持系统。职业生涯管理应是满足管理者、员工、企业三者需要的一个动态过程。企业在其中要鼓励员工对自己的职业生涯负责，在进行个人工作反馈时提供帮助，并提供员工感兴趣的有关组织工作、职业发展机会等信息；企业必须提供自身的发展目标、政策、计划等，还必须帮助员工做好自我评价、培训、发展等。

4. 海外员工回国任用问题

回国任用员工较一般人群有更高的成就动机，由于员工的海外工作经历增加了其竞争力，若回国后没有达到心理预期就会产生离职倾向。海外员工的回国任用不适造成离职一直是困扰企业的具有挑战性的问题。通过营造积极的组织伦理氛围和增强员工回国任用的工作嵌入性两个途径，可在一定程度上缓解海外员工回国任用问题。但央企海外员工的普遍情况是因回国任用问题，离职比较多。同时，海外员工在回国任用时，会出现不适应母国和原企业文化的情况，对母公司提供的工作岗位不适应、不满意，从而产生回国任用失败的情况，造成公司人才浪费。

（四）员工薪酬激励不合理

被调查的员工来自不同的央企。每个企业的海外员工的薪酬结构与发放方式是有区别的。

1. 海外员工薪酬形式

经调查归纳，常见的海外员工的薪酬结构有三种，分别有不同的特点。

（1）国内薪酬 + 补贴形式

公司外派的员工薪酬标准按照国内员工标准执行，相比国内工作人员增加外派补贴，由当地的子公司或项目公司给国内外派到海外的员工发放薪酬，由国内集团总部发放补贴。海外员工薪酬与当地薪酬体系不同，补贴金额与所派驻的国家的艰苦程度有关。

这种薪酬形式常见于中短期的派出人员的薪酬发放，往往项目型公司采用较多。一般按照每人每天一定标准发放至各海外子公司或分公司，由各子公司或分公司公司根据员工的考核状况予以发放。个人的日补贴标准与职位高低密切相关。一般情况下各海外子公司或分公司可以按照当地人力资源政策，给予员工适当的津贴。海外员工除了享受相应的补贴之外，同样享受节假日福利。海外人员的社保、公积金等一般由总部统一缴纳，各地子公司和分公司不再另行缴纳，总部公司采取集中管理的模式。

（2）国内薪酬 × 外派系数

公司外派的员工薪酬标准以国内员工标准为基数，在不同的国家乘以不同的系数。因企业不同，所在国家不同，系数为 1.5 倍或更多不等。所有海外员工，在国内核定一定基准薪酬，然后以此为基数核定海外的薪酬待遇。这种薪酬发放与第一种类似，薪酬的保健性很好，但缺乏与工作成果挂钩环节，缺少激励性。

（3）派出国独立薪酬体系

每个海外分公司或子公司有独立于总部的薪酬体系，在薪酬标准核定时，主要参考所在国的薪酬水平及行业特点。该方式多见于混改的企业，在央企里不多见。

2. 海外薪酬激励的不合理之处

（1）基本工资水平较低

海外员工的基本工资为薪酬中的固定金额部分。一般央企对大部分岗位设计比较保守，重资历、轻能力，青年员工上升的渠道比较有限，因此大多数青年员工长期享受较低的岗位工资待遇。海外员工中青年员工占比大，导致海外员工工资水平较低。青年员工初入社会，财富相对匮乏，却面临结婚、买房、生子等带来的经济压力。较低的基本工资水平让员工感到生活缺乏保障，生活压力过重。因此，海外员工特别是青年员工对自己的基本工资水平普遍非常不满意。从长远来看，这将不可避免地引发青年员工的离职或跳槽，不利于留住人才。

（2）绩效工资没有真正与绩效挂钩

按照绩效工资的含义，绩效工资是组织对员工的工作业绩进行考核后，根据员工考核结果优劣决定发放标准，员工的绩效工资直接取决于其考核结果。绩效工资作为一种有效的激励因素，是企业激励员工最简单直接的方式。在很多企业，由于缺乏科学的考评机制，加之对绩效工资的重视程度不够，绩效工资完全与员工表现脱钩，在兑现绩效时更多考虑岗位工资水平，忽略了员工的考核成绩。这种兑现方式使项目中员工的薪酬水平出了两极分化现象，岗位高的员工基础工资与绩效工资水平都高，岗位较低的员工则都低，特别是采用"国内薪酬＋补贴形式"和"国内薪酬×外派系数"薪酬模式的企业，且这两种薪酬发放形式往往很普遍。在这种形式下，绩效工资仅仅成为一种形式，演变成固定化存在，由激励因素转化成了保健因素，失去了对员工的激励效果。员工对薪酬满意度的变化趋势与绩效工资有很大的关系。

（3）薪酬水平比较低，缺乏竞争性与吸引力

海外央企的薪酬水平普遍低于海外民企。海外民企的薪酬具备更大的灵活性，而央企更多地考虑内部公平性，特别是一些央企只是在国内薪酬水平的基础上增加了部分福利。考虑项目所在地的工作环境较为恶劣，工作条件比较艰苦，且项目所在地消费水平较高，员工薪酬期待往往不能得到很好的

满足。

央企海外员工一方面感受着来自外部的不公平，另一方面要面临较大的经济压力，导致员工对薪酬的满意度整体水平较低。这两方面因素使海外央企对员工缺乏吸引力，引起了部分员工的离职倾向。离职去向一种是回国发展，另一种是跳槽到薪酬待遇高的海外民企。

三　解决央企海外员工职业发展问题的举措

（一）招聘适合海外发展的员工，从源头解决问题

员工选用时寻找更适应海外发展的员工，员工和企业的发展在起初的目标上达成一致。锚定海外发展的员工在海外往往发展得更好。

1. 合理设计招聘程序，找到合适员工

海外工作需要员工海外融入度高、有长期的海外发展规划、成就意愿强。要充分结合海外项目的岗位要求以及当地环境，选择比较适合的员工，同时还要注重员工的身体素质、工作能力以及责任心等。从发布招聘需求开始设计，简历筛选、面试、笔试等一整套招聘程序应该科学合理，招聘时注意挖掘备选者的品性，关注其职业发展意向，寻找与企业理念相符合的员工，尤其要明确了解其驻海外工作的真实动机。

2. 充分利用好岗前测评与职业引导

经过初选后，企业可以根据实际情况，在正式聘用员工之前对其进行一系列的测评，包括技能测试、理论测试、心理测试、企业匹配度测试等。通过一系列测评找到合适的员工，同时帮助员工做好在海外长期发展的心理准备。比如对外派人员的个性特征和学习能力进行测试，如果外派人员具备较强的沟通能力，性格和善，这种员工具备更强的社会关系需求，在工作中他们还会积极拓展自己的关系网络；而在学习能力方面，如果外派人员有更强的学习动力，积极补足自己的缺点，对新鲜事物积极探索，这对构建个人的社会网络也具有积极作用。

（二）通过建立合理的海外薪酬机制有效激励海外员工

合理有效的薪酬激励能更好地激发员工在海外的工作积极性和主动性，能更好地体现为海外的适岗性，更有利于员工职业发展。

1. 支付海外员工有竞争力的薪酬

薪酬竞争力分为内部和外部。内部竞争力是指外派人员的薪酬水平要一定程度上高于母公司同级人员的薪酬，这样才能鼓励外派工作。外部具有竞争力是指外派人员的薪酬水平要高于派驻国外派人员市场薪酬水平，否则，可能出现外派人员跳槽现象。由于外派人员一般为公司的核心员工，在其成长过程中，公司对其进行了高额的人力资本投资，人才流失成本高昂。有竞争力的薪酬能对留住员工起到较好的作用。

2. 合理设计海外员工的补偿性薪酬

央企海外员工往往被派往经济欠发达或战乱地区，也可能被派往比母国经济更发达的地区。这两种情况都对海外员工的"补偿性薪酬"提出要求，欠发达地区对员工意味着生活水平下降，吸引力不高，需要给予补偿；发达地区意味着生活成本高，尽管更吸引员工，但员工要支付更高的生活费用。补偿性薪酬要体现一定的保健性，这是双因素理论保健因素的体现。

3. 利用中长期激励留住海外员工

海外员工薪酬尽可能包含员工持股、项目模拟股权以及项目长期激励等。特别是对于高管、技术骨干要善于利用中长期激励手段，将其个人利益与公司整体利益绑定，满足其自我实现的需要，比如发放期权、股权让其参与分红等办法。长期激励对公司来说具有以下三方面的好处：①便于把员工的薪酬与其一段时期内的绩效挂钩，这样海外员工更愿意在海外长期工作；②对外派人员具有束缚性，能更有效留住外派人员；③有利于公司节省人力成本，因为长期激励使用未来的钱为员工现今的工作买单。

（三）建立合理的职业发展规划，打通晋升和发展通道

企业内合理的职业发展规划设计，有助于员工的职业发展，尤其是员工

在企业内部的职业发展。

1. 建立合理的职业发展规划支持体系

企业要建立起职业发展支持体系。通过各种测评工具充分了解员工的发展意向，并据此为每一名员工制定科学合理的职业发展规划，同时设立明确的上升通道。在上述基础上有针对性地为员工提供培训、学习等多种机会，让员工迅速提升自己的技能，具备向上发展的能力，能让员工看到发展的希望，也能感受到公司对自己的关怀。

2. 打通晋升和发展通道

海外员工的晋升和发展通道包括两个方面。一方面是其在海外的发展与晋升是否具备"加速"效果。合理的海外员工晋升应该优先于国内同级别员工。岗位有空缺时，应该优先匹配。在制度上要得到合理的保障。另一方面指的是海外员工在回国任用时，应该得到有效的支撑并有合理的晋升通道，这样员工被派到海外的时候才不会有后顾之忧。

（四）建设积极的企业文化，给员工以关怀

企业文化是企业成长和发展过程中所形成的管理思想、方式、理论、群体意识以及与之相适应的思维方式和行为规范的总和，是企业所有人员共同遵守的文化传统和不断革新的行为方式。它体现为企业价值观、经营理念和行为规范，渗透于企业的各个领域。

建设积极的企业文化，以文化聚人心。通过企业文化的塑造与宣贯，通过医疗政策、探亲政策，以及文化关怀，增强员工对企业的感情，让员工对企业产生心理认同与心理依赖，建立起持久的心理契约，提升海外员工的组织认同感。海外员工的组织认同感越强，越愿与企业共同发展，促进其职业发展。

参考文献

〔美〕利·布拉纳姆：《留住好员工：揭开员工流失的 7 大隐密》，范海滨译，经济

科学出版社，2011。

郑兰先：《人力资源管理》，清华大学出版社，2009。

崔巍：《外派机构与人员管理》，中国劳动社会保障出版社，2008。

保罗·埃文斯等：《国际人力资源管理》，唐宁玉等译，机械工业出版社，2007。

乔治·T. 米尔科维奇、杰里·M. 纽曼：《薪酬管理》，成得礼译，中国人民大学出版社，2008。

刘相英：《心理契约、职业生涯规划在企业核心员工管理中的应用》，《人力资源管理》2015 年第 10 期。

R.17
产教融合探索企业人才培养新模式

北控水务集团、北控水务学院 *

摘　要： 为实现产学研资源的对接转化，企业亟待建立一套创新共
赢的机制，促进教育链、人才链、产业链与创新链的产教
融合有机衔接，从而增强生态环境产业企业的核心竞争力。
本文从北控水务集团产教融合人才培养视角，分析北控水
务集团产学研现状和产教融合实践。通过中国生态环境产
教联盟、产业学院、"互联网＋"生态环境创新创业大赛、
产业学院教学指导委员会、科技成果转化平台五大工程建
设，实现产业端、教育端、资本端、政府端资源的对接整
合，孵化先进技术，输出专业型、实用型人才，探索企业
人才培养新模式。

关键词： 产教融合　产学研　人才培养

北控水务集团（或称北控水务）作为一家综合性、全产业链、领先的
专业化水务环境综合服务商，集产业投资、设计、建设、运营、技术服务
与资本运营于一体，十余年时间，业务已涉及十大领域，形成了"两主多
专"的业务布局。经过多年发展，北控水务集团总资产、总收入和水处理
规模现已稳居国内行业第一位。连续 9 年荣登"中国水业十大影响力企

---

* 执笔人：冀广鹏，北控水务集团人力资源中心副总经理、北控水务学院副院长；李继峥，北
控水务学院培训经理。

业"榜首，连续 4 年入围《财富》中国上市公司 500 强，连续 6 年获得亚洲最佳企业管理团队"最受尊崇公司"称号，GWI 全球水务公司排名榜单第三位。

北控水务各项业务发展迅速，需要众多懂管理、懂技术的复合型人才，但在人力资本储备方面，缺乏行业领军人才和先锋专家，一线人才短缺，专业配置不足，专业技术水平亟待提高；在人才培养方面，人才专业化评定和培养体系不完善、激励不够，人才梯队还需要进一步建设，新员工成长较慢，甚至出现人才断层。

一 环境产业快速革新，各方资源对接通路不畅，人才培养难以满足企业发展需求

国家现今经济面临转型与提质增效，环保行业逐渐进入重质量重效果的时代，人才和技术是未来增强企业核心竞争力的关键。但产业端、教育端、资本端、政府端等在人才培养方面仍存在需要突破的痛点。

（一）产业端：环境产业的高质量发展受限于高端技术及人才匮乏

自 2018 年以来，中国经济下行压力加大，加之资本市场发生剧烈震荡，环境产业的市场竞争格局、市场资源分配、资金链条传递都发生了重大改变。以往的单纯依靠资金优势、低价无序竞争的时代结束了。拥有技术优势、持续创新能力、高效投资能力、高端人才供给的企业在激烈的市场竞争中更能掌握优势。目前，我国环境产业拥有众多实体产业资源及丰富的实际生产经验，但行业整体技术同质化严重，缺少高端技术，多数公司仍以资本驱动增长，技术难题往往无法高效地找到解决方案。企业发展过程中缺少高级的创新人才来推动创新发展，也缺少高素质的技术技能人才来提高经营效率，技术的缺失及人才的匮乏显著影响了环境产业的转型、提质、增效、升级。

（二）教育端：高校拥有教学研发优势，但与企业岗位对接不够，人才培养定位和教学培养模式不科学

高校拥有教学研发优势及众多经实验室验证成功的技术，且每年提供大量环境相关专业的毕业生，但相关技术产业转化率很低，培养的学生所掌握的技能往往与产业端的要求有所脱节，后端就业问题引发了前端的招生难题。受办学资金、硬件设施、学校形象等因素制约，部分高职院校难以提升自身办学条件、实训条件，专业设置不能紧跟时代发展与企业需求，课程建设不完善，人才培养方向模糊，培养方式落后，缺乏有效的实务能力培养机制。由此造成环境相关专业的毕业生难以满足企业发展的需求，进而引发招生难题，加剧环境产业的人才短缺问题。

（三）资本端：国有企业大批资金涌入环境产业，但缺少精准判断某技术能否成功产业化的能力和经验，投资效率不高

环境产业是拉动内需的重要引擎，巨大的环境治理需求成为国民经济发展的刚需，是潜在的重要经济增长点。国企新力量加速进入环境产业，95家央企中涉足生态环境产业的企业有53家，涵盖了环境产业的所有细分领域。资金需要通过投资实现回报，但大多缺少精准判断某专业技术能否成功产业化的能力和经验，投资风险巨大，投资效率不高。环境产业的进一步发展亟须建立一个创新创业技术展示与交流的平台，对接庞大的投资资金和能够产业化的先进技术，促进环境产业的高质量发展。

（四）政府端：中央政府多措并举大力推动产教融合，但产学研一体化运作机制尚未建立，各方资源对接不畅

2017年，国务院办公厅印发《关于深化产教融合的若干意见》明确了"校企协同，合作育人"的原则，制定了深化产教融合的十年行动目标。随后，中央政府颁布了有关产教融合的多项土地及税收优惠政策以推动科技创新和人才升级，从而促进就业及经济发展，然而产学研一体化运作机制仍未

完全建立，各方资源、诉求对接不畅。

总的来说，产业发展面临各方资源对接不畅的难题，而深化产教融合、加强校企合作正是从教育端供给侧解决企业人才短缺问题的治本良策。

二 力推"五个一"产教融合工程，探索人才培养新途径

北控水务的产教融合工程是在借鉴各方产教融合模式和经验的基础上，结合环境产业和北控水务企业的发展特点开展的。北控水务产教融合工程包含"五个一"工程，即一个联盟——中国生态环境产教联盟；一所学院——产业学院；一个大赛——"互联网＋"生态环境创新创业大赛；一个产教委——产业学院教学指导委员会；一个平台——科技成果转化平台。"五个一"工程相辅相成将北控水务的产教融合、校企合作落到实处。

（一）一个联盟——中国生态环境产教联盟，搭建资源互通平台

中央全面深化改革委员会第九次会议审议通过了《国家产教融合建设试点实施方案》，指出深化产教融合是推动教育优先发展、人才引领发展、产业创新发展的战略性举措。2018 年 11 月 7 日，中国生态环境产教联盟应运而生。

联盟目前成员包括企业 68 家、院校 65 所，通过举办产教融合高峰论坛、环保产业人力资源论坛、企业家进校园等系列有影响力的活动打造"产、学、研、用、创"的立体式人才价值链，发挥高等教育中企业的重要主体作用。其中，北控水务先后与清华大学、哈尔滨工业大学、桂林理工大学、华南理工大学、南京大学、青岛理工大学等 27 所学术型院校及河北环境工程学院等 36 所应用型院校建立产教融合发展战略关系，为集团发展提供优质的人才储备，为科技成果转化合作搭建平台。

未来三年，联盟将通过"互联网＋教育"模式覆盖百所大学环境相关人才培养，打造"产、学、研、用、创"的立体式人才价值链，促进深化高

等教育等改革，发挥企业重要主体作用，培养大批高素质创新人才和技术技能人才，为加快建设实体经济、科技创新、现代金融、人力资源协同发展的产业体系，增强产业核心竞争力，汇聚发展新动能提供有力支撑。

（二）一所学院——产业学院，对接一线需求培养复合型专业人才

1. 产业学院简介

产业学院又称"北控水务工程师学院"，基于企业文化与学校文化深度融合的策略，全面贯彻国家职业教育改革实施方案，坚持"以服务为宗旨、就业为导向、产学研合作"的办学方针，遵循"以学生为中心，能力为本位，质量为核心，强化职业素质教育"的办学理念；健全校企合作创新体制机制，搭建校企合作平台，构建"双主体"人才培养机制，以"合作办学、合作育人、合作就业、合作发展"为主线，通过校企合作创新体制机制，完善现代大学制度；以专业建设为龙头，人才培养模式改革为先导，行为导向的课程开发为核心，建设高水平生产性实训基地为重点，建设"双师"结构教学团队为关键，提升产学结合、素质拓展、职业人才培养为特色，推进教学建设和教学改革，全面提升整体办学水平和核心竞争力；以社会主义核心价值观为统领，将校园文化与企业文化对接融合，培养具有工匠精神和实践能力的高端技能型专业人才。

2. 产业学院优势

（1）产业层面

产业学院是产教融合的一种新兴组织形态，是校企合作兴起以来，多种合作模式探索的优秀成果。产业学院可以调节地方产业发展中供给侧与需求侧的矛盾，是传统的"校企合作"、"订单式"培养、"顶岗实习"和建立"实习实训基地"等的升级版。企业将积累的优势资源汇集到产业学院，精准参与人才培养全过程，将会助力学院培养更多符合产业发展需要的高质量应用型人才。

（2）学习者层面

产业学院满足了不同学习群体的差异化学习需求，最大限度地复原了现

代学徒制的要求，多对多学习，多个师傅轮换带多个徒弟，满足学生不同的学习需求。学生在学习过程中的不断实践，针对性地满足了市场需求的同时，提高了自身就业竞争力。

（3）组织特征

产业学院所具有的组织特征不可忽视。第一，功能目的服务性。产业学院以服务当地产业集群发展为宗旨，一般临近产业集群或在产业集聚区内，便于学校和企业及行业紧密联系，解决产学双方信息不对称问题。第二，办学模式合作性。产业学院采用混合所有制合作办学模式，教学设备、设施通常由高职院校、地方政府、行业协会和企业等多方投资或捐赠形成，能够有效缓解职业教育资金紧张的局面，又有利于提高教学设备、设施利用率。产业学院实行"专业共建、人才共育、师资共培、就业共担"的产学合作协同育人机制，大大提高了人才培养的质量和效率。第三，教学内容职业性。产业学院统筹兼顾课程要素和生产要素，营造真实工作情境，将企业生产岗位转化为合适的"学习性岗位"，将企业生产任务转化为"学习性任务"，充分体现了职业教育工作任务导向的特点。

3.发展模式

（1）订单班

企业提前一至两年或学生入校时，在相近或社会通用专业中选拔在校生组成"订单班"，然后学院按照企业提出的人才培养目标和知识能力结构，修订教学计划，组织教学，有效促进毕业生就业率和就业质量的提高。

（2）委托管理

"委托管理"是现代教育制度的重要组成部分。所有权和管理权的分离、优质资源的跨校跨区域流动和辐射作用、替代薄弱学校管理、契约制度等，有力推动了政府职能的转变和现代学校制度的建立。在理念和政策上，探索委托管理等改革试验是对长期单一封闭的办学体制和管理模式的突破。可以说，是利用第三方"教育服务"提升学校的办学规模、办学层次和办学水平。

（三）一个大赛——"互联网＋"生态环境创新创业大赛，深入挖掘生态环境创新创业技术及优秀人才

1. 大赛简介

北控水务集团始终牢记国有企业和环保领先企业的社会责任与使命，以"互联网＋"生态环境创新创业大赛为平台，深化产教融合，服务社会民生，持续推进产业资源、人才资源、科研资源的有机结合，支持国家教育事业发展。

从2018年开始，北控水务集团举办两届"互联网＋"生态环境创新创业大赛，汇聚生态环境行业顶级专家、环境教育知名学者、产业资深投资人，共同搭建院校生态环境创新创业项目与产业资源交流对接服务平台，挖掘和培育生态环境创新创业技术及优秀人才，促进高校科技成果转化、生态环境行业科技创新及人才发展，推动产教融合协同创新和行业创新发展，展示生态环境行业创新创业成果，打造行业生态圈，实现更大程度开放合作，为生态环境行业带来新的增长动能和发展路径。

2. 创新亮点

大赛以企业命题发布、行业创新实验班、网上训练营、行业创新成果展、投融资项目对接五大活动，以更贴近企业创新需求、更大范围培育专业人才、更深程度开展产教融合为特色，充分发挥企业重要主体作用，促进人才培养供给侧和产业需求侧结构要素全方位融合。

为推进以赛促学效果，提升选手整体水平，行业创新实验班在赛前组织了4次公开课，并邀请全国水务环境行业专家以及投资专家、北控水务学院专家进行赛事通知解读、创新要点解析，深度解析行业优秀创新创业项目标准与要点，分享水务环境行业技术创新思考与建议。

以大赛为载体探索产学研协同创新的新模式、新方案和新经验，为培养大批高素质创新人才和技术技能人才，为加快科技成果转移转化，为增强产业核心竞争力提供了有力支撑，打造了一套"互联网＋"行业创新项目孵化与人才培养服务体系。

3. 变革推动

"互联网＋"生态环境创新创业大赛在"大众创业，万众创新"时代背景下，"以赛促教、以赛促学、以赛促创、以赛促转"，力求叠加飞跃、质变突破，更加注重项目与人才的成长。自 2018 年创办以来，大赛遵循"始于比赛，但不止于比赛"的理念，发挥企业重要主体作用，不断创新办赛形式，丰富活动内容，现已完整构建并形成产业创新需求、科技成果转化、创新人才培养、项目投融资对接有机衔接的产业创新项目孵化与人才培养新模式，以专业、系统的创新项目孵化管理服务体系为广大院校青年学子及初创企业营造创新学习、交流、合作、发展的成长环境，促进教育链、人才链、产业链、创新链有机衔接，推动生态环境领域创新发展和科技成果转化，打造环保创新交流平台，实现行业资源深度融合，提升行业综合服务能力，为持续践行国家生态文明建设、服务国家创新战略做出积极贡献。

（四）一个产教委——产业学院教学指导委员会，打通企业人才画像与高校人才培养方案，实现企业人才定制化培养

1. 成立

2018 年以来，北控水务学院全面战略性布局五所产业学院，发挥企业重要主体作用，通过水务管理专业（智慧水务方向）创新人才培养体系建立、新型教材编制、"双师型"教师培养、订单式人才培养等实际行动实践"双元"育人、"多元"办学理念。"学校＋公共实训中心＋企业"现代学徒制开发办学、以工学结合为载体的模式逐步落地，必将促进人才培养供给侧和产业需求侧结构要素全方位融合，将产业学院打造成面向环保行业的人才培养新高地。

为充分发挥专家智库作用，进一步深化教育教学改革，推动教育教学向高质量、高水平的内涵式发展，经北控水务学院研究决定，成立北控水务学院产业学院教学指导委员会。教学指导委员会将由高校从事本学科教学工作的专家、企事业单位热心人才培养工作的专家、行业部门熟悉行业

发展和人才需求并关心人才培养工作的专家组成。随着职业教育教学改革的不断深入，产业学院教学指导委员会的内涵和作用的认识也在不断深化。

2. 职能

开展本行业人才需求预测分析，提出本行业技术技能人才培养的职业素质、知识和技能要求。审核人才培养方案，指导院校教师、教材、教法改革，参与教育教学标准体系建设，开展产教对话活动，指导推进校企合作、指导实训基地建设，指导技能竞赛和创新创业大赛，组织课题研究，实施教育教学质量评价，培育和推荐优秀教学成果，组织相关专业教学经验交流活动等。

（五）一个平台：科技成果转化平台，致力于促进科技成果转化，实现科技价值最大化

科技成果转化平台，作为"互联网＋科技转移"的权威性环境综合服务平台，将以科技价值最大化为宗旨，以转移转化速度最高效为目标，借助自主研发的多项精细化标准、信息化工具和数字化服务产品，通过可视化展示、精准推送和线下对接，致力于使100个城市＋100所大学＋100家环境名企＋1000名环保人士分享创新性环境技术所带来的10000万红利。

①起草《科技成果转化新机制管理办法》，调动高校、专家等人员。②完善联盟—科技转化平台栏目（创客空间）建设，形成常态项目交易市场。③升级第三届生态环境创新创业大赛（国际项目、教学指导委员会、院士评委）的品牌活动，形成科技成果转化的多方互动局面。④建立环境高校"双创"教学指导委员会，做好专家、基金公司连接工作。2020年完成5所高校（"一对一"形式）的科技成果转化意向合作书。⑤对接香港科技大学合作事宜，奠定国际合作办学"2＋2"模式基础。

三 北控水务产教融合创新企业人才培养成果

（一）以中国生态环境产教联盟为基础，搭建环境产业交流平台，将职业技能教育与企业发展相结合

产教联盟的成立有利于提升环境产业和高等教育的综合实力，有利于搭建行业、院校与环境企业交流互通、资源共享的平台，满足环境产业对高素质环境人才的需要，对推动环保产业的发展有重要的战略意义和现实意义。

北控水务已成功举办两届"中国生态环境产教联盟大会暨产教融合高峰论坛"，汇集来自各大环保企业、高校的专家，就如何促进产教融合深入落地、产教融合机制创新、人才培养、科研成果转化等议题进行了卓有成效的互动和分享，大会创造了一个可持续发展的对话、交流平台。联盟致力于发展教育事业，深化产教融合，培育环保人才，实现环境产业内涵式发展。

（二）以产业学院为纽带，重构高校课程体系和培养方案，定制化培养企业所需复合型专业人才

以山东水利职业学院—北控水务工程师学院为例，企业深度融入人才培养全过程，人才培养方案由校企双方合作成立的专业教学指导委员会共同制订。教材、教辅、考核办法、实施方案、教师培养等由校企双方共同负责。该校成立的水务管理专业（智慧水务方向）为国内首创，并联合开发了《水处理工程技术》《PLC编程控制》《给排水管道工程》等5门专业核心课程。校企双方以技能水平提升、技能等级鉴定、企业标准输出、蓝领职业通道、学生素质提升为目标建设实训基地，实现产、教、评一体化。由此培养的学生满足企业"能全面负责远距离、多水厂联合调度"的复合型管理人才需求。

（三）以"互联网＋"生态环境创新创业大赛为平台，发掘具备创新创业潜力的优秀人才和先进技术

中国"互联网＋"生态环境创新创业大赛已经成功举办两届，传播覆盖全国 30 个省市 1000 家组织 30 万人，大中小企业协同创新初见成效，在全国范围内激发了环保创新意识，网罗全国生态环境行业优秀人才与创新项目，构建了良好创新生态。累计聚集行业高科技人才 1956 人，创新项目及创业企业 359 家，支持科技成果转移转化 279 项，与 20 家企业达成合作意向投资。

哈尔滨工业大学、华南理工大学、清华大学、中南大学、广东工业大学等知名高校的积极参赛，目前大赛在国内影响力不断提升。大赛促进了行业综合服务能力提升，支持各创新创业项目及公司践行国家生态文明建设，已构建成为国内环保行业学习交流与信息资源共享的创新创业服务平台。

四　经验总结

（一）联盟是基础

北控水务通过成立中国生态环境产教联盟，将在产业转型升级浪潮中面临困境的企业方、院校方和政府连接起来，搭建了信息互通、资源共享的平台。以联盟为基础，汇集各方诉求，解决各方资源对接通路不畅的难题，为深度校企合作开创条件，为产业学院的建立和"互联网＋"生态环境创新创业大赛的举办奠定基础，也为其他行业解决人才培养问题提供了宝贵经验。

（二）产业学院是纽带

中国生态环境产教联盟的成立汇集了众多的企业和院校，但企业人才需求与院校人才培养之间的鸿沟并没有消失，产业学院正是将两者连接起来的纽带。通过成立产业学院，企业将人才需求告知院校，并与院校一起修订人

才培养方案、培训新的师资力量、调整课程体系、改善硬件设施，从而达到定制化培养企业发展所需复合型人才的目的。

（三）大赛是平台

在中国生态环境产教联盟的基础上，举办"互联网＋"生态环境创新创业大赛，汇集全国优秀大学生的参赛作品，既能发现具备产业化潜力的新技术，为投资提供方向；又能发现具备创新创业能力的优秀人才，为人才选拔提供依据；同时，还能为院校人才培养提供方向指引，实为企业人才培养的绝佳平台。

（四）产教委是抓手

产业学院的成立弥合了企业人才需求和院校人才培养之间的鸿沟，但是企业不懂教育是校企合作仍然存在的障碍。教学指导委员会的成立，汇集了企业中对教育感兴趣的人才，并通过培训使之成为既懂业务又懂教育的"双师型"实践指导教师。由此，企业和院校的合作，既充分考虑了企业发展的人才需求，又充分尊重教育规律，降低了校企双方合作的难度，能切实有效地推进产教融合。

（五）科技成果转化平台是重要成果

科研成果是院校的固有优势，科技成果转化率低也是院校发展存在的固有问题，而产教融合的深入开展，让企业有了接触这些尘封在实验室里的科研成果的机会，借此推动科技成果转化，既能培养企业技术优势，又能提高院校营运收益。因而，科技成果转化平台是产教融合过程中的又一重要成果。

R.18
国有交通监理企业转型和发展中
人才队伍建设的思考

山西交通建设监理咨询集团有限公司*

摘　要： 监理、业主和承建方，构建了工程建设市场的三元主体结构。交通建设监理对推进我国交通基础设施建设管理体制向社会化、专业化、规范化转变起着不可忽视的作用。近年来，随着经济社会转型和管理体制改革的深入，监理行业不断深化改革，企业的战略规划要适应形势的变化，而人才队伍建设是战略的重要支撑。本文通过分析监理行业改革的要求、外部环境的变化，以及国有交通监理企业人才队伍建设方面的问题和挑战，结合山西交通建设监理咨询集团有限公司从生存发展壮大、企业改制到整合重组过程中人才队伍建设的主要措施，进一步提出国有交通监理企业的人才队伍建设更好地适应转型发展要求的路径和方法。

关键词： 国有交通监理企业　人才队伍建设　企业转型

交通运输是国民经济的基础产业、先导性产业和关系国计民生的服务性行业，公路交通的建设速度非常快。交通建设是中国管理体制改革的先行领域之一，当前已经由主要依靠增加物质资源消耗向依靠科技进步、行业创

---

* 执笔人：张跃峰，山西交通建设监理咨询集团有限公司党委书记、董事长；马昕宇，山西交通建设监理咨询集团有限公司党委委员、副总经理。

新、从业人员素质提高和资源节约环境友好转变。党的十九大后，习近平总书记提出了新时代党的组织路线，着力集聚爱国奉献的各方面优秀人才是其中重要内容。2019 年 9 月 14 日，党中央、国务院印发了《交通强国建设纲要》，习近平总书记 9 月 25 日在出席北京大兴国际机场投运仪式时，做出加快建设交通强国的重要指示。我国技能选手在第 45 届世界技能大赛上取得佳绩时习近平总书记作出重要指示，要求大力加强技能人才队伍建设工作。贯彻落实《交通强国建设纲要》、推动交通行业转型升级高质量发展的关键在于人才，尤其是创新型专业技术人才和发展现代交通运输业最急需、最紧缺的人才，做好人才工作，努力把交通强国的美好愿景变成现实，才能更好地肩负起新时代交通人的新使命。作为产业链上重要一环的工程监理企业，如何在国家转型升级创新发展的政策引导下抓住契机，发挥自身潜在优势和能力，克服理念和操作上的瓶颈问题，特别是在跨越式发展过程中，人才队伍建设如何满足并适应企业转型发展的需求，是新形势下所面临的一个新课题。

一　监理行业变革中人才队伍建设面临的问题和挑战

（一）行业变革带来的机遇和挑战

建设工程监理，是指监理单位受项目法人的委托，依据国家批准的工程项目建设文件，有关工程建设的法律、法规和工程建设监理合同及其他工程建设合同，对工程建设实施的监督管理。工程监理与业主、承建方共同组成了工程建设市场的三元主体结构，定位是有偿的技术咨询服务。我国的建设工程监理制于 1988 年开始试点，1997 年《中华人民共和国建筑法》以法律制度的形式规定"国家推行建筑工程监理制度"，建设工程监理在全国范围内开始全面推行。我国目前应用最多的是施工阶段监理。原交通部是建设工程监理制的试点单位，从第一批交通建设项目实行工程监理制以来，经过开始试点、稳步发展、全面推行三个阶段，逐步成熟完善。交通建设监理行业作为为建设项目提供高质量、高智能服务的技术密集型行业，从无到有，从小到大，在进一步提升工程建设项目管理水平，有效利用建设资金，切实保证工程质量、进度和投资效益上发挥了重要作用，已成为我国公路、水运工程建设中不可缺少的重要环节，所起的作用也越来越明显。

党的十八大和十八届三中、四中全会以后，中国的改革进入攻坚期和深水区。从建设监理行业来看，2014 年 3 月"深圳取消强制监理制度试点"；8 月，国家发改委发文，放开包括工程监理费在内的非政府投资及非政府委托的建设项目专业服务价格。2015 年 3 月，工程监理费全面放开，实行市场调节价；4 月 13 日，交通运输部印发《关于深化公路建设管理体制改革的若干意见》，其中第四部分专门对改革监理制度做了论述，重申"监理制度必须坚持"，并明确要在发展中不断完善这项制度，更好地发挥监理作用，监理被推到了建设行业改革的风口浪尖上。自律性质的资信评价取代资质管理，更强调个人的执业能力，推进工程咨询业的市场化，充分发挥市场在资源配置中的决定性作用，优胜劣汰，工程建设行业即将迎来新的洗牌和格局，可以预料的是监理企业之间的竞争更趋于白热化，这就是我国监理企业当前所面临的形势和困境。由于监理服务见证了工程项目生产实现的大部分过程，相比勘察、设计、造价等单位，对工程现场情况相对更为熟悉和了解，能较好地控制和保障工程质量和安全、协调工程进度，与项目参建各方均有一定的关联，具备协同管理的基础，监理企业转型发展全过程工程咨询服务自然有其独特优势，监理企业向全过程工程咨询企业转型是现阶段监理行业重要的变革之路。但全过程工程咨询服务涵盖投资咨询、勘察、设计、监理、招标代理、造价等内容，而出于历史原因，大多数传统工程监理企业的业务范围较为狭窄，多集中在工程施工阶段的质量控制上，在资质、人员、业绩等方面的"先天不足"，成为获取全过程工程咨询新项目的一大短板。因此，监理企业在变革转型过程中亟待开展人才培养工作。人才队伍作为业务承揽的基础保障，将成为现阶段监理企业发展的重点工作。

（二）国有企业改革改制和转型发展的需要

监理行业发展 30 余年来，由于恶性竞争等因素，以目前的标价来看多数监理企业的人均年产值仍低于 20 万元，因此目前的监理行业仍属于人员密集型产业。受经济下行等因素影响，整个工程建设监理行业传统市场规模明显萎缩，新的市场规模与规则尚未清晰，与此同时，各地的公路建设管理体制改革也在逐步推进。安徽、浙江、湖南、广东、云南、成都等省市相继重组成立大型交通集团，整合构建公路投资建设运营、智慧交通、物流、设计、监理、配套资源开发等业务板块，重组改革在做强做优的情况下实现了强强联合，极大地增强了国企的国际竞争力。

山西省 2014 年开始部署深化省直机关直属企业脱钩改革工作，对山西省交通企业及高速公路资产债务进行重组。2015 年 3 月，山西省交通运输厅直属的山西省交通建设监理总公司整体划转到省高速公路集团有限公司，成为其全资子公司；2017 年 11 月，注册资本 500 亿元、资产总额逾 5000 亿元的山西交通控股集团成立，2019 年其旗下监理企业完成板块化整合重组，整合重组以推进高质量发展为前瞻、以优化资源配置为前提、以打造特色板块为己任，旨在通过集约化经营，改变单个企业规模小、业务雷同、恶性竞争等状况，解决目前监理企业普遍存在的发展困境。新技术、新业态、新模式是本轮建设行业发展的主要特征。在新时代下，工程监理咨询业面临很多问题和挑战，如业主认识不到位，市场需求不足，市场发育有待完善，生存和发展环境有待优化，企业技术和管理水平存在差距，缺乏复合型人才，行业地位不高，规范、标准不统一等，但也面临更多的机遇以及转型的要求，企业呈现多元化发展趋势。除了需要更多的政策支持和市场培育外，整合后的监理企业要在大交通集团的战略指引下辩证地分析自己的优势和短板，重新制定战略，大力强化自身能力特别是人才队伍建设，在强大企业实力后，才有可能在行业转型升级中不被淘汰，这比盲目竞争更重要。

（三）国有监理企业自身存在的问题

1. 科学的人才培养和配置机制尚未建立

从本质上看，监理企业的技术能力是由具备一定技术能力的人才借助技术手段形成的企业核心竞争力，而这个核心竞争力是由复合型技术人才体现的。全面提升公司的技术能力，根本是培养掌握和具备技术能力的技术人才，因此，在人才队伍的建设上就需要形成人才的全阶段开发和科学配置机制，但由于交通监理行业的特殊性，这种机制的建立和作用发挥需要的周期比较长。

一是长期以来由于取费标准较低且执行不到位，监理企业工资福利待遇不高，再加上野外作业，难以吸引高层次毕业生，招收的大多是专科生，少量本科生，研究生以上很难，且大多是专业不对口的。二是监理工程师必须持证上岗，监理企业可承揽的业务范围依据的是相应的监理资质，监理资质有专业和等级之分，不同的专业和等级所要求的持证人数和专业也不同。按照原来的规定，一名相关专业的大学毕业生入职监理企业后，第四年取得工程师职称，第九年可以报考监理工程师，专科则需要 11 年（2020 年刚刚修改了办法取消了职称限制，大学学历工作满 5 年可报考）。三是监理项目投标时，条件不仅是符合要求的专业和人数，还有监理工程师的项目业绩。高速公路建设周期相对而言比较长，通常不延期的情况下需要 3 ~ 5 年，两个较有优势的业绩就需要 6 ~ 10 年。不考虑能力如何，大学本科相关专业毕业生仅仅达到具备总监或专业监理工程师资格就需要 15 ~ 20 年。与此同时，长期以来形成的各建设业主对监理人数和人员资质的要求远远超过了规范要求，动辄罚款，而这种不合理状况短期内难以改变。因此，多数监理企业在人才队伍的建设上难以形成全阶段开发和科学配置机制，难以形成系统的培养体系。

2. 人员结构不合理

当前，监理企业的主要工作仍旧停留在工程施工期间的质量管理与安全监督，而对投资控制、进度控制、合同管理等法律赋予的监管权利有弱化的趋势，直接影响了企业的监理服务质量。全过程工程咨询服务涵盖投资咨询、勘案、设计、监理、招标代理、造价等内容，很多监理企业不具备这样的服务能力，需要通过人才培养和人才储备来补足。

作为山西龙头监理企业的山西交通监理公司在制定"十二五"人力资源规划时，曾有这样的表述："整体素质大幅提高。改善公司目前人力资源的不合理状况，在中层管理人员中培养同时具有高级职称、部监理资格证且所学专业对口可以担任项目负责人的懂经营、善管理的复合型人才；改善高中初级职称人员比例失衡问题，增加中级技术职称人员比例，加大各类职业资格人员储备，培养和造就一支结构合理（专业、年龄）、素质优良（精通工程、经济、法律，善于管理）的新型监理人才队伍，争取建设部造价师、建设部建筑师、注册会计师、城市规划师、勘察设计师资格满足资质要求，为承揽项目管理和代建业务储备人才。"伴随着监理行业的飞速发展和国企管理体制机制改革，山西交通监理公司 2016 年完成脱钩改制，2019 年进行专业化重组，6 个监理企业整合成立了山西交通建设监理咨询集团，目前有6 个子公司（5 个监理公司，1 个项目管理公司），从业人员 1000 余人，其中国务院特殊津贴专家 1 人，具有正高级职称的 14 人、高级职称 142 人、中级职称 321 人；交通运输部监理工程师 257 人，试验检测师 124 人，造价工程师 41 人，住建部监理工程师 78 人。经过十年的培养虽然持证人员有了大幅度增加，但出现了另一个问题，由于公司这几年的归属、体制变化等，"只出不进"，能培养和成长起来的都陆续成长起来，青黄不接导致人员结构呈"倒金字塔"形，总监、专监很多而监理员严重不足，同样对投标和生产经营工作产生很大影响。

3. 人才不断流失

监理行业是智力密集型咨询服务行业，行业的快速发展需要高素质的监理人才，但从产业链上来看，由于监理费标准不高、执行不力等，监理企业利润空间小，监理人员的工资待遇远远低于设计和施工人员，这与对监理人员的高素质要求不相匹配。加之近年来监理的执业风险不断加大，高风险与低报酬的矛盾日益突出，各家监理企业都不同程度地存在人员的无序流动和人才大量流失，监理行业面临人才紧缺、人才储备严重不足的尴尬局面。

关于员工流失问题，山西交通监理公司董事会开展生产经营专项调研时，曾特别关注过。据统计，2015 年至 2019 年五年时间公司人员净减少 144 人，占职工总数的 1/3，除了调往上级、退休以外，非正常减少即流失人数占到了 80% 以上，特别是有职称有证件的大多流向业主、施工单位、同行或相关行业。虽然人员的流动对于任何行业来讲都是正常现象，无论何种类型的企业，专业人才的流动比率都比较高。但调研中发现，一部分员工，特别是持有较多证件的专业技术人员的流失对其他在岗人员的情绪、工作态度和积极性产生了非常不利的影响，对这些现象的猜忌和传言使团队士气涣散、人心不稳；人员流失的直接成本和间接成本也在不断加大，如招聘新员工的成本、新员工适应工作岗位期间的隐形成本、培训培养成本等。

为遏制工程建设领域专业技术人员职业资格"挂证"现象，维护建筑市场秩序，促进建筑业持续健康发展，2019 年住房和城乡建设部、人力资源和社会保障部、工业和信息化部、交通运输部、水利部、铁路局、民航局决定开展工程建设领域专业技术人员职业资格"挂证"等违法违规行为专项整治行动，通过专项整治，推动建立工程建设领域专业技术人员职业资格"挂证"等违法违规行为预防和监管长效机制。随着七部委联合清理挂证，相信人才流动会越来越规范，但难以吸引和留住复合型人才的状况依然严重。

二 山西交通监理集团在人才队伍建设方面的主要措施

山西交通监理集团从监理总公司到有限责任公司再到监理咨询集团，企业的人员、规模、注册资本在不断增加和扩大，能在激烈的市场竞争中占有一席之地，依靠的是核心竞争力，而这个核心竞争力的"核心"显然是人才。

（一）使用是最好的培养

监理企业在人才培养过程中，面临的最大困难就是缺乏系统的培养体系。一线员工受限于专业，缺乏系统规划，人力资源主管人员需要知道一线员工真正需要解决什么问题和亟须培养哪些能力，同时有效定位员工的水平层级。人才的培养除了知识的更新外，还需要有更多的实践机会，因此，应坚持知识与实践紧密结合，"使用是最好的培养"。在最初发展的十几年，恰逢我国大规模地建设高速公路的时期，山西交通监理集团努力扩大业务数量和市场份额，监理业务范围已覆盖全国各大行政区域，也由此监理了一批在国内有重大影响的大型高速公路工程，监理队伍和骨干人才得到了极大的锻炼和成长，业绩、经验、资历有了不断提高。为了提升企业的抗风险能力，山西交通监理集团确立了多元发展思路，以传统的公路建设市场为重点、以传统的监理基础性业务为核心，探索业务协同、低成本、高效率的发展模式，先后取得了特殊独立隧道专项、特大桥专项、公路机电工程专项监理资质和市政公用工程监理甲级资质，不断在产业链上建立和强化自身的业务能力，为拓展业务创造条件。业务量的饱满不仅做到人尽其用，也锻炼了一批既懂监理程序、又懂工程技术和管理的复合型人才。

（二）注重人才基础工作

1. 加大教育培训力度

利用多元化的教育体系把工作理念渗透到监理工作的各个环节。新项目进场前，"安全廉政第一课"是必备内容；新员工上岗前，质量、安全、廉政三大方面以及规章制度、企业文化的内容以岗前培训的方式集中进行；每年春节前后利用冬休时间举办综合知识培训班已经是坚持了20余年的"固定节目"，培训内容不仅包括公路工程路基路面、桥梁隧道、安全风险防控等监理专业知识，还包括形势教育、时政热点、法律知识等，授课老师有聘请的交通部行业专家，也有公司领导和员工走上讲台分享经验、交流思想，深度与广度结合，理论与实战呼应，既有高度又接地气，把先进的教育理念和培训方法与提高员工的基本技能和综合素质有机地结合起来，取得了不错的效果。

234

2. 充分发挥引领带动作用

2017 年"创新是引领发展的第一动力"。山西交通监理集团从提高科技创新水平和应用着手,结合公司发展战略制定科技创新工作的长效激励机制和人才培养计划,对专业带头人提出了更高要求并增大了奖励力度,营造创新的浓厚氛围。特别是 2017 年 2 月公司机电项目创新团队被山西省总工会命名为职工创新工作室,工作室以"一线需求为创新的源动力",通过发现、收集、反馈,针对施工和运管维护需求开展创新工作,几年来已获得"实用新型专利""外观设计专利""软件著作权""省级工法"等上百项,作为公司改革创新的发力点正发挥着越来越重要的作用,也涌现一大批敢想敢为、勇于奉献的员工团队。这种榜样示范作用也对其他人员产生了潜移默化的影响,带动各级各类人才快速成长,形成了一种积极进取、奋发向上、不断创新的工作氛围,使人才队伍整体素质不断得到提升。

3. 放大以点带面效应

与太原理工大学建筑与工程学院签署了战略合作框架协议,在公司建立了本科生和研究生实践教学基地,以"优势融合、互惠互利、注重实效、共同发展"为目的,通过建立人才和技术共享共建的长效机制,引导职工在企业共同的目标和愿景下规划个人的职业生涯,把个人目标和企业目标有机地结合起来,不断放大以点带面的作用,有利于尽快形成合理的人员结构。

(三)多种举措提高持证率

监理集团目前中、高级职称以上人员占到总人数的 45%;监理、试验检测、造价、工程咨询等各类持证人员占到了 95% 以上。比较高的持证率得益于公司多年来坚持各种有效的措施,持续不断地加大投入,如公司领导带头学习、考证,公司全额承担所需证件的培训费、考试费和继续教育费用,在工资结构中增加证件补助,并将证件补助纳入基本工资且冬休时不影响,对于紧缺的专业证书出台激励措施考取后给予一次性重奖,举办公路工程监理业务培训、试验检测技能培训、安全环保专项培训等,形成了浓厚的

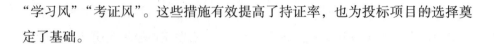

"学习风""考证风"。这些措施有效提高了持证率，也为投标项目的选择奠定了基础。

（四）树立职业文化的风向标

公司年度工作会议除了总结和部署外，重头戏就是表彰奖励，不仅有项目核算的兑现奖励，还设立和增加了很多奖项：优秀集体、先进集体、优秀总监、优秀监理工程师、专业带头人、品牌监理工程师、先进工作者、优秀员工、先进党支部、优秀党务工作者、优秀共产党员，以及 QC 成果奖、技术比武能手、安全生产先进工作者等，获奖名额向项目一线倾斜。在大会上不仅有披红戴花隆重颁奖、代表发言环节，奖励额度也在增加，用这种名利双收的表彰形式，树立起职业文化的风向标，将"一盘棋"思想用业务链穿起八方内容，其感召力和动员力不言而喻。如今，这个"榜单"正在发挥越来越强大的导向作用。

三 对人才队伍建设如何更好地适应企业转型和可持续发展的思考

（一）树立正确的管理理念和概念

关于人才流失的问题，最重要的首先是要有正确的概念和理念。人员的流动是正常的，特别是相对保守的国企保持一定比例的人员流动是有积极作用的，随着人员流进流出，企业的科技创新能力和管理能力所吸收的养料更加充分而新鲜。但人员流动应尽可能控制在一定的比例。面对日益激烈的人才竞争，需要有较为清晰的战略规划，根据当前业务、未来发展规模和远景目标，应当把加强人才队伍建设作为落实习近平总书记重要指示精神和新时代党的组织路线及人才强国、交通强国建设的重要任务，认真研究人力资源规划，统一思想，达成共识，明确工作目标，细化工作任务，建立工作机制，健全人才培养、使用、评价、激励制度；应当制订专业紧缺人才培养发展计划，加快项目管理、经济、金融等专门人才的引进与培养；应当营造健康开明的企业文化，把人才流失给企业造成的损失降到最小，努力做到未雨绸缪；应当克服困难、加大力度，努力破除体制机制障碍，探索更为灵活的劳动用工方式，积极想办法改变目前人员只出不进的状况，为加快企业转型升级提供人才支撑。

（二）根据市场定位确定人才队伍建设目标

随着政治、经济体制改革的深化，以及 BIM 等新技术的快速涌现和 PPP 等模式的飞速发展，传统模式下各司其职、各行其是、各负其责的观念和模式已不适合目前高速发展的市场核心要求，项目策划、投资咨询、工程造价、运维管理等相互融合和渗透，国家简政放权的大趋势是淡化企业资质、强化个人执业，势必给咨询、勘察、设计、监理、招标代理、造价等企业带来深刻的影响。基于目前工程监理咨询类企业的现状，未来市场主力将会呈现两级发展：一头是鼓励龙头企业采取整合、合作、并购重组等方式发展全过程工程咨询，做优做强；另一头是大量专业精准、特色鲜明的中小监理咨询企业提升单项专业能力，做专做精做细。未来企业应该是围着市场转，围着信用转，而不是围着资质转，将来企业的"长板"才是特色，而所谓的"短板"将被更为灵活的市场资源配置机制所弥补。在面临更多机遇以及转型要求、企业呈现多元化发展趋势的状况下，除了需要更多的政策支持引导和市场培育外，唯有选择好市场定位和战略，定义清晰的人力资源管理，大力强化自身能力建设，突破思维和管理的局限，才能适应新的竞争格局。

（三）以企业文化凝聚人心，减少流失

时代造就不同。未来企业想要长远发展，除了要满足"竞争与生产力的需要"，还要满足"人的发展需要"。价值观多元了，个体与组织的关系改变了，员工的需求也升级了，不管是否愿意，企业未来注定要从单一的制度管控中跳脱出来，转型为制度、流程、人才发展、组织文化等多元化管理矩阵。监理行业是提供技术咨询服务的，提供服务的核心是人，而人无疑是

所有因素中最不可控的环节。面对外部错综复杂的环境，一个成功的品牌不仅要取得用户的认可，还要取得员工的认可，需要每个人拥有通识的做事标准、共同认可的使命愿景、统一的价值观，这样可以大大节约管理成本，提升绩效，使员工能够长久地凝聚在品牌周围，最终形成员工对企业自身品牌的归属感、认同感和自豪感，这就是所谓企业文化无形的力量。

监理企业具有项目分散、人员分散、点多线长面广的特点，解决这一点最关键是要建立健全良好的运行机制。特别是整合重组后，集团文化在企业集团各成员机构的推进实施，必须依赖于各成员机构的具体执行，集团文化必须能够包容各成员机构的特性，统率又不能够替代各成员机构的文化。要做到这一点，关键就是要明确在集团文化建设中，应该对企业集团各成员机构的企业文化怎样进行统一，统一些什么，统一到何种程度；大力加强文化理念的宣贯工作，指导各子分公司和项目部结合自身特点推进项目文化建设，树立良好的服务形象、管理形象、行为形象、视觉形象和环境形象，共同建设企业的核心价值体系，营造一种员工普遍认同的文化氛围，使企业宗旨、企业核心价值观融入员工的日常工作、生活，融入员工的一言一行之中，通过员工的价值实现，通过企业规则制度的建立，通过绩效考核的不断修正，为企业的发展指明方向，为员工的晋升提供通道，丰富企业文化内涵，使其成为引领企业科学发展的精神动力。

（四）国资国企改革中人才队伍建设要顺势而为

2020 年是山西省国资国企改革攻坚年。在此次国资国企改革中，"六定"改革是新亮点。在省属企业探索实施"六定"改革，属于山西首创，主要是针对当前省属企业普遍存在的"机构多、层级多、程序多、干部多、人员多、效率低"现象，以及"入口不透明、考评穿透难、激励约束软"等问题，可以说是国有企业"三项制度改革"的升级版、市场版。"六定"即定机构、定职数、定员额、定机制、定薪酬、定任期，重在管住关键人员、管好关键环节。定机构、定职数、定员额管的是总部机构和管理人员；定机制、定薪酬、定任期管的是用工"进、用、退"三个关键环节。推行

"招聘制""契约化"等现代化企业管理模式，坚持收入与价值贡献正向匹配原则，在人员选聘机制、考核激励机制、薪酬分配机制等方面与市场全面接轨，通过 3~5 年的努力，推动企业建立起"管理总部高效化、组织架构扁平化、选人用人市场化、薪酬分配差异化、效率效能最大化、治理能力现代化"的市场化运行体系，激发内生动力活力，提升企业运营效率和治理现代化水平。"六定"改革对人才队伍建设提出更高的标准和要求，"干部终身制、员工铁饭碗"将成历史，作为大型监理咨询集团，应当以此为契机，在新的起点上推动人才队伍建设工作再上新台阶，促进企业改革发展焕发新活力。

中国有句古话"凡事预则立，不预则废"，这句话用在监理行业再适用不过。未来无论是全过程工程咨询还是专业化工程监理，智力密集型、技术复合型、管理集约型将成为特色标签。传统的只具备简单管理技能和经验型人员，会逐步被信息化、专业化、职业化人员淘汰，"责任"被赋予更加具有现实意义的使命，"经验"升级成为综合分析判断能力。随着整体行业吸引力逐步增强，会有一批有较高职业素养、具备跨界知识结构的人才加入进来，人才队伍建设将变得越来越重要。要加强并做好监理企业的人力资源管理，理念观念是基础，企业文化是前提，健全机制是保障。只有具备优秀的企业文化、科学健全的管理机制，才能引领一支朝气蓬勃的队伍积极投入企业发展之中，人才机制也要不断改革、不断完善，这样企业发展才能有不竭的动力，才会有更加美好的未来。

R . 19
开展职业技能提升行动，全力
做好高技能人才培养

唐山三友集团有限公司*

摘　要： 高技能人才，是国家人才队伍的重要组成部分，是推动我国迈向产业转型升级、高质量发展的主力军。加强加快"工匠精神"培育，加大高技能人才培养，已经成为当今社会的强烈共识。本文从高技能人才的地位和作用入手，分析了高技能人才培养的必要性，同时从培训体系建设、重点项目组织、人才评价实践三方面具体阐述了唐山三友集团有限公司开展职业技能提升行动，大力培养高技能人才的具体举措和方法路径，以期交流共享，为企业高技能人才培养提供借鉴。

关键词： 职业技能提升　高技能人才　人才培养

　　唐山三友集团有限公司，位于河北省唐山市曹妃甸区南堡经济技术开发区，成立于1998年，是集纯碱、化纤、氯碱、有机硅等多产业于一体的国有企业集团。多年来，集团扎根于国家基础原材料生产领域，旗下拥有13

---

　* 执笔人：王春生，唐山三友集团有限公司董事长，正高级工程师；周金柱，唐山三友集团有限公司副总经理，正高级经济师；陈樱，唐山三友集团有限公司培训中心主任，高级经济师；梁红静，唐山三友集团有限公司培训中心副主任科员，经济师；李爱玲，唐山三友集团有限公司培训中心人才评价部部长助理，助理经济师。

个子公司。集团全国首创"两碱一化"循环经济发展模式，走出了一条绿色创新的特色发展之路，让传统产业释放出巨大的创新实力、科技活力和发展魅力。集团纯碱、粘胶短纤维、氯碱、有机硅四大主导产品产能、质量、出口创汇等指标连续多年居同行业首位，营销网络覆盖五大洲120余个国家和地区。"三友"牌纯碱、粘胶短纤维为"中国名牌产品"，"三友"商标荣获"中国驰名商标"。

集团发展过程高度重视人才培养，提出了"人才高度决定企业高度""只有人才源源不断，才有事业生生不息""企业的未来，在科技进步、在人才培养"等理念，将人才培养、职工培训放在促进企业战略发展的突出位置，与生产经营同部署、同安排、同考核。集团先后被人力资源和社会保障部、河北省人力资源和社会保障厅等单位确定为国家职业技能鉴定所、国家级高技能人才培训基地、省级高技能人才培训基地，并进入河北省首批产教融合型企业建设培育范围。

一 高技能人才培养的必要性

高技能人才是在生产、服务等领域岗位一线的从业者中，熟练掌握专门知识和技术，具备精湛专业操作技能，在生产中能完成高难度高要求的操作或关键动作、解决生产操作难题的人员。他们是各行各业工人队伍的核心骨干力量，是一个国家核心竞争力的体现。

（一）回应发展需求

当前，我国经济正从高速度发展向高质量发展转变，实现中华民族伟大复兴的中国梦，不仅需要一大批设计师、工程师、高级管理人员，也需要一大批技艺精湛的高技能人才和数以百万计的高素质劳动者。2019年和2020年两会政府工作报告都提出要开展职业技能提升培训，进行高职扩招。可见，让更多劳动者提技能、增本领，建设知识型、技能型、创新型劳动者大军，已经成为当前以及今后一段时期国家人才队伍建设的重要任务。

（二）符合企业要求

近几年，人才市场高技能人才持续供不应求，技术工人的求人倍率一直保持在1.5以上，高技能人才的求人倍率甚至在2以上的水平，供需矛盾突出。企业是创新的主体，高技能人才是技术创新的重要实践者和推动者，企业实施创新驱动战略，必须立足自身，提升劳动者素质和技能，把劳动力的数量优势真正转化为人力资源优势。

（三）对接职工诉求

近几年，企业高技能人才待遇不断提升，"劳动光荣、技能宝贵"的社会氛围不断浓厚。高技能人才不仅有票子、更有面子，加之，人工智能、数字经济快速发展，企业生产运行的自动化、智能化水平大幅提高，对人员素质的要求也不断提升，企业职工学技能、增本领的愿望日益迫切，高技能成才的价值导向已经深入企业职工心中。

二 企业开展高技能人才培养的具体举措

面对新形势、新任务、新要求，唐山三友集团有限公司大力实施"人才强企"战略，坚持专业能力和职业素养并重，以提高技术工人队伍整体素质为目标，以高技能人才培养为重点，大力开展职业技能提升行动，不断培养实践经验丰富、操作能力强，能解决生产实际难题的高技能人才。通过统筹建设特色培训体系，灵活应用多种培训形式，自主开展技能人才评价，基本形成了一条"培训基础建设＋培训项目开展＋培训成果检验"的职业技能提升闭环链条，高技能人才培养工作有内涵、有实质、有形式、有效果，有效支撑了企业的转型升级和高质量发展。

（一）建设特色化培训体系

为扎实开展职业技能提升，促进高技能人才培养的系统化、规范化、科学化，集团从基础着眼，着力建设高技能人才培养的管控体系、培训课程体系和基地体系，使高技能人才培养有规划、有组织、有资源，从源头保障了培训的质量和效果。

1. 建设培训管控体系

突出人员特色，实施分类管控。建立了领导干部、专业技术人员、技术工人三线并行的人才培养培训管控线条，人员模块清晰、职业成长明确，确保了高技能人才培养的专项性、职业发展的专门性，实现培养与使用对接。集团高技能人才的职业发展在高级技师基础上，向上延伸至特级技师、金牌技师和技能大师，分别对应企业管理层待遇，给予特殊补贴。突出管理特色，实施分层管控。建立了集团、公司、车间、班组四级高技能人才培养培训管控体系，集团培训中心统领，各公司董事长、车间主任、班组长逐层负责，高技能人才培养被纳入各层级"一把手"的工作职责，成为各层级最高管理者的重要工作内容，确保各项工作落地、落实。突出职业特色，实施横向管控。集团属综合型化工企业，职业类别多，各公司之间职业差别显著。对此，横向以各公司为主要培训战场，通过公司内部微课培训、岗位练兵、师徒培养、理论辅导、技能实训等方式，开展各职业高技能人才培养培训，提高了培训的针对性、实效性。

2. 建设培训课程体系

具有系统性、前瞻性和针对性的课程体系，是职工技能培训工作的关键。集团按照"服务发展、系统设计、全面规划、分步实施"的思路，围绕技能岗位核心胜任力模型、关键绩效指标，规划设计职工学习路径，将企业岗位能力转化为课程体系，让培训过程与生产过程对接、专业课程内容与职业要求对接、人才培养标准与企业用人标准对接。课程体系覆盖高技能人才成长全阶段。每个职业课程体系分公共基础课程和专业技能课程两大板块，课程设置注重知识学习的关联度，强调培训的系统性，从基础入门、岗位胜任、持续提升、职业拓展逐级递升。课程体系覆盖生产工艺全流程。课程体系设计内容参照职业标准，将传统的"干什么、学什么"拓展为"干什么、学什么、系统学"，高技能人才的现场操作技能不仅局限于自身岗位，而是扩展到与岗位有关的整个系统，甚至整个生产工艺流程向更深层次、更长链条延伸。课程体系覆盖集团公司全职业。集团目前拥有钳工、电工、焊工等全部通用职业课程体系，且这些课程体系已经广泛应用于高技能人才培养培训工作。下一步，特有职业课程体系计划以基层公司为试点，进行规划设计，经验成熟后，逐步向全集团推开。届时，集团将建立覆盖企业所有职业的课程体系，高技能人才培养系统化将提升到一个全新的高度。

3. 建设培训基地体系

为打造高技能人才培养的"黄埔"基地，集团围绕企业制造团队、工业控制等七大专业的培育发展和企业实际需求，高起点谋划、高标准推进培训基地建设工程，全面提升了高技能人才的实训承载能力。国家级高技能人才培训基地做引领。围绕工业控制、制造团队（粘胶短纤维设备制造）、重型车辆维修3个专业，着眼培训规模与培训能力提升，从硬件建设、课程设置、教材开发、师资建设、培训装备等方面，构建起较为完备的基地实训体系，满足了企业技能实操培训、模拟仿真培训、培训教学研究等多种功能需求。2019年，集团作为唯一企业单位，在重型车辆维修专业基地参加"河北省职业技能提升全网、全媒体直播"活动，分享集团高技能人才培养的经验与实践。省级高技能人才培训基地做示范。集团利用两年时间建成了机电一体化（钳工）、焊接加工（焊工）、电气自动化设备安装与维修（维修电工）、氯碱生产（烧碱生产工）4个专业的省级高技能人才培训基地，集培训、鉴定、创新、竞赛于一体，广泛开展高技能人才研修培训、技术比武、人才评价、成果交流展示等，成为区域高技能人才大赛场地、评价阵地、培养高地。集团级高技能人才培训基地做兜底。在国家级、省级高技能人才培训基地建设带动下，基层公司根据自身高技能人才培养培训的实际需求，选择关键职业，同时建立了18个公司级高技能人才实训基地，成为国家级、省级高技能人才培训基地的有效补充，与国家级、省级基地共同形成了"4＋3＋X"横纵结合、布局合理、特色鲜明的高技能人才实训网格。

（二）组织专项化培训项目

集团技术工人一万余人，分散在各个岗位，执行"四班三运转"工作制，培训难度大。对此，集团坚持"分层分类、按需施教"的原则，采取集团示范培训、公司重点培训、车间普遍培训、班组兜底培训的形式，突出人员特色，制订了高技能人才"扩展、精进、传承"三大计划，既避免大水漫灌，又兼顾整体需求，帮助不同层次的高技能人才成长。

1. 实施高技能人才扩展计划

突出职业素养、职业技能和职业精神培育，注重夯实基层、基础、基本功，实施高技能人才扩展计划。一是把培训送到生产岗位，开设"现场课堂"。在生产现场通过一定的现场设计与教学资源配置，延伸传统的培训课程，让现场成为"看得见、摸得着、讲得清、学得会"的讲堂，引导职工把工作岗位作为训练平台，推动技能培训经常化。"车间一周一课""岗位一月一考""我讲你做""我问你答"等已经成为现场课堂的主要开展形式，在新型学徒制、现代学徒制中应用广泛，有效提升了职工现场操作水平及岗位胜任能力。二是把培训移至网络平台，开设"空中课堂"。传统的技能提升培训主要采取集中面授，工学矛盾由来已久。随着"互联网＋"时代来临，集团将现代信息手段应用到职业技能提升中，形成了"国家线上平台＋企业培训平台＋内训师直播平台"的新型培训服务体系，打破了传统培训的时空限制。职工可以自由选择国家平台的相关课程和企业平台的内部讲义、视频、课件、题库等资源进行多样化、个性化的学习测试，并通过建立线上培训社群，与直播讲师互动交流，实现了人人皆学、处处能学、时时可学。三是把培训搬到仿真教室，开设"模拟课堂"。集团是连续性生产运行，为解决特有职业新技能人员无法实际操作的难题，定制开发计算机模拟仿真系统，建设仿真教室。模拟仿真系统可以真实模拟设备运行故障，再现企业生产工艺流程，让参训人员充分了解生产运行全过程，进行故障演练，提高事故处理应变能力。

2. 实施高技能人才精进计划

突出敬业、专注、创新的工匠精神教育，着力完善和提升技能拔尖人才知识结构、操作技能和理论水平，实施高技能人才精进计划。一是着眼于"技能＋"，进行工匠深造。纵向，以"一岗精、两岗通、三岗会"为目标，依据课程体系，大力开展全程化、全面化操作培训。横向，开展多能工培养，在检修岗位实行"一专多能"，操作岗位实行"操检结合""岗位兼职"，开展多能工组合培训，丰富高技能人才技能结构，提高工作效率。二是着眼于"知识＋"，进行巧匠打造。针对一线高技能人才普遍技能过硬、理论知识不足的短板，以高级工、技师为参训为主体，通过校企合作，量身定制高技能人才培训方案。培训内容包括学历提升、理论研修、案例分享、工匠精神传承等，旨在利用院校理论基础，结合企业在实践中的经验和创新思维，提升高技能人才综合素养。三是着眼于"身份＋"，进行名匠塑造。集团每年选派技能大师、金牌技师、特级技师、高级技师，到国内知名企业、院校参加研修交流，到各级技能大赛参加技术比武、担任大赛评委，让他们与大师对话、与前沿接轨，开阔眼界、增长见识，提升荣誉感和自豪感。集团许多高技能人才都曾与国内顶级焊接大师高凤林、国际焊接专家哈罗德、世界技能大赛技术指导专家翟津等交流学习，有的还受邀担任世界技能大赛河北选拔赛评委、全国大型职教类节目评委。

3. 实施高技能人才传承计划

集团在加强高技能人才培养的同时，突出高技能人才技能创新成果和绝技绝活的代际传承，实施高技能人才传承计划。一是建设高技能人才讲师队伍。践行"走上岗位是技师，走上讲台是讲师"的理念，实施"技师＋讲师"一揽子工程。通过连年开展高技能人才讲师大赛，组织课程呈现、课程开发等进阶培训，进行"1对1"专项辅导等，遴选聘任了一批高技能讲师，其中，4名讲师在全国内训师大赛中获得"百强讲师"荣誉称号。聘任的技能讲师在基层广泛开展"一带一""一带多"等结对子活动，切实保证了企业一线师带徒工作的质量，讲师带得好，让一线学徒有人带。二是建设技能大师工作室。立足发挥技能大师在师带徒中的示范引领作用，选择核心关键职业带头人，建设了一批市级、集团级技能大师工作室。工作室通过日常组织现场课堂、导师带徒、技能培训、技术难题会诊、技术发明创造等各种活动，在解决生产难题、开展技术创新和技艺传承等方面发挥了积极作用。"提出一项新建议、创造一个新成果、打破一个新纪录"成为工作室的品牌活动，各项创新成果、增效建议被企业应用推广，累计创效近亿元。三是建设技能挖掘工作坊。立足岗位核心技能、典型故障案例、岗位效能提升，组建一线课程开发工作坊，将传统的口口相传发展为代代相传。高技能人才在带徒传技的基础上，定期开展培训研究，将隐性实践经验进行系统思考、全面梳理和科学总结，不断从成功案例中萃取可操作的工具方法，形成教案、微课、案例、教材等显性化成果。集团高技能人才开发的微课获全国企业微课大赛"优秀作品奖"，全国仅 3 个。

（三）实施自主化人才评价

集团自 1998 年开展职业技能鉴定以来，一直致力于推进国家职业资格证书制度和技能人才评价工作，设有国家职业技能鉴定所、化工行业职业技能鉴定站，每年开展鉴定工种 40 余个，年鉴定 2000 余人。2017 年初，国家推行职业资格制度改革，2019 年集团被列为河北省首批职业技能等级认定试点单位之一，开始实施企业技能人才自主评价，自主建设特有职业技能标准、自主确定实施流程、自主确定评价方式、自主实施考核认定。

坚持职业技能提升与职业技能评价同步规划、同步实施、同步推进，集团全力做好技能人才自主评价体系建设工作，建标准、立规范，用评价检验效果、用评价激发活力，充分发挥人才评价"指挥棒"作用，调动高技能人才学技术、钻技能的积极性。2019 年底，集团顺利完成 11 个职业 1200 余名职工的首次职业技能等级认定工作，迈出技能人才自主评价的坚实一步。经认定取得的职业技能等级证书可联网查询、全国通用。

1. 建立企业特有职业技能标准体系

为保障技能人才自主评价工作科学有效、规范有序、标准有据，集团通过委派专家参与3项国家职业标准修订，分析对比新旧标准，掌握职业标准制定与出台原则，结合企业实际，快速启动企业特有职业技能标准体系建设工程。该工程历时两年，选调一大批技术技能专家，逐一进行特有职业技能标准修订，填补了职业资格改革后企业职业标准的空白，为高技能人才培养、评价提供了科学依据。新修订职业技能标准，将高技能人才的技能培训向系统化、区域化、工厂化延伸，对于高技能人才职业发展意义重大。

2. 开发企业技能评价配套题库

为对接国家新颁布职业技能标准、企业自主修订职业技能标准，集团抽调技术技能骨干人员，分级别、分职业自主开发企业职业技能等级认定配套题库，平均每个职业千道题，每年更新率不低于20%，与国家题库共同构建成企业技能人才评价的题库资源。题库试题严格按照职业技能标准中所列的基本要求和各职业等级的工作要求命制，理论试题难度分为易、中、难三个等级；技能试题主要考核生产准备、生产操作、故障判断与处理、设备维护与保养等技能知识，至少一道关键技能试题。

3. 建设企业专家考评员队伍

考评员队伍是技能人才自主评价的"裁判员"。为顺利开展各职业的自主人才评价工作，集团建立了以高级技师、技师为骨干力量的考评员队伍，负责职业技能等级认定的考评及日常技能竞赛裁判。同时，通过定期组织政策法规学习、业务研讨、经验交流等，不断提高业务技能及考评水平。目前，集团已形成一支稳定的涵盖电工、钳工、焊工、纯碱生产工等44个职业的242名考评员队伍，为提升企业技能人才自主评价质量提供了保障，也促进了高技能人才的职业成长。

三　对高技能人才培养的几点设想

通过高技能人才培养培训基础建设，开展系列培训项目，进行人才评价，集团建设了一支以高级工、技师、高级技师为主体，结构合理、素质过硬的高技能人才队伍，涌现了一批"河北省突出贡献技师""唐山市技能大师""唐山工匠"等技能成才的典型，200 余人次获得市级以上技能竞赛状元、能手称号，为集团高质量效益发展提供了重要人才支撑和智力支持。未来，继续开展高技能人才培养培训设想如下。

1. 继续完善高技能人才培训体系

企业培训具有"应急性"，大多数处于一种"救火"状态，即"什么做得不好，才培训什么""哪里需要培训，就组织培训"，而没有预先的、长远的、系统的规划，即使有规划，也是"顾此失彼"，没有涵盖各个方面。因此，继续完善企业高技能人才培训体系仍然是今后高技能人才培养的重要内容之一。重点是开发具有企业特色、符合企业实际的高技能人才职业培训包，集培养目标、培训要求、培训内容、考核大纲等于一体，加强职业培训标准化管理。具体是通过调研企业技能岗位需求，分析特定岗位的技术、知识和能力目标，设置对应培训模块，将岗位需要的知识技能进行系统化设计，力求培训内容与工作实践、人才评价紧密结合。

2. 强化校企合作的高技能人才培养

随着社会、经济、技术的发展，企业需要不断地进行管理革新、技术革新，单纯地依靠自身的力量将无法满足职工更深入、更高标准的培训需求。因此，应充分利用成熟职业院校的建设思维、模式、资源和设备设施、师资力量，加强与教育实体的联盟，强化校企合作，实现企业与高校的资源共享、共同发展，更好地为企业人力资源建设、文化建设、知识传承服务，为企业员工成长服务。

3. 强化企业高技能人才培养的社会责任

为促进教育链、人才链与产业链、创新链有机衔接，党中央、国务院近年来多次提出，要发挥企业主体作用，深化产教融合，推进校企合作。2019年，集团被纳入河北省首批产教融合型企业培育范围，将进一步发挥育人功能，履行社会责任，在做好企业自身高技能人才培养的同时，尝试承接对外培训服务，将企业的实践经验、知识技能予以传播，服务社会教育、服务社会人群，推动企业的培训活动向教育活动靠拢，成为职业教育的重要补充者和实践者。

ℝ.20
2019年企业招聘指数研究报告

北森人才管理研究院 *

摘　要：　本文基于 2019 年全年跟踪和采集的 1432 家企业招聘管理过程数据，以及专项人才招聘趋势调查项目，采用大数据分析等方法对中国企业在 2019 年人才招聘开展的状况进行分析，拟合出人才供需指数、渠道价值指数和招聘运营指数三类招聘指数用于反映不同行业、不同属性、不同地区的企业人才招聘情况。结果显示，2019 年人才供需指数整体高于 2018 年，不同规模、行业和性质的企业人才供需指数有显著变化。企业较以往更注重自运营渠道，招聘效率大幅提升，企业招聘已经进入精细化运作阶段。

关键词：　大数据　招聘指数　人才供需　渠道价值　招聘运营

一　引言

（一）研究背景

北森云计算有限公司（简称北森）从 2012 年起为中国企业提供基于云

---

* 执笔人：任君欣，北森人才管理研究院资深研究员；张鹏，北森人才管理研究院高级招聘专家；黄帆，北森人才管理研究院招聘专家；何勤，北森人才管理研究院产品市场经理；王艺，北森人才管理研究院产品市场经理；王丹君，北森人才管理研究院副院长。

平台的招聘管理系统,迄今已超过 8 年。企业使用招聘系统管理招聘全线业务,管理渠道、简历、评估过程和 HR 招聘行为,每年在北森招聘系统中存储了海量数据。近些年来,企业招聘工作出现数字化和价值导向,对招聘业务的改进注重用数字说话。对企业人才招聘开展情况的观察有助于对企业人才管理战略和人才管理成熟度的理解。通过对北森所服务企业的招聘数据进行建模和分析,为更多企业提供招聘工作效果评估的依据,促进企业进一步走向数字化人才管理,提升招聘水平和招聘团队价值感。

(二)研究目的

本研究有三个研究目的。第一,整体呈现中国企业 2019 年在人才招聘领域的现状和挑战。第二,总结企业招聘各领域的趋势和经验。第三,为企业在 2020 年的招聘工作改进提供建议。本研究具有理论意义和实践意义。理论方面,本研究从多角度为企业构建了人才招聘运营评估指标,把握住招聘的关键环节和产出,并对招聘过程的价值进行描述。实践方面,本研究为企业的人才招聘实践提供了基于连续时序、大数据、多行业的运营指标参考标准,有助于企业审视和调整自己的招聘行为。

(三)研究数据与研究方法

本报告中使用的研究数据由两部分组成。第一部分数据是来自北森一体化人才管理云平台(简称北森招聘大数据)的 2019 年全年企业招聘业务数据及用于对比的 2016～2018 年数据。共涉及 11 个行业 1432 家企业,累计超过 110 万个职位需求、700 余万条面试信息、8000 万条应聘信息、5 亿条 HR 行为数据。第二部分数据来自北森人才管理研究院发起的"2020 年中国人才招聘趋势调研"项目,回收了 3062 条企业 HR 有效作答,基本覆盖全行业和全国各地区。

研究结合上述数据、调查和行业专家意见,采用大数据分析法、资料分析法、调查研究法、访谈法开展研究。大数据分析法,用于分析北森招聘大数据，展示多行业招聘现状，相比一般的问卷调查，具有可参考性强、时效性更好等优势。资料分析法，用于研读与企业人才招聘相关的政策和研究报告，解释数据分析的结果，为理解企业的人才招聘举措和现状提供框架。调查研究法，用于收集和分析趋势调研数据，针对企业招聘中的关键问题获取从业者对特定问题的思考，对研究进行补充。采用访谈法收集行业专家建议，作为数据分析的讨论与补充。

（四）研究内容

本研究围绕 2019 年中国企业的招聘实践展开，通过数据分析和对企业实践的深入观察，从人才供需指数、资源运营、招聘效率三个部分展开，从时间段、行业、区域、职类、企业性质等多个维度进行阐述。尝试解读中国企业在招聘场景下面临的挑战，以及应对经验和智慧，以期为企业未来人才获取的战略布局提供有效的决策指导和科学的数据支撑。

二 企业人才供需指数分析

（一）全行业人才供需指数对比

持续稳定开展招聘工作被看作企业健康有活力的标志。人才供应情况与人才需求情况是最被广为使用的信息。本研究将两者结合形成人才供需指数，具体计算方式为采用北森招聘大数据的简历投递数据和岗位需求数据，以 2016 年 1 月为基期，乘以一百。人才供需指数上升表示人才供给更加充足，下降则表示人才争夺更加激烈。年度之间的比较，能够较为准确地反映人才的供需关系变化趋势。

如图 1 所示，2018 年 1 月全行业人才招聘供需指数为 23，到年底达到170。2019 年初供需指数为 22，年中达到峰值 158，年底回落到 137。2019年整体供需指数高于 2018 年，相对平稳。在国家经济积极企稳的大背景下，企业人才需求比较稳定，人才的流动意愿增强会带来人才供需指数上扬。此

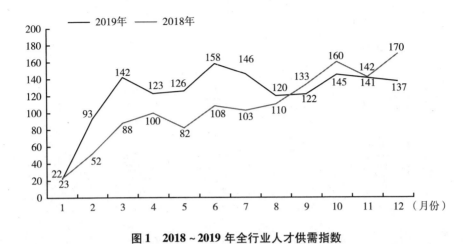

图1 2018～2019年全行业人才供需指数

外，相对于求职者寻求更好工作的意愿增强，企业的人才招聘策略日趋成熟和理性，招聘运营能力近些年显著提升有助于企业更灵活应对人才供需指数的波动。

（二）区域人才供需指数对比

2019年初国家正式确认都市圈发展战略，我国的城镇化发展思路由"大中小城市与小城镇协调发展"转变为向"现代化都市圈"过渡。随着地方经济的转型升级和区域经济圈的兴起，发展良好的地区集聚和辐射能力不断增强，大量吸引本地及周边的人才，这通过人才供需指数得以体现。

各地区人才供需指数的变化趋势显示（见图2），川渝经济圈供需指数由2018年的94.18增长到2019年的129.11；华中与华东持平，出现小幅上扬；华北由2018年的40.91上升到2019年的97.71，同比增长幅度最大，这与北京疏解非首都功能的大背景向紧密集约型多组团格局转变有关。

各主要一线城市的供需指数更加趋中，人才竞争加剧。新一线城市杭州出现了明显的人才集聚的状况。根据《2019年中国本科生就业报告》，在杭

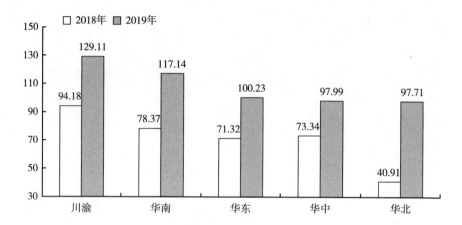

图 2　2018 ~ 2019 年重点地区人才供需指数

州就业的 2017 ~ 2019 届外省籍本科毕业生占比最高。杭州市从 2019 年开始，对来杭工作的应届大学毕业生（本科、硕士和博士）给予相应的生活补贴，增强了其对人才的吸引力。

（三）不同行业人才供需指数对比

2019 年各行各业经过对宏观经济环境、国家调控政策等的适应，自身战略调整或业务变革，呈现愈加鲜明的行业发展特点，其人才招聘也随之呈现明显的差异化趋势。

互联网、房地产仍然是求职热点，整体发展势头不减。供需指数增长较为显著的生物医药、交通仓储、教育行业主要得益于新的商业业态发展和政策扶持，前景被看好。根据《全球经济金融展望报告（2020 年）》，汽车行业的人才供需指数剧增是由行业整体销量下降、产能过剩人才需求紧缩导致。多元化集团是诸多行业头部企业转型的目标，其抗风险能力得到求职者认可，人才供需指数大幅上扬。能源矿产、生活服务行业的人才供需指数明显下降（见图 3），存在行业对求职者吸引力减弱的情况，导致企业间人才争夺加剧。

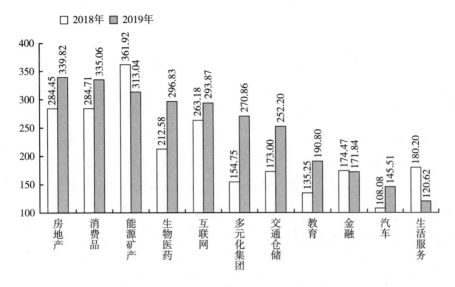

图3 2018～2019 年各行业人才供需指数

（四）疫情后人才供需趋势分析

随着各地陆续复工，新冠肺炎疫情对企业经营的影响逐渐显现。各类数据和研究报告均显示，受疫情影响较大的第三产业（酒店、旅游业等）经营困难；但随着疫情的消退和各类支持性政策的出台，各行业有望在疫情后实现缓慢复苏、补偿增长甚至反弹，整体经济发展的中长期轨迹不会改变。

2 月中旬，北森人才管理研究院发起了"2020 年中国人才招聘趋势调研"。关于疫情对企业业绩的影响预测，64.69％的受访企业认为在疫情的影响下，2020 年企业的业绩会产生不同程度的下滑。在这种形势下，企业是否还能按照计划实施人才招聘，73.74％的受访企业表示招聘工作维持现状或有所延期，72.21％的企业认为 2020 年招聘需求将持平或有所下滑。计划扩大招聘需求的多为大中型企业，行业多为互联网、电子商务。总体而言，企业在疫情后对人才招聘持谨慎观望态度。根据领英的报告，在疫情初期，有 80％的中小型企业人才计划被打乱，虽然中高级职位机会增长的相对较多，但是，初级职位受此次疫情的冲击相对较大，校园招聘会受影响。

有关求职者对换工作态度的调研结果显示，个人在疫情后对工作机会也持有悲观的态度。53.95%的受访者认为自己将更加谨慎对待跳槽，换工作会等到疫情结束后再考虑。37.47%的受访者认为疫情下求职/换工作相比2019年的机会更少、难度更大。

综上所述，疫情对人才招聘的短期负面影响较为显著，企业和求职者都需要理性、谨慎应对。无论是整体经济发展，还是招聘的"解冻"开展，除个别遭遇断崖危机、新风口的行业/企业，中长期来看，招聘业务的发展轨迹基本会延续2019年的趋势特征。

三 企业招聘资源运营分析

（一）招聘全渠道价值对比

企业人才招聘的渠道分析体现了近几年企业招聘工作明显的价值导向，即对于各渠道贡献的人才（简历）最终转化效果的关注大于对各渠道贡献的简历数的关注。本研究采用渠道转化率进行各招聘渠道的价值对比。渠道价值（简历转化率）指数是指各渠道的简历在面试和录用环节转化率的加权平均。如图4所示，2018年和2019年两年中，内部推荐是最高价值渠道，而人才库成为价值增长最快的渠道，企业最常使用的在线渠道连续两年成为价值最低渠道。人才招聘趋势调研结果也显示，综合考量简历数量和质量，76.22%的企业认为内部推荐、外部人脉推荐是最重要的简历渠道，内部推荐渠道的价值愈加被企业重视和认可。

值得注意的趋势是人才库的渠道价值在近年稳定上升，且在2019年达到三倍的突破性增长。这一方面反映了企业对人才库在人才盘活和挖掘方面潜力的认可，另一方面也体现了企业开始对人才库的建设增加投入，通过海量的人才库利用高效的筛选定位、AI等手段精准、快速地定位和激活人才库人

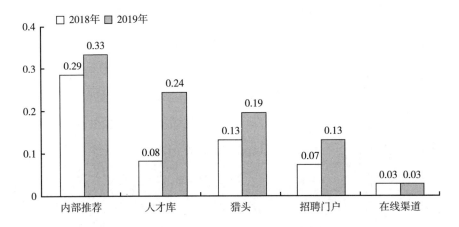

图4　2018～2019年招聘渠道价值对比（简历转化率）

才，带来了人才库渠道投资效益的凸显。招聘门户对人才数量的贡献随着企业雇主品牌、移动投递传播等实践的深入，在2019年也有所上升。总体来看，如果将招聘门户、内部推荐、人才库合并看作企业自运营的招聘渠道，2019年企业自运营招聘渠道价值高于2018年。

（二）不同行业自运营渠道对比分析

互联网和房地产行业2018年和2019年的内部推荐效果持续稳健提升，人才库渠道的价值指数提升明显（见图5）。近年来，互联网和房地产行业对人才的招募从狂热趋于理性，企业前期通过各种渠道吸引了大量的优秀人才储备在人才库中，使海量的人才库数据成为企业人才资源挖掘的重要平台。

生活服务行业在2019年的招聘门户渠道表现抢眼，其他渠道与往年持平。相比其他行业，该行业企业有更强的品牌影响力和市场感知度，品牌和雇主企业形象对求职者的择业影响比较大。基于品牌、商圈、位置微门户的建设投入在加大，对细分人群的精细化设计也在加强，如针对年轻一族、中年或骑手群体等的差异化招聘吸引策略不断丰富。

金融行业内部推荐渠道效能持续保持高位。由于关键岗位人才之间存在一定的关联性，企业通过内部推荐充分利用自身的人才资源去吸引更多的外

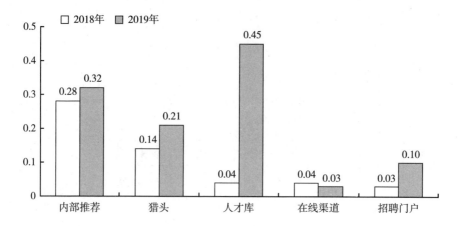

图5　2018～2019年互联网行业招聘渠道价值对比

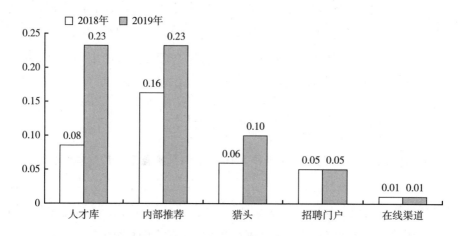

图6　2018～2019年房地产行业招聘渠道价值对比

部优秀人才。内部推荐不仅帮助企业获得了高质量人才，而且现有员工获得内部推荐福利也加深了对企业的认同。

（三）自运营渠道分析

招聘大数据分析印证了研究团队在最近两年对各行业标杆企业招聘业务的观察，即企业渠道自运营能力的日趋成熟。这一现象主要表现在三个方面。其一，企业越来越注重对内部推荐的精细化运营，高效的内推需要更多元有效的运营方案，为企业业务量身定制的内推规则和平台，充分挖掘企业内部推荐的效能。其二，随着招聘管理的不断完善，撬动企业人才库、创造人才新增量，也成为企业实现降本增效的重要突破口。对企业人才库的管理贯穿整个招聘流程，企业在对人才进行分类整理、筛选定位、激活追踪的过程中，也开始注重智能化手段的助力。其三，招聘门户是企业对外展示企业形象及招聘的窗口，企业对招聘门户的要求也逐渐提升。当前，招聘门户的打造更趋于多元化，通过图文、视频、AI招聘机器人等多种形式的内容结合，全方位多角度展示企业形象，进一步提升了人才吸引力。

关于未来企业将在哪些招聘资源上增加运营管理投入，调研数据显示，有半数以上企业认为接下来亟须在内外部推荐效率提升、人才库挖掘、招聘渠道的价值判断与选择等自运营渠道的运营管理方面进行改善。在更多企业访谈中发现，虽然雇主品牌、猎头管理等一直是招聘热门话题，但因落地难、性价比可控性低等，企业相对更愿意在投资回报率更高的内外部推荐、大数据分析支持等方面投资（见图7）。

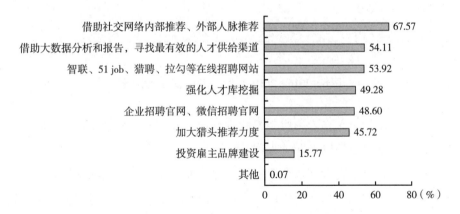

借助社交网络内部推荐、外部人脉推荐　67.57
借助大数据分析和报告，寻找最有效的人才供给渠道　54.11
智联、51 job、猎聘、拉勾等在线招聘网站　53.92
强化人才库挖掘　49.28
企业招聘官网、微信招聘官网　48.60
加大猎头推荐力度　45.72
投资雇主品牌建设　15.77
其他　0.07

图7　2020年企业希望在哪些层面增加运营管理投入

综上所述，招聘自运营渠道的价值已经得到越来越多企业的认可，未来也有越来越多的企业计划通过加大投入提升有效人才比例，进一步释放组织招聘效能。

四　企业招聘效率分析

（一）2016～2019年企业招聘效率指数对比

本研究采用招聘效率指数对招聘工作进程进行整体评价。招聘效率指数由招聘中各环节效率的加权平均所得。从连续四年（2016～2019年）企业招聘效率指数来看，2019年企业的招聘效率较过去三年显著提高（见图8）。

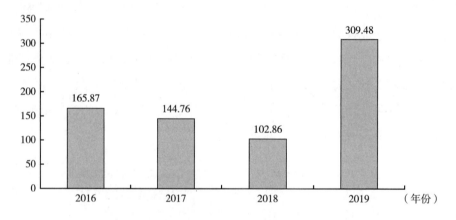

图8　2016～2019年企业招聘效率指数对比

结合数据分析及相关调研和实践观察，研究团队认为促进企业招聘效率提升的原因主要包括以下四个方面。

第一，企业招聘端到端全流程线上化更加普及。通过从源头管理招聘需求，到自动化筛选、高效业务协同，最终使用线上入职，实现招聘全场景端到端过程运营，在线管理逐步完善，整体招聘效能显著提升。

第二，企业深度应用数字化工具，积极探索智能人才评估。随着科技赋能人力资源管理的逐步落地，在招聘初期的人才筛选和评价环节，企业采用自动化筛选、人才精准测评、岗位匹配等新技术，帮助HR将更加合适的人才推送给业务面试官；在面试管理环节，通过数字化平台和工具提升线上组织、线上协同、数据驱动和结构化面试等方面的效率，对数量级比较大的面试也能实现快速精准推进。

第三，招聘面试形式更加灵活，业务协同逐步完善。企业招聘线上化的普及和科技工具的助力，使企业的面试形式不拘泥于传统的现场形式，视频面试、语音面试、AI面试等多种新兴面试方式极大地加快了面试进程。与此同时，随着招聘工具的完善，企业利用各种线上化的工具，有效促进了招聘各角色之间的协同，对招聘过程的管理更是下放到了业务端，求职人员对招聘的参与更加深入，在各个环节上全面提升了企业的招聘效率。

第四，求职者入职管理逐步开始线上化。由于录用线上化的应用推进，2019年企业的录用效率大幅度提升。考虑到前期招聘过程的付出，在入职阶段流失求职者将对企业造成巨大的损失，因此入职管理成为企业越来越重视的模块。其中，入职全流程的线上管理成为企业突破入职管理难点的第一步，越来越多的企业开始围绕入职管理平台逐步建立企业入职管理体系，有序规范地对候选人进行保温，不仅提高了入职管理效率，而且进一步提升了候选人的入职体验。

（二）不同行业企业招聘周期对比

如图9所示，从各招聘周期来看，各行业企业的应聘申请时间，即从企业创建职位需求到获取第一份简历的时间，差异不大，基本稳定在1~2天。邀请面试时间存在1~4天的微小差异。发送offer的时间最短为7.11天，最长16.85天，出现9天多的差异。分行业对比来看，教育、互联网、生活服务、金融行业招聘周期较短，能源矿产、电子通信、汽车等工业制造相关行业招聘周期较长。招聘周期比较长的工业制造型企业，其业务更为依赖实体生产，管理规范更为严格，且人力资源管理数字化程度相对较低，这些因素极大影响了企业招聘的协同效率。建议相关企业逐步建设规范的权限管理体系，形成端到端的招聘及入职流程管理，尝试逐渐利用数字化技术推动企业招聘运营体系的升级。

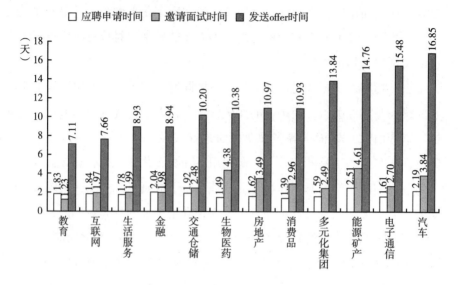

图9 2019 年不同行业企业招聘周期

（三）行业招聘漏斗分析

招聘漏斗体现了企业对求职者的吸引力，也考验了招聘流程的设计和 HR 工作能力。从行业招聘漏斗数据可以看到（见图10），房地产和消费品行业对求职者有较大的吸引力，人才竞争激烈。互联网、生物医药、生活服务和教育行业在 2019 年发放一份 offer 所需的简历数位于中等水平，说明其在求职者中的热度中等，这与上述行业的职业机会较多有关。尽管金融和汽车行业招聘漏斗位列最后，原因却有不同。金融业门槛较高，人才投递谨慎；汽车行业则由于行业走势低迷、吸引力降低。

对大部分企业而言，发放一份 offer 需要百余份简历，并且一般的转化率平均仅在 10% 左右，这说明企业大量的人力、物力被投入简历的筛选和挖掘上。有关该问题的调研数据也显示，53.72% 的企业认为"有价值的简历比例太低，筛选工作量大"，47.06% 的企业认为"面试等评价过程不够专业，评价有偏差"，是未来招聘业务中最亟待解决的问题。

随着数字化智能化技术的不断进步，企业应该结合自身情况适时地运用

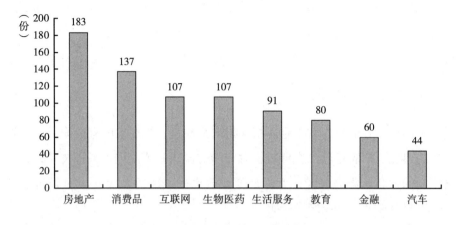

图10　2019年不同行业招聘漏斗

自动化 AI、科学人才测评、智能匹配等技术，帮助 HR 进行高质量的筛选，同时重点投入建设价值指数较高的自运营渠道，以增加有效简历的获取。

五　研究结论

（一）核心发现

研究结果显示，2019 年企业招聘整体人才供需指数高于往年，这体现了国家经济实现企稳向好，企业人才招聘策略更成熟理性，运营能力及处理变化的能力显著提升。

自运营渠道价值凸显。内部推荐渠道价值仍然持续在高位，人才库、招聘门户的渠道价值显著提升，企业的精细化运营模式愈发成熟。端到端全线上招聘体系的建立使企业招聘效率得以释放，招聘需求与入职管理的线上化趋势明显。利用科技助力降本增效成为人才招聘精细化运营的基石。人才测评、自动化流程、在线工具等有了更广泛和深入的应用。企业更加关注招聘全过程的运营，以及应聘者体验的提升。

企业招聘差异化趋势更加稳定与明显，人才招聘愈发有的放矢。差异化趋势包括经济圈人才吸引、不同规模企业的招聘运营方式、各行业招聘热度趋势等。其中，生物医药、教育行业迎来人才招聘风口；金融、消费品、零售等行业平稳增长；互联网、房地产行业趋向理性；汽车行业下滑明显。

（二）讨论与洞察

精细化、智能化运营是企业招聘走向高质量、深层次的有效途径。伴随数年的建设，招聘运营已经形成相对成熟的模式。企业进入了科技助力、量身定制的招聘运营深水区。下一个阶段的挑战是如何顺应甚至引领这个趋势，以提升企业人才招聘竞争力。

首先，量身定制设计招聘运营体系，从 ROI 视角精细化运作，是企业要持之以恒的人才策略。2019 年，自运营渠道中人才库、招聘门户等价值有明显突破，招聘效率尤其是面试效率也有所提升，也揭示了企业在人才吸引方面措施的有效性。通过连续时段招聘指数分析，企业在社招、校招方面的突出策略已经逐步成熟。不同行业、企业、地区的人才招聘策略也形成了相对明确的模式。企业完全可以对标趋势，学习成功企业的方式方法，从而形成自身的招聘精细化运营策略。

其次，积极建立端到端的全线上招聘运营平台成为建立领先招聘体系的必需。2019 年，招聘需求线上流程与编制的整合，以及线上入职管理均有显著提升。越来越多的企业也从招聘流程浅层线上深化到了工作协同、资源调配、数据驱动等层面。疫情之下，全流程无接触招聘诉求愈发显现。无接触招聘展现出来的高效率、高体验、低成本优势也会在疫情之后持续带动招聘流程的数字化变革。

最后，在降本增效、要求人才质量的背景下，科技助力人才招聘探索不断，智能化落地场景也愈发扎实。建议企业拥抱变化，积极尝试自动化、智能化场景和策略。同时借助人才测评、人岗自动化匹配等更加科学地提升人才质量。

2020 年，虽然新冠肺炎疫情对本已企稳的人才招聘局面形成了冲击，但是可以看出，那些之前在上述几点有充分建设的企业，可以在无接触招聘上快速重构工作流程来保证招聘的正常进行。而且，一些优秀的企业还可以变危机为机遇，驱动招聘体系线上化转型，以取得效能、体验、质量的全面提升。

参考文献

王伯庆、陈永红：《2020 年中国本科生就业报告》，社会科学文献出版社，2020。

王伯庆、陈永红：《2019 年中国本科生就业报告》，社会科学文献出版社，2019。

中国银行研究院：《全球经济金融展望报告（2020 年）》，2019 年 11 月 28 日。

LinkedIn：《领英中小企业人才市场环境洞察报告》，2020 年。

R . 21
优化人才培养机制，
助推企业数字化转型

职升（北京）管理咨询有限公司 *

摘　要： 2020 年，蔓延全球的新冠肺炎疫情促使"数据化服务融入生活
的更多方面"，并加快了数字经济的发展速度，使企业数字化
转型成为企业生存和发展的唯一出路。企业数字化转型的每一
个环节都需要靠人来完成，快速优化人才培养机制成为企业的关
键课题。本报告分析了数字经济时代的特征以及数字经济给企业
人才培养和管理带来的挑战，并介绍了在数字经济环境下优化人
才培养和管理机制的五大策略。

关键词： 数字经济时代　人才培养机制　组织弹性

数字化转型过程中不少企业把重点放在扩大数据技术设备和软件的投资
上。但是，仅对这些技术领域的硬性投入只能解决阶段性和局部的问题，无
法解决企业持续推动变革转型过程中出现的所有问题，也无法保障企业内全
体员工愿意且更好地应用新进技术来推动企业数字化转型。

企业数字化转型过程涉及企业发展愿景、核心价值观、组织文化、管理
体系、组织架构、业务流程及管控模式等全方位的完善和转型。

本研究所讨论的主要问题是数字经济时代的特征。数字经济时代给企业

---

* 执笔人：严明花，职升（北京）管理咨询有限公司创始人。

人才培养和管理带来了什么挑战，数字时代的精英人才具有什么特征，企业如何优化人才培养和管理机制以把每位员工发展成为能够适应数字时代的精英人才。

一　数字经济时代特征

据 2018 年 8 月 9 日，中国信息通信研究院（简称信通院）产业与规划研究所发布的《2018 数字经济时代的人才流动》报告，在中国，数字经济发展正进入新的阶段。来自信通院的数据显示，2017 年，中国数字经济规模达 27.2 万亿元，同比增长 20.3%，占 GDP 的比重达到 32.9%，规模位居全球第二。

人工智能、大数据、物联网、云计算等新一代信息技术取得重大进展，数字经济与传统产业加速融合，成为引领中国经济发展的强劲动能，显示了新时代的巨大活力。

（一）企业经营环境变化速度快、不确定性大

从企业经营外部环境来看，世界商业经济环境格局处于不稳定（volatile）、不确定（uncertain）、复杂（complex）、模糊（ambiguous）的状态。再看企业内部环境，核心员工趋于年轻化，业务流程趋于简单化，组织结构趋于动态化，业绩考核方式趋于直接化，员工发展需求趋于个性化等。这诸多因素均导致企业经营的内外部环境变化非常快，且不确定性大。

（二）企业经营模式和组织管理模式逐渐平台化

传统的以岗位为核心的组织管理模式已逐渐转为以工作任务或项目为核心的运营模式，企业在整体生态圈里将转变为"平台 + 个体或项目组"的经营模式，变为具有赋能能力和资源配置能力的大平台。企业自身的组织形态也逐渐变成"前台" + "中台" + "后台"的"三台"模式。

（三）企业和用户的关系走向融合的趋势

随着消费者需求从单纯的物质需求逐渐发展到精神需求、文化需求、价值需求、时尚需求，企业经营不能"闭门造车"，需要让用户深度参与产品定位、外观设计、功能优化等环节。例如，小米公司不仅让用户参与产品设计和功能优化的环节，而且与用户建立了合伙人模式，共同搭建和管理销售渠道、用户社群，同心协力传播企业核心价值观、共同营销企业的产品。

（四）链接资源，协同发展愈加重要

随着5G、人工智能、大数据、物联网、云计算等新一代信息技术取得重大进展，数字经济与传统产业加速融合，互联网将真正进入产业互联网时代，社会将是一个深度关联、跨界融合、开放协同、利他共生的生态体系。在整个社会化网络协同体系之中，企业应该尽快找准自身的定位和存在的价值。

（五）人工智能可替代的工种越来越多

麦肯锡的研究（In Trend Labor-demand Scenario）显示，如果应用现有的成熟技术，理论上，5%的职业有可能被机器完全替代，高达60%的职业中至少1/3的活动可以被机器取代。目前已经不难看到很多可量化、可程序化的工作均被人工智能替代。

二 数字经济时代企业人才培养和管理面临的挑战

（一）需要尽快使每位员工认知自身发展和企业发展目标

由于数字经济时代企业经营内外部环境变化快，企业发展目标也会根据经营环境的变化适时做出调整。企业面临及时让员工们清晰地认知企业短期发展目标以及中、长期发展目标的挑战。另外，多数员工不太清晰如何规划

自己的职业发展，没能把自身发展和企业发展相结合，造成企业和人才双向损失。

（二）需要尽快提升每位员工的敏捷度

每位员工的敏捷度事关企业对环境变化的快速适应，企业发展目标精准调整和落实。数字经济时代不仅需要员工们思维敏捷，更是需要决策和行动敏捷。这使企业面临如何强化放权机制，如何鼓励员工勇于挑战，如何鼓励员工即便做错也要尽快试错从中得到经验，调整方向，把好的创意和想法以及解决方案及时付诸行动来推动企业发展等挑战。

（三）需要尽快提升每位员工的跨界融合能力以及数据感

在数字经济时代，员工仅具备坚实的专业知识是不够的，应尽可能具备跨越文科、理科、商科领域的广博的知识体系，并擅长数字技术的应用，以同时处理多项工作任务。这使企业面临如何快速培养每位员工的跨界融合、链接资源的能力，如何培养员工的数据感使他们读懂企业在方方面面积累和获取的数据，如何帮助员工基于数据分析来提出改善建议和解决问题的方法等挑战。

（四）需要尽快强化每位员工的传播和营销理念

当今企业不传播无发展。企业面临统一员工们的价值体系，认可企业的组织文化，能够及时、精准地向客户和用户进行传播；减少员工们对企业的不理解和抱怨情绪，避免员工在企业内外部传播负面信息；搭建企业内外部有效的传播渠道；让每位员工掌握符合数字时代特征的传播方法来助力企业产品营销等挑战。

（五）需要尽快提升每位员工的创新力和突破力

企业没有发展等于倒退。企业应快速培养每位员工的创新意识，强化有效的创新才是好的创新理念，鼓励在各自熟悉的领域有目的地创新，在以现有业务为基础开展持续性创新的同时，也要未雨绸缪进行颠覆性创新，给企业带来突破性成长，而非盲目创新浪费企业资源。

总体来讲，数字经济时代给企业人才培养和管理带来的挑战是如何快速培养具有清晰、敏捷、多元、传播、突破等核心特征的精英人才。

三　优化人才培养和管理机制的五大策略

（一）重塑组织文化和管理机制，使人才清晰地认知发展目标

1. 重塑组织文化

梳理和明确企业发展新的使命、核心价值观以及行动准则，并自上而下地定期沟通，让每位组织成员清晰地认知企业发展方向和长期、阶段性的目标。例如，微软第三代首席执行官萨提亚·纳德拉上任时，围绕着"我们为

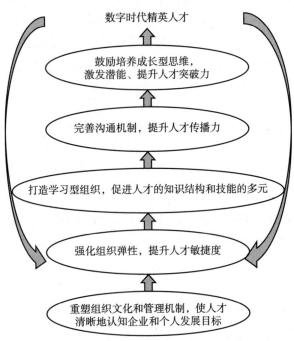

图1　优化人才培养机制的五大策略示意

什么存在"以及"我们何去何从"的问题，重新梳理和发现微软灵魂的理念，并用一页纸定义了微软的使命、价值观、愿景和文化。以此，确保了相关理念不打折扣地传递给全球190余个国家的10万余名员工，并不歪曲它、忠实地遵守它，使每位微软人清晰地知道企业的发展目标和方向，能够使全员加入企业转型变革中，最终实现全面复兴，市值翻了一番，增加了3000亿美元。

2. 辅导人才规划职业

人力资源部或管理者向人才进行业绩反馈时，可以借助"产品规划六步法"来帮助人才做自我分析和职业规划，并持续地给予关怀和支持，促进个人职业发展目标和企业发展目标相结合，极可能保留核心人才。

产品规划六步法：第一步，分析产品功能及特性；第二步，制定产品最终目标；第三步，根据总目标来定位和选择目标市场；第四步，策划推广方案；第五步，定期节点盘点，纠错；第六步，持续落地推广策略，达到最终目标。

职业规划六步法：借上述产品规划六步法，第一步，进行自我分析，找到个人的擅长点；第二步，根据自身特长以及技能确定在企业内发展的最终目标职位；第三步，丈量最终目标职位和在任职位之间的能力和技能差距；第四步，根据差异，制定自我提升技能、能力的发展策略；第五步，定期评估和反馈每个节点的成果；第六步，持续提升自己，达到最终目标职位。

3. 导入 OKR 管理体系

OKR（Objectives and Key Results）是在德鲁克1954年编著的《管理的实践》一书中提出的目标管理法（Management by Objective，MBO）的基础上，由 Intel 的 COO 安迪格鲁夫（Andy Grove）在1976年第一个实践的目标和关键结果管理法。后由谷歌投资人约翰·杜尔（之前在 Intel 工作过）于1999年带到成立不到1年的谷歌推行，先期主要应用于 IT、风险投资、游戏、创意等以项目为主要经营单位的各类企业。目前，在不同规模企业得到广泛应用，能够帮助企业全员清晰地掌握公司的目标、部门的目标、个人的目标以及阶段性推进过程和结果。

OKR 基本原则是自上而下地制定目标，即依次确定企业发展目标、部门发展目标、工作组目标、个人目标，并把目标分解，导出关键结果和时间节点，便于每人自行管理，并通过定期盘点和反馈，调整和完善下一个目标，逐步完成目标。

（二）强化组织弹性，提升人才敏捷度

1. 组织弹性

组织弹性是指企业根据外部环境变化，及时调整架构、规模、运营机制来快速应对，持续实现企业核心目标的重要能力。弹性组织研究团队（英国公益研究项目，由艾瑞卡·赛维利亚等 35 名研究员组成），经过 10 年的研究发现，组织弹性源自组织文化，与企业的计划能力和适应能力有关。因此，企业同时保持计划性与适应性是提升组织弹性的关键。

数字经济时代，组织弹性包含"伸缩性""灵活性""流动性""呼吸性"等特质。

2. 未来企业组织运营模式

未来组织的有效运营模式逐渐转变为平台与个体协作，传统的 100% 雇佣模式将会增加组织运营成本，随着自由职业者的崛起，企业应采取固定岗位和灵活用工岗位共存模式。例如，新冠肺炎疫情期间，阿里巴巴旗下盒马鲜生线上订单量以及每个订单所购商品数量都暴增，但已经返乡的员工或被小区封闭管理的员工很难及时返岗。在紧急关头，盒马鲜生创新用工模式，临时"借用"了云海肴、青年餐厅、西贝莜面等大型餐厅的员工，不仅迅速解决了临时用工缺口问题，而且降低了临时招工和培训成本，强化了组织弹性。

3. 网状组织结构

数字时代，企业以职能划分的真实组织和以工作任务划分的虚拟组织交叉并存，形成网状的组织结构，让每个人作为网络中的节点，连接了不同的关系线，这些线的数量和质量体现了每个人的能力和价值，每个人不能"死抱"一个固定岗位，而必须服务于动态的工作目标，待完成既定的工作

任务之后，迅速奔向下一个具有新的目标的工作组，体现了组织的可流动性。由于有了组织的可流动性特征，每个人才可以是组织的"神经末端"，感应组织内外部环境变化，并及时把感应到的信息传递到"中枢神经"，使组织快速做出相应反应，整个组织成为一个"可呼吸"的、活的生命体，避免了组织僵化。

4. 提升人才敏捷度

企业强化组织弹性，即在增强组织的"伸缩性"和"灵活性"、"流动性"和"呼吸性"的过程中缩短授权关系的长度，促使人才能够自主思考和决策，大大提高人才的敏捷度。

在此，需要强调一点，提升人才敏捷度，不代表仅追求做事速度，造成无序、混乱局面，而要时刻强调全员牢记组织发展目标和方向，实现精神上"同一方向"。并且，若发现故意干扰他人敏捷行动或故意使企业信息"堵塞"者，将给予严肃处理，保证大家能够善意竞争和相互赋能，共同发展。

（三）打造学习型组织，促进人才技能的多元化

1. 终身学习

尤瓦尔·赫拉利在《今日简史》里提到，人类正在面临前所未有的变革，人工智能的崛起将会造成人类社会大规模的失业，而这种失业跟过去的失业不一样，大部分工作将被人工智能所取代，会使很多人变成无用之人。

企业应引导员工尽快忘掉过去的集中学习模式：大学毕业之前集中学习，之后参加工作到退休。这样的时代已经一去不复返，应该快速掌握分段式、阶段式学习模式：学习、工作、学习，再工作，并以"无所不学"的精神，持续、终身学习，不然，随时都有可能被时代淘汰。

2. 开展 TDA 活动

TDA（Thinking Month or Week + Discussion Day + Action）是指以工作组或部门为单位，每月或每周制定一个思考课题，可以与本部门工作相关，也可以不相关，要求用一个月或一周的时间自行学习和思考（Thinking Month or Week），在指定的讨论之日（Discussion Day）讨论，通过相互充分

沟通和讨论促进学习，并把所学核心内容付诸行动（Action），应用在工作和生活中，进一步巩固所学内容，逐渐拓宽知识体系。

3.实施"导师"制

人才发展领域有一个公认的规律——70 - 20 - 10规律，即70%来自体验和见识、20%来自向他人学习、10%来自阅读或培训的理论学习。

实施"导师"制（On-Job-Training）能帮助人才在工作过程中提升多项职业技能，同时能加强公司内团队凝聚力，也可以举办"辅导成果展示赛"等团队活动，进一步升华"导师"制的价值。

4.普及技术应用知识

企业每位员工的数据感是企业推动数字化转型的基础。企业应该鼓励和要求员工尽快学习5G、区块链、物联网、人工智能、大数据等数字应用技术基础知识，使人才具备收集、汇总和分析数据的能力，并要求提出改善方案或解决方案时一定要基于数据分析。同时，企业应该严惩阻碍或破坏企业引进先进技术系统或设备过程的员工，保障企业数字化转型无障碍推动。

（四）完善沟通机制，提升人才传播力

1.重新定义传播

传统的传播是单向地广而告之形式，而数字时代传播方式是双向或多项互动的形式，传播速度快，平台渠道广泛，人群覆盖面广，若传播方式或内容不当容易引发社会舆论。因此，企业应规范员工对内、外传播以及传播过程中的言行，避免传播后造成舆论危机。

2.强化内外部沟通

管理者应主动走进人才中，增强人才对企业的信心和向心力，使人才乐意在企业内、外传播部门的信息和企业的信息。例如，葛斯纳于1993年3月接任IBM后，首先做的事是频频走访各分部与分公司，与员工进行面对面的交流与沟通，亲自传播自己的想法和信念，得到管理层和员工的信任，安抚民心、软化对变革的恐惧，增强了员工的向心力，打通了跨部门沟通渠

道，为后续的管理变革奠定了坚实的基础。经过 9 年的持续、有魄力、艺术性的转型变革，最终把接手时亏损 50 亿美元的 IBM，打造为 IT 服务、硬件、企业用软件的行业老大，让世人见证了大象也能跳舞。

3. 建立传播素材库

数字时代，多数企业在原有的"线上 + 线下"营销模式的基础上，增加社群营销的模式。社群营销是指在适合的场景（context）下，针对特定的社群（community），将有传播力的内容（content）或话题，通过社群网络结构实现人与人的链接、快速的扩散与传播（connection），从而使这些内容或话题获得有效的传播与扩散，使企业获得价值。社群营销的核心是内容，企业完善内部沟通机制，建立内容收集库，让各部门定期、不定期地提供素材，并把内容编辑成具有传播力的素材输送给人才，鼓励人才积极传播。

（五）培养成长型思维，提升人才突破力

1. 培养成长型思维模式

成长型思维模式是斯坦福大学著名心理学教授卡罗尔·德韦克（Carol Dweck）通过 20 余年的心理学研究发现的，他把人的思维分为两种——成长型思维（growth mindset）和固定型思维（fixed mindset），如图 2 所示，在不同维度上两种思维模式的人表现截然不同。

固定型思维	成长型思维
变化：痛恨、恐慌	变化：拥抱
机会：限制、设限	机会：创造
挑战：规避	挑战：欢迎
变革：不能接受	变革：一切皆有可能
反馈：不接受批评	反馈：珍视反馈内容
努力：认为是无用功	努力：持续努力
学习：毕业后停止学习	学习：终身学习
舒适区：喜欢维持	舒适区：主动跨出

图 2　两种思维模式比较

微软第三代首席执行官萨提亚·纳德拉以身作则，带领全体微软人培养成长型思维模式，共同面对和解决变革过程中碰到的问题。他强调，一个人无法准确地预测未来科技变化，但是成长型思维模式可以帮助每个人更好地应对不确定性环境。同时，萨提亚鼓励大家在技术快速发展的情况下敢于挑战，激发潜能，创造机会，适时"刷新"，持续成长。

2. 重视创新成果

企业在经营过程中在产品研发、产品设计、业务流程、产品和服务交付等各个环节上均需要创新。因此，企业应从组织文化、人才评估和激励机制等方面体现对创新成果的重视，并及时表彰创新人才，充分调动全员参与创新活动的积极性。

3. 管理者率先创新变革

企业管理者应该率先创新变革，以榜样的力量给全体员工传授有效创新的方法，以及把握创新机遇给企业带来突破性成长。例如，杰克·韦尔奇在1980年12月就任通用电气公司的CEO时，告诉通用电气公司的另一名高级行政人员："我希望来一场革命。"在他就任的前两年里敢于创新，购进118个新业务、合资企业或收购企业，同时出售了71项业务，成为20世纪的头号管理革命者。韦尔奇不是看到新世界来临的第一人，但他的最大成就是当看到新世界的来临之后，能够大胆面对新事物，率先做出巨大而艰辛的变革，比工商业界的其他任何人都更为迅速有力地进行变革，使通用电气的市值从120亿美元增至4100亿美元，实现了突破性的增长。

结　论

随着数字经济时代的快速发展，企业的愿景和文化、组织管理、业务拓展、市场营销、品牌管理等方方面面都面临着一次彻底的互联网化和数字化转型，这个过程也是企业内外部业务协同、数据共享、共同传播、创新突破的过程。

由此可见，企业数字化转型不能仅靠技术领域的投资来完成，而是要靠企业领导者和人力资源管理者带动全体成员积极参与和发挥作用。这需要企业快速把每个员工培养成清晰地认知企业发展目标和自身发展目标，敏捷地应对企业内外部环境变化，具备跨界知识结构和多元的职业技能，善于积极传播企业核心价值观以及产品特征，未雨绸缪不断创新的精英人才。

培养数字时代精英人才，企业可以采用重塑组织文化、强化组织弹性、打造学习型组织、完善沟通机制、培养成长型思维等五大措施。

企业不断优化人才培养和管理机制来搭建"最强组织"，方可转危为机、助推企业数字化转型成功。

参考文献

萨提亚·纳德拉：《刷新》，陈召强、杨洋译，中信出版社，2018。

阿维·佩德·欧文兰德：《数字化转型》，齐畅、宋旸译，人民邮电出版社，2020。

林光明：《敏捷基因》，机械工业出版社，2020。

唐兴通：《引爆社群》（第2版），机械工业出版社，2020。

尤瓦尔·赫拉利：《今日简史》，林俊宏译，中信出版社，2018。

艾瑞卡·赛维利亚：《弹性组织》，钱峰译，东方出版社，2018。

理论探索篇

R.22

民营企业复工复产情况
调查及政策思路

王书柏　胡祎*

摘　要： 基于新冠肺炎疫情期间在全国范围内对民营企业生产经营情
　　　　　况的大样本调查，本文分析了我国民营企业的复工复产状况，
　　　　　剖析了民营企业复工复产面临的主要困难，并据此提出了五
　　　　　方面政策应对思路：保障企业用工需求、释放国内消费潜力、
　　　　　精准出台行业政策、加大金融支持力度、重点救助小微企业。

关键词： 民营企业　复产复工　样本调查

＊ 王书柏，全国工商联人才交流服务中心办公室主任，副编审；胡祎，博士，中国社会科学院
　农村发展研究所。

突如其来的新冠肺炎疫情给我国经济和社会发展带来了巨大冲击。为防控疫情，要素流、商品流、服务流基本中断，生产资料和消费资料两大部类停止循环，绝大部分企业被迫停业或延缓开业，不少民营企业陷入经营和财务危机。面对疫情，党和政府快速响应，积极部署疫情防控工作，及时出台了一系列财政、金融、就业相关政策，以确保生产生活秩序稳定。随着国内疫情基本稳定，各行各业有序复工，民众的恐慌情绪逐渐散去，如何快速恢复经济和社会运行秩序成为社会各界研讨的热点。

一　民营企业复工复产情况

（一）数据来源与样本分布

2020年3月21日至4月11日，全国工商联通过民营企业调查系统，对我国民营企业的生产经营状况进行了调查。调查内容涉及企业背景、受疫情影响情况、主要应对措施等多个方面，样本来自北京、武汉等32个地区，共收集有效问卷29531份。样本企业涉及我国绝大多数行业，且包含了不同规模的民营企业，具体分布情况见表1。

表1　样本企业行业分布

单位：%

行业	占比	行业	占比
医疗物资行业	1.77	高端制造行业	3.39
能源行业	1.61	房地产行业	3.60
粮食行业	1.47	建筑行业	8.11
交通运输行业	2.01	环保行业	1.26
仓储物流行业	1.72	餐饮和住宿行业	5.46
商贸和批发零售行业	13.83	文化、旅游和娱乐行业	3.69
农牧养殖行业	7.61	教育和体育行业	1.44
互联网和信息服务行业	3.77	其他类型行业	15.92
传统制造行业	23.34		

表2　样本企业规模分布

单位：%

规模	占比
大型企业	2.25
中型企业	15.15
小型企业	48.89
微型企业	33.70

（二）企业产能恢复情况

截至2020年4月上旬，我国97.20%的民营企业已经复工复产，但产能恢复情况不容乐观。调查数据显示，只有23.23%的企业产能完全恢复，14.15%的企业产能利用率在80%以上，21.79%的企业在50%～80%，17.99%的企业在30%～50%，20.02%的企业在30%以下。

大中型企业产能恢复水平明显高于小微企业。调查数据显示，大、中、小、微型民营企业复工复产比重分别为97.72%、91.44%、90.71%和83.17%，产能利用率超过80%的比重分别为55.24%、32.94%、23.01%和15.98%。

除在抗疫过程中发挥重要作用的医疗物资行业外，基础性、刚需性、不易产生人员集聚的行业产能恢复较快，产能恢复最快的五个行业分别是能源行业、农牧养殖行业、高端制造行业、仓储物流行业和粮食行业；相反，非必需的、不紧急的、劳动密集型的行业产能恢复较慢，产能恢复最慢的五个行业依次是教育和体育行业，文化、旅游和娱乐行业，餐饮和住宿行业，房地产行业和交通运输行业。

（三）企业经营状况

1. 营收下降

营收大幅下降是当前我国民营企业面临的普遍情况。总体来看，45.22%的企业营收同比下降了30%以上，36.12%的企业下降了不到30%，

14.48%的企业与上年持平，2.98%的企业增长了不到30%，1.20%的企业增长超过30%。

规模越小的企业营收下降得越严重。虽然大型企业的营收下降也很明显，但仍有68.12%的大型企业营收不低于上年同期水平或只小幅下降（降幅低于30%），且还有9.28%的企业营收上升。相比之下，中小微企业中保持营收在上年同期70%以上的，中型企业为58.58%，小型企业为56.34%，微型企业为48.38%。

收入需求弹性大的行业营收降幅更大。医疗物资行业、粮食行业、农牧养殖行业、高端制造行业和能源行业相对较好，超过60%的企业营收能恢复上年同期70%以上水平；相反，餐饮和住宿行业，文化、旅游和娱乐行业，商贸和批发零售行业，交通运输行业，以及教育和体育行业营收降幅较大，只有不到50%的企业达到上年同期70%以上水平。无一例外，营收降幅最大的5个行业都属于收入需求弹性较大的行业。疫情中断了社会经济运行，降低了社会整体收入水平，同时民众也担心参加非必要社会活动会增加感染新冠肺炎的风险，这些行业营收下降幅度很大。

2. 成本上升

绝大多数企业成本与上年同期相比有所上升，成本的上升具有一致性，不存在明显的规模和行业差别。成本上升主要因为原材料成本、物流成本的上升和防疫成本增加。

总体来看，18.33%的企业成本同比上涨了30%以上，44.46%的企业上涨了不到30%，2.52%的企业与上年同期持平，8.77%的企业下降了不到30%，5.92%的企业下降了30%以上。从成本构成上看，原材料成本和物流成本的上升是主要原因，分别有57.84%和56.98%的企业原材料和物流成本都出现了不同程度的上升。

3. 利润下降

在营收下降和成本上升的双重挤压下，我国大部分民营企业的利润都出现了不同程度的下降。总体来看，37.52%的企业利润较上年同期下降了30%以上，45.54%的企业下降了不到30%，13.82%的企业与上年持平，

2. 40%的企业上升了不到30%，0.72%的企业上升了30%以上。

企业规模越小，利润下降幅度越大。能保持利润持平或上升的企业，大型企业中有25.39%，中型企业中有19.06%，小型企业中有16.28%，微型企业中有15.95%。相反，利润与上年同期相比大幅下降（降幅超过30%）的企业，大型企业中有32.40%，中型企业中有35.35%，小型企业中有36.31%，微型企业中有41.48%（见表3）。很明显，小微企业在疫情的冲击下利润下降幅度更大。

表3 不同规模企业经营利润（与上年同期相比）

单位：%

企业规模	下降30%以上	下降30%以内	基本持平	增长30%以内	增长30%以上
大型企业	32.40	42.21	17.16	5.25	2.98
中型企业	35.35	45.58	14.52	3.55	0.99
小型企业	36.31	47.41	13.33	2.29	0.66
微型企业	41.48	42.57	13.90	1.61	0.44

疫情对不同行业企业利润的影响存在很大差异。利润下降最多的是餐饮和住宿行业及文化、旅游和娱乐行业，与上年同期相比，分别有69.52%和59.79%的企业利润下降超过30%。相反，利润下降相对较少的是医疗物资行业、粮食行业、高端制造行业和农牧养殖行业，分别只有不到30%的企业利润降幅超过30%。

二 民营企业复工复产面临的主要困难

（一）市场萎缩，需求不足

国内疫情趋于稳定后，人员恢复流动，各行各业得以复工复产，但普遍面临工厂缺乏订单、企业销售困难的问题。调查数据显示，51.96%的大型企业、48.31%的中型企业、47.91%的小型企业和46.05%的微型企业都认为，市场萎缩、需求不足是后疫情时代企业面临的最主要困难。

市场萎缩、需求下降，主要体现在企业销售量和销售价格的双重下降上。在销售量方面，与上年同期相比，33.13%的企业降幅达到30%以上，37.76%的企业在30%以内，仅有29.11%的企业能与上年同期基本持平或略有上升。在销售价格方面，疫情造成的市场冷落同样拉低了大部分销售产品和服务的价格，6.82%的企业主要产品销售价格降幅超过30%，21.93%的企业降幅在30%以内，61.88%的企业基本持平，9.37%的企业略有上涨。

市场需求下降的问题体现了行业间的差异性。市场萎缩最严重的3个行业分别是餐饮和住宿行业，文化、旅游和娱乐行业，商贸和批发零售行业，分别有63.39%、49.33%和45.28%的企业主要产品销量下降超过30%。

可见，国内疫情虽然已得到控制，但疫情对企业的影响远未结束。大量小微企业破产、人口失业，社会总体收入水平降低，对未来经济形势的悲观预期，这些都导致了社会总体需求的下降。需求的下降是后疫情时代企业面临的最主要问题，也是影响企业产能恢复的最大困难。

（二）现金流不足，资金短缺

疫情导致企业停工或延迟开工，使企业资金链断裂，是后疫情时代企业面临的另一大困难。调查数据显示，52.48%的大型企业、60.88%的中型企业、63.75%的小型企业、64.94%的微型企业都认为，营收大幅下降造成的现金流难以维系是当前面临的主要困难。由于企业营收和利润大幅下降，我国大部分企业都面临很大的现金流压力，且中小微企业比大型企业更缺资金，不同规模企业资金缺口比例如表4所示。

表4　不同规模企业资金缺口比例

单位：%

企业规模	没有缺口	0%~30%	30%~60%	60%~90%	90%以上
大型企业	31.13	30.23	26.62	9.92	2.11
中型企业	21.59	31.67	34.76	9.19	2.79
小型企业	19.48	32.46	36.81	8.90	2.34
微型企业	22.11	30.45	35.64	8.59	3.21

从企业急需资金的用途上看，重要性依次是：①日常运营流动资金需求；②员工工资；③偿还银行或其他融资利息或本金；④开发新技术、新产品，扩大规模；⑤店铺、办公室、仓库租金；⑥个人家庭生活消费，偿还已有债务。对于小微企业，店铺、办公室、门面租金在企业成本中所占比重很大，且利润中很大一部分要用来维持个人家庭生活消费和偿还债务，因此在营收下降的情况下，急需资金来支付房租和供给家庭消费。相反，大中型企业日常运营成本更高，疫情给了大型企业兼并小企业的机会，因此更迫切地需要资金来维持日常运营、偿还贷款利息和扩大生产规模。

面对营收下降、资金短缺的局面，大量企业采取了裁员、降薪、关闭部分生产线和门店的办法，缩小企业规模，减少成本开支。调查数据显示，26.08%的企业预期上半年会减少员工，8.36%的企业关停了部分生产线和门店，12.36%的企业采取了灵活的用工方式（如企业间共享员工等）。

（三）融资需求难以满足

无论大中型企业，还是小微企业，在疫情的冲击下，或多或少都出现了资金短缺的问题。调查数据显示，79.05%的企业都存在资金缺口，其中31.62%的企业缺口在30%以下，35.88%的企业在30%至60%之间，8.86%的企业在60%至90%之间，2.70%的企业在90%以上。可见，后疫情时代绝大多数民营企业都有着强烈的融资需求。

传统银行经营性贷款是企业最期待的融资渠道，80.33%的企业都希望通过银行进行融资。然而，实际上仅有小部分企业能获得银行的经营性贷款，且贷款的金额也难以填补企业的资金缺口。60.05%的企业只有25%以下的融资需求从银行处得到满足，24.20%的企业满足了25%～50%，10.66%的企业满足了50%～75%，5.05%的企业满足了75%以上的资金缺口。在这样的情况下，很多企业不得不诉诸其他高风险、高利率的融资渠道，如互联网银行经营性贷款、互联网平台现金贷、民间贷款等，这给企业未来经营带来了极大的风险。

（四）产业链上下游断裂

当代社会产业分工水平很高，一般企业只在产业链中负责一个或多个环节，因此企业自身运营很容易受到上下游企业的影响。疫情期间，大量中小微企业无法承受资金压力，甚至面临破产，这给我国大量民营企业后疫情时代的复工复产带来了极其不利的影响。调查数据显示，一方面，43.71%的企业表示上游企业已经复工，产能能够满足自身企业需求；45.18%的企业表示上游企业虽然已经复工，但产能不足，难以满足本企业需求；还有11.11%的企业表示上游企业尚未复工，原材料供应不上。另一方面，当前仅有35.98%的企业表示下游企业已完全复工，市场需求正常；52.57%的企业表示下游企业尚未完全复产，导致市场需求不足；还有11.45%的企业表示下游企业尚未复工，给企业的销售造成了很大的影响。

随着各行各业产能的逐渐恢复，企业上下游产能不足的问题将会逐步缓解，但大量企业破产导致的产业链断裂问题将会在短期内对企业造成极大困扰。调查发现，当前很多民营企业的原材料供应商和主要客户企业都已破产或产能大幅下降，企业要恢复正常经营，就必须另外开拓市场和考察新的原材料供给商。对上下游企业进行筛选、考察、磨合的成本会给民营企业带来更加沉重的负担。

（五）经营预期下降，招工困难

疫情不仅给企业带来了实际经营上的困难，而且对企业主的经营信心造成了打击，使一些企业投资热情下降，对员工的待遇问题十分谨慎，这直接导致了后疫情时代企业招工困难的问题。

调查数据显示，只有25.77%的企业预期上半年营收能与上年持平或略有上升，13.22%的企业预期降幅在10%以内，28.82%的企业预期降幅在10%至30%之间，32.18%的企业预期降幅超过30%。疫情发展的不确定性使企业的投资热情有所下降，13.11%的企业预期上半年投资降幅在10%以内，17.85%的企业预期降幅在10%至30%之间，17.56%的企业预期降幅超过30%。这种局面导致了后疫情时代我国劳动力市场出现了十分矛盾的局面，一边是大量失业劳动力找不到合适的工作，另一边是大量疫情期间裁员的企业无法招到合适的员工，这严重影响了我国企业的产能恢复和正常运转。

三 后疫情时代助力复工复产的政策思路

疫情暴发以来，中央和地方政府迅速出台了一系列惠企政策。总体来看，这些政策力度大、效果好，大多数民营企业得以受益。目前国内疫情已得到控制，我国应充分考虑疫情对经济的短期和长期影响，正视民营企业面临的困难局面，继续加大政策支持力度，提高政策准确性和针对性，分类分层施策，帮助民营企业对冲疫情影响，加快复工复产，顺利渡过难关。

（一）保障企业用工需求

疫情过后，大部分企业对未来经营预期有所降低，给予员工的待遇也有所下降，这造成了许多企业招工难的问题。我国应积极出台就业相关政策，保障民营企业用工需求。首先，针对受疫情影响严重地区的企业，继续实行就业补贴和失业保险费返还政策，降低企业用工成本；其次，充分利用商协会、人才中介机构等，搭建招工就业对接平台，创新人才和用工服务；最后，支持企业自主灵活用工，允许企业与员工进行工资集体协商，企业可根据员工实际工作量发放工资等。

（二）释放国内消费潜力

当疫情对人员和财货流动的影响减弱之后，市场需求不足成了阻碍民营企业复苏的主要原因。值得注意的是，疫情危机与以往的金融危机、经济危机不同，它是一种特殊的经济暂停，并由此导致悲观情绪，因此应对重点应放在恢复社会信心和增加社会总消费上来。在具体措施上，一方面可以考虑在更多的地方发放消费券，但要注意消费券的形式创新，避免出现"穷人有券也买不起，富人不在乎消费券"的现象；另一方面，加大对受疫情影响较大区域、行业劳动者的关注，采取景点免门票、设立临时摊点、发展夜市经济等方式，促使消费水平快速恢复。

（三）精准出台行业政策

不同行业受疫情影响差别很大，在后疫情阶段，应出台更精准的行业政策，有针对性地帮助各行各业复工复产。受疫情影响较大的行业，如传统制造业，既是现阶段赚取外汇的主力，又是解决人员就业的抓手，帮助其恢复产能既必要又重要。应对这些行业给予适当的政策倾斜，如对于汽车行业，将汽车消费税的一定比例返还地方财政，调动地方政府鼓励汽车消费的积极性和主动性；对于乳制品行业，对目前库存压力较大的乳制品实施国家收储，用于边防官兵和贫困地区小学生营养改善。

（四）加大金融支持力度

疫情暴发之后，我国出台了许多放宽贷款限制的措施。从效果上看，在一定程度上缓解了民营企业资金短缺的问题，但还不足以让大部分民营企业应对疫情冲击。进入后疫情时代，企业依然面临市场萎缩、营收下降、资金不足的问题，应继续坚持以金融支持民营企业发展的思路，并加大金融支持的力度。在具体措施上，一要通过降息减少企业的融资成本，稳定企业经营；二要考虑将疫情期间的融资优惠政策进行延展，将已出台的各类优惠贷款延长2~3年，有针对性地给实体经济更多支持；三要简化贷款审批流程，开设快速批贷通道，保证资金快速、高效注入企业，让企业在相对宽松的金融环境中得以恢复。

（五）重点救助小微企业

不同规模的企业受疫情影响差别很大，总体来看，企业规模越小，受损越严重，小微企业是受疫情影响的"重灾区"。因此，我国应出台针对小微企业的专门措施，对小微企业进行重点救助。首先，应给予小微企业更多金融支持，如向受疫情影响严重区域和行业的小微企业定向提供专项免息或低息贷款，提高存量贷款疫情期间的免息和展期政策覆盖率；其次，设立小微企业专项救助资金，通过特别国债的方式，成立国家及地方小微企业救助基金，为企业维持生存提供基本保障；最后，进一步给小微企业减负，面向小微企业出台大幅度、长周期的减税降费政策。

参考文献

丁任重、李俞、李标：《新冠肺炎疫情下如何复工复产：基于产业链视角》，《财经科学》2020 年第 5 期。

陶桢：《新冠疫情对银行业风险管理的影响及应对》，《银行家》2020 年第 5 期。

巴曙松：《疫情冲击下中国小微经营者融资困境的形成及其化解》，《学术前沿》2020 年 5 月。

ℝ.23
工业机器人的规模应用对制造业一线
员工离职倾向的影响机制研究

胡威 黄婷楠*

摘　要： 工业机器人在我国制造业的规模应用，使企业效率提高、成本降低的同时，也给一线工人带来了一定的负面影响。本文通过对某制造业工厂391名一线员工的实证调查发现，工业机器人的规模应用容易造成他们的工作不安全感，进而增强其离职倾向；职业成长机会则会缓解这种倾向。因此，制造业企业应重视对一线员工的培养，为他们提供适宜的职业成长机会，把他们打造成与工业机器人适配的、高水平的技术人才。

关键词： 工业机器人　离职倾向　工作不安全感　职业成长机会

一　引言

随着科学技术的不断发展，我国很多行业面临转型升级的挑战。工业机器人具有工作效率高、稳定可靠、重复精度好、能在高危环境下作业等优势，[①] 在传统制造业，特别是劳动密集型产业的转型升级中发挥了重要的

---

* 胡威，中国人民大学公共管理学院组织与人力资源研究所副教授；黄婷楠，中国人民大学公共管理学院组织与人力资源研究所。

① 计时鸣、黄希欢：《工业机器人技术的发展与应用综述》，《机电工程》2015年第1期。

作用。目前，工业机器人已在我国汽车、电子、建筑等多个行业得到广泛运用，《中国机器人产业发展报告（2017年）》显示，我国工业机器人市场发展较快，约占全球市场份额的1/3，是全球第一大工业机器人应用市场。[①]工业机器人的规模应用，使企业提高效率、提升标准化程度、降低生产成本，也给一线生产工人带来了心理恐慌和工作不安全感，特别是那些缺乏高端技能，仅仅配合机器作业的普通一线操作员工大量转行和辞职。在某些地区和企业，工业机器人的应用非但没有缓解企业的"用工荒"问题，反而加剧了制造业一线员工的流失，对企业正常运转产生不利影响。

已有研究更多关注工业机器人应用对制造业生产、劳动与就业以及可持续发展等宏观层面问题的影响，虽然对我国相关产业的工业机器人发展规划具有重要的借鉴意义，但对工业机器人规模应用给制造业一线生产员工群体带来的心理和行为影响关注较少，不能帮助企业提出微观的应对工人离职的管理举措。因此，本研究聚焦这一问题，在访谈和调研的基础上，揭示工业机器人应用对一线员工离职倾向的影响机制，并提出针对性的管理建议。

二 研究模型与研究假设

（一）研究模型

认知是个体受外界刺激所形成的对客观世界的看法。认知评价理论（Cognitive Appraisal Theory）指出，在人和环境互动过程中，面对环境中的刺激事件，个体反应始于个体对遭遇情境的认知评价，评价影响情绪，进而影响个人的应对策略和行为选择。[②]工业机器人的规模应用必然会对制造业生产线上的一线员工产生较大的心理冲击，从他们的视角看，机器人会对他

[①] 《中国机器人产业发展报告（2017年）》，http://www.cbdio.com/BigData/2017-08/30/content_5587817.htm。

[②] Folkman S., Lazarus R. S., Gruen R. J., et al. "Appraisal, Coping, Health Status, and Psychological Symptoms". *Journal of Personality and Social Psychology* 1986（3）：571-579.

们未来工作的稳定性和存续性造成威胁，这种威胁带给他们较大的焦虑体验和不安全感。已有研究显示，在组织发生变化时，员工最大的不安全感是工作不安全感（Job Insecurity）①，也就是工作能否存续、是否面临失业。当未来可能失业的认知和心理压力累积到一定程度，一线员工可能会未雨绸缪，提前"离场"，转移到更加稳定的工作情境中。如果在这一过程中，企业能够及时给员工提供学习和成长的机会，提升他们适应未来职业发展的技能和能力，则会让一线员工感受到来自企业的关爱与重视，重新认知和审视自己在本组织和本行业的发展前景，削弱由于工业机器人的规模应用带来的工作不安全感，最后降低其离职意愿。本研究的研究模型如图1所示。

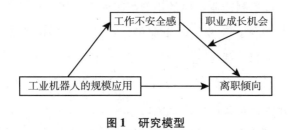

图1　研究模型

（二）研究假设

1. 工业机器人的规模应用与离职倾向

离职是指从组织中获取物质收益的个体终止其组织成员关系的过程。② 离职倾向是员工经历了不满意以后的一种退缩行为，③ 是当工作不满意后出

---

① Fugate M. , Kinicki A. J. , Prussia G. E. "Employee Coping With Organizational Change: An Examination of Alternative Theoretical Perspectives and Models". *Personnel Psychology* 2008（1）：1 – 36.

② Mobley, W. H. *Employee Turnover: Causes, Consequences, and Control.* Addison-Wiseley Publishing Company, 1982.

③ Porter, L. W. , Steer, R. M. "Organizational, Work, and Personal Factors in Employee Turnover and Absenteeism". *Psychological Bulletin* 1973（2）：151 – 176.

现离职念头、寻找其他工作的倾向与找到其他工作可能性的总体表现。① 虽然离职倾向不等于真正的离职行为，但对员工实际的离职行为具有很好的预测作用。②

学者们主要从社会经济、组织和工作以及个人因素三个方面对离职倾向的前因变量进行研究。这些因素对离职倾向的影响主要是引起员工对工作期望和工作价值的重新认知，产生态度的转变。③ 此外，关键事件也会驱动员工离职倾向的产生。根据 Lee 和 Mitchell 的展开模型理论，某些令人震惊或不能忽视的"震撼"事件会打断员工工作，并引发其思考这些事件的内涵及对工作和未来发展的意义，这个思考的过程可能会带来离职的想法进而产生离职行为。④

综上所述，对于制造业一线的生产员工而言，工业机器人的规模应用就是一种"震撼"事件，改变了制造业的生产环境，当机器人在组织中的应用越来越广，会引起一线员工评估自己的工作是否稳定、未来发展是否顺利，当发现环境不利于他们时，很有可能思考重新选择工作，增加离职倾向。基于以上分析，本文提出以下假设：

H1：工业机器人的规模应用正向影响员工的离职倾向，即规模应用程度越高，员工的离职倾向越强。

2. 工作不安全感的中介作用

工作不安全感反映了员工对于工作或工作特征的存续性受到威胁时的感知和担忧。⑤ 已有研究认为，科技革新（人工智能 AI、大数据、云计

---

① Mobley, W. H., Horner, S. O., Hollingworth, A. T.. "An Evaluation of Precursors of Hospital Employee Turnover". *Journal of Applied Psychology* 1978 (4): 408 –414.

② Kirschenbaum Alan, Weisberg Jacob. "Job Search, Intentions, and Turnover: The Mismatched Trilogy". *Journal of Vocational Behavior* 1994 (1): 17 –31.

③ Steers R. M., Mowday R. T., Cummings L. L., et al. Employee Turnover and Post-decision Accommodation Processes. *Research in Organizational Behavior* 1981 (3): 235 –281.

④ Lee, T. W., Mitchell, T. R. "An Alternative Approach: The Unfolding Model of Voluntary Employee Turnover". *Academy of Management Review* 1994 (1), 51 –89.

⑤ 胡三嫚、李中斌：《企业员工工作不安全感的实证分析》，《心理学探新》2010 年第 2 期。

算）会提升员工的工作不安全感，[①] 特别是当科技革新使企业削减用工数量时，员工的工作不安全感尤为显著。[②] 当员工有了工作不安全感时，不仅会对其心理健康和生理健康形成极大的威胁，也会对其工作满意感、工作投入度、组织承诺、组织信任产生消极的影响，并显著增强离职的倾向。[③]

工业机器人作为一种科学技术；和普通员工之间的协助、共存关系，逐渐演变为一种竞争、替代关系。[④] 这一外部因素的变化会对个人的生存发展状况产生不利影响，这会增强员工的工作不安全感。因此，工业机器人的规模应用会提升一线员工的工作不安全感，进而会增强其离职倾向，所以本文提出以下假设：

H2：工业机器人规模应用正向影响员工的工作不安全感，进而影响员工的离职倾向。工作不安全感在工业机器人的规模应用与离职倾向间起中介作用。

3. 职业成长机会的调节作用

职业成长机会是指员工在工作中所体验到的组织为其提供学习、成长及职业发展的机会，[⑤] 它是组织中员工关心的首要问题。[⑥] 职业成长机会对员工工作产生积极的影响，有助于促进员工的工作投入，[⑦] 对员工工作意义

---

① 张进：《工作不安全感研究的主题及其进路》，《商讯》2019 年第 16 期。

② Cyper, N. D., H. D. Witte, T. V. Elst, and H. Yasmin. "Objective Threat of Unemployment and Situational Uncertainty during a Restricting：Associations with Perceived Job Insecurity and Strain". *Journal of Business and Psychology* 2010（1）：75 – 85.

③ Sverke M., Hellgren J., Naswall K. "No Security：a Meta-Analysis and Review of Job Insecurity and Its Consequences". *Journal of Occupational Health Psychology* 2002（3）：242 – 264.

④ 吴慈生、周震：《工业机器人对企业人力资源管理的影响分析》，《现代管理科学》2013 年第 12 期。

⑤ VAN VELDHOVEN M, MEIJMAN T F. *The Measurement of Psychosocial Strain at Work：The Questionnaire Experience and Evaluation of Work*. Amsterdam：NIA（in Dutch），1994.

⑥ 曹继光：《中小型软件企业员工的职业发展机会》，《中国人力资源开发》2002 年第 8 期。

⑦ 郭钟泽、谢宝国、程延园：《如何提升知识型员工的工作投入？——基于资源保存理论与社会交换理论的双重视角》，《经济管理》2016 年第 2 期。

感、组织承诺、组织支持感有正向影响。[1] 在职业成长机会与离职倾向的关系研究中，CHEN 等学者的实证研究发现，职业成长与员工离职倾向呈负相关关系；[2] 张勉和张德针对国内的研究也得出了相同的结论。[3]

对于一线生产员工而言，在机器逐渐替代人员之后，他们原有的知识结构和岗位技能面临老化和淘汰，这时企业提供的转岗培训就显得尤为重要。如果企业能够加强与未来工作需求匹配的人才培养，开展人机合作、深度融合的业务培训，积极主动地动态规划员工的能力提升和职业发展，健全人才发展和保留机制，促使员工与机器人之间从竞争关系转变为合作关系，则会降低由工作不安全感导致的离职倾向。根据以上梳理，本文提出以下假设：

H3：职业成长机会在工作不安全感与离职倾向之间起调节作用，即职业成长机会越多，工作不安全感对离职倾向的影响越低。

三　研究设计

（一）研究对象

本文以制造业中的一线工人为研究对象，在苏州某制造业工厂发放问卷。共回收 453 份问卷，在剔除了部分缺失值和明显不符合常识的问卷后，最终有效问卷有 391 份，有效回收率为 86.31%。有效问卷样本的具体情况如表 1 所示。

---

① HACKMAN J. R., OLDHAM G. R. "Motivation through the Design of Work: Test of a Theory". *Organizational Behavior and Human Performance* 1976（16）：250－279.

② CHEN JQ, HOU ZJ, LI X, et al. "The Role of Career Growth in Chinese New Employee's Turnover Process". *Journal of Career Development* 2016（1）：11－25.

③ 张勉、张德：《企业雇员离职意向的影响因素：对一些新变量的量化研究》，《管理评论》2007 年第 4 期。

表1 样本描述性统计（N=391）

项目	属性	频率	百分比（%）
性别	男	76	19.4
	女	315	80.6
学历	初中及以下	69	17.6
	技校、职高、中专	154	39.4
	高中	85	21.7
	大专	50	12.8
	本科	31	7.9
	研究生及以上	2	0.5
年龄	20~24周岁	19	4.9
	25~29周岁	107	27.4
	30~34周岁	193	49.4
	35~39周岁	61	15.6
	40~44周岁	7	1.8
	45周岁以上	4	1
工作年限	3年以下	39	10
	3~5年	83	21.2
	6~10年	162	41.4
	11~15年	80	20.5
	16~20年	25	6.4
	20年以上	2	0.5

（二）变量测量

本研究所有变量的测量都采用已有量表。其中，工业机器人的规模应用的测量采用王才等编制的工业机器人规模应用量表，[1] 工作不安全感的测量采用 Caplan 等开发的工作不安全感量表，[2] 职业成长机会的测量采用张勉和

---

[1] 王才、周文斌、赵素芳：《机器人规模应用与工作不安全感——基于员工职业能力调节的研究》，《经济管理》2019年第4期。

[2] Caplan, R. D., Cobb, S., French, J. R. P., Van Harrison, Jr. R. V., Pinneau, Jr. S. R.. Job Demands and Worker Health: Main Effects and Occupational Differences. U. S. Department of Health, Education, and Welfare, 1975.

张德开发的职业成长机会量表，离职倾向采用翁清雄和席酉民翻译的 Mobley 等人的离职倾向量表，以上量表的一致性系数均大于 0.810，都具有良好的信度。

为避免居中倾向，所有问项都采用 Likert6 等级，1 为非常不同意，6 为非常同意。

四　数据分析

（一）变量的验证性因素分析

本研究运用 Amos23 进行验证性因素分析，对工业机器人的规模应用、工作不安全感、离职倾向、职业成长机会这四个研究变量进行区分效度的检验。

验证性因素分析显示，四因素模型的拟合指数优于其他竞争模型，x^2/df、RMSEA、NFI、RFI、IFI、CFI 的值分别为 1.366、0.031、0.983、0.976、0.995、0.995，具有较好的区分效度。

（二）变量的描述性统计分析

各研究变量之间的相关性分析结果如表 2 所示。由表 2 可知，工业机器人的规模应用与离职倾向之间呈正相关关系，工作不安全感与离职倾向呈正相关关系，职业成长机会与离职倾向呈负相关关系。

表 2　平均数、标准差与相关系数

变量	M	SD	1	2	3	4	5	6	7	8
1. 性别	1.81	0.396								
2. 学历	2.55	1.182	-0.245 **							
3. 年龄	3.85	0.876	0.035	-0.029						
4. 工作年限	2.94	1.057	0.001	-0.029	0.546 **					

续表

变量	M	SD	1	2	3	4	5	6	7	8
5. 工业机器人的规模应用	4.74	1.229	-0.028	-0.034	-0.074	-0.085				
6. 工作不安全感	4.31	1.236	-0.053	-0.08	-0.066	0.01	0.637**			
7. 职业成长机会	1.92	0.623	0.044	0.028	0.082	0.026	-0.268**	-0.103*		
8. 离职倾向	4.49	1.3228	-0.045	-0.098	-0.05	-0.08	0.557**	0.545**	-0.219**	

注：** 表示在置信度（双测）为 0.01 时，相关性是显著的，即 $p < 0.01$；* 表示在置信度（双测）为 0.05 时，相关性是显著的，即 $p < 0.05$。

（三）假设检验

借助 SPSS 25 进行假设检验。首先，采用 Hayes 编制的 SPSS 宏[①]中的简单的中介模型（model4），在控制性别、学历、年龄、工作年限的情况下，对工作不安全感在工业机器人的规模应用与离职倾向之间关系中的中介效应进行检验。结果表明（见表3），工业机器人的规模应用对员工的离职倾向具有显著的预测作用（coeff = 0.5958，$t = 13.0607$，$p < 0.001$），所以，假设 H1 成立，即工业机器人的规模应用程度越高，员工的离职倾向越强。工业机器人的规模应用对工作不安全感具有显著的正向预测作用（coeff = 0.6439，$t = 16.6376$，$p < 0.001$）。当放入工作不安全感这一中介变量后，工业机器人的规模应用对离职倾向的直接预测作用依然显著（coeff = 0.3748，$t = 6.5388$，$p < 0.001$），此时，工作不安全感对离职倾向的正向预测作用也显著（coeff = 0.3403，$t = 5.9556$，$p < 0.001$）。

---

① Hayes, A. F.（2012）. PROCESS：A Versatile Computational Tool for Observed Variable Mediation, Moderation, and Conditional Process Modeling. Retrieved from http：//www. afhayes. com/public/process2012. pdf.

表 3　工作不安全感的中介效应检验

变量	工作不安全感		离职倾向		离职倾向	
	coeff	t	coeff	t	coeff	t
性别	-0.1664	-1.3417	-0.1833	-1.2647	-0.1267	-0.9104
学历	0.0187	0.3531	-0.0652	-1.0542	-0.0716	-1.2076
年龄	-0.0878	-1.3467	0.028	0.3679	0.0579	0.7915
工作年限	0.1244 *	2.3113	-0.0525	-0.8346	-0.0949	-1.5628
工业机器人的规模应用	0.6439 ***	16.6376	0.5958 ***	13.0607	0.3748 ***	6.5388
工作不安全感					0.3403 ***	5.9556
R^2	0.4317		0.3227		0.3801	
F	48.6108		30.4885		33.5458	

注：*** 表示在置信度（双测）为 0.001 时，相关性是显著的，即 $p < 0.001$；** 表示在置信度（双测）为 0.01 时，相关性是显著的，即 $p < 0.01$；* 表示在置信度（双测）为 0.05 时，相关性是显著的，即 $p < 0.05$。

如表 4 所示，工业机器人的规模应用对离职倾向的直接效应及工作不安全感的中介效应的 Bootstrap95% 置信区间的上、下限均不包含 0，这表明工业机器人的规模应用可以直接预测离职倾向，但是还需要通过工作不安全感的中介作用来预测影响离职倾向。该直接效应（0.3748）和中介效应（0.221）分别占总效应（0.5958）的 62.91%、37.09%。以上分析说明假设 H2 成立，即工作不安全感在工业机器人的规模应用与离职倾向的关系中起中介作用，工业机器人的规模应用通过正向影响工作不安全感间接正向影响员工的离职倾向。

表 4　总效应、直接效应及中介效应分解

效应	效应值	Boot 标准误	Boot95% CI	效果量(%)
中介效应	0.221	0.0502	CI = [0.1214,0.3178]	37.09
直接效应	0.3748	0.0573	CI = [0.2621,0.4875]	62.91
总效应	0.5958			100

注：Boot 标准误、Boot CI 下限和 Boot CI 上限分别指通过偏差矫正的百分位 Bootstrap 法估计的间接效应的标准误差、95% 置信区间的下限和上限。

其次，采用 SPSS 宏中的 model 1，在控制性别、学历、年龄、工作年限的情况下对工作不安全感、职业成长机会与离职倾向构成的调节模型进行检验。如表 5 所示，将职业成长机会放入模型后，工作不安全感与职业成长机会的乘积项对离职倾向的预测作用显著，此时离职倾向的 Coeff = − 0.109，$t = −3.242$，$p < 0.01$，这说明职业成长机会在工作不安全感与离职倾向的关系中起调节作用。

表 5 　职业成长机会的调节效应检验

变量	离职倾向		
	coeff	se	t
性别	− 0.0794	0.1292	− 0.6146
学历	− 0.0391	0.0553	− 0.7066
年龄	0.0676	0.0681	0.9926
工作年限	− 0.0657	0.0565	− 1.1619
工作不安全感	0.4512 **	0.1407	3.2071
职业成长机会	− 0.5922 *	0.2972	− 1.9916
工作不安全感 × 职业成长机会	− 0.109 **	0.0336	− 3.242
R^2	0.3249		
F	62.0839		

注：** 表示在置信度（双测）为 0.01 时，相关性是显著的，即 $p < 0.01$；* 表示在置信度（双测）为 0.05 时，相关性是显著的，即 $p < 0.05$。

通过简单斜率分析来进一步说明职业成长机会的调节作用，分别取高职业成长机会组（高于均值一个标准差）和低职业成长机会组（低于均值一个标准差）进行回归。图 2 表明，高职业成长机会组的斜率小于低职业成长机会组的斜率，这说明职业成长机会越高，工作不安全感对离职倾向的影响越弱；职业成长机会越低，工作不安全感对离职倾向的影响越强。

综合以上分析，假设 H3 成立，职业成长机会负向调节工作不安全感与离职倾向之间的关系。

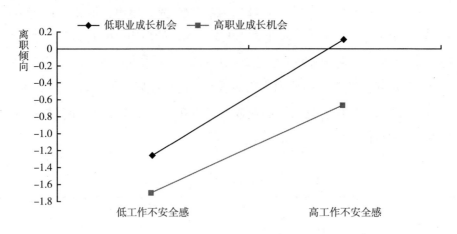

图2 职业成长机会在工作不安全感与离职倾向之间关系的调节作用

结论与讨论

本文分析了工业机器人的规模运用、工作不安全感、职业成长机会和员工离职倾向之间的关系。研究结果表明，工业机器人的规模应用容易加大制造业一线员工的工作不安全感，进而增强员工的离职倾向。而职业成长机会对工业机器人的规模应用与员工离职倾向之间的关系具有负向调节作用，即当职业成长机会很少时，工作不安全感对增强离职倾向的作用较大。虽然本研究由于采用截面数据和自评方法，可能存在研究方法的不足，但是调查结果能够反映制造业生产一线员工的真实感受，研究结论对相关企业采取一定的管理举措以缓解员工离职倾向具有一定的借鉴意义。

从目前的发展阶段来看，工业机器人虽然被大规模投入使用，但是还无法完全替代一线工人，制造业对一线工人的需求依旧存在。所以，工业机器人的大规模扩张代替一些传统简易岗位或者危险岗位后引发的一线员工集体出走，必定对制造业企业的正常运转产生威胁。本研究探明了工业机器人的规模应用与离职倾向之间的内在机制，发现企业给予一线工人职业成长机会有助于降低员工因工作不安全感产生的离职倾向。这启示制造业企业要加强对一线员工的关注，为他们提供学习和成长的机会。当然，一线的作业员工普遍学历水平较低，从事简单重复性劳动，靠长时间的工作获得更高劳动报酬。也因此，他们存在工作劳累、精力不足、知识基础差、学习时间不足等问题，这些都给企业提出了更高的要求。但无论从经营效益考虑还是从企业的社会责任出发，为一线员工提供职业成长的机会，不仅仅是为了留住这些工人，更要把他们打造成与工业机器人适配的、高水平的、有能力的高端技术人才，这样才能在第二次革新向第三次革新转变过程中形成人才与技能优势，在竞争中抢占先机。

参考文献

计时鸣、黄希欢：《工业机器人技术的发展与应用综述》，《机电工程》2015 年第 1 期。

中国电子学会研究咨询中心：《中国机器人产业发展报告（2017 年）》，世界机器人大会，2017，http：//www. cbdio. com/BigData/2017 - 08/30/content_ 5587817. htm。

胡三嫚、李中斌：《企业员工工作不安全感的实证分析》，《心理学探新》2010 年第 2 期。

张进：《工作不安全感研究的主题及其进路》，《商讯》2019 年第 16 期。

吴慈生、周震：《工业机器人对企业人力资源管理的影响分析》，《现代管理科学》2013 年第 12 期。

曹继光：《中小型软件企业员工的职业发展机会》，《中国人力资源开发》2002 年第 8 期。

郭钟泽、谢宝国、程延园：《如何提升知识型员工的工作投入？——基于资源保存理论与社会交换理论的双重视角》，《经济管理》2016 年第 2 期。

张勉、张德：《企业雇员离职意向的影响因素：对一些新变量的量化研究》，《管理评论》2007 年第 4 期。

王才、周文斌、赵素芳：《机器人规模应用与工作不安全感——基于员工职业能力调节的研究》，《经济管理》2019 年第 4 期。

翁清雄、席酉民：《职业成长与离职倾向：职业承诺与感知机会的调节作用》，《南开管理评论》2010 年第 2 期。

Folkman S., Lazarus R. S., Gruen R. J., et al. "Appraisal, Coping, Health Status, and Psychological Symptoms". *Journal of Personality and Social Psychology* 1986（3）：

571 – 579.

Fugate M., Kinicki A. J., Prussia G. E.. "Employee Coping With Organizational Change: An Examination of Alternative Theoretical Perspectives and Models". *Personnel Psychology* 2008 (1): 1 – 36.

Mobley, W. H. *Employee Turnover: Causes, Consequences, and Control*. Addison-Wiseley Publishing Company, 1982.

Porter, L. W., Steer, R. M.. "Organizational, Work, and Personal Factors in Employee Turnover and Absenteeism". *Psychological Bulletin* 1973 (2): 151 – 176.

Mobley, W. H., Horner, S. O., Hollingworth, A. T.. "An Evaluation of Precursors of Hospital Employee Turnover". *Journal of Applied Psychology* 1978 (4): 408 – 414.

Kirschenbaum Alan, Weisberg Jacob. "Job Search, Intentions, and Turnover: The Mismatched Trilogy". *Journal of Vocational Behavior* 1994 (1): 17 – 31.

Steers R. M., Mowday R. T., Cummings L. L., et al. "Employee Turnover and Post-Decision Accommodation Processes". *Research in Organizational Behavior* 1981 (3): 235 – 281.

Lee, T. W., & Mitchell, T. R. "An Alternative Approach: The Unfolding Model of Voluntary Employee Turnover". *Academy of Management Review* 1994 (1): 51 – 89.

Cyper, N. D., H. D. Witte, T. V. Elst, and H. Yasmin. "Objective Threat of Unemployment and Situational Uncertainty During a Restricting: Associations With Perceived Job Insecurity and Strain". *Journal of Business and Psychology* 2010 (1): 75 – 85.

Sverke M., Hellgren J., Naswall K. "No Security: a Meta-Analysis and Review of Job Insecurity and Its Consequences". *Journal of Occupational Health Psychology* 2002 (3): 242 – 264.

VAN VELDHOVEN M., MEIJMAN T. F. *The Measurement of Psychosocial Strain at Work: The Questionnaire Experience and Evaluation of Work*. Amsterdam: NIA (in Dutch), 1994.

HACKMAN J. R., OLDHAM G. R. "Motivation through the Design of Work: Test of a Theory. *Organizational Behavior and Human Performance* 1976 (16): 250 – 279.

CHEN JQ, HOU ZJ, LI X, et al. "The Role of Career Growth in Chinese New Employee's Turnover Process". *Journal of Career Development* 2016 (1): 11 – 25.

Caplan, R. D., Cobb, S., French, J. R. P., Van Harrison, Jr. R. V., Pinneau, Jr. S. R.. Job Demands and Worker Health: Main Effects and Occupational Differences. U. S. Department of Health, Education, and Welfare, 1975.

Hayes, A. F. (2012). PROCESS: A Versatile Computational Tool for Observed Variable Mediation, Moderation, and Conditional Process Modeling, Retrieved from http://www.afhayes.com/public/process2012.pdf.

R.24
阿米巴经营在企业数字化转型中的作用

赵凤金*

摘　要： 随着云计算、大数据、人工智能等新兴技术的深化应用，各行各业都在推进数字化转型。本文从数字化转型的挑战、实现路径入手，总结分析直真科技的转型经验，总结了阿米巴经营在企业数字化转型中的促进和组织保障作用。对于如何打造组织的软实力，建立与数字化转型匹配的企业文化、组织形态与考核机制，具有一定的借鉴意义。

关键词： 企业数字化转型　阿米巴经营　软实力

从数字经济到数字中国，再到数字产业化，数字化转型已经从概念到了落地实施的阶段。在这一场不可逆转的时代变革中，无数优秀的企业成功实现了数字化转型，为更多的企业提供了转型的经验。

一　企业数字化转型时代的到来

（一）企业数字化转型

所谓企业数字化转型，指企业利用各种新技术进行业务和商业模式创新，向社会交付新的、差异化的业务价值，从而带来新的产品和服务、新的

---

* 赵凤金，北京直真科技股份有限公司副总裁。

主营业务收入来源，获得差异化的竞争优势。新技术包括云计算、5G、大数据、人工智能、机器学习、物联网、区块链、量子技术等。

企业数字化转型是一个系统工程，包含企业文化转型、业务转型、组织转型、数据转型、专业人才转型、技术转型等企业内部各方面的转型。

经过几年的发展，企业数字化转型的进程正在加速。根据国际数据公司的调研结果，2018 年全球 1000 强的企业中有 67%、中国 1000 强的企业中有 50% 把数字化转型作为企业的战略核心。2019 年更新的数据显示，已经有 18.3% 的企业把数字化转型做成企业的标准业务模块；12.8% 的企业进一步将数字化转型与业务深度融合，激发出无限的创新动力，成为率先到达深水区的先行者；68.9% 的跟随者也都不同程度开展了数字化转型活动。

（二）企业数字化转型面临的挑战

虽然越来越多的企业进行了数字化的转型，但是转型的失败率居高不下。根据国际数据公司 2018 年的调研结果，失败率高达 70%～80%；2019 年更新的调研报告预测，企业数字化转型旅程可长达十年之久，企业数字化转型局面复杂、挑战多样。

企业数字化转型面临的挑战不仅仅在于技术等硬实力，更关键的是组织和经营管理等软实力。数字化转型本质上是一次高难度的"组织和经营管理体系转型升级"。突出表现为协同不足的组织架构、僵化的考核体系和有限的经验技能。

第一，孤立的组织架构使内部协同不足。企业发展到一定规模和阶段，前台和后台职能分立，内部设置不同的职能部门，按照职责范围进行分工合作。但是这样的组织分工在提高了运营效率的同时，也给内部信息化系统的建设增加了难度。比如业务数据和财务数据的差异，是大部分公司面临的问题，缺少从业务系统翻译到财务系统的中间环节。职能后台内部，人力、财务、市场营销等各专业条线在建设信息化系统的时候，因为专业的壁垒，也存在数据不能共通的难点。

第二，僵化的考核体系无法激活团队和个人。目前大部分企业的考核都是按照职责分工、圈地画域的方式进行，分解目标、设定 KPI，不利于"分享和共通"。而且"盘子洗得越多，越有可能摔碎"的考核氛围，宁可少干，也不要出错，打击了员工创新进步的主动性。

第三，有限的经验技能。数字化转型不只需要系统建设的技术人员，还需要能做顶层设计与规划的产品和业务人员，目前这些人才尚属稀缺。

（三）企业数字化转型的路径

如何应对数字化转型中的挑战，顺利转型成功，通过分析转型成功的企业案例，发现不同企业有不同的实现路径。一是战略转型促进数字化建设；二是新的商业模式倒逼数字化升级；三是以技术为牵引，新技术带来数字化转型；四是组织变革促进数字化转型。

直真科技股份有限公司（简称直真科技）是典型的组织变革成功实现数字化转型的代表。直真科技从 2015 年开始实施阿米巴变革，2020 年成功 A 股上市，不仅实现了业绩增长，而且建立了"业经财"一体化系统，成功实现了业务、财务和经营分析的融合。

本文从人力资源管理的角度，重点分析组织变革促进数字化转型的实现。

二 阿米巴经营在数字化转型中的实践

"阿米巴"（Amoeba）在拉丁语中是单个原生体的意思，属原生动物变形虫科，因身体可向各个方向伸出伪足，使形体变化不定，所以被叫作"变形虫"。阿米巴在管理中是指组织就像阿米巴变形虫一样会随着外部环境的变化不断调整自己的形状，使自己和环境的匹配达到最优。阿米巴最大的特点是能够随外界环境的变化而变化，通过不断地自我调整来适应所面临的生存环境。

阿米巴经营是指将组织划分为小集体，然后通过与市场挂钩的独立核算制度进行运营，由此在公司内部培养具备经营者意识的领导者，同时实现的"全员参与经营"的独特管理手法。

阿米巴经营起源于日本，是稻盛和夫先生在经营京瓷公司的实践中创建的，是稻盛经营成功的代表作。早在2000年，海尔集团开始接触阿米巴经营，其"人单合一"的自主经营体管理模式，与阿米巴经营异曲同工。

除了直真科技，其他行业也有通过阿米巴实现数字化转型的案例。

（一）直真科技：阿米巴引发的"业经财"融合

2014年，直真科技迎来了公司发展的重大挑战：人员不断增加、投入持续增长，但是业绩反而下降。是哪里出了问题，是员工责任心不强，各级领导能力不够，还是经营出了问题，大家经过反复研讨、论证，最终踏上了阿米巴变革的征程。

选择阿米巴是组织变革探索的结果。直真科技经历了从大事业部、承包责任制，到阿米巴的过程。大事业部制促进了管理规范和服务提升，但是资源重复建设，组织臃肿。承包责任制实施中，包赚不包赔、跑冒滴漏的现象难以改善。阿米巴制度实行的独立核算、自负盈亏，激发员工像老板一样工作和思考，关心业务的发展，当年实现扭亏为盈。

历时5年的发展，直真科技不仅完成了本企业的数字化转型，也成为帮助企业加速数字化转型的软件服务商。

直真科技从2015年正式开始导入阿米巴经营，主要做了三方面的调整：一是建立围绕行业和客户的阿米巴经营组织；二是构建合伙人机制，调整考核模式、奖金制度和阿米巴组织的奖金分配权；三是建立了独立核算的经营支撑系统。

阿米巴的导入激发了组织活力，心态从为公司干转变成为自己干，但核算工作主要由财务部门按月按部门汇总，缺乏完整有效的数字化支撑。财务工作量很大，2015年初期财务人员为了每月出报表，月底加班到凌晨4点是常事；光给各个独立单元的负责人发邮件，就需要耗费大量的时间；在这个背景下，公司开始自建支撑独立核算的经营分析系统。

历时两年的摸索，经营分析系统，不仅满足独立核算、实时报表的需求，也实现了对每个经营单位的价值贡献精准的量化评估，为实行科学合理的激励体系提供了数据支撑。

经营系统的 2.0 版本重点是解决业务口径的数据和财务口径的数据对不上的问题。在此基础上建立的信息系统，实现了人力资源管理、内控预警、运营协同、财务系统和客户资源管理的统一。

（二）其他公司的成功案例

海尔的自主经营体和"人单合一"模式，是海尔转型的成果之一。这种模式最大的价值是让一家大型制造企业拥有个性化定制能力。自主经营体是海尔商业生态网络中最为核心的要素，是海尔应对市场快速发展变化的秘密武器。海尔的自主经营体有 3 个显著的特点：一是自主经营体组建的原则是先有单后有人，市场和顾客需求驱动；二是组织结构是高度扁平化的"倒三角"，成员在上，体长在下，体长的主要职责是为成员提供支持和指导；三是"人单酬"的激励方式，核心原则是员工参与利润分享、多劳多得，换句话说就是"缴足企业利润，挣够市场费用，自负盈亏，超利分成"。海尔的这种特点：一是激活了内部员工，鼓励自主经营体的员工自愿完成挑战性目标，如果亏损了就需要自己埋单，如果经营效益好，自己就能获得高收入，分享自己创造的价值；二是引领了制造业的个性化定制。

另外一个成功案例是韩都衣舍。韩都衣舍凭借产品小组制的组织变革和后台数据赋能系统，在快时尚领域占有了一席之地。韩都衣舍的产品小组制全称是"以小组制为核心的单品全程运营体系"，这一模式的核心是去中心化，基于公司最小的业务单元实现责任和权利的高度统一，也就是说小组内的任何人都是能决策的老板。韩都衣舍后台的"数据赋能"主要体现在两方面：一是系统数据指导销售；二是柔性供应链。

三　阿米巴经营在数字化转型中的作用

（一）有利于打造适合数字化转型的敏捷组织

数字化转型的首要挑战是协同不足的组织架构，要成功实现数字化转型，就必须要打造适合数字化转型的敏捷组织。

首先，阿米巴经营保证了组织的灵活性。阿米巴经营是将组织划分为小组织，各个小组织具有独立的经营权和决策权，面对市场的变化和客户的需求，小组织的负责人有权做出正确的决策，而不仅仅是收集信息并上报，等到上级部门决策反馈下来再执行。真正实现"全员参与经营"，快速应对市场变化。

其次，通过内部交易，使内部各部门形成目标一致的利益共同体。通过建立与市场挂钩的独立核算制度，让互不隶属的部门之间形成一种买卖关系、服务关系。简单来说，如果客户不满意不付款，不仅客户部门没有销售额，研发部门也没有内部收益，这个时候销售和研发就要共同努力，一起关注如何满足客户需求，这样就打破了各个部门之间的"篱笆墙"，共同转向关注客户价值的实现。

（二）有利于塑造企业的数字文化

推进阿米巴经营的过程，就是塑造企业数字文化的过程。

首先，数字文化也是阿米巴经营的文化。把哲学转换成数字，是稻盛和夫对经营的定义，用公式表示就是：哲学＝良知＋数字。"所谓经营，数字就是一切"是稻盛和夫反复强调的一个观点。稻盛和夫在谈到如何通过数字开展经营时，提到了四点：一是数字正确，二是数字透明，三是数字管理，四是数字经营。要在企业成功实施阿米巴，就必须做到上述4点。

其次，阿米巴经营的独立核算、自负盈亏，天然有对数字准确公开的要求。奖金的分配以数据为基础，所有人都会关注数字的准确性，因为这会关系到每个人的切身利益。

（三）有利于企业工作方式的数字化

数字化工作方式的集中体现是在线办公。在线办公不受空间地域的约束，也可以在家办公，一是节省了通勤时间，二是有效应对当下疫情。

在线办公的实施主要存在两个问题：一是工作效率和工作质量的保证；二是团队氛围和凝聚力。阿米巴机制比较好地解决了这两个问题。

阿米巴机制下，全体员工都是经营者，都要对自己的成果负责。每个独立经营体相当于一个小公司，自负盈亏，干好了大家能多挣。不是"要我干"，而是"我要干"。员工从被雇佣的"打工者"变成了合伙的事业伙伴；独立经营体的负责人相当于在公司的平台上自主创业的老板，不敢懈怠，也会看牢自己的团队，紧盯任务结果，确保工作效率和工作质量。而且配套的激励制度，保障了这种状态是可持续的。

四　数字化转型和阿米巴实施的关键点

（一）必须是一把手工程

一把手不躬身入局，转型难以成功。

数字化转型，不仅是上一套系统和 IT 系统的变更，也不是数字化平台的建设，而是一次战略变革，这是其他人无法决策和拍板的。阿米巴的实质是"组织变革升级"，组织的调整往往会涉及业务范围的拆分和管理权限的重新划分，授予每个经营层级哪些权限、多大的权限，内部运营流程需要根据业务和权限的变化进行怎样的调整，这都需要一把手深度参与，他人是无法决策的。

直真科技的转型之所以能成功，也是因为董事长和总经理亲自抓，深度参与，主导了"业经财"系统的建设。

（二）企业文化建设必须同步

阿米巴哲学是阿米巴经营机制的基础，如果把阿米巴经营比作一座房子，阿米巴哲学就是地基，要在内部形成"利他"的文化，帮助各个经营体之间更好地完成内部交易和协同。阿米巴哲学的作用就是统一思想，激发员工意愿，实现"要我干"到"我要干"的转变。

如果没有企业文化的保障，内部独立核算就会演变成讨价还价、利益驱使，恶化内部竞争环境，出现另外一种形式的"协同难"。

（三）平台建设和组织能力为转型提供保障

加强企业平台建设，重塑企业总部价值，是转型成功的组织保障。在《阿米巴经营》中有一句话，叫"分是表象，合是目的"，阿米巴经营整个组织结构的图形，是一个"倒三角"，若干个敏捷的前端，长在一个强大的赋能后台上（见图1）。敏捷经营系统的核心就是建立规则，打造平台。平台的价值包括人才、品牌、战略、供应链、产品、资本、社会影响力和管理能力等方面的输出。

如果没有强有力的平台，每个阿米巴组织就成了个体户，反而削弱了公

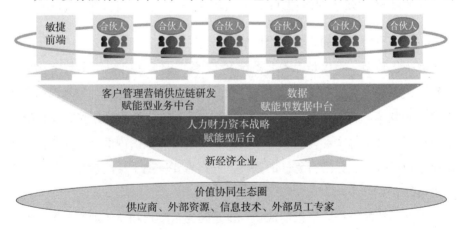

图1　阿米巴经营的组织结构

注：来自国泰道合公司提供的案例。

司的竞争力。必须是在公司整体战略指导下的独立经营体，有合格合伙人负责的独立经营体，才能达到阿米巴机制的效果。

（四）建立匹配的考核与激励机制

阿米巴的考核机制是对团队的贡献进行独立核算，按照贡献进行奖励，形成了正向的激励文化。

某两家科技公司都推行了阿米巴经营机制，A 公司经过 3 年的发展，收入和利润都翻倍增长；B 公司经历了一个先增长后下降的过程，过了 1 年的改革红利期，就开始进入衰退。分析两家公司的差异，主要是考核和激励机制的不同，造成了两家公司不同的结果。A 公司的激励很直接，直接从净利润中抽取提成，让团队成员顿时觉得有奔头。而 B 公司的责权利没有完全对等，员工的积极性没有得到持续的激发，蜜恋期过后恢复原状。

因此，推进阿米巴变革和数字化转型，需要建立配套的考核与激励机制。

阿米巴的考核机制包含团队和个人两个维度，通过内部交易、内部定价，使后台研发和服务团队与前端销售团队一样，能用数字衡量对企业的价值贡献。在此基础上建立的阿米巴"战功制"，以每个人对公司的贡献来决定职级和收入，打破了传统论资排辈的弊端，点燃了员工的工作激情。

参考文献

〔日〕稻盛和夫：《阿米巴经营》，曹岫云译，中国大百科全书出版社，2015。

〔日〕三矢裕、谷武幸、加护野忠男：《稻盛和夫的实学——阿米巴模式》，刘建英译、曹岫云审译，东方出版社，2013。

〔日〕稻盛和夫：《稻盛和夫的实学：阿米巴经营的基础》，曹岫云译，东方出版社，2011。

陈毅贤、袁隽：《利润裂变》，中国法制出版社，2019。

曹仰锋：《海尔转型：人人都是 CEO》，中信出版社，2014。

新华三大学编著《数字化转型之路》，机械工业出版社，2019。

IDC、用友：《建立多元融合性数字化平台，破局企业数字化转型升级瓶颈》，2019。

宗英涛：《阿米巴经营领先之道》，中华工商联合出版社，2017。

ℝ.25
平台商业模式下的人力资源管理变革

张成刚*

摘　要： 在数字化转型过程中越来越多企业的组织形态开始由传统的科层制向平台化方向变革，形成"后台＋中台＋前端＋生态"的平台商业模式。本研究认为在平台商业模式发展过程中，所有商业模式与技术层面的优势，最终需要由平台的从业者来执行和落实。企业应打破原有的边界向平台前端延伸，从人力资源规划、素质模型开发、绩效管理体系、培训体系、平台文化建设等方面开展平台从业者的人力资源管理。

关键词： 数字化转型　组织形态　人力资源管理

一　引言

数字技术发展以及代表性互联网公司的前沿探索，激发着各行业的中国企业加入数字化转型的浪潮中，数字化转型成为越来越多企业的战略选择。企业在改变自身商业模式、交易模式的过程中，组织形态与人力资源管理也在根据企业数字化转型的要求不断变革调整。

当前，数字化转型企业有两个典型特点：平台化与开放性。企业组织形态从科层制向平台化发展，企业人力资源管理由以企业为边界的劳动关系管理向无边界的生态化关系管理转变。平台化带来了企业规模的极速扩

---

* 张成刚，首都经济贸易大学劳动经济学院副教授，中国新就业形态研究中心主任。

张，开放性商业模式意味着企业充分利用自身资源和外部可组织资源向客户提供并实现其价值主张，包括企业经营资源开放共享、生产服务紧密协作以及价值利益合理分配和共享，特别是形成了人力资源的社会化共享与协作。

领先的互联网企业，如阿里巴巴、腾讯、Alphabet、滴滴、美团等，借助平台商业模式以传统企业无法企及的速度成长起来。传统企业也开始逐渐尝试采用平台商业模式。例如，2019 年，国家电网公司选取天津电力作为典型试点，探索传统能源领域企业借鉴并应用平台型组织的经验与模式。2018 年，中再集团把信息技术部转型为信息技术中心，构成了一个大平台，支撑中再集团整体的互联网化，支撑业务侧的营销和服务。2018 年，银河证券通过对数据的重新认识，把 IT 部门从纯后台移到中台甚至中台偏前台，更加贴近对一线业务的支撑。未来，会有越来越多的传统企业将数字化转型作为企业最重要的战略目标，重构组织形态与人力资源管理体系以支撑平台商业模式。

本研究所讨论的主要问题是企业数字化转型中组织形态变革的方向和趋势，人力资源管理应如何适应组织形态变革。

二 平台商业模式下的企业组织形态

企业数字化转型，使企业组织形态由传统的科层制向平台化方向变革，越来越多的企业开始选择向"后台＋中台＋前端＋生态"的平台组织形态转变。根据忻榕、陈威如、侯正宇的研究，平台组织形态也被概括为"大平台＋小前端＋富生态＋共治理"。[①] 在这样的组织形态中，企业拥有多样化的前端、稳定的用于横向协调的中台、支撑前端和中台运转的职能化后台，以及由前端和外部利益相关者、从业者构成的生态体系（见图1）。

---

① 忻榕、陈威如、侯正宇：《平台化管理》，机械工业出版社，2019。

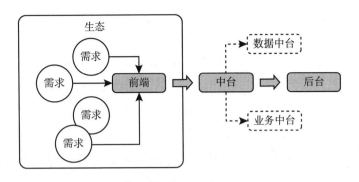

图1　平台组织形态示意

（一）前端是展现业务应用、直接连接需求的商业生态系统

前端是指由各类前端系统组成的前端平台。每个前端系统就是一个用户触点，即企业的最终用户直接使用或交互的系统，是企业与最终用户的交点。例如用户直接使用的网站、手机 App、微信公众号、线下实体店（营业厅）等都属于前端范畴。前端的特点是自主性、多场景和精细化运营。自主性指前端信息采集通过各类数字设备自主完成，例如用户最近的浏览与收藏商品、用户在某一时段的位置信息等，都表示了用户可能存在的需求。多场景指的是用户通过移动端、物联网信息端，在满足消费、出行、娱乐等多场景下可以接入平台。精细化运营指的是以智能数字化的方式，建立对用户的立体认知，并在此基础上进行全域触达和基于数据的精细化运营。精细化运营可以帮助企业建立和培养可识别、可运营的用户资源池，建立深度连接，形成忠实用户群，实现大众消费者关系的彻底重构。

（二）中台是支持前端生态系统智慧化运转的支撑体系

当前端触点规模不断增加，或者构成规模庞大的生态系统时，必然需要横向的指挥调度系统，以增加分处在不同市场的业务之间、不同业务的工作人员之间的协同。中台就是要起到这样的横向协调作用。中台是对前端的支撑体系，是为前端而生的平台。

目前的中台主要分为数据中台和业务中台。数据中台以智能运营为特征，结合内外部数据，实现业务的数字化和在线，通过数据形成全面的智能化运营。当利用数据标签对大众用户的交易及服务需求逐渐明朗时，细颗粒度微粒化的数据流在智能分析的基础上可以大幅优化企业运营和业务流程，这时就需要中台对前端形成支撑作用。业务中台通过分布式微服务改造、敏捷开发等，提升系统运行效率和敏捷交付能力。打通业务中台和数据中台，实现数据共享和互动。前端业务系统的数据可以实时进入数据中台，数据中台业务决策的结果则及时反馈、对接到业务系统，并让业务系统自动或者是半自动执行决策。企业也可以根据响应客户的需要，建立技术中台、研发中台、客户中台、商业中台、创客中台等。中台的目的就是更好的服务前端的规模化创新，进而更好地响应服务引领用户，使企业真正做到自身能力与用户需求的持续对接。

（三）后台是企业核心资源与管理系统的聚集

后台一般管理企业的核心资源（数据+计算），例如财务系统、产品系统、客户管理系统、风险管控系统、战略指挥系统、生产建设系统、仓储物流系统等。基础设施和计算平台作为企业的核心计算资源，也属于后台的一部分。

后台系统例如CRM、ERP、财务系统等，大多都处于SOR的Pace-Layered。这些系统在建设之初往往是以规范处理企业底层资源和企业的核心可追溯单据（例如财务单据、订单单据）为主要目的。它们的变更周期往往比较长，而且由于法律、审计等其他限制，对于它们的变更需要严谨的申报审批流程和更高级别的测试部署要求，这就导致了它们往往变化频率低，变化成本高、变化风险高、变化周期长。企业后台往往并不能很好地支撑前端快速创新响应用户的需求，无法满足由用户驱动的快速变化的前端系统要求。中台要解决的才是前端的创新问题，后台更多解决的是企业管理效率问题。很多企业的后台系统在创建之初的目标，并不是主要服务于前端系统创新，而更多地是为了实现后端资源的电子化管理，解决企业管理的效率问题。

三 平台商业模式下企业的人力资源管理变革

数字化时代的人力资源管理要跳出公司的边界，构建起人力资源的社会化共享与协作，形成公司边界内的人力资源与公司外部的人力资源共同为公司组织目标服务的格局。但目前大部分企业，包括大部分已经完成或正在进行数字化转型的企业，其人力资源管理的理念和实践还停留在传统人力资源管理阶段，管理范围主要是企业边界内中台和后台的人力资源，管理定位主要是企业内部的职能部门，管理目标主要是支持企业内部人力资源战略。人力资源管理部门较少参与平台前端和生态中人力资源的管理，换句话说，较少参与到企业数字化转型过程中，成为这一转型的推动力量。仅有部分通过外包组织平台前端人力资源的企业，其人力资源管理部门会参与外包人员薪酬的制定。前端和生态系统中人力资源的管理主要由企业运营部门承担。

采用平台商业模式的企业，其平台前端和生态的参与者、从业者也应该成为企业人力资源管理战略的重要目标。企业可以利用线上应用数据技术提升效率，通过网络协同扩大服务规模，但最终企业的各项服务、产品仍然需要线下的参与者完成，需要前端和生态的参与者与客户互动。各方参与者完成产品、服务的质量、响应速度等，直接代表了平台的服务质量和能力。例如，共享单车需要有线下的运营人员及时摆放到合适的位置，滴滴平台的司机需要按照平台的规则完成接送乘客的任务，饿了么平台的骑手在送餐时说一声"祝您用餐愉快"，这些服务能力都不是简单由平台规则和顾客打分就可以积累的，而是需要企业将其纳入人力资源管理战略，在发展过程中逐渐培养形成。可以说，平台前端和生态的参与者、从业者是平台商业模式成立的基石，平台一旦丧失了对这部分从业者的吸引力，在双边市场效应下将面临无法运行的风险。

在平台商业模式发展过程中，所有商业模式与技术层面的优势，最终需要平台的从业者来执行和落实。因此，对于平台从业者的人力资源管理需要被各家平台企业所重视，应当纳入人力资源管理战略中。平台企业内部的人力资源管理应该向平台从业者延伸。

（一）将平台前端人力资源规划纳入平台企业人力资源管理范围

对于前端以及生态系统中人力资源的供给也是人力资源规划的重要方面。在传统人力资源规划中，人力资源供给可以依赖对相关劳动力市场供给情况的经验判断。但是在平台商业模式中，前端及生态系统从业者的相关劳动力市场模糊，难以界定人力资源供给情况。人力资源管理部门可以依据从业者画像，通过各类调研机构，了解最主要参与群体的供给情况。

我国劳动力总量逐年递减，劳动力队伍老龄化加剧，新就业形态提供的就业机会越来越丰富等，都有可能加剧个别行业劳动力的短缺。因此，平台企业应重视前端及生态系统中人力资源供给情况，前瞻性做出预判。结合需求与供给，将前端和生态系统中的从业者纳入企业人力资源规划中，为企业业务战略和设计成功实施提供保证。

除了数量方面的规划，企业还需要考虑到从业者技能水平的供给和需求。企业需要了解，如何理解新一代年轻劳动者的偏好；如何成功地管理新一代年轻劳动者；在前端众多不同的分工中，哪些岗位从业者会成功；哪些从业者能为企业带来最大回报；哪些从业者以及他们的哪些技能、资历对实现业务目标很重要；现在的服务者队伍年龄老化，未来几年将逐渐退出劳动力市场，新的人力资源从哪里补充；这些都是平台人力资源规划要考虑的问题。

人力资源规划分析可以帮助企业在从业者吸引方面减少成本，通过在适宜的地点、时间，以恰当的成本来优化从业者队伍，可以降低从业者分流的收入水平。人力资源规划也可以帮助企业提前做出计划以提高商业运营和业务决策能力。这样的分析对于平台企业未来业务开展、业务成本与收益变动、判断平台商业模式是否成立等都有重要意义。

（二）建立以素质模型为基础的人力资源管理体系

平台从业者的素质能力是构建平台人力资源管理体系的基础和核心。平台人力资源管理各项措施应该围绕提升平台从业者素质展开。平台商业模式通过中台系统为前端从业者赋能，那么对于前端从业者而言，最重要的能力是能够结合平台赋能，在平台生态系统中找到合适的生存办法。平台企业应建立前端或生态从业者的素质模型，并以此为基础构建该群体人力资源管理体系。对于平台前端和生态从业者的人力资源管理，应该围绕着如何提高劳动者的素质能力展开。

目前，大部分平台商业模式企业利用线上培训对平台前端从业者或劳动者提供符合本岗位要求的培训。如滴滴、美团会开展对从业者遵守交通规则的培训。但这些培训存在短期化色彩，更多是基于平台规则或监管要求的培训，缺乏平台企业对从业者胜任力的长久关注。平台企业应根据平台所处行业以及前端从业者的工作内容，建立起自身平台前端从业者的素质模型，研究优秀从业者成功的重要维度以及方法。

平台从业者的通用素质，第一，应关注从业者的数字化成熟度，即平台从业者了解数字化技术能对其业务产生影响的能力。平台从业者应能够感知到哪些业务可以通过平台更好地完成，哪些业务能够与平台更好地融合。根据从业者工作任务的自由裁量权、技能要求等，数字化成熟度可从最简单的理解平台操作系统到利用平台赋能自主开展业务。第二，超协作能力，指从业者坚持不懈地打破人与人之间的壁垒，利用社会资源和平台资源解决客户问题。第三，适应力。平台商业模式的运行策略是"小步快跑，快速迭代"，意味着从业者所面对的运营规则也在不断变化。从业者需要能够适应不断的变化，适应平台生态环境。他们需要经常学习，在高速发展中成长。第四，执行力。平台从业者能够将中台的支持、前端的指令变成产品和服务。平台从业者有一定的自主裁量权，他们需要制订好工作计划并能够按照平台要求及时完成交易。除了通用素质外，各个平台企业也需要根据平台交易特点、劳动者特点制定符合平台自身要求的从业者素质模型。

（三）利用数据分析重构绩效管理

平台商业模式下，交易双方彼此形成网络效应和强相关关系，使对前端从业者的绩效反馈更加直接、敏捷、清晰、明确。在传统组织模式下，难以衡量的绩效行为，在平台商业模式下，通过多维度的交易数据就可以得到衡量。例如，在贝壳找房平台中，经纪人的行为可以通过70余个变量进行刻画。同时，平台还设定了贝壳分评价制度，由消费者评价经纪人的服务。

通过数据分析，可以发现更本质的绩效考核指标。例如，在数据中台赋能业务数据多维度呈现的基础上，飞鹤奶粉对于业务人员的考核KPI，由销售额变为留存率和转化率，因为后者才是实现用户全生命周期运营的关键。传统销售模式中，有些导购在线下活动中有很好的销售能力，消费者的购买率很高，参与活动的100人中有60%成为客户，但是这些客户在打折现场买完就完了，下次再也不买了，完全是冲着打折来的；而另一个导购能让30个用户成为忠实用户。因此，从分析数据可以发现，转化率和留存率才是销售场景下最重要的绩效指标。

平台商业模式下，对平台从业者绩效目标的设定要实现各部门协同，兼顾前端和生态中各类利益相关者的利益。例如，在新零售平台打通各门店库存时，各家门店都心存顾虑，担心库存分享会影响自己门店的业绩。只有通过适当的符合各家门店期望的激励政策和考核标准，门店才不必担心自身业绩受到影响。

（四）构建平台从业者培训体系

企业的培训与组织开发体系应该向平台前端和平台生态延伸。企业的培训体系主要解决两个问题。第一，平台从业者业务规范问题。在这一方面，培训体系所解决的问题是如何发现培训需求，如何设计培训内容和组织培训资源，如何吸引平台从业者完成培训并应用于实际业务中。通过业务培训，提升从业者的服务质量，使其能够按照平台的流程和规范要求完成服务。第二，平台从业者价值观培训。在规范业务的过程中，也应努力将平台的价值理念、使命、愿景等传递给从业者，赢得从业者的认同，使平台前端和生态中的所有参与者能够在平台价值理念、使命愿景的指引下，发挥主观能动性，为平台的发展贡献力量。这样的培训也要求企业能够首先培育出企业文化，并将企业文化向平台延伸。

业务内容的培训是协调平台众多前端的重要手段，特别是对于线下实体的前端而言，从业者培训可以保障前端服务质量的统一。例如，盒马鲜生是我国最有代表性的线上线下结合的新零售业态。盒马鲜生的门店相当于其平台的前端。随着门店越来越多，如何协调总部、分公司、门店之间的关系，既保证销售的统一性、管理统一性，又给分公司充分授权是非常有挑战性的。盒马鲜生不仅通过线上培训，而且对门店的员工进行线下集中培训，提升他们对新零售的认识。目前，盒马鲜生作为新零售的标杆，已经培养和输出了第一批新零售人才。

（五）企业文化向平台延伸，形成平台文化

企业文化是企业创设过程中逐渐形成的影响全员的集体价值体系。在传统企业时代，企业文化主要影响企业内部员工，也有可能扩展到企业供应链上下游。在数字时代，建立平台商业模式的企业应该努力将企业文化向平台文化延伸。企业文化发展成为平台文化，有利于协调平台利益相关者，降低协调成本，减少组织冲突，减少平台交易风险，提升用户对平台的信任度与口碑效应。

平台文化应该围绕"以客户为中心、信任、利他与共赢"的价值理念，以及企业特定的价值追求构建。以客户为中心，表明平台商业系统以客户为中心开发产品，围绕客户需求进行创新。平台的从业者也将客户利益置于最重要的位置。平台商业模式成功的重要动因之一是交易双方的信任。平台通过交易规则的设定重塑信任关系和交互方式，提升了信任水平。平台从业者的任何破坏信任的行为对平台都将产生巨大的负面作用，是无法容忍的。互联网存在的基因是利他。在平台商业模式中，也应该提倡利他的价值观念，

建立自下而上的这样一种催生包容的决策机制。平台应提倡共赢，为所有利益相关者提供均等的发展机会。

结　论

未来随着数字技术进一步发展，将有越来越多面对消费端的产品和服务。企业向平台商业模式转变，通过数字化转型，实现自身的平台化改造。

这一过程中，企业从集权的科层组织结构转向前端与生态、中台、后台相互协调的平台组织形态。组织形态的变革将创造更多可能性，提升生产和服务效率，实现更加敏捷的客户反馈，连接更大规模的用户。企业的人力资源管理也将由以企业为边界的劳动关系管理向无边界的生态化关系管理转变。

需要注意的是，大部分的企业将数字化转型的重点放在产品创新、品牌建设、渠道管理以及消费者的资产管理方面，但忽视了前端和生态中从业者的人力资源管理问题。企业人力资源管理部门仍然只作为后台的职能部门服务于企业内部人力资源管理。前端和生态从业者的人力资源管理问题未得到应有的重视，缺乏人力资源规划、素质模型构建，绩效管理简单化，培训开发体系短期化，也未形成企业文化向平台文化的转变。

要建立一个长期稳定发展的平台，特别是依靠前端和生态中从业者提供服务和产品的平台，就需要把这些从业者牢牢地吸引到平台上。在没有传统雇佣合同的约束下，试图将平台与从业者利益深度绑定，使从业者能够按照平台战略意图、遵从平台交易规则是更大的挑战。这需要平台深入理解从业者偏好，根据平台从业者需求做出人力资源管理措施的调整，对平台从业者给予更多激励，不断提升平台从业者就业质量。平台商业模式应该将平台从业者的人力资源管理问题纳入到企业自身人力资源管理战略中来。借助数字技术，平台企业应该从人力资源规划、素质模型开发、绩效管理体系、培训体系、平台文化建设等方向开展平台从业者的人力资源管理活动。

参考文献

冯喜良、张建国、詹婧、谢丽霞：《灵活用工——人才为我所有到为我所用》，中国人民大学出版社，2018。

〔美〕吉恩·保罗·艾森、杰西·S. 哈里奥特：《人力资源管理大数据：改变你吸引、猎取、培养和留住人才的方式》，机械工业出版社，2017。

忻榕、陈威如、侯正宇：《平台化管理》，机械工业出版社，2019。

Armstrong M. "Competition in Two-Sided Markets". *Rand Journal of Economics* 2006, 37 (3): 668 – 691.

Lazear, Edward P. "Performance Pay and Productivity". *The American Economic Review* 2000, vol. 90, no. 5: 1346 – 1361.

Mäekinen S. J., Kanniainen J., Peltola I. "Investigating Adoption of Free Beta Applications in a Platform-Based Business Ecosystem". *Journal of Product Innovation Management* 2014, 31 (3): 451 – 465.

Mary Mesaglio and MatthewHotle. Pace-Layered Application Strategy and IT Organizational Design: How to Structure the Application Team for Success. 2016. Gartner.

Nicole Fallon. "The Growth of the Gig Economy: A Look at American Freelancers", *Business News Daily*. 2017.

Rysman M. "The Economics of Two-Sided Markets". *Journal of Economic Perspectives* 2009, 23 (3): 125 – 43.

Schwab K. The Fourth Industrial Revolution. World Economic Forum. 2016.

ℝ.26

以人为本，幸福管理

——海亮集团建设幸福型企业的探索与实践

吴道友　张晓慧　何秋燕*

摘　要： 企业人力资源开发归根到底要做好人本身的工作。企业要想
获得长远的发展，首先需要得员工的认可，而建设幸福企业
则对于提升员工幸福感、调动员工积极性、保持企业可持续
发展具有重要意义。本报告详细介绍了海亮集团建设幸福企
业的指导思想与具体举措，并对海亮集团在建设新时代幸福
企业方面的实践经验进行了总结归纳，为其他企业开展幸福
企业建设提供了思路。

关键词： 以人为本　诚信共赢　社会责任

近年来，越来越多的企业响应国家号召，积极开展幸福企业建设，进行
了许多有益的探索和实践，提升了企业的全球竞争力，激发了企业的发展信
心，积累了宝贵经验，并取得了一系列成效，为经济社会发展做出了积极贡
献，也为企业努力成为新时代全面展示中国特色社会主义制度优越性的重要
窗口提供了生动素材。

作为幸福企业建设的先行者之一，海亮集团有限公司（简称海亮集团
或海亮）已经在幸福企业建设之路上做了颇多探索，并取得了系列成果，

---

* 吴道友，博士，浙江财经大学工商管理学院教授；张晓慧，浙江财经大学企业管理硕士；何
秋燕，浙江财经大学企业管理硕士。

先后荣获了全国模范劳动关系和谐企业、全国模范职工之家、全国关爱农民工先进集体、中国优秀诚信企业、公众满意单位等荣誉。蕴含在这一系列荣誉背后的是海亮集团建设幸福企业的诚心和决心，是对"正道善行"的海亮基因的坚守与传承。从小我到大我，从事业到善业，砥砺前行30余载，海亮集团始终以"既讲企业效益，更求社会功德"为标尺，深怀感恩之心，不断调整和优化业务板块，在追求企业发展的同时关爱员工、回馈社会，让海亮的发展惠及更多的人，用实际行动描绘幸福企业的新样态。

一 海亮集团简介及其建设幸福企业的指导思想

（一）集团简介

海亮集团创建于1989年8月，集团总部位于杭州市滨江区。海亮集团现有境内外上市公司3家、员工2万余名，总资产超550亿元，营销网络辐射全球。海亮的综合实力在我国民营企业500强中排名第25，在浙江百强企业中位列第五，旗下的海亮教育集团是国内首家在美国上市的基础教育集团，是中国民办基础教育的标杆。

2019年，海亮集团入选浙江省首批"雄鹰行动"培育企业。此次入选，是浙江省政府对海亮集团发展的认可，有利于其在"一企一策"培育政策的支持下，进一步巩固行业龙头地位，致力于成为具有全球竞争力的一流企业。长期以来，海亮不仅追求企业的经济效益，更是勇担社会责任，心系国计民生，关注社会焦点，帮扶社会困难群体，努力为广大群众提供独具特色的"海亮方案"。

（二）建设幸福企业的指导思想

海亮集团建设幸福企业的指导思想在于"三个坚持"：坚持"以人为本"的管理理念、坚持"诚信共赢"的文化理念、坚持"功德为先"的价值理念。其中，坚持"以人为本"强调"人"的重要性，事事以人为中心，视员工为企业的最重要资本，保障员工的权益；坚持"诚信共赢"，是追求与员工、供应商、客户、公众和谐共生，分享理念、共创价值，以此作为构筑信任和合作的基础，充分发挥制度的约束力、文化的熏陶力和监督的震慑力，营造风清气正的工作环境，助推企业持续健康发展；坚持"功德为先"，是将更多目光放在倡导企业公民理念、担当企业使命、履行社会责任之上，致力于发挥核心产业的领先优势，引领共同探索企业公民精准履责路径和未来发展趋势，推动经济社会健康、绿色、持续地蓬勃发展。

1. 坚持"以人为本"

海亮视员工为最重要的"上帝"。"员工开心了，企业才做得好事情。其实，对员工好是企业自身的需求，而不是员工的需求。"海亮集团原党委书记冯亚丽很早就提出，对员工好是应该的。企业之强在于强人，海亮持续发展的内部动力，是建立在"以人为本"的幸福文化基石之上的，多年来海亮关注每一位员工的发展，希望通过切实的关怀行动获得员工尊重和员工支持。2019年海亮持续深化"以人为本"的理念，在高端人才的引进上不吝大手笔投入，在精英人才的培养上打造了完善的制度和科学体系，在人才职业前景上提供了广阔平台和通达前景，与员工构筑起具有幸福感、归属感、自豪感的命运共同体。

2. 坚持"诚信共赢"

以真诚之心，行信义之事，谓之诚信。诚信是立身之本，每一位海亮员工都把诚信视为最重要的价值观。人之诚信，需要自律。企业之诚信，更需自律。海亮自创立至今，始终把诚信作为经营与发展的基本准则和根本保证。坚守诚信是海亮幸福文化的核心特点，廉洁正气、阳光坦诚是海亮人的工作作风。诚信贯穿于海亮的所有产业板块与日常生产经营，也体现在所有海亮人的言行举止之中。

3. 坚持"功德为先"

海亮集团始终认为：企业是社会的公器，对世界负有责任。不谋全局者，不足于谋一域；不谋未来者，不足于立当下；不体恤他人者，不足于被帮助。因此，海亮一直把对社会贡献的最大化作为企业的追求，秉持"事业即善业，善业即事业”的发展理念，坚守“诚信、公平、透明、博爱”的原则，以浙江海亮慈善基金会为主要平台，串联起海亮在教育、农业、健康等领域的优势资源，情怀桑梓，献己之力，把承担社会责任融入海亮日常的生产经营当中。

二　幸福管理的相关理论

（一）幸福和幸福管理的内涵

对于幸福的理解，众说纷纭。苏格拉底认为幸福是由智慧和知识决定的。柏拉图认为幸福只不过是“善”的理念。伊壁鸠鲁则认为幸福是一种快乐的体验，幸福生活是我们最高的善，幸福生活构成生命意义的终极基础和目标。王书玲等认为幸福就是充分发挥和利用每个人的智慧和优势获得自身的发展，并不断地追求生存优越和快乐以满足自己不断提升的物质和精神需求，并认识到自己需求得到满足以及理想得到实现时的一种主观反映和心理体会。[①]

幸福管理则是充分发挥和利用每个人的智慧和优势来协调组织的资源，以增进组织利益相关者幸福最大化的机制运行过程。[②] 因此，企业进行幸福管理既要追求管理中赢得利润的目标，又要注重人的本能、需求、自尊和幸福感。其实质是改变人的生活，使人在工作中获得快乐和幸福。

（二）企业进行幸福管理的意义

胡宇辰等在《基于心本管理的企业员工幸福感提升分析》一文中指出

[①]　王书玲、郑国娟、张亚丽：《企业幸福管理作用机理研究》，《经济体制改革》2013 年第 5 期。

[②]　蒲德祥：《管理思想发展的新阶段——从科学管理到幸福管理》，《华东经济管理》2009 年第 9 期。

企业进行幸福管理，提升员工幸福感主要有以下几方面的意义。[①]

第一，员工的幸福就是现实的生产力。尽管幸福指数不是衡量企业成功与否的唯一标准，但快乐的企业比不快乐的企业更具竞争力，这是毋庸置疑的。管理大师梅奥也曾在《工业文明的人性问题》一书中说到自己对幸福企业的理解，他认为企业不能单纯地把员工看作理性与逻辑化的经济人，在企业的发展过程中，同样不可忽视员工的心理健康，尤其是要关注员工是否快乐。

第二，员工的幸福可以实现企业与员工的双赢。盈利与企业价值最大化是企业追求的主要目标，虽然员工个人与企业之间目标存在差异，但员工追求的也不仅仅是金钱，因此除了关注物质条件以外，关注员工自我价值实现等精神方面的需要可以提升员工的幸福感，从而可使员工个人与企业的目标趋于一致。

第三，为构建和谐社会打下坚实基础。企业是社会的重要组织，在构建社会主义和谐社会的大背景下，幸福工作、幸福员工、幸福企业尤其重要。企业都是由人员组成的，并且是相互联系的一种社会组织，调动员工对工作的激情，使其以更加饱满的状态投入工作，进而获得幸福感。而拥有幸福感的员工更乐于学习先进的技能，不断完善自我，乐观地面对和处理工作过程中的各种困难与问题，在"工作并快乐着"理念的指引下，创造并享受幸福，不断追求个人与组织理想的实现，把"幸福中国"的建设不断向前推进。

三　建设幸福企业的关键举措

在"以人为本""诚信共赢""功德为先"的幸福企业建设理念的指导下，海亮集团坚持幸福管理，主要从以下四个方面着手不断提升员工幸福感，进而将员工幸福感转化为现实生产力，进一步推进幸福企业建设，促进企业的长远发展。

[①] 胡宇辰、詹宏陆：《基于心本管理的企业员工幸福感提升分析》，《江西社会科学》2014年第6期。

（一）关爱员工，为员工解决生活难题

1. 建设海亮专属员工宿舍，保障员工生活舒心

为了使员工可以全身心投入工作，海亮先后投资1亿多元建设海亮花园小区作为员工的宿舍。园区内有一千多套员工公寓，住房面积五万多平方米。公司免费为员工公寓配置了电视、空调、宽带、热水器等生活设施。海亮集团为了让员工在社区能够更方便地开展学习、购物、健身等活动，在社区内建立了一所专门供员工使用的会馆，这所会馆面积可达两千多平方米，会馆一楼设有超市和餐厅，二楼则是供员工学习的职工图书馆，里面有藏书一万余册；除此之外，二楼还有可供员工健身的设施；不仅如此，社区内还有室外游泳池和塑胶篮球场等文体设施。

同时，海亮在保证员工的健康安全方面也做了很多工作。海亮为员工兴建了员工疗养院，建立了全员健康档案，定期开展安全培训和应急演练，并为员工提供高品质的健康体检，所有在职和退休员工每年至少可在疗养院享受一次免费的全面疗养体检服务。

2. 开展丰富的文娱活动，引导员工健康生活

海亮集团不断丰富文娱活动，就是为了能够引导员工健康生活，满足广大员工的精神文化需求，充实员工的业余文化生活。海亮会定期组织策划各类群团活动、开展各类拓展训练，并定期组织先进党员、优秀员工外出旅游等。同时，在原有工会的基础上，海亮又设立了关工委办公室，以更加直接地为员工服务，尽最大努力与员工共享企业发展成果。

3. 成立员工互助基金会，与员工共渡难关

为了统一开展员工帮扶工作，切实帮助员工解决困难，海亮成立了员工互助基金会，员工自愿认捐，企业兜底注资，每年集中开展3次以上困难员工救助和慰问活动，员工自愿认捐参与度高达99.9%。截至2019年，海亮员工互助基金会支出困难救助总额为600余万元，累计救助了500余名困难员工（家庭）。一方有难，全体支援，员工彼此守望相助，不仅解了困难员工的燃眉之急，而且提升了员工的凝聚力。

（二）多措并举，不断完善人才培养体系

1. 强调公平，倡导公正的选拔机制

海亮唯才不唯亲，举贤不避亲，遵循"能者上，庸者下，平者让"的用人理念，努力打造公平的竞争机制、搭建完善的人才培养体系。海亮在员工招募中杜绝对种族、肤色、性别或年龄等的歧视行为，杜绝雇用童工及各种形式的强制劳动，为人才提供公平公正的晋升机会，以活力、多元、可持续的员工队伍，为企业持续领跑提供有力支撑。不仅如此，海亮还坚持"贡献决定收入，差距反映优劣，平均就是不公"的理念，推动激励形式的多元化和创新等，吸引、凝聚、激励了一大批优秀人才共建海亮事业、共谋海亮发展。

2. 重视员工成长，打造学习型组织

为打造引领和支撑企业发展的人才工作平台，海亮在实践中创造了以精英人才工程为特色的培养机制，形成了以明德院为核心，以海亮大学及其二级学院海亮管理学院、海亮教育学院、明康汇商学院、蓝领生态培训中心等各产业培训中心为基础的人才培养体系。2019 年各产业培训中心持续推进各项人才培养工程并取得新进展。

2020 年 4 月 18 日，海亮明德院正式成立。明德院的使命是为海亮打造具备行业一流领导力的团队奠定坚实基础。"明德"二字源于儒家经典《大学》，其意是通过高尚品行的修炼成就为国有用之才；"德"是中华文明之根，也是海亮文化之基。明德院实行企业家导师计划，由海亮集团原党委书记冯亚丽，海亮集团董事长、党委书记曹建国，海亮教育总校长、教育管理集团董事长叶翠微，海亮教育董事会主席兼 CEO 汪鸣，海亮股份董事长兼总经理朱张泉，海亮教育投资集团董事长辛颖担任首批内部导师，助力明德院学员快速成长。

3. 尊重员工劳动成果，建设科学的考核体系

在绩效考核方面，海亮构建科学而公正的绩效管理体系，根据不同的业务板块制订相对应的考核方案，并不断优化考核维度，进一步建立企业战略

与各产业板块绩效的紧密联系，保障企业战略落地。个人绩效考核维度多元化，不仅关注工作目标的完成度，也注重过程的管理和员工能力的提升，构建了公正而完善的绩效管理体系。在制度设计上，不断加大不同绩效者收入差异，形成具有良好激励效益的收入分配制度体系。在保证组织战略目标实现，促进组织和个人绩效提升的同时，让员工在奋斗中享有公正公平的回报。

（三）多元文化，提升员工认同感和凝聚力

1. 诚信立企，奠定诚信核心价值基石

经营以至诚为根，合作以守信为本，这是海亮深入骨髓的基因。早在 1989 年冯海良创办诸暨县铜材厂的时候，就提出"诚信立企"的理念，让"诚信共赢"成为自上而下共同遵守的精神指引。海亮集团创始人冯海良曾说，海亮把员工、客户、合作伙伴看作集团的"三个上帝"：对待员工，海亮视其为最宝贵的财富，让员工与企业共事业、共命运、共发展；对待客户，海亮集团坚持提供超越标准的产品和服务，赢得客户尊重与欣赏；对待合作伙伴，海亮集团倡导在商业互信的基础上共同做大、共谋发展。[①]

"诚信者，天下之结也"，海亮以诚信为基联结商业生态，从而"以诚达信、以信生利、以利养义"，赢得各方认可与尊重。2019 年 12 月，海亮集团成为中国企业反舞弊联盟会员单位，这是海亮在完善企业诚信经营体系、加强企业内部风险管控。后续海亮将与中国企业反舞弊联盟深度合作，并进行信息资源的共享，并以此督导广大员工严格遵守国家法律法规和企业规章，秉持"诚信有德"的行为准则，共同打造风清气正的良好环境。

2. 敢为人先，率先推出失信赔偿制度

创业之初，海亮仅仅是一家出身草根的乡镇企业，资源、技术、人员、管理等各方面都先天不足，海亮集团创始人和决策管理层将诚信作为开拓市场的重要竞争力，以"信用立企"为方针，坚持做到"三个确保"：确保按时保质保量将产品和服务送达客户，确保按时归还银行到期贷款，确保按时

---

① 潘利民：《海亮集团企业诚信文化构建研究》，《全国流通经济》2020 年第 11 期。

支付各种应付款。[①]

2002 年，"诚信危机""三角债"笼罩整个中国市场，实体经济受挫严重，在此背景下，海亮集团以"敢为天下先"的胆识和气魄，在全省民营企业中率先推出"失信赔偿"制度，在全球各地的海亮公司、厂区门口，都设立诚信承诺牌："尊敬的客户，凡与我公司签订的各项合同和口头约定，我们将按规定时间支付应付款项（遇节假日顺延），如有违反，我们将按银行一年期存款利率的十倍利息赔偿。"为保障"失信赔偿"落实到位，海亮集团还建立了一套严格的内部制度，层层压实责任，确保"失信赔偿"制度的有效性。[②]

3. 尊重员工，加强民主管理制度建设

海亮注重发挥员工民主管理、民主参与、民主监督的作用，建立了工会组织，以及以职工代表大会为基本形式的企业民主管理制度和公司事务公开制度，企业民主管理水平进一步提升。同时，为帮助管理层更完整、更清晰地倾听员工的真实声音，海亮鼓励所有特别是一线员工自愿就公司和业务发展方面提出自己的真实想法和建议，并为员工打通了上下通畅的沟通渠道，在员工与管理层之间架起透明、畅顺、高效的沟通桥梁，让员工真正感觉到自己是海亮的重要组成部分，提升员工的归属感。

4. 温暖员工，积极打造幸福"家文化"

许许多多的海亮人，30 余年来与海亮同舟共济、风雨同行，成就了海亮，也成就了自己。员工秦国宣感触很深："海亮把员工看成自己的家人，对于员工的成长，是很严肃的，是有一份企业的担当的，是负责任的，不会轻易去放弃一个员工。我们已经自觉或不自觉带着一种主人翁的精神，不管遇到什么挫折、困难，都用一种积极主动的心态去克服，不会觉得疲惫，不会觉得迷茫。"在员工的信任背后，都是海亮几十年如一日的付出与坚守，于点滴之处关爱员工、温暖员工，把企业建设成了一个大家庭。

---

① 屠雯、余建峰：《高端品牌引领海亮高速发展》，《中国有色金属》2007 年第 1 期。
② 潘利民：《海亮集团企业诚信文化构建研究》，《全国流通经济》2020 年第 11 期。

（四）胸怀天下，做负责任的企业公民

1. 共享发展成果，回馈员工和社会

为让孤寡老人老有所养，海亮集团出资 2500 余万元建造了"五星级"的海亮幸福院，老人免费入住，所有费用由海亮承担。每逢新春佳节海亮都会向困难群众送上温暖和祝福，并为他们送去总价值近百万元的慰问金和明康汇年货礼包等慰问品。海亮的新春慰问活动已经持续了 24 年，不仅给困难家庭带去了物质上的帮助，帮助他们共渡生活难关，同时也带去了爱与温暖。

此外，近十年间，海亮累计纳税 172 亿元，不仅是企业总部所在地浙江省的纳税大户，在各投资区域的纳税排行榜上也名列前茅。今天的海亮，全球员工总数累计达 2 万余人，成为解决当地社会就业的重要支柱力量之一。

2. 坚持绿色发展，保护生态环境

坚持绿色、低碳、环保，保护地球生态环境、建设美好生活家园已经成为全人类的共识，也成为企业可持续发展的重要路径。30 年来，海亮大力支持并积极践行"绿色经济、低碳经济、循环经济"的发展理念，以产业升级、设备改造、技术革新为实现手段，树立起引领行业迈向绿色制造的标杆，让低碳环保成为每个员工日常工作的目标和习惯，矢志不渝地推动社会、环境、经济和谐共存与良性发展。

3. 优化业务板块，以事业为善业

海亮教育的初衷，只是想给公司所在地的孩子们盖一所学校，让他们有书可读，却不想如今已成长为国内民办教育的领头雁，在美国纳斯达克上市；海亮生态农业最开始是为了解决旗下教育集团数万名师生的食品安全问题，如今，明康汇已经发展成集农产品科研、种植、养殖、加工、物流、仓储、销售于一体的全产业链运营的集团公司，在全国布局九大产区，产品走上了千家万户的餐桌……

从事业到善业，从内部需求延展至亿万个家庭的教育和舌尖上的安全，海亮集团始终以"既讲企业效益，更求社会功德"为标尺，在核心产业板

块不断优化和调整，使之更契合国计民生需求、符合政策引导，推动社会发展和进步，促进集团产业结构由"资源密集型"向"民生服务型"转变，使企业与社会相依相承，正向成长。

4. 投身慈善公益，彰显企业担当

一直以来，海亮集团秉持"功德为先"的价值理念，把社会责任视为企业可持续发展的基础和必须履行的义务，持续深耕慈善公益事业，已向社会累计捐赠高达16.2亿元。

2020年疫情防控形势严峻，1月31日，海亮集团为抗击疫情共捐赠2000万元。同时，海亮集团和海亮慈善基金会向全体海亮人发出倡议书，为抗击新冠肺炎疫情工作募捐，集中所有力量与社会大众共克时艰。此外，海亮在扶贫帮困、大病救助、赡养孤寡等帮扶慈善方面的脚步也从未停歇，做到了经济效益与社会效益、自身发展和社会发展相协调，彰显了海亮集团的担当。

四　实践经验与启示

幸福管理研究表明，定义幸福企业的指标主要有两个：一是为员工创造幸福，二是为社会创造幸福。与员工共享幸福，与社会共同进退可以说是海亮集团建设幸福企业的真实写照。海亮集团凭借对员工无微不至的关怀赢得了员工的倾心，凭借对社会的积极奉献赢得了社会的称誉，也为其他企业建设幸福企业提供了借鉴和参考。

（一）建设幸福企业需要树立"以人为本"的经营理念

幸福强调的是人的心理体验和内在主观感受，没有外部环境的积极性刺激和影响，幸福感不会由内而发。因此，要想打造幸福企业，企业需要坚持"以人为本"的原则，要以积极的活动给员工带来积极的心理体验。一直以来，海亮坚持"人才书写海亮历史，人才定义海亮未来"的用人理念，秉持"人才充足、素质匹配""招得进、留得住、用得好、发展优"等原则，以企业的良性可持续发展与"人"的美好发展紧密相依、相互成就，与员工共享企业建设成果，强化了员工对工作的认同感和幸福感。

（二）建设幸福企业需要把诚信作为企业的核心价值观

"诚信者，天下之结也。"诚信是立身之本，也是企业稳固发展的根基，是员工幸福的重要来源。在市场竞争日趋激烈的社会环境下，企业只有稳扎根基、浇铸品牌，才能在行业竞争中脱颖而出。海亮集团在民营企业中首推守信制度，将守信制度化，足以看出海亮把诚信放在了企业发展的首要位置。对客户诚信、对员工诚信、对股东诚信、对历史和未来诚信，这构成了海亮品牌独特的竞争力，也为海亮"走出国门"、成为全球性企业奠定了根基。

（三）建设幸福企业需要积极承担社会责任

通过积极地承担社会责任，企业不仅可以更好地体现出自己的价值取向和经营观念，树立有作为、有担当的企业形象，而且可以赢得良好的声誉和社会的认同，从而为企业发展营造更好的社会氛围。海亮集团长期的善行善举践行着企业"功德为先"的价值理念，向整个社会传递着仁爱之心。海亮集团为了让更多的人参与善行善举，成立海亮慈善基金会，不仅可为员工解燃眉之急，还可在社会需要之时解囊相助，与社会共克时艰，从而让善行有一个完善的载体，走出了一条自觉的、有计划的慈善之路。

结　语

"幸福"是这个时代无法避免的主题，个体渴望追求幸福，企业同样希望被贴上"幸福"的标签。企业是社会的细胞，是推动社会进步、构建幸福中国的重要主体。企业发展过程中不能忽视员工的幸福感，员工强则企业强，企业强则国家强。这是幸福企业能够获得长久生命力的源泉。

海亮集团从关爱员工小家、发展企业大家再到回馈社会国家，以实际行动刻画出了一个幸福型企业的形态。所谓"正道善行"，"正"是海亮深入骨髓的诚信文化，是直面问题、勇于突破、不断创新的担当与勇气，是坚守主业、矢志实体经济的家国情怀，是 2 万多名海亮人奋发向上的源泉；"善"是善于在恰当的时候改变自己，从铜业横跨教育，再横跨到健康，始终以人民对美好生活的向往为方向；"善"也是海亮讲求社会功德的担当，是不忘乡邻旧老、不忘孤儿年少、不忘困境英才、不忘特需儿童的"兼济天下"的情怀。

海亮集团的实践说明了幸福型企业既不是口号，也不是概念，更不是噱头，而是接地气的目标和脚踏实地的耕耘。只有多层面、全方位地持续提升员工的幸福感，增强团队的凝聚力和归属感，坚持"以人为本"，激发员工的潜能、培育员工爱岗敬业的职业素养，才是打造幸福企业的基础，才能实现幸福企业的价值。

参考文献

同高：《用"幸福文化"打造百年企业——中企联授予海亮集团"全国企业文化示范基地"称号》，《中外企业文化》2012 年第 1 期。

张晓瑜：《内部审计护航海亮集团快速成长——访十八大代表、全国十大优秀民营女企业家、海亮集团董事长冯亚丽》，《中国内部审计》2014 年第 5 期。

陈春晓、张剑、张莹、田慧荣：《员工工作动机和工作投入与心理幸福感的关系》，《中国心理卫生杂志》2020 年第 1 期。

曲庆、富萍萍：《苏州固锝：幸福企业建设的中国范本》，《清华管理评论》2019 年第 6 期。

胡宇辰、詹宏陆：《基于心本管理的企业员工幸福感提升分析》，《江西社会科学》2014 年第 6 期。

王书玲、郑国娟、张亚丽：《企业幸福管理作用机理研究》，《经济体制改革》2013 年第 5 期。

蒲德祥：《管理思想发展的新阶段——从科学管理到幸福管理》，《华东经济管理》2009 年第 9 期。

屠雯、余建峰：《高端品牌引领海亮高速发展》，《中国有色金属》2007 年第 1 期。

潘利民：《海亮集团企业诚信文化构建研究》，《全国流通经济》2020 年第 11 期。

R.27
多团队系统理论在企业人力资源管理中的运用

薛宪方　吕晓颖　邱泽敏　方欣*

摘　要： 多团队系统是企业应对复杂外部环境、完成动态任务的新型组织方式，在企业管理领域得到了广泛的应用。本文从多团队系统理论出发，论述了多团队系统的概念特征、类别、研究现状；并就多团队系统理论在人力资源管理的领导、协作、绩效管理中的应用进行了探讨，对企业人力资源管理领域的实践具有一定指导意义。

关键词： 多团队系统理论　多团队领导　多团队协作　多团队绩效管理

一　引言

全球经济一体化、信息技术高速发展以及组织发展和人口结构的变化，使现代企业管理面临着更严峻的挑战。知识经济时代下的工作任务日趋复杂，人力资源的重要性日渐凸显，逐渐成为企业获取竞争优势的源泉。

在企业运营过程中，具有灵活性和高效性的工作团队通常被企业视为一种有效的组织形式，并得到了广泛的应用。但是随着外部环境的变化，传统的单团队形式难以继续满足企业的任务需求，团队作为现代企业开展工作的

---

* 薛宪方，浙江理工大学经济管理学院副教授；吕晓颖、邱泽敏、方欣，浙江理工大学经济管理学院硕士研究生。

一种形式也在发生转变。为了更有效地应对外部环境中突发事件并高效地完成工作任务，企业中的团队协作打破了原有单一的内部协作形式，向跨团队协作转变，即多团队系统协同完成复杂动荡环境中的多线型、多层次任务。[①] 多团队系统是由两个或两个以上有不同的特征的团队组建而成的，各子团队通过相互协作以实现长期目标。[②]

为了使人力资源得到更优的配置以满足企业发展需求，在人力资源管理的规划、招聘、任用、培训、发展、考核等各个阶段，也存在众多临时组成的团队，各个团队的价值理念、行为规范、短期目标等可能存在差异，但它们的长期目标是统一的，即提升个体人力资本价值以及创造更高企业价值。这不仅需要团队内部的良性协作，也需要有效的跨团队协作。

基于此，本文对多团队系统理论进行进一步研究探讨，为该理论在人力资源管理领域的实践提供了一定的指导。

二　多团队系统理论

（一）多团队系统的定义与特征

2001 年 Mathieu 提出了多团队系统这一概念，将其界定为：由两个或两个以上的团队构成，各个子团队相互依赖地应对复杂多变的环境以完成共同目标；每个子团队在追求其团队目标的同时，至少存在一个多团队共同目标；在达成共同目标的过程中一个子团队至少与系统中的另外一个子团队在输入、过程和结果方面相关联。由上述定义可以看出，多团队系统是为了应对复杂多变的环境而形成和发展的，已经应用到许多领域，例如，军事演习、产品研发、应急救灾等工作任务，是在新的时代背景下适应复杂动态情

---

① 肖余春、张雅维：《国际范围内多团队系统理论的最新演进与热点分析》，《河南社会科学》2020 年第 5 期。

② Mathieu J. E. , Marks M. A. , Zaccaro S. J. "Multi-team Systems". *International Handbook of Work and Organizational Psychology* 2001, （2）：289 – 313.

景的一种新组织方式。

在实际运用中，不同的多团队系统在任务目标和实际操作等方面有所不同，但多团队系统具有相互依赖性、关系复杂性和目标层级性这三个共同特征。① 相互依赖性是指多团队系统的子团队之间为了完成任务达成共同目标而彼此依赖，包括输入、过程和结果三种不同的依赖形式。关系复杂性是指多团队系统的子团队在构成属性、团队结构、价值理念、行为准则等方面可能存在不同之处，因此，多团队系统与传统团队相比更加复杂。目标层级性是指多团队系统中的子团队在完成多团队系统整体目标的前提下，也有其自身的目标。

（二）多团队系统的类别

根据组织边界的不同，多团队系统可划分为组织内多团队系统和跨组织多团队系统。组织内多团队系统由同一组织的内部团队组建，② 跨组织多团队系统则由来自不同组织的团队组建。③ 相较于组织内多团队系统，跨组织多团队系统的复杂程度更高。

根据设立方式的不同，多团队系统可划分为指派型多团队系统和涌现型多团队系统。指派型多团队系统是为完成特定任务而组建的，④ 一般在目标层次、领导结构和工作流程上有具体正式规定。涌现型多团队系统是事先没有进行计划而临时组建，⑤ 具有自组织性和自管理性的特征。

---

① Zaccaro, S. J. , Marks, M. A. , & Dechurch, L. *Multiteam Systems.* Taylor and Francis, 2012.

② Weaver, S. J. , Che, X. X. , Pronovost, P. J. , Goeschel, C. A. , Kosel, K. C. , & Rosen, M. A. *Improving Patient Safety and Care Quality：A Multiteam System Perspective.* in Pushing the Boundaries：Multiteam Systems in Research and Practice, 2014：35 – 60.

③ Chong, D. S. F. , Eerde, W. , Rutte, C. G. , & Chai, K. H. "Bringing Employees Closer：The Effect of Proximity on Communication When Teams Function under Time Pressure". *Journal of Product Innovation Management* 2012, 29（2），205 – 215.

④ Bienefeld, N. , Grote, G. "Speaking up in ad hoc Multiteam Systems：Individual-Level Effects of Psychological Safety, Status, and Leadership within and Across Teams". *European Journal of Work and Organizational Psychology* 2014, 23（6）：930 – 945.

⑤ Fodoro, C. , Flestea, A. M. "When Fluid Structures Fail：A Social Network Approach to Multi-Team Systems' Effectiveness". *Team Performance Management* 2016, 22（3, 4）：156 – 180.

（三）多团队系统的研究现状

多团队系统研究现已取得一定进展，多团队系统理论作为一种新的组织理论，在组织行为学领域获得了广泛认可及应用。对多团队系统的研究主要集中在以下几个方面：多团队系统的特征、运转机制、认知体系对多团队绩效的影响。[①] 在实际运用方面，多团队系统作为一种新的组织结构在应急救援、航空航天、医疗服务和软件开发等领域都得到了一定的实践与运用。但是，多团队系统理论研究仍有不足之处：①研究方法存在局限性；②现有研究更多聚焦于多团队系统的内部，并未对多团队系统与外界环境的关系进行细致研究；③研究视角有待丰富，现有研究主要集中于团队间协作、学习机制和认知体系等方面。

根据上述分析，多团队系统的研究和应用可以通过以下几方面进行改进。

第一，拓展研究方法。现有学者对多团队系统理论的研究方法较为单一，大部分学者采用的是问卷调查法。考虑到多团队系统的实际运用及其所特有的复杂性和动态性，后续研究可以尝试案例分析、数学建模和动态网络分析等方法的应用。

第二，扩大实践范围。在商业领域的产品研发、科研领域的难题攻关等方面都可采用多团队系统。此外，应对突发事件是多团队系统应用的主要领域，例如在新冠肺炎疫情的抗疫中，来自不同地区的医疗团队、政府有关部门、军方部队等为了抗击疫情协同合作，多团队系统发挥了其作用。

第三，拓宽研究视角。多团队系统成员面对紧急复杂任务的情况下会有较大的压力和不良情绪，这会对多团队系统的绩效水平产生消极影响。因此后续可进一步探究多团队系统中成员的个体情绪、情感等相关课题。

[①] 肖余春、张雅维：《国际范围内多团队系统理论的最新演进与热点分析》，《河南社会科学》2020 年第 5 期。

三　多团队系统理论下的人力资源管理模式

（一）多团队领导

由于多团队系统是由两个或两个以上拥有共同长期目标，但又有各自不同的短期目标的团队组成的系统，其中各子团队通过相互协作来应对外部环境中的紧急情况以实现长期目标。因而在系统层面，多团队系统面临的更多是突发性、紧急性事件，具有更高的动态性和复杂性。在团队层面，各子团队的组织结构、价值理念、行为准则可能存在差别，这会导致各子团队在追寻目标的过程中行动不够统一，造成多团队系统不稳定。在个体层面，团队成员通常具备本团队成员和系统团队成员的双重身份，多元的工作关系和复杂的工作环境给个体带来了更多的挑战。

由此可见，无论是系统、团队或个体面临的挑战，都会导致团队成员的心理状态不断变化。[1] 因此领导团队的指挥、协调、激励对多团队系统来说至关重要。领导团队需要通过组织赋予的权力进行关系管理、分配任务、调配资源以及发挥自身的影响力引导和协调各个子团队内部以及跨团队的努力和协作以实现短期目标和长期目标。

DeChurch 提出相比于一般团队的领导团队，多团队系统的领导者要执行战略开发与协作促进两大职能。[2] 战略开发职能是指领导团队在团队行动前对情况进行分析，从而承担角色、制订计划的职责，这也是领导团队在多团队系统中的首要职能。协作促进职能是领导团队在团队行动过程中进行合作交流以及处理复杂关系的职责，这是多团队系统中领导团队的第二大职能。

---

[1] 朱学红、李海玲、伍如昕：《多团队系统中边界管理者双重心理契约的研究》，《科技管理研究》2015 年第 12 期。

[2] DeChurch, L. A. , Ph. D. Teams Leading Teams：Examining the Role of Leadership in Multi-team Systems, Florida International University, 2002, 126.

一方面，多团队系统的目标具有层级性，战略开发职能是有效协调子团队目标和系统目标关系的方式。通过战略开发职能，领导团队运用科学的方法进行组织设计，对各子团队人力资源的获取、配置等进行系统性规划，从而使人力资源在系统团队中得到更优配置。领导团队在规划多团队系统目标的同时应考虑个体成员的发展需求，才能更大程度地调动团队成员的工作积极性和创造性。

另一方面，多团队系统中团队内个体和跨团队间具有互依性，但构成又具有异质性。各子团队之间的协作是保障多团队效能的核心因素，通过协作促进职能，领导团队可在各子团队内部以及团队间设立专门的沟通渠道，互相交流学习是团队成员熟悉彼此和多团队协作的前提，同时是领导团队开发和利用人力资源潜力的有效途径。各子团队相互协调、共同发展的过程不仅仅是多团队系统和谐性的体现，更是提升企业人力资源管理效能的突破口，最终实现个体、团队和系统的效益最大化。

此外，DeChurch 和 Marks 的模拟实验研究表明，对领导团队进行战略开发和协作促进方面的培训能促进团队绩效水平的提升。① 该实验还发现对领导团队进行战略开发职能培训会促进多团队系统的心智模式和跨团队合作；而对领导团队进行协作促进方面的培训会促使多团队系统呈现更优的团队内部合作。因此，在多团队系统中，领导团队除了可以执行战略开发职能和协作促进职能来规划配置资源、加强团队内外部的交流协作从而改善人力资源绩效，还可以通过加强领导团队的培训提升人力资源管理效能。

（二）多团队协作

在互联网时代背景下，经常需要多团队系统来完成动态复杂任务，比如军事演习、应急救灾、产品研发等。这些活动通过多团队系统，依赖各个团

---

① De Church L. A., Marks M. A. "Leadership in Multiteam Systems". *Journal of Applied Psychology* 2006, 91（2）：311-329.

队所具有的不同资源优势，通过沟通协作达成共同任务目标。因此，良好的沟通有利于各个团队之间的高效协作，同时这也是人力资源管理工作的关键点之一。

多团队系统是一个跨组织系统，各个子团队可能来自不同的组织，它们可能具有不同的背景、结构和特点，因而团队之间的相互作用具有不稳定性和复杂性，所以在协作中会出现沟通阻碍，如缺乏个人主动性、效率低下等问题，只有建立起行之有效的沟通协作体系，才能确保任务的顺利完成。

1. 人力资源管理中多团队系统协作的影响因素

多团队往往是由于存在单个团队无法完成的目标而组建的，更多的是为了完成复杂性任务，各个子团队之间的互依性是影响协作程度的因素之一，同时也是协作的前提。[①] 对于人力资源管理而言，其协作程度的强弱在于是否可以同时协调每个团队的工作任务。多团队系统有一个相互依赖的目标层次体系，它紧密联系着每个团队和个体成员，促进其加强沟通合作以达到组织目标，实现人力资源的优化配置。关于多团队协作的影响因素，除了互依性的目标体系，领导等因素也会影响到多团队系统的沟通协作过程。

2. 人力资源管理中的多团队正式协作

在人力资源管理中，协作通常可以分为正式和非正式。正式的协作是由多团队系统的领导团队讨论并制定的制度层面的措施，这能促进各子团队专注于自己当前的任务并协同其他团队的工作，同时也能明确各个团队界限的划分以及工作流程。如果缺乏正式的协作体系，多团队系统会变成一个各子团队之间没有各自优势的庞大组织，从而导致难以预估的消极结果。因此在人力资源管理方面，建立正式的协作体系能够避免团队低效率的合作，优化人力资源配置，使各个子团队在互依协作过程中达到平衡状态。并且正式的

---

① Paulo Trigo, Helder Coelho. The Multi-Team Formation Defence of Teamwork. Lecture Notes in Computer Science. 2005. 439 – 448.

协作体系能提升领导团队对多团队系统战略目标的规划和掌控，并根据系统中各个子团队的不同组织结果、目标层级、行为准则以及动态的系统制定相对应的制度以减小不利影响。同时，正式的协作体系是加强个体成员对多团队系统共同目标的理解的有效途径之一，也有助于组织成员对系统中角色结构与任务形成更好的理解，调动成员的工作积极性和创造性，进而促进多团队系统绩效提升。

3. 人力资源管理中的多团队非正式协作

非正式协作是一种非正式的机制，其通过个体情感、团队信任和团队凝聚力等因素直接或间接地作用于子团队的个体成员。在人力资源管理中，非正式协作体系对多团队系统效能的影响主要体现在以下三个方面：第一，非正式协作能降低各个团队之间和子团队个体成员之间出现矛盾冲突的概率，从而改善团队之间和成员之间的关系，进而提高人力资源管理效能；第二，各个子团队能通过非正式协作扩大其社会网络，利用社会网络获取更多的有效信息和资源，促进人力资源与其他资源的优化配置，进而实现良性循环；第三，非正式协作能够提升多团队系统的多元化水平，加强子团队之间的信任，进而增强承担风险能力和应对不确定情境的能力，减少多团队系统中诸如机会主义、道德成本和风险等不利因素，激发人力资源潜力，打造高效的多团队系统，让人力资源发挥最大作用。

（三）多团队绩效管理

团队绩效管理是团队领导和成员为实现团队目标共同参与的绩效计划、绩效执行、考核评价、改进提升的过程。[①] 而在多团队系统的实际运用中，其绩效管理与团队绩效管理又有不同之处。多团队系统相较于传统单个团队，规模更大，内部结构更加复杂，是一个开放系统，这些差异都会对多团

---

① 纪巍、毛文娟：《创新型科研团队绩效管理的问题及改进》，《科学管理研究》2016年第6期。

队绩效产生影响。① 因而对绩效管理提出了更高的要求。

1. 绩效计划

在绩效计划环节，首先明确多团队的共同目标，根据共同目标和各个子团队所负责的具体工作任务，进一步明确各个子团队的目标，团队内部成员的目标应符合子团队目标和多团队系统目标，兼顾个人利益和团队利益。

多团队系统的团队及团队内部成员应积极参与目标设计与制定，从而实现每个人都明确自己的工作职责和工作任务。相较于组织内多团队系统，跨组织多团队系统在绩效计划环节对沟通的要求更高。

2. 绩效考核

绩效考核是衡量多团队系统、各个子团队及个体成员完成任务、达成目标绩效情况的过程。实施绩效考核首先要确定谁来进行绩效考核，一般绩效考核者可以是领导团队、同事或客户，不同的绩效考核者都有其特点。

其次是考核周期的确定，一般绩效考核有固定的周期，每年或每半年进行一次绩效考核。但是多团队系统的绩效考核不同于普通企业，不能简单地采取年终绩效考核之类的方式，要更多地考虑多团队的工作目标和工作任务，从而选择固定的绩效考核周期还是临时性的绩效考核。多团队的组建不是临时决定的，其目标以及任务是长期的、不变的，可使用定期考核的方式，例如产品研发的多团队系统。而对于临时组建的多团队，可使用临时性的绩效考核，例如为应对灾情而临时组建的多团队系统。

最后是考核方法的确定。现有的绩效考核方法较多，如行为锚定等级、评价尺度表、目标管理等。但这些方法更适用于组织内多团队系统，对于跨组织多团队系统而言并不适用。对于跨组织多团队系统而言，其个体成员来自不同组织，各个组织有其自身的特点，并且该多团队系统甚至可能是临时性存在。因此，这样的多团队系统的绩效考核，应建立 KPI 考核体系，在KPI 考核体系中，应当包含多团队系统、下属团队与个体成员这三个层面的

---

① 肖余春、张雅维：《国际范围内多团队系统理论的最新演进与热点分析》，《河南社会科学》2020 年第 5 期。

目标和具体要求，给每个指标分配权重，不能根据某一个指标就判断其绩效水平，应对考核结果进行综合评价，从而使绩效考核结果更加准确和客观。

3. 绩效反馈

绩效反馈是将绩效考核结果中所展现出来的任务和目标的完成情况反馈给团队成员。绩效考核的目的除了奖惩以外，更是为了总结经验，分析达成或未达成绩效目标的原因，为后续的团队运作和管理、团队成员个体的工作改进提供有效依据。多团队合作广泛应用于应急管理、军事管理、企业研发等需要应对复杂外部环境的领域，因此对于多团队系统而言，绩效反馈尤为重要，其经验总结有利于多团队系统更好地应对复杂环境，完成动态任务。

结 论

第一，在人力资源管理的领导方面，领导团队作为企业人力资源管理的核心部分，可以通过执行多团队系统中的战略开发职能和协作促进职能来对人力资源的获取、配置等进行系统规划，促进子团队内部及跨团队的交流合作从而实现长期目标。同时加强对领导团队的战略开发和协作促进方面的培训，也能使领导团队在人力资源的规划、配置、培训等方面的指挥更高效，从而使多团队系统的整体绩效水平得到提升。

第二，在人力资源管理的协作方面，通过相互依赖的目标等级体系，将各个团队密切结合在一起，可加强团队间的沟通、促进资源的共享从而降低竞争、减少冲突，实现人力资源的优化配置。此外，在多团队系统中，可以通过正式和非正式协作改变沟通协作无组织、无纪律的混乱状况，削弱其所造成的负面影响，并且根据实际情况采用合适的协作形式，如进行工作设计，让多团队系统的每个成员聚焦于其自身的特定任务，明确各自的权限与界限，同时保持团队间的信息畅通，在工作中互相依赖从而更好地完成工作任务。同时建立良好的非正式关系，改善成员之间的关系可以有效降低组织中冲突的影响，进而提高子团队及整个系统的运行效率，从多个方面促进多团队系统的绩效提升。

第三，在人力资源管理的绩效管理方面，通过绩效管理的具体环节促进多团队系统的绩效提升。首先，根据多团队系统的共同目标，对目标进行细分，明确各个子团队的具体目标并制订其绩效计划，优化人力资源与其他资源的配置；其次，根据各个团队自身的风格特点确定其绩效考核者、考核周期和考核方法，建立全面的 KPI 考核体系，对被考核成员进行综合的评价，确保其绩效考核结果的准确与客观；最后，对绩效考核结果中所呈现的工作任务和工作目标的完成情况进行反馈，为后续的团队运作和管理、团队成员的工作改进提供有效依据。

参考文献

纪巍、毛文娟：《创新型科研团队绩效管理的问题及改进》，《科学管理研究》2016年第6期。

肖余春、张雅维：《国际范围内多团队系统理论的最新演进与热点分析》，《河南社会科学》2020年第5期。

朱学红、李海玲、伍如昕：《多团队系统中边界管理者双重心理契约的研究》，《科技管理研究》2015年第12期。

Bienefeld, N., Grote, G. "Speaking up in ad hoc Multiteam Systems: Individual-Level Effects of Psychological Safety, Status, and Leadership within and Across Teams". *European Journal of Work and Organizational Psychology* 2014, 23 (6): 930 – 945.

Chong, D. S. F., Eerde, W., Rutte, C. G., & Chai, K. H. "Bringing Employees Closer: The Effect of Proximity on Communication When Teams Function under Time Pressure". *Journal of Product Innovation Management* 2012, 29 (2), 205 – 215.

De Church L. A., Marks M. A. "Leadership in multiteam systems". *Journal of Applied Psychology* 2006, 91 (2): 311 – 329.

DeChurch, L. A., Ph. D. Teams Leading Teams : Examining the Role of Leadership in Multi-team Systems, Florida International University, 2002, 126.

Fodoro, C., Flestea, A. M. "When Fluid Structures Fail: A Social Network Approach to Multi-Team Systems' Effectiveness". *Team Performance Management* 2016, 22 (3, 4): 156 – 180.

Mathieu J. E. , Marks M. A. , Zaccaro S. J. "Multi-team Systems" . *International Handbook of Work and Organizational Psychology* 2001, （2）: 289 – 313.

Paulo Trigo, Helder Coelho. The Multi-Team Formation Defence of Teamwork. Lecture Notes in Computer Science. 2005. 439 – 448.

Weaver, S. J. , Che, X. X. , Pronovost, P. J. , Goeschel, C. A. , Kosel, K. C. , & Rosen, M. A. *Improving Patient Safety and Care Quality: A Multiteam System Perspective.* in Pushing the Boundaries: Multiteam Systems in Research and Practice, 2014: 35 – 60.

Zaccaro, S. J. , Marks, M. A. , & Dechurch, L. *Multiteam Systems.* Taylor and Francis, 2012.

技术应用篇

R . 28

基于大数据技术应用的
岗位胜任特征模型构建

本报告论述了岗位胜任特征模型在企业管理中的作用，认为常规岗位胜任特征建模方法因其本身局限而难有作为。大数据技术应用为岗位胜任特征建模提供了新的思路：放弃常规岗位胜任特征建模过程中对企业要求与岗位胜任特征之间"因果关系"的渴求，取而代之关注岗位任职资格、工作职责、工作内容与行业岗位胜任特征关键词词云大数据之间的"相关关系"，通过大数据技术方法快速构建出各行各业各类岗位的"岗位特征数据图谱"数据中台。各行业"岗位特征数据图谱"的应用，可帮助人力资源管理者

＊ 黄东琦，人资行网络科技（广州）有限公司首席产品官。

提升企业岗位胜任特征模型建模效率。本报告将结合人资行网络科技（广州）有限公司大数据技术应用案例对岗位胜任特征建模方法与实践进行阐述。

关键词： 大数据　岗位特征数据图谱　人力资源管理

在企业生存环境急剧变化的今天，人力资源的合理配置将关系到企业资源的盘活和企业生命力的延续，是提升企业核心竞争力的关键。岗位胜任特征模型能为企业实现人力资源的合理配置提供科学依据，因此它将在企业未来的经营管理中变得越来越重要。要实现人才体系与企业发展相匹配，构建企业内各关键岗位的胜任特征模型成了企业人力资源管理体系所有问题中的首要问题。

一　岗位胜任特征模型在企业人力资源管理中的作用

简单来说，岗位胜任特征是指人员担任某种工作时，能够按照工作要求，顺利完成工作任务，所需具备的个人素质能力特征要素。岗位胜任特征要素中既包含个人显性的知识、经验、技能，也包括个人隐性的个性、兴趣、爱好、价值观等。

岗位胜任特征模型则是胜任某个特定岗位或某项工作需要具备的个人素质能力特征要素的组合。岗位胜任特征模型基本结构包括三个方面：胜任特征要素名称、胜任特征要素价值（即对岗位重要程度）评价等级和相应的行为描述标识（见图1）。

企业构建岗位胜任特征模型不仅有助于在企业组织内部建立共同语言，而且能起到"黏合剂"的作用，将不同的企业人力资源管理职能联结成一个整体，给其带来持续性和连贯性。岗位胜任特征模型的构建与应用，对现代企业人力资源管理各个功能模块的改进均具有重大意义。

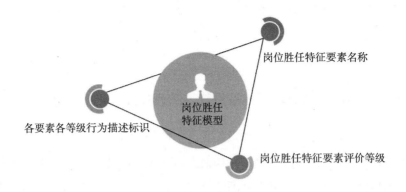

图1　岗位胜任特征模型三要素

（一）帮助企业统一人才招聘甄选标准

互联网时代，人才的竞争更加激烈，组织的形态更加多样化，招募到适合企业发展需要的优秀人才至关重要。但企业用人部门和 HR 对岗位人才胜任特征感知有偏差，没有统一的岗位人才甄选标准，招聘结果不理想，最终经常导致人力资源部被各个用人部门管理者抱怨。

基于岗位胜任特征模型的人才招聘技术，明确企业各类岗位胜任特征数据画像，能帮助企业统一人才的甄选标准，帮助企业 HR 及业务部门管理者快速识别人才，用最合适的成本找到对的人。

（二）指导人才培训开发体系设计

社会的专业化分工越来越细，企业员工需要不断地学习新知识、掌握新技能才能跟得上时代。为了使员工获得企业发展所需要的知识和技能，企业需要制订培训计划，让员工快速成长，提高企业的整体竞争力。企业如何用最少的成本、最短的培训时间让员工达到岗位要求，成为企业人力资源培训工作者必须思考的问题。

岗位胜任特征模型可为企业人才培训开发体系的设计和完善提供依据。各部门各类岗位员工的工作胜任需要进行哪些胜任特征维度的训练，通过岗位胜任特征模型能有的放矢地突出关键内容，企业 HR 在此基础上可用最短的时间、最低的成本设计最合适的课程，完成最有效的员工培训，从而提升企业员工培训的效益。

（三）完善绩效与薪酬体系设计，激活员工

如何在绩效管理过程中，把员工多方面的行为评价与绩效工资挂钩，使员工更易理解管理者的真实意图；如何在薪酬体系中体现员工行为表现和能力水平的差异，激励员工努力提高业绩水平；目前这些已成为企业组织管理体系建设的核心。

岗位胜任特征模型是建立企业绩效管理评价体系的关键手段。基于岗位胜任特征维度的绩效评价结果，能帮助员工理解管理者的真实意图，从企业发展需要出发为员工指明努力的方向，推进企业构建核心竞争优势和建立高绩效文化。

同时，岗位胜任特征模型能够指导企业更有效地进行薪酬体系的设计和管理。通过基于岗位胜任特征的岗位价值评估及薪酬策略设定，可达到激励员工提高业务技能、激活员工、提升企业的整体竞争实力的目的。

总之，岗位胜任特征模型为企业的人力资源管理和发展提供了一个新的思路，建立基于企业各类岗位胜任特征模型的战略人力资源管理与开发，将是企业构建高效组织及人才核心竞争力的必然选择（见图 2）。

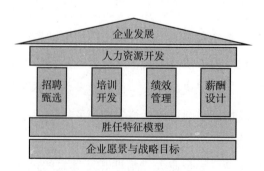

图 2　岗位胜任特征模型的价值

二 常规岗位胜任特征模型构建流程、方法及其局限

由于岗位胜任特征模型在企业人力资源管理中的重要作用，国内外人力资源管理专家长期致力于岗位胜任特征建模方法研究，在这个过程中也形成了比较成熟的常规岗位胜任特征模型构建方法和技术。

（一）常规岗位胜任特征模型构建的主要流程和方法

建立岗位胜任特征模型的方法有很多，如专家小组、问卷调查、全方位评价法、专家系统数据库和观察法等，以及目前被公认最有效、应用也最广泛的"行为事件访谈法"（BEI）。"行为事件访谈法"主要是通过长时间大量调研访谈和高专业要求的访谈记录信息整理方法来获取岗位效标样本有关岗位胜任特征要素关键词。

在获得岗位胜任特征要素关键词后，再通过定性研究方法如编码字典法、专家评分法、频次选拔法；又或者定量研究方法如 T 检验分析、相关分析、聚类分析、因子分析、回归分析法等来最终确定岗位胜任特征维度因子。

基于岗位胜任特征维度因子的提炼，建立特征因子等级以及各等级行为描述，从而获得相应的岗位胜任特征模型结果。

常规岗位胜任特征模型的建模流程和方法详情如图 3 所示。

（二）常规岗位胜任特征建模方法的局限

从图 3 的常规岗位胜任特征模型的建模流程可以发现，常规的建模方法存在以下两大明显局限。

一是常规量化岗位胜任特征建模过程都是基于专家对同一企业同一岗位的多名员工进行调研访谈及数据处理的，在"步骤②界定目标岗位绩优标准""步骤③选取效标样本"中可以看出，其对被研究的岗位有同岗员工样本数量上的要求；

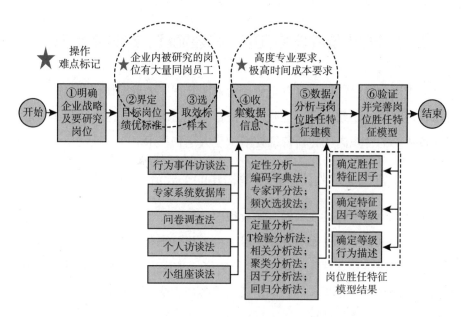

图3　常规岗位胜任特征模型建模流程与方法

二是在常规建模方法"步骤④收集数据信息、步骤⑤数据分析和岗位胜任特征建模"中，不仅要求参与岗位胜任特征模型构建的专家有极高的专业水平，而且行为事件访谈、访谈记录整理、特征指标提炼、问卷调查等调研和信息规范化整理的工作量极大，其过程烦琐、时间和费用成本极高。

与此同时，由于企业竞争环境快速变化带来未来的不确定性，以往企业获得成功的经验和特质未必能带来未来持续的成功，为确保岗位胜任特征模型的适用性，岗位胜任特征不仅要企业考虑内部属性，还要考虑行业属性，与同行对标，与时俱进，不断更新迭代。

因此，常规岗位胜任特征建模方法由于受大样本数同类岗位访谈调研要求、高水平专家执行要求、巨大的信息整理工作量、极长的时间周期和极高的企业费用成本限制，目前只适用于极少数大型成熟且稳定的企业，对于新兴产业企业和中小企业并不适用。这也是导致对于企业人力资源管理具有重要指导价值的岗位胜任特征模型难以在一般的企业中普及和应用的主要原因。

大数据时代的到来为岗位胜任特征模型的发展带来了新的契机。

三　基于大数据技术的岗位胜任
特征建模创新

相对于过去的样本代替全体的统计方法，大数据将使用全局的数据，计算了解事物发展过程中的真相，纠正过去人们对事物错误的认识，通过掌握事物发展规律来帮助人们进行科学决策。

与此同时，大数据技术的应用和普及给我们带来了新的思维方式。大数据时代最大的转变就是，放弃对因果关系的渴求，取而代之关注相关关系。也就是说只要知道"是什么"，而不需要知道"为什么"。这就颠覆了千百年来人类的思维惯例，对人类的认知和与世界交流的方式提出了全新的挑战。

与此同时，互联网时代，各行业各类岗位互联网招聘信息迅速增长，为研究各行业各类岗位胜任特征模型提供了坚实的数据基础。通过大数据技术提炼各行业各类岗位的胜任特征，构建岗位胜任特征模型变得可行。

（一）通过大数据技术方法快速构建"岗位特征数据图谱"

人资行网络科技（广州）有限公司（简称人资行公司）通过"大数据技术＋管理咨询"的模式，创新企业岗位胜任特征模型构建方法，放弃传统人力资源管理中对企业要求与岗位胜任特征要素之间"因果关系"的渴求，取而代之关注岗位任职资格、岗位职责、工作内容与岗位胜任特征要素词云大数据之间的"相关关系"，通过大数据技术方法快速构建各行业各类岗位胜任特征模型构建参考——"岗位特征数据图谱"。

"岗位特征数据图谱"是通过将应用数学、人力资源管理科学与信息科学等理论与方法相结合，并利用可视化的岗位胜任特征要素关键词标签价值计量图谱形象地绘制、分析和展示岗位胜任特征标签与岗位分析主体之间的相互联系。它是揭示岗位胜任特征要素内在价值以及各要素之间结构关系的可视化工具。简单地说，行业"岗位特征数据图谱"就是各行业各类岗位胜任特征模型大数据的"数据中台"①。

（二）"岗位特征数据图谱"的两个基本假设与基本原理

"岗位特征数据图谱"简单地说就是行业岗位胜任特征模型的大数据简易版本。其基本原理是：以"岗位职责＋任职要求"作为样本数据基础，提炼关键素质能力指标，以"同行业、同地域、同规模企业、同层级岗位"的薪酬水平作为绩优程度的标准，这是与常规岗位胜任特征模型构建过程最大的不同。

因此，人资行公司为岗位胜任特征大数据建模作出两个基本假设。假设一：所有能达到任职资格要求且完美履行岗位职责要求的员工就是所谓的绩优员工；假设二：排除行业、地域、企业规模等要素影响，所有岗位素质能力要素在岗位胜任特征模型中越重要，其对岗位薪酬价值的贡献就越大，其要素权重也越重；

"岗位特征数据图谱"是基于行业岗位大数据，以大数据技术提炼岗位胜任特征要素，通过数据建模方法——编码字典法、频次选拔法、相关分析、因子分析法、回归分析法等综合应用与实践的结果。

（三）基于"岗位特征数据图谱"优化大数据岗位胜任特征建模流程步骤

基于大数据岗位胜任特征建模技术应用，创新性改造岗位胜任特征模型构建流程和方法，其详细流程和方法如图4所示。

步骤1. 明确企业所属行业及要研究的岗位。

步骤2. 通过大数据技术采集同行业同类岗位的岗位职责及工作要求等数据。

---

① "数据中台"是指通过数据技术，对海量数据进行采集、计算、存储、加工，同时统一标准和口径。

步骤3. 以人资行公司自主研发的"岗位胜任特征关键词编码词典"数据库为基础,清洗岗位数据,生成胜任特征词云数据文档。

步骤4. 以数据清洗结果——岗位胜任特征词云数据文档为基础,结合"编码字典法原理""频次选拔法原理""偏相关分析方法""因子分析方法""回归分析方法"等岗位胜任特征数据处理过程设计相关算法,完成岗位胜任特征的大数据建模。

步骤5. 通过大数据建模方法生成"岗位特征数据图谱",其两大核心内容为:确定胜任特征要素、确定胜任特征要素等级。

步骤6. 结合企业战略选择微调修正"岗位特征数据图谱",并完成岗位胜任特征要素的相应等级行为描述,完善岗位胜任特征模型。至此,企业可得出完整的岗位胜任特征模型,其结果包括:确定胜任特征因子、确定特征因子等级、确定等级行为描述。

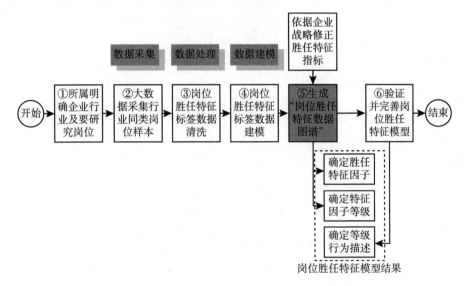

图4 基于大数据技术的岗位胜任特征模型构建方法创新

可基于岗位胜任特征模型结果提出应用建议,为企业人才的招聘选拔、培训课程设计、岗位价值评估、薪酬体系设计及绩效评价等提供参考标准,以便更有效地指导人力资源管理工作开展。

由上述流程步骤可以看出，从"数据采集""数据处理""数据建模"直到生成行业的"岗位特征数据图谱"，整个过程都是程序化。

为了方便企业 HR 能直接在"岗位特征数据图谱"基础上构建岗位胜任特征模型，人资行公司自主研发"岗位特征数据图谱分析系统"。系统自主选定行业和岗位类别后，可一键生成各行业各类岗位的"岗位特征数据图谱"数据报告。

因此，岗位胜任特征模型的大数据建模流程优化后如图 5 所示。应用"岗位特征数据图谱"，可帮助各行业 HR 工作者提升岗位胜任特征模型构建效率上万倍。

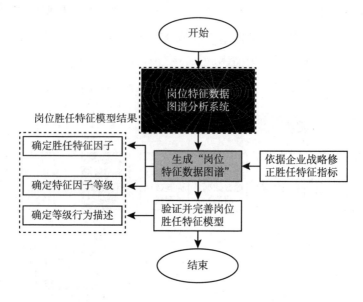

图 5　基于数据中台应用的岗位胜任特征建模流程优化

（四）大数据岗位胜任特征建模方法和常规方法的主要区别

为了获得岗位胜任特征模型的最终结果，无论是常规方法还是大数据方法，其主要的流程环节都是首先"提炼岗位胜任要素"，其次"评估要素等级（重要程度）"，最后"确定要素等级的行为描述"，但其实现所用的技术方法有极大的不同。

在"提炼岗位胜任要素"方面，常规方法主要是调研访谈等；而大数据方法主要是通过对岗位大数据进行词云技术提炼优化。大数据技术的应用不仅节省大量的专家调研访谈时间，而且还能从行业的高度来描述企业岗位的胜任特征。

在"评估要素等级"方面，常规方法主要是依靠专家们的讨论及评估结果数据统计处理；而大数据方法主要通过要素价值计量获得各要素之间的相对重要程度，亦即要素的等级。大数据技术应用不仅节省大量的专家讨论和数据处理时间，还能从行业高度理解所有本行业 HR 对本类岗位各特征要素的价值诉求。

在"确定要素等级的行为描述"方面，常规方法主要是依靠专家们的经验整理，而大数据方法主要通过标识岗位数据文本中需描述胜任特征要素关键词的关联语句进行提炼。大数据技术应用降低专业技术要求，更便于企业在实践中应用。

通过对比常规建模方法和大数据建模方法的具体流程可以发现，大数据建模方法有以下区别。

第一，不再是以企业某个岗位为起点，而是以行业某类岗位为起点（见图 3 步骤①与图 4 步骤①）。行业岗位数据更易通过大数据方法获得，分析结果应用更广，对行业具有参考价值，而不仅仅局限于某企业内部。

第二，不再局限于以某企业内部某岗位员工的绩优与否来选定校标分析岗位样本；而是站在行业高度，收集同行业同类岗位的岗位职责及工作要求等数据作为分析基础（见图 3 步骤②、步骤③与图 4 步骤②）。在大数据建模方法中，岗位的要求就是胜任的标准，更加利于结果的实际使用者对岗位胜任特征模型的理解。

第三，不再需要花大量时间针对岗位员工个人进行调研访谈和访谈信息整理来提炼岗位胜任特征关键词；而是通过数据清洗技术和词云技术对同行业同类岗位大数据进行分析，提炼岗位胜任特征要素关键词（见图 3 步骤④与图 4 步骤③）；通过数据获取和数据分析方法的改变，大大地提高了岗位特征要素提炼的效率，从而达到极大节省岗位胜任特征建模成本的目的。

第四，不再是选择性地以某种定向或者定量方法逐步多次地来做岗位胜任特征的分析研究；而是基于常规岗位胜任特征建模原理，通过大数据技术程序化地设定岗位胜任特征的大数据建模流程，智能化完成数据建模及岗位胜任特征要素结果分析（见图3步骤⑤与图4步骤④）。通过大数据编程技术固化数据建模分析流程，最终实现"结果一键生成"的目标，极大方便数据处理，提高分析效率。

第五，大数据建模方法是基于行业岗位大数据的分析，所以得出的结果首先是行业同类岗位胜任特征模型，其应用方向也是甄选行业同类岗位中的优秀人才；不同的企业由于战略选择的不同，只需要在行业同类岗位胜任特征模型分析结果"岗位特征数据图谱"中，根据其战略选择适当微调修正"岗位特征数据图谱"结果即可（见图4步骤⑤）。这就最大限度简化了岗位胜任特征模型的构建过程。

第六，基于大数据技术的岗位胜任特征建模方法，虽然可以提炼出岗位胜任特征要素，可以通过价值计量方法获得岗位胜任特征要素之间相对的重要性比较结果；但和常规建模方法一样也不能自动整理出各个岗位胜任特征要素价值评价等级相应的行为描述标识（见图3步骤⑥与图4步骤⑥）。因此需在最后完善岗位胜任特征模型时补充各要素各等级相应行为描述。

四 "岗位特征数据图谱"在企业人力资源管理中的应用实践

人资行公司是一家专注于人力资源大数据服务，以"行业岗位胜任特征数据分析报告、人才测评系统定制开发、移动端企业大学搭建、私域简历智能解析软件以及企业管理咨询服务"为核心业务的大数据技术服务公司（见图6）。

人资行公司结合大数据技术创新岗位胜任特征建模方法，以行业"岗

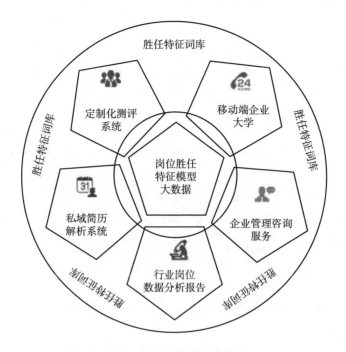

图6　人资行核心业务体系

位特征数据图谱"数据中台为基础企业提供整体的企业人力资源管理解决方案服务。

（一）L公司基于岗位胜任特征建模的人力资源解决方案

L公司为系统性解决其呼叫中心客服岗位的"员工招聘难，员工培训课程体系设计烦，新员工上岗培训周期长、成本高且效果不佳，员工稳定性差、流失率过大"等一系列人力资源管理问题，委托人资行公司为其提供系统性解决方案。为此，人资行公司提出了基于"呼叫中心客户服务"岗位胜任特征模型的人力资源整体解决方案。

通过人资行公司自主研发的"岗位特征数据图谱分析系统"软件工具导出呼叫中心客服类岗位特征数据图谱，如图6所示。基于呼叫中心客服类岗位特征数据图谱，结合L公司实际情况进行结果优化，获得岗位胜任特征模型结果，如表1所示。

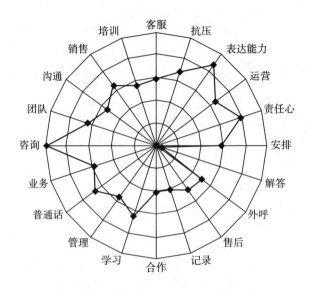

图7 呼叫中心客服类"岗位特征数据图谱"

表1 呼叫中心客服类岗位胜任特征模型

关键胜任 特征指标	产品知识＋逻辑 （咨询）	表达能力 （普通话）	责任心	抗压力	学习能力	团队精神

因此，人资行公司结合岗位胜任特征模型结果针对 L 公司呼叫客服岗位提出人力资源管理整体解决方案。本方案部分概要节选如下：

1. 招聘新员工方面，设计面试题目重点考察求职者的"逻辑思维""表达能力""学习能力""团队精神"。与此同时，引入我们研发的人才测评系统，以"责任心""抗压能力"为主要测评维度，自助式构建呼叫中心客服岗位的人才测评题目。通过在招聘中引入针对性人才测评甄选环节，剔除那些稳定性差、服务意识差、抗压能力弱的求职者，并从中选取合适的员工；

2. 员工培训课程设计方面，除了原有的"产品知识"类课程外，还需要增加"沟通技巧""压力管理"类培训课程，同时也应该导入一些能促进员工"团队精神"和"责任心"的拓展类培训活动；

……

除"岗位特征数据图谱"外，我们的系统还可导出呼叫中心客服类岗位的薪酬分布情况以及呼叫中心客服类岗位的行业分布情况等数据分析结果，可分别用于指导 L 公司 HR 制定岗位的薪酬策略和跨行业"挖人"。

（二）Y 公司人才盘点之各类岗位人才测试评价方案

通信电信网络设备行业的 Y 公司通过引入岗位特征数据图谱，完善其各类岗位各管理层级的岗位胜任特征模型，并以此为基础构建各岗位的人才测试评价体系。

在岗位胜任特征模型的基础上，人资行公司通过各岗位胜任特征维度测试题目的自定义组合来完成各岗位的个性化人才测试评价题目开发。并以此为基础完成 Y 公司的人才盘点，通过大数据技术应用实现企业从人力资源管理到人力资本管理的提升，从行业高度诊断人力资本问题——哪里人多了，哪里人少了，哪里人用贵了，哪里人用错了。

互联网深度发展的今天，企业无一例外地受到各种信息数据大爆炸的冲击，如何利用大数据技术创新企业人力资源管理模式是人力资源管理工作者不可回避的课题。在大数据技术的支持下，通过"岗位数据特征图谱"创新企业岗位胜任特征模型的构建方式，人力资源的"选、育、用、留、储"将开始进入量化范畴，企业人力资源管理将变得更加高效、更加精准，拥抱大数据的企业人力资源工作者才能在当今企业经营中有更多的话语权。

参考文献

仲理峰：《家族企业高层管理者胜任特征模型》，https：//wenku. baidu. com/view/3c

727a31eff9aef8941e0679. html。

时勘：《企业高层管理者胜任特征模型评价的研究》，https：//wenku. baidu. com/ view/c2 f004c1770bf78a6429540b. html？fr＝search。

陈颢元：《国内外胜任力模型研究综述》，https：//wenku. baidu. com/view/85f22 29232687e21af45b307e87101f69f31fbc2. html？fr＝search。

《高层管理者胜任特征模型的评价研究》，https：//wenku. baidu. com/view/4eafb 9eceffdc8d376eeaeaad1f34693dbef1035. html？fr＝search。

〔美〕维克托·迈尔·舍恩伯格：《大数据时代：生活、工作与思维的大变革》，浙江人民出版社，2012。

〔美〕大卫·芬雷布：《大数据云图：如何在大数据时代寻找下一个大机遇》，浙江人民出版社，2014。

R.29
金融行业人才画像数据分析与思考

谢健乔*

摘　要： 随着中国经济中速发展态势持续，金融业步入转型发展的新时期，企业为了取得经营和管理的突破，势必对科技与人才更为依赖。在人才管理方面，如何实现人才的赋能和转型，已成为金融企业亟待解决的问题。为了更好地了解金融业人才画像，睿正咨询通过对大量金融行业相关数据进行整理分析得出金融业人才特质，本报告从领导力要素、个性特质与一般能力数据分析三个方面加以分析解读。

关键词： 领导力要素　个性特质　人才数据

经济新常态下，金融业过往的粗放式扩张更加难以为继，市场化改革加速，行业竞争逻辑逐渐从以产品为中心转向以客户为中心。为顺应新的行业发展格局，金融行业在战略定位、公司治理、业务模式、经营方式、人才队伍建设等方面加快市场化改革步伐，差异化竞争态势逐渐明朗。

变局之中，金融企业势必对科技与人才更为依赖，而在人才管理方面，领导力是突围的重要驱动力。在金融业人才领导力研究与实践过程中，数据的应用发挥着越来越重要的作用，行业数据精准定位目标群体，通过分析可以有效验证人才管理理论假设，并寻找属于中国金融行业独特的规律；在人才管理咨询项目中，通过行业数据直接指导人才选、用、育、留实践，避免

---

* 谢健乔，北京睿正人才管理咨询有限公司副总经理。

走弯路。

截至 2020 年，北京睿正人才管理咨询有限公司（简称睿正咨询）在数百个实际咨询案例中共收集 11102 份金融行业人才评价中心管理者评估有效数据。数据的获取方式包括一对一深度行为面试、履历分析、团队任务、在线测验（7354 份）等，单一样本至少有两种及以上评估方法相互印证。这些数据来自不同的金融行业，包括银行、保险、证券等。

所有项目数据清洗（归类统一领导力条目，进行分数标准化处理）后，进行相关分析、均值差异检验（单侧 T 检验）、回归分析、拟合优度分析等，进而得出金融业人才数据分析报告。目前在市场上尚未有评价工具应用深度类似、数据量类似的领导力分析结果披露。

本报告将从整体研究结果中的领导力要素、个性特质与一般能力数据分析三个方面加以解读。

一 金融业管理者领导力要素分析

通过对数据的深度分析，笔者发现金融业管理者领导力要素及总体表现具有以下特点：第一，创新变革能力能较好地预测金融企业各层级管理者的职业成功；第二，随着管理层级提升，基层—中层—中高层管理者领导力关键素质项循着"执行→人际→变革"的路径变化，这与不同层级管理者的主要职责和面对的关键挑战相呼应；第三，团队管理能力是中层管理者的短板，金融企业需高度注意培养中层管理者。

（一）领导力要素分类解释

为了进行数据整合比较，将不同企业不同名称的领导力要素进行了归并和总结，将领导力分为如下三个方面，共八个项目（见图1）。

1. 自我驱动

其中最重要的维度是动机能量，在工作中一方面展现为追求卓越，另外是系统思维与学习提升。这两方面都能够直接帮助领导者在不断变化环境中，持续保有高昂的斗志，理解与接受新生事物、在不确定条件下分析判断。

2. 管理事务

首要的是创新变革，睿正咨询发现 2014 年以后金融机构对创新变革能力的要求大幅上升，后文的分析中也可以其在各个管理层级均起到重要的预测作用。

3. 管理他人

我们将各类素质项进行归类，按照递进关系可以表现为建立在人际敏锐基础上的良好沟通协调能力，以及最终达成团队成长目标，营造良好团队氛围。

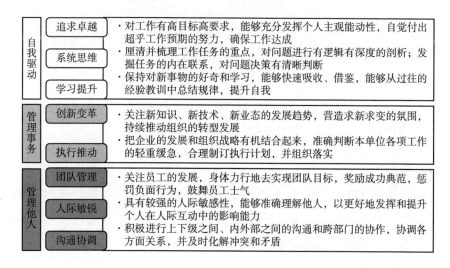

图 1　领导力要素分类

（二）TOP 与非 TOP 人才领导力差异分析

在数据分析上，我们把绩优员工（排名前 20%）和一般员工定义为 TOP 和非 TOP 人才，分别对其能力得分进行均值差异检验，以比较他们在八个素质项中的能力差异，各个能力对人才的区分度大小；另外，还进行了回归分析，根据拟合优度结果，检验不同能力素质对 TOP 人才的预测力，分析结果如图 2 所示。

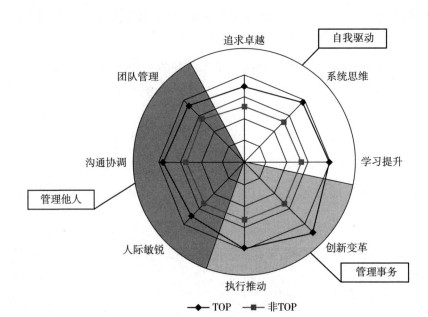

图 2　金融行业整体领导力测评数据结果

资料来源：金融企业人才管理咨询案例（2010～2020）。

1. 整体分析

对于 TOP 和非 TOP 员工差异最大的项目是创新变革、执行推动，而其中创新变革是平均得分最高的项目，这也彰显了随着金融企业面临业务转型挑战，其对于管理者创新变革的高度关注。

2. 层级分析

在不同层级人员分析中发现如下特点。第一，与中高层管理人才相比，基层管理者的领导力水平，在 TOP 和非 TOP 之间的差距相对较小，层级越高差距越大。第二，对不同层级管理者，预测效力高的领导力要素明显不同，中高层相关性最高、预测性最好的指标为创新变革、追求卓越、团队管理；中层相关性和预测性最好的指标是沟通协调、创新变革、系统思维；基层管理者相关性和预测性最好的指标是创新变革、执行推动、沟通协调（见图3）。

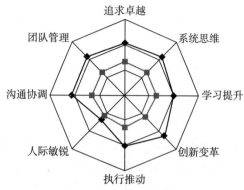

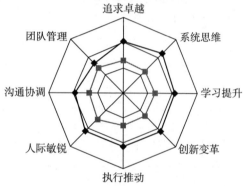

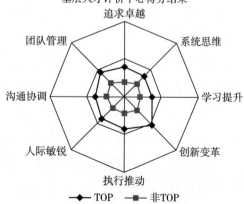

图3 金融行业不同层级领导力测评数据结果

资料来源：金融企业人才管理咨询案例（2010~2020）。

（1）均值差异检验：采用单侧 T 检验，比较两个平均数的差异是否显著，这里用于确定各层级 TOP 和非 TOP 人才评价中心得分均值的差异是否具有统计学意义。

（2）回归分析：确定两种或两种以上变量间相互依赖的定量关系的一种统计分析方法，这里用于分析各层级人才评价中心得分和评估结果的因果关系。

（3）拟合优度：回归直线对观测值的拟合程度，这里指各层级人才评价中心得分对评估结果的预测力大小，数值越大表示预测效果越好。

实际测评数据汇总后，我们发现晋升到中高层管理者的人才，性格特质在亲和动机和人际相关项上分数并不突出，甚至均分明显低于基层与中层管理者；而在能力统计中，我们也看到人际敏锐对于最终的推荐结果的预测效度，在八项能力中是最低的（见表 1）。

表 1　各项领导力要素对不同层级人才的预测力

拟合优度 R^2	追求卓越	团队管理	沟通协调	执行推动	创新变革	系统思维	学习提升	人际敏锐
整体	0.299	0.329	0.309	0.344	0.367	0.323	0.308	0.317
基层	0.313	0.332	0.308	0.337	0.331	0.291	0.297	0.336
中层	0.221	0.334	0.286	0.352	0.36	0.385	0.353	0.410
中高层	0.352	0.374	0.363	0.383	0.427	0.347	0.279	0.151

资料来源：金融企业人才管理咨询案例（2010～2020）。

另外，沟通协调和人际敏锐之间存在较大的平均分数差，这并不是一定有良好的人际敏锐才能做好沟通协调，沟通协调更多地表现为在组织中能够基于目标，采取合适的策略影响他人，进行资源调配等行为，即使本身性格上人际敏锐程度并不是高分倾向，也可以形成沟通协调相应的行为。我们还看到层级越高，亲和动机和同理心相对更低（数据见下文个性特质部分），过于在乎和谐的人际关系，过于顾及他人反对的声音，反而容易导致在困难面前不能坚持达成最终的目标。这个规律在睿正咨询其他非金融行业长期客户能力—业绩数据追踪中也有明显的体现。

3. 总体结论

第一，不管哪个层级，具有创新精神，并且能够推进变革、敢为人先的管理者都是金融企业当前强烈需求的。

第二，对于中层管理者，不论是 TOP 还是非 TOP，团队管理方面都是相对弱项，团队管理方面对于他们达成业绩乃至向更高层级晋升，都是需要突破的关键因素。猛抓团队管理的短板，能够帮助其在职场的道路上更加稳定地前进。

第三，在领导梯队建设过程中，管理者在中层管理的时候依赖良好的人际和沟通，达成目标，但当他进一步承担更高层级责任迎接更大挑战时，内心持续的动力水平、学习能力以及能否坚定不移地带领自己的团队走出新路子，达成新目标，这才是制胜的法宝。这时一些有个性的，甚至在人际方面不够圆滑的管理者，如果能顶住压力做好事情，也可以成为不确定性时代的优秀领头羊。

二 金融业人才个性特质与一般能力数据分析

根据睿正咨询多年积累的 7354 例管理者的在线测评数据，我们进行了一系列的数据统计分析，包括均值的差异检验、回归分析、相关分析等，去看不同层级不同要素类别上，个性特质和一般能力对员工晋升结果能够形成解释和预测的关系。

通过对数据的深度分析，我们发现金融企业管理者个性特质及一般能力具有以下鲜明特点。第一，个性测评描绘出金融业中高层管理者"不近人情，高标准，严要求"，中基层管理者"善于协调，注重办事规则"的生动形象。金融企业应给予具有创新变革能力和特质，但是不善于人际协调的高潜人才更多宽容空间，避免"中层陷阱"。第二，一般能力对于基层人才的选拔有较好的识别和预测作用。

（一）个性特质

金融行业人员整体与其他行业相比有一些个性特质层面的独特性；特质有高低分的区别，彰显的更多的是性格、动机等要素上的倾向，高分会出现高分劣势，低分也会出现低分劣势，高分或低分并不代表是优点或是缺点，仅仅是比较素质倾向上的特点，也就是说我们勾勒的是行业整体的人的性格特点，这里没有好坏之说，这部分的结论会在后面的晋升推荐结果相关的统计分析中结合效标预测这个指标的效率。

（1）"推荐"人群特点在最终评价结果为"推荐"与"非推荐"建议的两类人群中，推荐人群明显的特点：动机层面，除亲和动机外，"推荐"人群的成就动机与把控他人的意愿更强，亲和动机反而更低（这与下面一个部分实际各层级在岗人员特质高度吻合）；思维层面，"推荐"人群习惯于更深度的洞察事物，创新意识也更强；人际层面，在与他人社交的过程中他们更自信，更善于影响他人（见图4）。

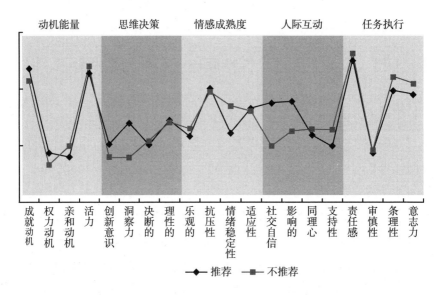

图4　"推荐"与"非推荐"人群个性差异统计

（2）不同层级人员个性差异统计

中高层员工具有更强的成就动机、抗压性、创新意识、洞察力和意志力，在自我驱动相关维度上得分更高；在亲和动机和同理心、支持性、审慎性上明显低于中基层管理者。

中层、基层管理者在同理心、支持性等人际交往相关维度得分更高，且条理性、责任感等遵守既定规则的相关维度得分也较高。

这样的结论仿佛给我们展示了"不近人情，高标准，严要求"的中高层管理者，和"善于协调，注重办事规则"的中基层管理者的生动形象（见图5）。

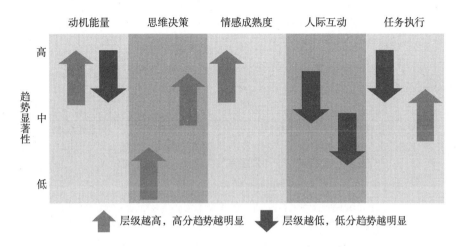

图5　不同层级人才管理个性得分趋势图谱（差异显著维度展示）

资料来源：金融企业人才管理咨询案例（2010~2020）。

（二）一般能力

我们在金融和非金融行业的客户身上都发现一般能力即智力因素对于晋升和业绩创造结果有着重要的预测作用和命中率。

这些数据挖掘呈现了智力因素对员工晋升的重要预测作用，特别对于基层和中层来说，这个因素愈加明显。智力是基层管理者在众多竞争者中胜利的关键条件，智力的各个维度（复杂信息理解、批判性评估、策略性推理、概念性推理）都能帮助员工在同层级中脱颖而出。而对于中层管理者，智力的维度中更加重要的是复杂信息理解。在中高层管理者中，智力因素并没有明确的显著差异，一定程度体现了在晋升至中高层时，"同场竞技选手"已经在前两场"淘汰赛"中，缩小了差距（见图6、图7）。

智力一般定义为人认识、理解客观事物并运用知识、经验等解决问题的

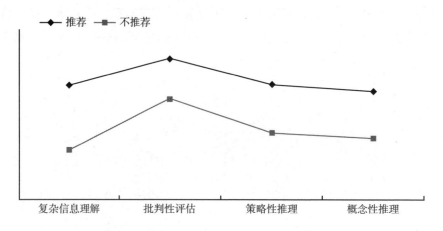

图6 "推荐"与"非推荐"人群一般能力差异统计

资料来源：金融企业人才管理咨询案例（2010～2020）。

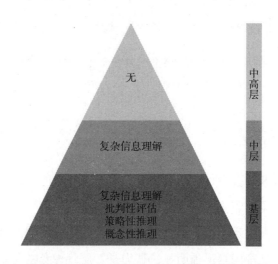

图7 各层级TOP和非TOP人才一般能力差异显著的维度

能力，智力因素是一系列其他能力养成的基础条件，也是人行为能力最基础的原材料之一。对于企业来说，越是基层的岗位越是要关注原材料的择优选择，这也是校园招聘中众多金融企业通过院校限制、学历限制、智商测验等，不遗余力地筛选的普遍原因。在职场残酷的淘汰赛中，拥有较高一般能力的人员在前几轮的胜率更大。

三　金融业人才发展关键要素模型

我们将上文提到的领导力、个性特质、一般能力数据，整理成为金融业管理者不同层级人才发展的关键要素图谱（见图8）。

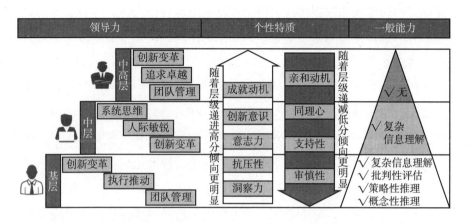

图8　金融业管理者不同层级人才发展的关键要素图谱

对于基层员工来说，个性特质契合和执行能力的有效发挥成为该层级成功的关键，首先，个性特质符合条线的整体特质画像，有助于基层人才快速适应不同业务的工作特点和节奏，与合作和执行相关的个性因素同样重要（如同理心、支持性、条理性、责任感等）；其次，作为具体工作的执行者，高质量的完成任务，更多地需要一般能力的支持；最后，高效执行的要求最终体现在执行推动相关的领导力中。

对于中层员工来说，其成功的关键已由任务执行和高效落实，转变为对于组织和团队的有效管理和关系协调，个性特质中的同理心、支持性依然会发挥重要的作用；而在能力要求上，则将更加重视人际敏锐方面的能力，一般能力中的复杂信息理解，同样有助于中层人才获得成功。

对于中高层员工来说，其成功关键将会聚焦在实现组织的持续发展和提升上，这时个性特质中的成就动机、抗压性、创新意识、洞察力和意志力将发挥更加重要的作用；而能力则从侧重基础智商，全面转变成了基于改革创新的变革领导力。

总而言之，从个人发展角度，员工在各个层级的发展是个性特质和一般能力的发挥和修炼过程；对于组织而言，各个层级就像一个对个性特质和一般能力筛选的漏斗。个性特质，随着层级的递进提升，从追求条线个性特质的适配逐步转变为追求支持层级能力发挥的个性特质占优；一般能力，则从底层的智力逐步发展为对于复杂能力形态的追求，从做事的能力到管人的能力，最终到变革和创新的能力。

我们试图基于个性特质和一般能力的分析，建设一个揭示领导力阶梯发展的模型。模型的底层是基础个性和智力，相对稳定且在个人发展中持续起作用，结合业务特性和工作要求，个性的适配性则起到了重要的作用，在此基础上，专业能力和执行能力确保人才在这个阶段开始崭露头角；随着职能的深入和管理范围的扩展，个性中人际要素开始在适配性上发挥作用，映射到能力和行为上时，人际的敏锐、个人影响和沟通协调的能力强弱逐步成为判断这一阶段人才能否发挥个人价值的重要标准。需要说明的是，人际能力的展现并不说明只有走上管理之路，才算是真正的发展，当个人的能力存在局限，需要外部资源的协助以促进目标实现时，如何实现共赢和合作正是人际能力的真正意义。再往上一步，这时发展需要的是"变革的力量"，开放包容和敢于创新的个性，高瞻远瞩的视野和推动变革的魄力、影响力和坚持力，都是在这一层级必不可少的成分因子。

在阶梯式的人才发展之路上，某一两项的个性特质将会随着层级的提升，作用不断明显和放大，最终可能成为价值放大的催化剂或能力限制的桎梏。越是高层的人才，越有必要对其个性特质进行深度的剖析和反馈，明确行为背后的动机和模式，为人才的选拔和发展提供科学的依据。

与个性特质不同，随着层级的提升，一般能力的展现形式则越来越多变且复杂，这种变化不是简单的叠加，而是在下一层能力的基础上，依据实际挑战应对和个人修炼形成的新能力形态。如创新变革的能力，需要底层的智力支撑，同时也需要执行能力和人际能力的有机调和，在特定的情景下才能发挥作用，而不是说具备高智商、高执行力和高人际力的人才就具有强的创新变革能力。因此，一般能力的结构和内涵将会更加复杂和多样，对于组织来说，识别和评估这些能力，则需要依靠更加复杂的人才测评技术，从简单的问卷评估到评价中心技术的有机结合，再到 360 度全面评估的分析技术，能力深度和测评技术的复杂程度随阶梯不断升级；同时，人才的发展所用的方式方法也将更多样，从学习到行为塑造，再到领导力的培育发展，将是企业组织发展中需要持续不断优化和提升的部分。

四　金融业人才数据分析带来的启示

从发展阶梯模型中可以看到，管理者成功特质与现有的人才选育实践中常见的一些做法存在矛盾。例如，在金融企业中我们呼唤创新，但体制机制设计却又扼杀培育创新的土壤；另外我们需要能够带团队的管理者，但实际上管理者通常是因为业务能力拔尖而被提拔到管理岗位，而在团队管理上还显得非常稚嫩；我们希望能够塑造符合标准的领导力行为，但领导力培养项目往往流于形式，上课的时候很热闹，下课后却不能落实到实践中，大量的培训难以看见直接有效的结果；我们呼唤高潜，但实际用人决策的时候经常迫于当前业务压力而放宽标准。

综合以上核心结论，提出如下人才管理建议。

（一）高度重视"人才数据化管理"

在这样一个各行各业都热衷于数据收集整理的年代，领导力数据本身由于其标准难以完全统一、收集难度大，需要专业技术的支撑，而且这个话题本身具有较高的"敏感性"，反而基础薄弱，影响了管理决策的科学性。

在很多金融行业实践中，很多企业已经开始高度重视人才数据化管理，试图通过推动持续周期性的人才评估盘点，建立相对全面的"人才档案"，以数据化、可视化、形象化的方式呈现给各级别的管理者。在这个过程中，很多企业已经开启了信息化的进程。"业务报表""财务报表""人才报表"三表合一。

（二）避免人才选拔过程中的误区，科学识人

行为能力可以培养，但是基础特质难以改变。一方面根据各个层级各类岗位的关键特质要求，选拔更易于培养的人员；另一方面允许多元化的外在表现形式，针对个人寻找符合其个人特点的、个性化的发展方向。例如，在中层岗位，金融行业往往高度重视组织协调和人际敏锐方面的要求，而那些个性突出、比较自我、人际上不够圆滑的"老虎型"管理者容易受到更大的压力。建议在中层人员选拔时，给予那些有闯劲但是不善于人际协调的高潜人才更多的宽容空间，这样他们更有可能成为求新求变、掌控欲强、自信引领变革的人物。

带团队的本领，从基层开始，根据管理对象的变化和管理复杂程度不同持续地培养管理，避免中层管理人才在团队管理上的明显短板，促进团队管理的发展，也为下一步中高级领军人才的培育打下更加坚实的基础。

（三）领导力培养的关键在于通过"事件经历"来形成行为模式

领导力发展过程中，形式重要但内容更重要。过往很多领导力发展项目中，形式化的东西比较多，职场中的管理者并没有对日常任务锻炼及其与培养项目的关联性进行深度把关，辅导帮助不及时。因此在行为矫正方面，在任务选择和过程把控上，存在明显不足，最终使培养的行为塑造效果不佳。

只有关注关键事件对于人的认知、行为、心理体验等的塑造，并通过复盘进行巩固，才能够有效促进能力的形成。在这个过程中，我们通过如下三方面定义关键事件：①环境的改变：关键事件任务锻炼，必须与当前面临的业务环境改变密切相关，与内外部客户当前的新变化串联起来；②新颖性，任务锻炼必须摆脱既定的惯例，拿出新的办法，例如对原有的流程和工作方法进行创新等；③交互性：任务的设计需要体现与组织各层面、各类人员之

间信息交互、互相协作的要求。

以上三点，有助于打破过往固化行为模式，就像锻炼身体一样，必须有足够的强度和破坏性撕裂，旧有的肌肉纤维才能促成新肌肉的生长。在这个过程中，必须将领导力发展与日常工作的管理机制融在一起，让直线管理者不再"缺位"。

R.30
基于大数据画像技术的中小微企业
"招人难"精准诊断研究

陈东　谭林斐　焦旭英　郭雷英　廉串德　郭钟泽*

摘　要： 本研究基于2018年北京市职业介绍服务中心业务系统中的用人单位招聘信息，通过数据处理和分析，构建用人单位"招人难"和岗位"招人难"画像的算法模型，研发中小微企业"招人难"精准诊断工具。研究结果显示，基于大数据的用人单位"招人难"和岗位"招人难"画像技术能够比较精准地识别中小微企业"招人难"人力资源管理困境，公共就业服务机构可辅助运用该技术诊断企业招聘用人的痛点难点，有针对性地开展用人指导，为企业提供更加专业化、智能化的服务。

关键词： 中小微企业　"招人难"　画像技术

一　引言

中小微企业在经济发展中起着非常重要的作用。已有数据表明：中小微企业贡献了50%以上的税收、60%以上的GDP、70%以上的技术创新、

---

* 陈东，北京市职业介绍服务中心主任；谭林斐，北京市职业介绍服务中心副主任、高级经济师；焦旭英，北京市职业介绍服务中心职业开发服务科科长；郭雷英，北京市职业介绍服务中心职业开发服务科科员；廉串德，北京信息科技大学经济管理学院人力资源管理系主任，教授；郭钟泽，北京信息科技大学经济管理学院人力资源管理系副教授。

80%以上的城镇劳动就业和90%以上的企业数量，是实体经济转型升级的主力军。从国际上看，美国、德国、日本的中小微企业对本国经济发展的贡献大约是50%，对就业的贡献是60%~70%。

然而，相较于大型企业，中小微企业不成熟的人力资源管理体系成为制约其生存和发展的重要因素，迫切需要对其进行人力资源管理诊断。国外学者David指出，对企业进行人力资源诊断的核心在于找出制约人力资源价值发挥的问题，由此能够为决策者优化人力资源管理提供参考。[1] Doris Kovic认为，发现问题是人力资源诊断的基础，但诊断的根本目标则是提出针对性的问题解决对策，从而促进企业的人力资源管理水平提升。[2]

"招不到新手、留不住熟手""招人难、用工难"是中小微企业面临的人力资源管理现实困境。本报告基于大数据画像技术研发中小微企业"招人难"精准诊断工具，通过对北京市职业介绍服务中心业务系统中的用人单位招聘信息进行分析，构建用人单位"招人难"和岗位"招人难"画像的计量模型，以便为中小微企业提供更精准的公共就业服务，并为中小微企业人力资源管理诊断提供规范性指导。

二 理论模型构建

通过对2018年北京市职业介绍服务中心业务系统中63425条用人单位招聘数据进行数据清洗、指标筛选、指标赋值等，梳理出这些招聘数据主要涵盖用人单位特征和岗位特征两方面的客观信息。为分析研究它们对招聘结果的影响，分别构建用人单位和岗位"招人难"画像的理论模型。

（一）用人单位"招人难"画像的理论模型

中小微企业的管理问题尤其是人力资源管理问题愈发凸显，大量研究指

---

① David. "New Employee of Train into the Job". *McGraw Hill* 2011, 3 (34).

② Doris Kovic. *Development of Human Resources* (4 the edition). Homewood, Richerd D Irwin Press, 2011.

出，用人单位的组织特征是影响招聘成功的重要因素。尤其是在互联网时代，雇佣双方信息不对称程度在逐渐减弱，每个雇员都可以通过移动端轻易地找到关于企业的相关信息。因此，从用人单位层面来讲，雇主品牌越优秀，企业的吸引力越强，"招人难"指数则越小；相反，雇主品牌越一般，企业的吸引力越弱，"招人难"指数则越高。因此，用人单位"招人难"画像就是对影响用人单位招人效果的关键组织因素进行归类和刻画。涉及注册性质、行业属性等5个一级指标，涵盖单位性质、登记注册类型等8个二级指标，如图1所示。

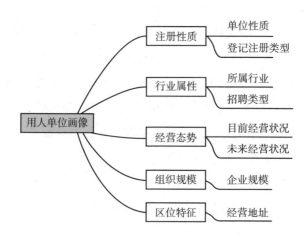

图1　用人单位"招人难"画像的理论模型

其中，单位性质分为企业、事业单位、机关和社会团体；登记注册类型分为国有、私营、外资、股份、集体、联营、其他社会团体；依据《国民经济行业分类》，单位所属行业分为农、林、牧、渔业，采矿业、制造业等19个类别；招聘类型分为日常招聘单位、公益性就业组织、劳务派遣企业、其他用人单位；目前经营状况分为非常差、不佳、一般、较好、非常好；未来经营状况分为不佳、一般、说不好、良好、较好；企业规模分为微型、小型、中型、大型；经营地址按照行政区划分为海淀区、朝阳区等16个区。据此进行对应的赋值，见表1中"企业特征信息"。

表 1 指标内涵及赋值

指标	指标值
企业特征信息	
单位性质	企业 = 1、事业单位 = 2、机关 = 3、社会团体 = 4
登记注册类型	国有 = 1、私营 = 2、外资 = 3、股份 = 4、集体 = 5、联营 = 6、其他社会团体 = 7
所属行业	依据《国民经济行业分类》,农、林、牧、渔业 = 1、采矿业 = 2,依次编码。
招聘类型	日常招聘单位 = 1、公益性就业组织 = 2、劳务派遣企业 = 3、其他用人单位 = 4
企业规模	微型 = 1、小型 = 2、中型 = 3、大型 = 4
经营地址	依据北京市行政区划,按各区缩写编码。(如:海淀 = HD、朝阳 = CY、西城 = XC、东城 = DC、石景山 = SJS)
目前经营状况	非常差 = 1、不佳 = 2、一般 = 3、较好 = 4、非常好 = 5
未来经营状况	不佳 = 1、一般 = 2、说不好 = 3、良好 = 4、较好 = 5
岗位特征信息	
岗位类型	岗位职业代码的第 1 位(631030100 = 6)
用工方式	全职 = F、兼职 = P、临时 = C、小时 = H(F = 1,P = 2,C = 3,H = 4)
最低月薪	(0, max)
最高月薪	(0, max)
最低时薪	(0, max)
最高时薪	(0, max)
健康状态	健康 = 1、一般(包括一般、其他、有病) = 2、残疾(包括残疾和有生理缺陷) = 3
学历要求	初中以下 = 1、初中及以上 = 2、高中及以上 = 3、本科及以上 = 4、研究生及以上 = 5
工作经验	(0, max)
男	(0, max)
女	(0, max)
性别不限	(0, max)
最低年龄要求	(18, max)
最高年龄要求	(min, max)
是否应届生	是 = 1、否 = 2、无要求 = 3
婚姻状况	已婚 = 1、未婚 = 2、无要求 = 3
文化程度	小学以下 = 1、小学 = 2、初中 = 3、本科 = 4、研究生 = 5
计算机等级	无 = 1、一级 = 2、二级 = 3、三级 = 4、四级 = 5
职业技能等级	无 = 1、初级 = 2、中级 = 3、高级(技师) = 4
外语熟练程度	无 = 1、一般 = 2、良好 = 3、熟练 = 4、精通 = 5
岗位登记时长	登记日到当前(2019 年 9 月)日期的月份数
"招人"结果	
匹配人数	(min, max)

续表

指标	指标值
成功人数	（min，max）
需求匹配率	匹配人数/总人数
匹配成功率	成功人数/匹配人数
需求成功率	成功人数/总人数

（二）岗位"招人难"画像的理论模型

岗位特征也是影响招聘成功和服务效果的重要因素。用人单位发布岗位特征信息包括两部分内容：一方面关于岗位收益，反映了岗位为求职者提供的各类待遇；另一方面关于岗位要求，反映了岗位要求求职者应该具备的人力资本，包括知识、技能、学历等。岗位收益与招聘结果呈正相关，即岗位收益越高，则越容易从劳动力市场上找到推荐对象，实现成功匹配；岗位要求与招聘结果呈负相关，即岗位要求越高，则越难找到推荐对象，匹配难度较大，成功率降低。因此，岗位"招人难"画像就是对影响用人单位招人效果的关键岗位因素进行归类和刻画，刻画维度包括岗位收益和岗位成本两个方面。岗位收益是岗位为求职者提供的收入，包括经济收入和非经济收入两个一级指标，涵盖最低时薪、用工方式等6个二级指标；岗位成本是岗位对求职者的具体要求，包括体力和精力要求、脑力要求两个一级指标，涵盖年龄、学历程度等7个二级指标，如图2所示。具体指标内涵及赋值见表1中"岗位特征信息"。

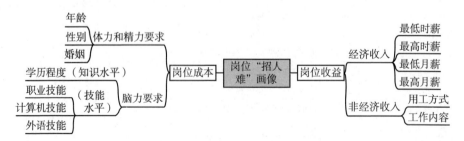

图2 岗位"招人难"画像的理论模型

三 "招人难"画像技术的算法推演

（一）用人单位"招人难"画像技术的算法推演

1. 用人单位"招人难"的测量

用人单位"招人难"通过两方面指标来表征，第一，用人单位的需求匹配率（匹配人数/总人数），反映的是北京市职业介绍中心业务系统（供给方）中存在符合用人单位（需求方）需求的求职者的程度。第二，用人单位的需求成功率（成功人数/总人数），反映的是北京市职业介绍中心业务系统（供给方）中存在满足用人单位（需求方）需求的求职者，并且被成功录用的程度。

需求匹配率与用人单位的"匹配难"呈负相关，即需求匹配率越高则匹配难度越低，需求匹配率越低则用人单位面临的匹配难度越高；需求成功率与用人单位的"获取难"呈负相关，即需求成功率越高则获取难度越低，需求成功率越低则用人单位面临的获取难度越高。需求匹配率与匹配难，以及需求成功率与获取难的对应关系如表2、表3所示。

表2 "匹配难"标准分级

需求匹配率	人才供需状态	"匹配难"等级
需求匹配率=0	人力资源存量为0，不存在匹配	5级
0<需求匹配率≤0.25	高度供不应求，供给量低于1/4	4级
0.25<需求匹配率<0.75	中度供不应求，供给量低于3/4	3级
0.75≤需求匹配率<1	轻度供不应求，供给能够满足3/4以上	2级
需求匹配率≥1	供需平衡，供给能够满足全部需求	1级

表3 "获取难"的标准分级

需求成功率	人力资源获取状态	"获取难"等级
需求成功率=0	人力资源获取难度极大，没有成功案例	5级
0<需求成功率≤0.25	人力资源获取难度较高，获取率低于1/4	4级

续表

需求成功率	人力资源获取状态	"获取难"等级
0.25 < 需求成功率 < 0.75	人力资源获取难度中等,获取率低于3/4	3级
0.75 ≤ 需求成功率 < 1	人力资源获取难度较低,获取率超过3/4	2级
需求成功率 ≥ 1	人力资源获取难度极小,完全满足需求	1级

2. 用人单位"招人难"的算法模型构建

（1）确定用人单位各画像维度与招人难度的对应关系。旨在计算不同画像指标或者组合指标与最终"招人难"之间的关联关系,明确用人单位的组织特征对招人难等级的影响。以注册性质—"招人难"为例,对应关系如表4、表5所示。并分别构建经营态势—"招人难"、行业属性—"招人难"、组织规模—"招人难"、区位特征—"招人难"的关联关系。

表4　注册性质—"匹配难"的关联矩阵

单位性质 * 登记注册类型	需求匹配率	难度等级
1 - 7	0.000000	5
2 - 4	0.000000	5
1 - 6	0.052292	4
1 - 4	0.181607	4
4 - 5	0.214359	4
1 - 2	0.222256	4
4 - 7	0.254762	3
4 - 2	0.278052	3
2 - 2	0.327409	3
2 - 7	0.344257	3
1 - 1	0.374998	3
2 - 1	0.401971	3
1 - 5	0.492935	3
4 - 1	0.500000	3
2 - 5	0.570951	3
3 - 5	0.750000	2
3 - 7	0.866667	2
3 - 1	1.052766	1
1 - 3	1.136572	1

表5 注册性质—"获取难"的关联矩阵

单位性质＊登记注册类型	需求成功率	难度等级
1 – 7	0	5
2 – 4	0	5
1 – 6	0.020266876	4
1 – 3	0.038735256	4
1 – 2	0.066808213	4
1 – 4	0.08215028	4
4 – 2	0.105315315	4
1 – 1	0.116905202	4
2 – 2	0.118529043	4
4 – 7	0.134268708	4
4 – 5	0.135897436	4
2 – 1	0.145152381	4
2 – 7	0.145454546	4
3 – 2	0.206616162	4
2 – 5	0.264204482	3
1 – 5	0.321884723	3
3 – 7	0.466666667	3
4 – 1	0.5	3
3 – 5	0.75	2

（2）绘制"招人难"特征雷达图。根据目标用人单位的组织特征，对照刻画"维度—用人难"的对应关系分别描绘"匹配难"和"获取难"的雷达图。雷达图由5个三角形组成，每个三角形代表"刻画维度—用人难"程度，5个三角形面积可以反映目标单位整体招人难度。

（3）计算"招人难"指数。用人单位"匹配难"指数＝目标用人单位"匹配难"雷达面积（s_1）/最难匹配面积（s）；其中，$s_1 = \frac{1}{2}ab\sin\theta_1 + \frac{1}{2}bc\sin\theta_2 + \frac{1}{2}cd\sin\theta_3 + \frac{1}{2}de\sin\theta_4 + \frac{1}{2}ea\sin\theta_5$ 其中，a、b、c、d、e 分别代表注册性质、行业属性、组织规模、区位特征、经营态势等5个维度对应的"匹配难"等级；$\theta_1 \sim \theta_5$ 代表两个维度对应的夹角；$s = 5 \times (\frac{1}{2} \times 5 \times 5 \times \sin72°)$。由此可以得到用人单位"匹配难"指数 ＝（$ab + bc + cd + de + ea$）/125 ＝ 1/125 ×（注册性质—"匹配难"等级 × 行业属性—"匹配难"等级 ＋ 行业属

性—"匹配难"等级×组织规模—"匹配难"等级＋组织规模—"匹配难"等级×区位特征—"匹配难"等级＋经营态势—"匹配难"等级×区位特征—"匹配难"等级＋区位特征—"匹配难"等级×注册性质—"匹配难"等级）。

同样，用人单位"获取难"指数＝目标用人单位"获取难"雷达面积（s_2）/最难获取面积（s'）＝1/125×（注册性质—"获取难"等级×行业属性—"获取难"等级＋行业属性—"获取难"等级×组织规模—"获取难"等级＋组织规模—"获取难"等级×区位特征—"获取难"等级＋经营态势—"获取难"等级×区位特征—"获取难"等级＋区位特征—"获取难"等级×注册性质—"获取难"等级）。

（二）岗位"招人难"画像技术的算法推演

1. 岗位"招人难"的测量

岗位"招人难"也通过两方面指标来表征：第一，岗位的需求匹配率（匹配人数/总人数），反映的是北京市职业介绍中心业务系统（供给方）存在符合某一岗位（需求方）要求的求职者的程度，岗位需求匹配率越高，则本岗位"匹配难"的程度越低；第二，岗位的需求成功率（成功人数/总人数），反映的是北京市职业介绍中心业务系统（供给方）存在满足某一岗位（需求方）要求的求职者，并且被成功录用的程度，岗位的需求成功率越高，则本岗位"获取难"的程度越低；岗位"匹配难"与"获取难"的等级划分与用人单位一致，同样分成5个等级。

2. 岗位"招人难"的算法模型构建

（1）对刻画内容进行离散化和分类编码。岗位"招人难"的刻画内容包括经济收入、非经济收入、体力和精力要求、脑力要求等四个方面，每个内容的计量方式如下：

经济收入＝max（平均月薪，折算后平均时薪）–离散化（按照3个分位点划4个等级）–（0～1500；1500～2750；2750～4000；4000以上）；

非经济收入＝按照"工作内容—用工方式"组合编码；

体力和精力要求：年龄空间要求 = 反向赋值（年龄空间）；年龄空间（最高年龄 - 最低年龄） - 离散化（按照 3 个分位点划分 4 个等级） - （0 ~ 15；15 ~ 22；22 ~ 42；42 以上）；性别要求（0/1 编码）；婚姻要求（0/1 编码）；最后按照性别—婚姻—年龄空间组合编码；

脑力要求：知识要求 = 学历要求；综合技能要求 = （职业要求 + 技能要求 + 计算机要求） - 离散化 - （按照众数分成两类） - （综合要求 = 3 的个案占 86.2%，赋值 = 0，表示无要求；其余为一类，赋值 = 1，表示存在技能要求）；综合两部分，按照知识要求—技能要求进行组合编码。

（2）确定岗位特征的刻画维度与招人难度的对应关系。利用列联和对应分析得到不同画像指标或者组合指标与最终"招人难"之间的关联强度，明确岗位特征对"匹配难"与"获取难"等级的对应关系。以经济收入—"招人难"为例，对应关系见表 6、表 7。并分别构建非经济收入—"招人难"、体力和精力要求—"招人难"、脑力要求—"招人难"的关联关系。

表 6　经济收入—"匹配难"对应关系

经济收入	需求匹配率	难度等级
4	0.0784	4
3	0.1476	4
2	0.2530	3
1	0.5427	3

表 7　经济收入—"获取难"对应关系

平均月薪(已离散化)	需求成功率	难度等级
4	0.0102	4
3	0.0279	4
2	0.0847	4
1	0.2120	4

（3）绘制岗位"招人难"特征雷达图。根据目标岗位特征，对照刻画维度—"用人难"对应关系分别描绘"匹配难"和"获取难"的雷达图。雷达图由4个三角形组成，每个三角形代表刻画维度—"用人难"程度，4个三角形面积可以反映目标岗位整体招人难度。

（4）计算"招人难"指数。目标岗位"匹配难"指数 = 目标岗位"匹配难"雷达面积（s_1）/最难匹配面积（s）；其中，$s_1 = \frac{1}{2}xy\sin\theta_1 + \frac{1}{2}yz\sin\theta_2 + \frac{1}{2}zh\sin\theta_3 + \frac{1}{2}hm\sin\theta_4 + \frac{1}{2}mx\sin\theta_5$ 其中，x、y、z、h、m 分别代表经济收入、非经济收入、体力和精力要求、脑力要求等四个维度对应的"匹配难"等级；$\theta_1 \sim \theta_5$ 代表两个维度对应的夹角；$s = 4 \times \left(\frac{1}{2} \times 5 \times 5 \times \sin72°\right)$。由此可以得到岗位"匹配难"指数 = （$xy + yz + zh + hm + mx$）/100 = 1/100 × （经济收入—"匹配难"等级×非经济收入—"匹配难"等级 + 非经济收入—"匹配难"等级×体力和精力要求—"匹配难"等级 + 体力和精力要求—"匹配难"等级×脑力要求—"匹配难"等级 + 脑力要求—"匹配难"等级×经济收入—"匹配难"等级）。

同样，目标岗位"获取难"指数 = 目标岗位"获取难"雷达面积（s_2）/最难获取面积（$s' = 1/100 \times$（经济收入—"获取难"等级×非经济收入—"获取难"等级 + 非经济收入—"获取难"等级×体力和精力要求—"获取难"等级 + 体力和精力要求—"获取难"等级×脑力要求—"获取难"等级 + 脑力要求—"获取难"等级×经济收入—"获取难"等级）。

四 模型验证

通过用人单位和岗位"招人难"画像技术的理论模型构建，以及二者"招人难"画像技术的算法推演，进行模型验证，示例如下。

（一）用人单位"招人难"画像技术示例

抽取某信用管理公司的相关信息，根据以上步骤依次进行分析，得到用人单位"匹配难"和"获取难"画像、"匹配难"和"获取难"指数（见图3、图4、表8、表9）。

表8　某信用管理公司的组织信息（示例）

单位名称	** 信用管理有限公司		
岗位编号	7e1cb5cc4e0700	bca46bd805d900	bca75ba082ba00
序号	10431	27811	31033
单位性质	企业		
登记注册类型	私有		
所属行业	其他未列明金融业		
招聘类型	日常招聘单位		
企业规模	中型		
经营地址	北京市东城区		
目前经营状况	一般		
未来经营状况	说不好		

表9　用人单位特征矩阵—"用人难"转换矩阵（示列）

画像维度	组织信息	组织特征	匹配难	获取难
注册性质	单位性质＋企业登记注册类型	1～2	3	3
行业属性	所属行业＋招聘类型	3～1	3	3
组织规模	企业规模	3	3	3
区位特征	经营地址	1	3	3
经营态势	目前经营状况－经营状况估计	3～5	2	3

（二）岗位"招人难"画像技术示例

随机抽取某岗位信息，根据以上步骤依次进行分析，得到目标岗位"匹配难"和"获取难"画像、"匹配难"和"获取难"指数（见图5、图6、表10、表11）。

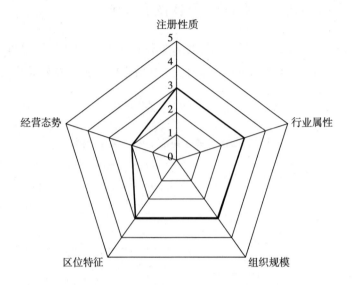

图3 目标单位的"匹配难"画像（"匹配难"指数为 0.312）

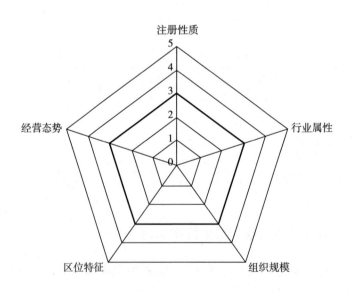

图4 目标单位的"获取难"画像（"获取难"指数为 0.36）

表 10　目标岗位基本信息

岗位信息	特征值	岗位信息	特征值
岗位类型	4	最高年龄要求	50
用工方式	1	计算机等级	1
平均月薪	2400	职业技能等级	1
学历要求	2	外语熟练程度	1
文化程度	3	最低月薪	2300
工作经验	0	最高月薪	2500
最低年龄要求	18	婚姻状况	3

表 11　目标岗位的画像维度与"招人难"对应关系矩阵

画像维度	对应指标	指标值	对应编码	匹配难	获取难
经济收入	平均月薪分段	2	2	3	4
非经济收入	岗位类型	4	4－1	3	4
	用工方式	1			
体力和精力	是否有性别要求	1	1－0－2	4	4
	是否有婚姻要求	0			
	年龄空间要求	2			
脑力要求	学历要求	2	2－0	4	4
	综合技能要求	0			

五　研究结论与政策建议

　　本报告从"用人单位特征"和"岗位特征"两个方面系统诊断中小微企业"招人难"问题，基于大数据画像技术，充分运用北京市职业介绍服务中心业务系统中用人单位招聘信息，通过数据清洗、指标筛选、相关分析、指标赋值等步骤，构建用人单位"招人难"和岗位"招人难"画像的算法模型，研发中小微企业"招人难"精准诊断工具。研究发现：①用人单位"招人难"画像可由注册性质、行业属性、经营态势、组织规模和区位特征五个维度描述；②岗位"招人难"画像可由岗位成本和岗位收益两大维度描述；③"招人难"具体反映为"匹配难"和"获取难"，分别对应 1～5

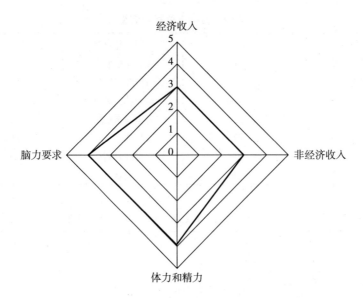

图 5　目标岗位"匹配难"画像（"匹配难"指数为 0.49）

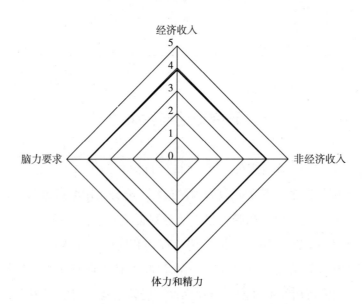

图 6　目标岗位"获取难"画像（"获取难"指数为 0.64）

个等级。

通过模型验证发现,用人单位"招人难"和岗位"招人难"画像技术能够比较精准地识别中小微企业"招人难"人力资源管理困境,为公共就业服务机构开展用人指导提供技术支撑。但本报告也存在一定的研究局限:首先,从理论模型构建和算法推荐可以看出,用人单位"招人难"和岗位"招人难"画像诊断工具具有较高的科学性,但新型工具的普适性有待验证;其次,数据库每年发生变化,工具也有待调适和迭代;最后,本报告只是对北京市公共就业服务机构的部分招聘数据进行统计分析,不能反映整个北京市人力资源市场的招聘情况。

综上所述,本报告是运用大数据画像技术诊断中小微企业"招人难"问题的有益尝试,下一步可结合公共就业服务场景,把本次研究成果转化成可以实操应用的诊断工具。为切实提升服务的专业化水平,对公共就业服务机构提出以下建议。

第一,推进智慧化服务,提高用人单位招聘成功率。基于大数据画像技术开发中小微企业"招人难"诊断工具,不仅有利于打造反映公共就业服务市场冷热的"温度计",而且有助于为中小微企业提供更精准的公共就业服务,推动公共就业服务向"智慧化"升级。建议公共就业服务机构在日常服务工作中充分运用该工具精准识别用人单位特征及其招聘岗位特征,帮助用人单位根据市场供求状况科学制订和调整招聘计划,合理确定招聘条件,做好岗位需求特征描述等基础工作,提高招聘的针对性和成功率。

第二,精准识别"招人难"问题根源,引导中小微企业规范用工。通过"招人难"诊断工具,公共就业服务机构可以精准诊断中小微企业的招聘需求和难度等级,帮助企业找到"招人难"问题的根源,从而引导企业树立正确的招、用人观念,不再仅仅关心短期招聘效果,而要从薪酬福利、晋升机制、企业文化等各方面提升单位的市场竞争力,规范人力资源管理,提升用工稳定性。

第三,创新服务举措,提升公共就业服务效能。互联网迅猛发展的大数据时代,服务对象的需求日益多元化,优化公共就业服务,急需专业化工具来支撑。公共就业服务机构不仅要做好基础性日常性工作，而且要加强形势研判，不断创新服务形式，丰富服务内容，提升公共就业服务效能。

参考文献

《如何看待中小企业在经济中发挥的作用?》，https：//www. sohu. com/a/255138097_313170，2018 年 9 月 21 日。

易纲：《小微企业对经济发展起重要作用》，https：//www. sohu. com/a/235752498_649045，2018 年。

翟炜：《创业期中小企业人力资源管理问题诊断》，《东方企业文化》2012 年第10 期。

邹俏：《人力资源诊断的初探》，《全国流通经济》2019 年第 1 期。

张建成：《大学生"就业难"与用人单位"招人难"矛盾分析及对策研究》，《经济视角》2011 年第 2 期。

黄南凤：《民企揽才，HR 须做好四门"功课"》，《人力资源》2015 年第 11 期。

郭淑珍：《SY 公司人力资源管理诊断与提升策略研究》，云南大学硕士学位论文，2018。

David. "New Employee of Train into the Job". *McGraw Hill* 2011，3（34）.

Doris Kovic. *Development of Human Resources*（4 the edition）. Homewood，Richerd D Irwin Press，2011.

R.31
当绘画读心术遇上人力资源管理

——绘画心理学在人力资源管理中的应用

赵晓宏*

摘　要： 本报告论述了北京河狸家信息技术有限公司将绘画心理学应用在人力资源管理中的思考与实践——基于互联网公司的业务特点，结合公司战略和业务发展的需要，从人力资源管理的角度抓住关键环节，创新性地运用绘画心理学，基于员工的差异个性化开展工作，将"人"的工作做扎实，做透。本报告将从人力资源管理的队伍产出、绘画心理学的原理和案例分享等三个方面进行阐述，希望与同行共同学习与分享。

关键词： 绘画心理学　人"心"管理　个性化管理　内驱力激发

绘画心理学起源于 18 世纪的欧洲，绘画心理技术是艺术心理治疗中最重要和普遍的一种形式，其主要是运用心理学中的投射技术，通过一幅幅绘画作品来准确地分析出画者的个性、情绪情感、人际交往、工作家庭观念、深层次内心需求等。因绘画可以使画者卸下防御，展现真实的自己，也被称为"绘画读心术"。人力资源管理中，除了组织管理之外，最重要的就是人"心"的管理。而人是很复杂的，人"心"的管理往往受限于管理者和 HR

＊ 赵晓宏，北京河狸家信息技术有限公司人力资源副总裁。

很难准确识别和体察员工的情绪状况、个性特点、深层次内在需求等，所以很多在"人"层面的工作就会流于形式，打不到痛点。而将绘画心理学应用到人力资源管理中，能够真正地实现人"心"管理，让人力资源工作事半功倍。

一 人力资源管理的价值产出

人力资源管理的价值产出在于匹配公司的状况和业务的特性解决业务的实际问题以持续打造组织能力。而打造组织能力，整体的策略是将自上而下的组织管理与自下而上的人"心"管理相结合。为了聚焦关键内容，本报告中将侧重人"心"管理部分。

（一）公司业务特点及诉求

互联网公司，以业务节奏快、工作压力大、组织充满活力著称。北京河狸家信息技术有限公司（以下简称河狸家）作为一家美业O2O的头部公司，有纯正的互联网基因，所处的赛道为复杂服务，业务模式创新。为了保持领先和业务的高速发展，公司的战略和业务一直在持续地自我进化和迭代。这就要求组织能力的建设要匹配业务的发展速度。

因为公司所处的赛道为复杂服务，因此，组织能力的建设除了组织管理、机制流程建设之外，重要的还是要回到"人"本身。

（二）人力资源应对策略

1. 聚焦关键模块

业务发展快，资源相对有限，因此要聚焦一些关键的人力资源工作，做透。

2. 回归人性本身

互联网创业阶段的公司，更强调创业心态。业务的调整和变化，带来组织架构和员工工作内容的调整，再匹配工作的强度和压力，员工在心态上会出现各种各样的反应。回归人性本身，激发员工的内在驱动力，才会真正地激发员工的创业心态，实现员工自身与公司共赢的结果。

3. 产出业务价值

公司战略的落地很多都是通过公司级重点项目和部门级重点项目来运作的，因此在项目运作中，如果对于人的状况和问题能够准确定位和识别，就能更好地推动项目结果的达成。

以上策略的执行，匹配组织管理的工作，使人力资源工作在资源相对有限、业务变化快的情况下，具有穿透力。为了获到更好的结果，河狸家在人力资源工作上也进行了很多创新的尝试，其中以绘画心理学的尝试最为高效和有趣。

二　应用案例分享

早在 18 世纪的欧洲，许多医生认为精神病患者的绘画作品可以作为诊断的辅助证明。心理学大师弗洛伊德发现患者潜意识中所压抑的记忆会通过梦与绘画作品表现出来，这是心理学领域通过分析绘画等艺术作品的特征来研究人类心理的开端。

在其后发展的各个阶段，都涌现了一批代表人物通过自己的研究不断推动绘画心理分析和心理治疗的发展。其中最受关注的是巴克（Buck）和哈默（Hammer）在 20 世纪 40 年代和 60 年代提出的房子—树—人绘画投射测验（HTP），后被许多国家引进并加以推广应用。

（一）绘画心理学的优势

绘画分析与心理治疗是一种灵活方便的方法，既能应用于个体，又能运用于团体。

1. 操作简便、高效

绘画心理学在应用上非常简单，容易操作。只需要一张纸、一支笔即可。通常时间在 5～15 分钟。能够以较少的时间与精力消耗获得丰富的信息。

2. 可以洞察人心，打破防御

绘画心理用潜意识意向对话，呈现画者内心真正的想法，就像一把打开心门的钥匙，因此被试者比较难防御。

3. 费用少，节省资源

绘画心理分析，在所需资源上，只需要简单的纸笔和掌握绘画心理分析的操作者，且有一定的规律可循，相对来说信效度也比较高。

（二）绘画的种类

绘画不仅有经典的主题画，如房—树—人、雨中人、家庭动力图等，还有随意画、风景构成画、多维添加画、曼陀罗绘画、爬山图、过河图等。

三　绘画心理学的原理

基于公司的业务特性和发展阶段，结合人力资源管理工作的重点，河狸家进行了大量的绘画心理学在人力资源管理中的应用尝试。以下选取其中关键的几个方面和典型的应用分享。

（一）招聘甄选环节——确定合适的人选

匹配公司的状况，人力资源管理的重点工作之一就是招聘。原因如下：①选对人非常重要；②公司的发展和扩张，对于人才，尤其是优秀的匹配公司业务需求的人才，每年都会产生大量的需求；③河狸家的业务模式非常新，聘用到合适的候选人需要更精心，对于候选人的能力素质要求也高。招聘到合适的员工，把好入口关，将会使人力资源工作事半功倍。

招聘是非常体系性的工作，环环相扣。在有限的时间内，解决信息不对称的问题，是招聘面试环节最核心的痛点。通常各轮面试官都会跟候选人沟通 30～60 分钟，在这短短的时间内，要了解候选人与岗位的匹配度，包括经验、能力、素质和动机等，是很考验面试官的，尤其是面对那些"面霸"候选人。

多轮面试、交叉面试、考试、背调、测评等，所有的这些动作，归根到底，都是为了了解最真实的候选人。而绘画心理分析天然具有测评属性，能够打破面试者防御，且操作简便，在一定程度上作为招聘的补充手段，帮助解决招聘中的痛点问题。另外，从资源投入上来看，市场上甄选环节的测评大部分都是需要付费的，且一份动辄几百元。绘画心理分析测评，也是很可观的节省。

绘画心理学应用1：招聘甄选

【岗位介绍】

总部行政主管岗位，需要承载行政主管和行政前台的双重职责，疫情使本来就比较繁重的工作工作量变得更大。

【岗位胜任力模型】

除了行政岗位需要具备的行政专业性经验之外，需要候选人善于沟通和表达，积极主动，耐心，细致。另外，基于前台岗位是公司形象的窗口，此岗位的稳定性也很重要。

【候选人状况】

面试了20位左右的候选人，其中有两位候选人进入最后的环节，两位候选人在行政工作经验、形象、沟通等方面均符合岗位的要求。面试完后，面试官都比较满意，但对于细致程度和性格方面不是很确定。于是，请两位候选人画了主题为"房—树—人"的画，进行相应的测试。图1和图2分别是两位候选人A和B的画作。

【录用结论】

结合之前面试的状况，河狸家倾向于选择候选人B入职，原因如下。

基于绘画心理学分析，树木代表的是一个人的事业，候选人A画了3棵树，这在绘画心理学里面代表在事业发展上有些迷茫。结合候选人A在面试中曾表示，希望后续有机会转岗，因此在此岗位上的稳定性有不确定性。

图1　候选人A的画作

图2　候选人B的画作

候选人B的画有很多细节的描绘，从绘画心理学上讲，这代表画者比较追求完美，注意细节。且候选人B画的树，树干较粗，且有4个果实，从绘画心理学分析，候选人B能力相对比较强，且比较具有目标结果导向。

候选人 B 画有两棵树，左边和右边各一棵，表明在职业上曾经有转换。现在的岗位感觉有些压力。

综合来看，候选人 A 可能会有稳定性的问题，候选人 B 比较追求完美，注意细节，更匹配岗位的要求，但是候选人 B 在行政岗位上也会有一些压力，需要入职后匹配她擅长的事情进行工作安排，并进行观察。为了加强验证，随后，请候选人 B 又做了托马斯测评，候选人 B 为 DC 型，最终结果验证了以上的判断。

【入职后的跟进】

在候选人 B 入职后，据观察，确实如面试中所体现的，很积极主动，细致认真，沟通界面也非常好。鉴于她在前一家公司的行政岗上比较有压力，又测试了一下她入职一段时间以后的状况。

图 3　候选人 B 入职一段时间后的画作

图 3 显示，代表事业的树木比较粗壮，且有 4 颗果实，从绘画心理学的角度，这意味着候选人 B 具有足够的能力来做现在的工作，且较有目标感。但画中的树较之前有一点变化，就是画了一些树根，这代表候选人 B 现在有点不安全感。

于是，行政经理跟候选人 B 沟通了现在的工作状况，了解到现在的工作很得心应手，也觉得很适应。只是入职以后听说之前这个岗位人员有一些调整，因此有点担心自己能否转正。找到了问题的症结，于是行政经理详细给候选人 B 讲了之前这个岗位人员的调整原因，打消了候选人 B 的顾虑。

行政主管岗，是河狸家应用绘画心理学在招聘整个链条里最先试点的岗位。经过整个环节的跑通和磨合，河狸家在应用绘画心理学更准确地招来合适的候选人，并且在入职后帮助新人更快的落地方面，取得了非常好的成效。

（二）员工辅导——精准解决员工心理问题

随着绘画心理分析在公司中的应用和尝试，越来越多的 leader 已经了解了绘画心理分析的优势，会尝试利用绘画心理分析帮助其进行员工辅导。

绘画心理学应用 2：员工辅导

【背景说明】

某位 leader 手下有位姑娘 C 不喜欢与人沟通，很内向，之前也因为一些在这位 leader 看来非常小的事情在沟通中流过眼泪，导致这个 leader 以为是自己在带她的方式上出了问题，不知道该如何与这个下属沟通更好。而这位 leader 也曾经与她沟通，没有找到问题的症结，于是请她画了一幅画（见图4）。

【画面分析】

基于绘画心理分析的角度，整体画面偏下，代表画者缺乏安全感。从画面上看，树是单线条的，代表这个姑娘能量比较低，缺乏自信。房屋没有门和窗，代表不愿意与外界沟通和交流，比较封闭。房顶上画了鸟巢，里面有一只小鸟，可能是对家庭有依赖性，但又不能很好地融入家庭。画面有一些细节的描述，包括屋顶、小草和鸟巢等，这显示了画者也注意细节，期待别人的认可和赞美。整体来看，画者有点不自信，有点自我封闭，情绪也比较低落。

图4　姑娘 C（22 岁）的画作

【结果应用】

我们给 leader 进行了画面的分析和反馈，姑娘 C 现在的表现跟她的家庭比较相关，跟这个 leader 的管理方式关系不大。建议这个 leader 从姑娘 C 的家庭状况入手进行开导。在工作中多关注姑娘 C 的感受，积极引导和帮助她，鼓励她敞开心扉，给她安排一些能够体现她的细致和认真的工作，多给予认同和鼓励。

这个 leader 按照建议跟姑娘 C 进行了沟通，并调整了她的工作内容。在这个过程中也了解到姑娘 C 的父母从小对她要求比较高，她也比较有压力，所以会有比较不自信的状况。

【后续反馈】

这个 leader 辅导姑娘 C 一段时间后，感觉她已经慢慢发生了变化，开始跟周围的小伙伴沟通了，也会展露笑容了。又过了一段时间，请这个女孩儿画了一幅房—树—人画（见图5）。

此时，这个姑娘的画里树木粗壮了，门窗也都画上了，而且门窗还比较大。这在绘画心理学中，意味着这个姑娘比以前自信了，也愿意敞开心扉与别人交流了。虽然还有一些无力感，但是相信随着这个 leader 跟她的共同努

图5 姑娘 C 在辅导后的画作

力，一定会越来越好的。

以往以口头沟通为主的员工辅导，受员工表达和 leader 辅导能力的限制，很多时候抓不住员工内心真正的需求。有了绘画心理分析，被辅导者的真实想法和状态会跃然纸上，使员工辅导更精准，更直击人心，更有效。

（三）项目管理——识别员工在项目进程中的困境和阻力

随着公司战略和业务的不断升级和迭代，很多重点工作是以项目形式落地实施的。由于项目节奏快，又有很多创新性，比较复杂，因此在启动后总是会遇到各种各样的问题。为了保障项目能够少走弯路，顺利开展，河狸家也尝试在项目管理时，采用绘画心理分析去评估每个人的压力状况和面对项目有什么需要帮助之处。

绘画心理学应用3：项目管理中识别员工困境

为匹配公司的战略业务目标，某部门启动了一个部门级的重要项目。项目进行了一段时间后，进展不理想。于是，在项目双周会上，项目的 HRBP 设置了画"爬山图"的环节，请大家将做此项目的过程想象成爬山，画一幅爬山图。

【原理分析】

在绘画心理学中，用爬山来比喻解决一个问题或者困难。根据山的陡峭程度和山的多少，可以看到画者遇到问题的难度大小和遇到问题的多少。根据人的位置可以看到这个问题的进程，根据人的多少等可以看出画者是想一个人独自解决问题，还是在解决问题的过程中需要有其他的同伴。根据爬山的方式，可以看到一个人解决问题的方式。

【画面分析】

我们抽取了一部分有代表性的图画，来向大家呈现。

画者1自述，她在山脚下，右边数第三个人。画中（见图6）山和人的大小比例显示，这个项目对画者1还是比较困难的。画者1的位置在山脚下，也就是说此项目，她还未开始做。画者1画了很多人，代表她在做这个项目的时候需要同伴来帮助她。画了很多一级一级的台阶，山上有很多平台，表明她在做这个项目的过程中，比较强调平稳和踏实。画者1爬山的朝向是面向左边，意味着在做项目的过程中，画者1习惯于用过去的经验来解决问题。画者1把自身画得比较小，也代表着画者1在这个项目过程中很不自信。

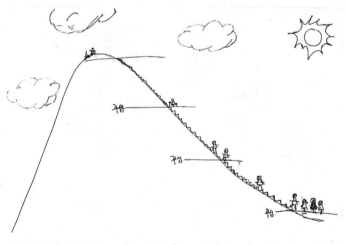

图6 画者1（女，项目骨干）的爬山图

得知了这些信息，对于画者1，leader进行了情绪疏导，并帮助她进行任务的分解。在任务安排时，选择画者1所熟悉和有成功经验的任务分配给她，帮助她尽快启动。

画者2自述，拿着小旗子的是自己。这幅画整个山较为平坦，体现出画者2觉得此项目难度不是很大。除了主峰，还有一座一座的小山丘，代表在这个项目过程中有一些小问题需要解决，但整体压力不大。人物画得非常清晰，代表自我认知比较清晰。画了双肩包，拿着小旗子，表明也会提前做好准备。山顶上画了亭子，代表此项目需要有明确的目标。山上有一些郁郁葱葱的树，代表画者2比较享受爬山的过程。爬山的路有一点弯曲，代表这个问题的解决需要稍微长一点的时间。

画者2在此项目过程中比较自信，只要目标明确，完成起来会游刃有余。可以适当地给予更高的要求和更多的任务。

图7　画者2（女，项目PM）的爬山图

对项目成员的绘画心理分析，清晰地呈现了项目成员的压力状态、项目进展程度、所需要的帮助以及性格特点等。基于这些了解，可以更加精准地进行后续的辅导动作，有效地推进项目的进展。

四 绘画心理分析精准度的保障

以上是河狸家结合绘画心理学在人力资源管理中的应用进行的分享。在开始的时候为了验证绘画心理分析的准确性，河狸家进行了大量设计和验证，主要有以下几种方式。

1. 环节设置在面试结束之后

绘画环节会安排在面试结束——面试官填写完面试评价之后，以避免先入为主。

2. 交叉验证

请没有面试过候选人的掌握绘画心理分析方法的人，在未看候选人的简历、不了解候选人、只看绘画作品的情况下，跟面试过候选人的面试官讲述候选人的性格特点和沟通界面、情绪状况等，包括很多面试中没有体现的问题，准确度非常高。

3. 测评验证

针对行为风格和性格特点等，开始也通过如 DISC 测评等方式进行验证。

另外，在组织保障上，河狸家建立了一整套体系，分批次进行了面试官和部分管理者的绘画心理分析培训，并定期进行绘画心理分析的督导以及相关研讨，并建立相关的学习研讨微信群。因为形式新颖、有趣且很准确，很受大家的欢迎。

绘画心理学与人力资源管理相结合的实践探索，使河狸家在人"心"管理上多了一些抓手。河狸家将在这条路上持续地进行探索，让更多的改变发生，从而更好地助力业务发展，促进员工的成长。

R.32
基于"知—行—果"模式的基层
管理者胜任力提升实践研究

许丹艳[*]

摘　要： 本报告通过对 D 公司的基层管理者代表分组进行关键行为事件访谈，并对访谈内容进行编码，并在此基础上设计了"知—行—果"的管理者胜任能力实践提升方案，通过实践和反馈有效帮助基层管理者从"知"（学习）到"行"（行为实践）再到"果"（验证行为结果），从而提升一线管理者的胜任力，支持公司快速发展阶段后的可持续发展。

关键词： 基层管理者　角色转换　胜任力模型

　　D 公司在快速发展到一定阶段之后，组织能力发展和业务能力发展的均衡性不足，影响了业务发展的速度。随着业务体量和员工规模的增长，管理者承担的责任和压力也在变化中。为此，公司经营管理层提出以下关键战略举措：①在使命和愿景的指引下，将加强整体战略布局与分析，明确公司战略方向，明确作战地图；②加强面向客户的各关键流程优化建设，以提升运营管理效率；③着手建设具有更加扁平、更加灵活的柔性组织机制，以储备变革过程所需要的敏捷性；④加强组织、文化、人才在执行层面的落地，加强营造更加务实、更具强执行力的组织氛围，积极响应从前端客户需求到后

* 许丹艳，喜临门家具股份有限公司副总裁。

端客户，加强建设具有更强队伍建设能力的管理者团队。

为更好落地经营层的经营思想，公司年度会议上对管理者提出了"聚合力、提效能"的要求。要求基层管理者承担起责任，提升胜任程度。同时，高层明确表示，需要将提升基层管理者能力作为重要工作，通过快速有效的培养技术和方法，促进管理者胜任力提升，帮助基层管理者完成从技术专家到管理者的角色转换，从而提升必备的管理能力，促进团队效能的提升。

一 基层管理者的胜任现状及问题发现

（一）了解基层管理者现状和管理能力现状

D 公司中层以上管理者占公司总员工数的 2%；基层管理者占总员工数的 8%，管理幅度平均为 1∶10。从年龄分布上看，集中在 27～35 岁区间，以工作满五年到十年之间为主。加入公司三年以上的员工占比 45.5%。总体而言，基层管理者呈现年轻、有朝气且专业以理工科为主的特点。此外，从未接受过管理者专项培训的有 37%。员工主动离职率较上年度同期增加了 0.95 个百分点。敬业度报告显示，在影响员工整体敬业度十六个维度上，直接上级的满意度得分低于市场 50 分位，主要表现为上级对下属的支持、目标清晰度、辅导者这几个维度上得分下降。

（二）访谈高层管理者，明确问题所在

为更准确识别基层管理者在胜任力提升上的关键问题，项目组进行焦点访谈，以明确影响当前基层管理者胜任力提升的关键要素。焦点访谈后形成的调研总结如下。①基层管理者角色认知不足，未能清晰定位自身作为管理者的角色转换，还仅仅停留在技术专家的角色上。基层管理者的能力结构需要从"技术能力"到"管理能力"的调整。②基层管理者能力提升需要有效方法。③对于管理者的角色和行为，公司并没有形成一套内生性的管理文化与规范。

二 基层管理者胜任力提升的关键解决框架

（一）解决问题的两个要点

一方面，制定胜任力模型。定位基层管理者的角色规范，包括阐述基层管理的角色（管理者是谁）、关键行为（管理者要做什么事），以及关键特质（管理者是什么样的特点）。

另一方面，明确具有有效性的胜任力提升方案。需要考虑角色认识、角色实践、角色评价等维度。培养项目不仅仅是角色、知识的培训，更重要的是实践。从实践中，体验角色规范的真正内涵，并借助最后的行为评价，持续迭代地提升角色认知，从而提升胜任力。所以，主要从"知"（学习）到"行"（实践）再到"果"（结果）三大维度进行设计，以下简称"知—行—果"模式。

（二）成立项目组织，保证项目落地

成立项目组来保障管理者角色胜任力模型工作的管理与落地。项目组包括项目顾问、项目赞助者（Sponsor）、项目总监、项目经理和项目成员。项目顾问由公司内部高管及外部胜任力模型专家担任；项目总监由公司人力资源中心总经理担任；人力资源总监担任项目经理；项目成员为各业务部门的核心中层代表以及各个部门的人力资源业务伙伴（HR Business Partner，HR BP）。项目的有效运作需要通过制订项目跟踪表、定期进行项目汇报等方式来确保。

三 设计胜任力模型

基层管理者胜任力模型设计主要采取行为分析法和职位分析法的结合。明确行为词条，根据行为词条，再定位岗位的角色。

考虑 D 公司的实际情况，设计共需六个步骤完成。

步骤一，明确访谈方法。本项目设计需要沉淀基于企业实际的案例，所以使用访谈法、讨论法和问卷调查法，同时考虑对 D 公司实际情况的把握，并且整理和沉淀内在的语言和管理文化。

步骤二，确定访谈对象。选择受访者的基本标准是：面向基层员工的直接管理者，团队规模 8 人以上，担任管理者时间为两年内，绩优组的绩效需为 S/A（绩效卓越或者优秀），普通组绩效为 B（绩效达标）。30 名访谈对象被分成两个小组：2/3 在绩优组（绩效优秀，S/A），另外 1/3 在普通组（绩效合格，B），并平均分布在不同部门。

步骤三，实施访谈行动。按照标准流程进行访谈，并确保访谈信息完整。访谈之前需要布置访谈的环境。访谈过程中设置一名主访谈者、一名辅助访谈者，辅助访谈者以记录为主。记录需要尽量使用完整的原始语言。访谈开始需要引导，引导语包括前期寒暄，并说明为了信息完整需要录音。访谈记录包括事件的表述需要完整，人物情节以及关键要素需要陈述清晰（见表1）。

表 1 访谈提纲

一、访谈开场
1. 自我介绍并介绍项目情况
2. 本次访谈，我们会特别关注到您描述的细节，过程中可能会随时打断您，并会邀请您做进一步的描述
3. 本次访谈会进行录音，便于我们对细节的把握。如访谈过程中有不便于录音的内容，您也可以随时提出，我们可以中断录音
二、经历回顾(5 分钟)
请您简要回顾一下毕业后的学习经历与工作经历
说说您的工作内容都有哪些，任务的优先级是怎样的
三、讲故事(30 分钟)
谈谈您在 D 公司，最好是近两年在管理者岗位上，如何带领团队一起完成任务的，建议讲述 1 个您认为成功的案例和 1 个相对有改善空间的案例(概述、标题、结构、详细描述)。
备注:故事描述的时候，尽量引导访谈者描述是怎么做的、说的、想的、感觉的
(1)对您的项目/事件做简要回顾(当初是在什么样的情景下发生的)
(2)着重介绍参与的主要阶段的细节(您是怎么做的，团队成员都有哪些人，他们是如何分工的)
(3)结果如何
(4)为什么成功/受挫(导致目前状况的原因何在)
(5)您当时是怎么想的，感觉如何，过程中您具体是如何跟下属/团队/他人进行沟通的
(6)记录现场原话，如果受访者有邮件记录等，寻求是否去掉保密信息之后可以作为案例留存

续表

四、经验总结
问题一：请您回顾一下，从业务骨干到管理者的转变过程中，您遇到的最大的挑战是什么
问题二：回首那个阶段，如果有什么样的支持，你会转身得更快
五、辅助问题
对新管理者有什么建议和意见 对新管理者培训项目有何建议和意见

步骤四，实施词条编码。通过封闭式团队共创，对胜任要素进行整理。并且对最终的词条反复进行语言上的淬炼，力争语言描述尽量用公司内部的管理"俚语"。辅助访谈者对所有的访谈报告体现过程及时间进行整理并发送给所有的访谈者。然后，所有的专家成员对打印的材料进行解读，对行为要素标注（见表2）。

表2　访谈记录表格式

访谈主题	行为事件访谈记录
访谈时间	＊年＊月＊日 8：50～10：20
受访者	姓名　　部门　　任职时长
访谈者	
记录员工	
项目组复盘总结	
启动问题	请介绍担任管理者前后的主要经历
关键记录（尽量使用原始语言）	成功案例1～2个；可包含失败案例1个 案例原始记录（尽量使用原始语言）
酌情可选的补充问题	1. 请描述一下，当您从专业人士被提拔成为管理者后，您做的最成功的三件事情是什么 2. 请从这三件事情里总结一下，您觉得您有哪些特别的做法支持了您的成功 3. 请您回顾一下，在从专业人士向管理者转变过程中，您遇到的最大的挑战是什么，您是如何克服的 其他：您认为一个管理者要做好的最重要的三件事情是什么

此外，编码工作主要包括以下几个关键动作（见图1）。①聚焦主题，再次明确目标和范围。②头脑风暴：对已经罗列的重点关键要素进行开放的陈述。针对访谈报告，项目组成员轮流发表意见，对案例的要素进行提炼。每个访谈者的总结和提炼，呈现在一张A4纸上。这样方便后续对30个样本整体进行总结。③专家组对30个样本的整体关键要素进行分类排列。用一张A4纸写上一个词条，用美纹胶黏贴在墙上，方便移动和整理。④提取中心词。汇总同类项，将提炼的要素归纳成为中心词。语言的使用尽量以内部实际发生的具有感染力的语言为主。形成10条以内关键行为一级词条，相应二级词条归属一级词条下面。⑤对能力词条的结构进行结构汇总，并图示化赋予其意义。

聚焦主题　　　头脑风暴　　　分类排列　　　提取中心词　　　图示化赋予意义

图1　胜任力编码萃取流程

步骤五，验证素质项的初稿。使用表单来编码一级能力词条和二级能力词条，形成能力词条库。使用问卷调研为中层基层管理者代表代言，再归纳编码沉淀有效行为要素，分两个步骤来对关键胜任词条进行验证：首先，根据行为要求从访谈记录中寻找对应的案例，通过关键案例，查看是否有脱离实际、提炼不恰当的能力项；其次，请中层管理者代表验证能力词条，每人选择5项最重要的选项和3项当前不重要的选项，对于重要优秀的能力词条再做重点确认。

步骤六，提炼角色项。对一级能力词条的关键胜任行为进行归纳，将关键胜任要素，总结为角色项。设计和美化胜任力模型，使之更易被接纳并容易被推广。经专家组讨论最终形成初步胜任力模型，包括八项关键行为、三个角色（见表3）、两项关键胜任力和一个价值观导向。

表3　关键胜任行为词条

角色（WHO）	关键行为（WHAT1）	关键行为释义（WHAT2）	动作行为描述（HOW）
团队带头人	精通业务	精通业务，把握业务要点	把握业务全局，识别业务关键点、关键时刻，牵头攻关关键业务问题
	以身作则	以身作则，传递价值观	带头践行D公司价值观，通过行为示范为员工树立榜样
业务目标高效达成者	共识目标	共识目标，上下对齐，并有效分解	1. 上下对齐：主动与上级沟通，对齐目标，不偏离方向，明确部门价值和定位，与团队成员共识目标
			2. 与团队成员讨论策略，制订行动计划，明确关键里程碑和衡量标准，责任分解到人
	管控过程	管控过程，运用有效方法整合资源，达成目标	1. 利用例会、报告等把控进度；对关键节点有力监督，防范风险；将关键进展、重大异常向上汇报
			2. 关注团队效率，梳理工作规范，确定协同机制，协调资源，处理矛盾和例外
	复盘改进	复盘改进，沉淀经验并持续提升	营造开放的氛围，通过团队阶段性总结复盘，对成败案例反省，沉淀经验，促进团队持续提升
高绩效团队建设者	知人善任	知人善任，合理选用团队成员	1. 识别不同员工的个性、品德才能、强项不足，判断人岗的匹配度；招聘合适的，淘汰无法胜任的
			2. 根据任务特点，让合适的人干合适的事，进行优势互补，形成团队合力
	培养下属	培养下属，提升团队作战能力	1. 关注团队发展，把下属的成功当作自己的成功，有培养员工的强烈意愿，根据岗位的任职要求，制订清晰的员工培养计划
			2. 根据下属的能力、意愿和潜能，在风险可控范围内给任务、压担子，提供实践机会，容忍犯错，采取培训分享、教练辅导等方式，促进其成长
	激励团队	激励团队，打造积极向上的团队氛围	1. 明确考核指标与奖惩规则，公平公正地评价下属的贡献并给予反馈，落实奖惩
			2. 发自内心地关心员工状态，积极与员工沟通，聆听心声，以各种形式尊重和认可，使他们体验到价值感和成就感
			3. 通过传递工作意义、学习分享、团队活动、树立标杆等，打造团结信任、乐于奋斗的氛围

经过闭门会讨论和美工的设计，形成了图 2 所示的胜任力模型。通过形象化的方向盘寓意管理者需要注意方向，同时使用旗帜作为价值观的导向。在方向盘的中心是三个角色、八个关键行为，同时还有结果导向和持续成长两个关键胜任要素，主要用于潜力管理者的选拔。

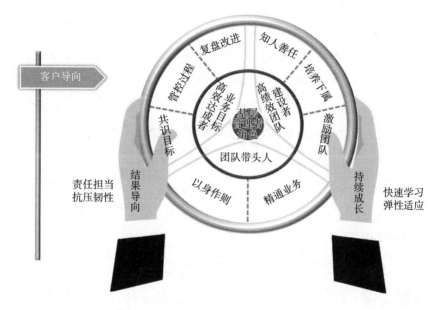

图 2　管理者基于角色的胜任力模型

四　基于"知—行—果"模式的胜任力提升
方案设计和落地

（一）设计思路

第一，内部的一贯性文化，如何让角色转换的理念成为内部管理者的通识；角色规范不是外部的讲师讲授，而是内部级别的管理者宣导，有内部的案例。

第二，加强行为实践，助力基层管理者的行为改变。在角色规范输入之后，关键是管理实际行为的输入，应该有明确的要求，通过行为实践来加深对理念的理解。同时，在实践的过程，需要反馈才能深化对行为的认知。所以，需要有效的行为训练和过程辅导。

第三，通过可验证的结果反馈给基层管理者，帮助升级认知。行为需要有效的成果验证，才能更好地增强反馈，从而促进角色认知的螺旋上升。

为此，"知—行—果"的解决方案具体包括：①知：让所有的基层管理者明确要求，并对照知道自身的行为差距；②行：行为实践，通过个人发展计划（IDP）、项目实践等，加强对认知的升级；③果：所有的关键是行为改变的结果，需要通过有效的方式进行验证（见图3）。

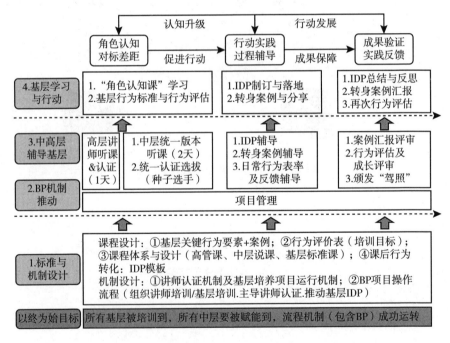

图3 基础管理者胜任力提升项目的设计逻辑

培养项目设计的落地有几个要点：①分"知""行""果"三个阶段分别落地，在不同阶段，需要接受课程学习和辅导；②同时，在项目对象上，基层管理者作为学习的主体，中高层管理者作为赋能导师。同时需要 HR BP 支持学员的个人发展计划（IDP）的制订，确保培养机制的运作。所以，这个角色转换的训练项目，不仅仅考虑的是将胜任力模型转换成课程，让基层管理者获得认知，更重要的是，需要行为实践和成果验证的一整套机制保证。

（二）基于"知—行—果"模式的具体机制设置

1. "知"阶段——学习基于角色的胜任力模型，对标差距

（1）需要进行课程开发，并进行学习项目的设计。对课程开发使用六步开发方法论。①明确主题，组建开发团队，主要包括课程开发技术专家、优秀中层管理者（专家角色）、项目组中的能力专家和美工成员。②根据胜任力，进行胜任要素的分解并形成管理者的培养框架图。③设计目标与结构；对课程的目标进行总结，并形成一级课程开发大纲。④开发具体的课程内容；每个课程开发由小组组长带领，包括课程过程所需要的案例、演绎方法等。⑤制作课件；课件内容包括讲授手册、学员手册、课程执行手册。⑥验收课程；中高层管理者代表为目标学员；主要认证的内容聚焦在对课程的实用性和有效性进行验证和分析。

（2）启动角色转身的胜任力提升训练营。基层管理者角色转换训练营的组织方式如下：①基层管理者角色转换训练营以业务部门为单位进行编班建制；②每个班级以业务部门的负责人为班主任、部门的 HR 总监为副班主任，由一名 HR BP 作为项目执行经理（Program Management Office，PMO）；③班级选举优秀学员作为班委班子，一起参与班级的运作和管理；④训练营开营仪式上，部门负责人发言，阐述角色转换的重要性，同时，学员、导师、同事出席，学员与导师进行拜师礼。

（3）寻找能力差距。根据角色转换的行为要求，对基层管理者目前的行为进行 270 度分析（上级、个人、下属）。量表包括转换意识测量，其中测量的主要维度有：①作为管理者的时间分配比例；②关键技能成熟度；③团队管理行为有效性的测量，其中主要包括招人的准确程度、沟通有效性

和团队氛围建设情况；④目标管理有效性，主要包括目标是否上传下达、是否有效管控过程、是否总结和分析；⑤使用能力自测表对各项能力进行分级，能力分为优秀、不足和普通三层。

基层管理者需要根据胜任力模型，按照个人行为频率的实际情况进行对照评估；再自我检查不足；与上级积极面谈，明确能力差距。另外，基层管理者应与 HR BP 讨论，明确不足能力的有效提升方法。

2.“行”阶段——行动实践，过程导师辅导

采取有效的行为实践，实现角色实践，是对角色认知的升级。行为实践主要围绕制定与沟通，以及辅导的管理闭环动作。对于每个行动学习点，还需要配置导师和 HR BP 对学员进行辅导。导师对行动学习的过程给予反馈，对下属的行为转变过程中的困难给予辅导和支持。

3.“果”阶段——验证行为结果，并且进行角色评价，帮助认知升级

成果验证环节的重要目的是验证学员学习成果是否合格。成果验证包括基层管理者回顾之前的个人行为改善计划，并得到上级和下属的反馈。从内容上，主要是针对能力差距的行为改善计划总结，同时需要关键案例来证明胜任力的提升，并通过行为反馈表格，确保行为符合角色所要求的基本行为规范。

还需要沉淀学员的实践案例，包括对个人的 IDP 提升情况进行总结汇报。最终，由上级管理者组成的评审团，根据行为总结测评以及反馈计划，给予能力评估和反馈，也就是对管理者的能力进行认证。

五　基层管理者胜任力提升的实施成效和关键总结

项目实施后组织满意度调查，主要包括课程内容满意度、讲师满意度、组织实施满意度三个方面。以学员的主观评价为主。总体课程满意度平均分为4.3，其中讲师满意度平均分为4.4分；课程内容满意度平均分为4.3分；组织实施满意度平均分为4.2。对比之前的培训，二十期平均满意度分别为4.1、4.0、4.1，整体课程的满意度得到明显提升。

本项目实践的关健亮点在于：高层以身作则的领导者影响力、中层作为上级的辅导能力、业务人力资源伙伴（BUHR）作为运营督导角色，共同形成了一套能够让角色转换持续运作的落地性机制。本项目的实施，助力达成D公司年度战略对基层管理者的要求，为公司未来的持续发展奠定了坚实的基础。

ℝ.33
企业人力资源管理专业人才培养新模式

——基于胜任素质模型和成果导向教学的开发方案

吴慧青 孙莹 白静*

摘　要： 企业经营环境的变迁对人力资源管理提出了新的要求，实用型人力资源管理人才需求量大增，而我国人力资源管理教育存在定位模式单一和实战型师资缺乏等问题，亟待调整定位，突出自身特色，培养更多实用型人才。达内集团立足企业需要，设计和实施了针对在职人士和高职院校的实用型人力资源管理专业人才培养方案及课程，并取得了一定成效。

关键词： 专业人才培养　胜任素质模型　成果导向教学

一　时代呼唤实用型企业人力资源管理人才

（一）企业经营环境变迁对人力资源管理提出了新的要求

国家统计局数据显示，截至 2017 年 9 月底，全国实有企业总量为

* 吴慧青，达内时代科技集团有限公司人力资源教研总监；孙莹，达内时代科技集团有限公司高级运营副总裁；白静，达内时代科技集团有限公司人力资源总监。

2907.2万户（见图1）。在企业经营过程中，对人的管理是不可或缺的，根据我国企业总量数据，可以看出全国企业人力资源管理从业人员人数众多，其人员素质对企业经营的重要性不言而喻。

图 1　实有企业数量发展趋势

人力资源管理是企业为了实现组织的战略性目标，对人力资源的获取、开发、保留、使用、评价与激励等方面所进行的计划、组织、领导、监督、激励和控制等活动。

目前，我们正处在第四次工业革命时期，以云计算、人工智能、大数据、移动互联网、物联网和区块链等为代表的新一代数字化技术正在颠覆人类的生产生活方式。这样的环境下，企业如何迅速对外部变化做出反应成为一个十分重要的课题。在这一过程中，人力资源管理部门扮演着重要而特殊的角色，即帮助管理者和整个组织适应技术变化，支持员工适应新的工作模式和职业，帮助企业从不同层面适应并促进社会、法律法规及国家政策的变化。

（二）企业人力资源部门对实用型人才的需求量增大

人力资源管理者必须改变之前作为支持性职能部门的角色，具备更全面和专业的人力资源管理技能，懂得企业业务和经营管理，能够在不确定的经营环境中提出和执行有针对性的人力资源管理解决方案，具备这样特征的人才可以称为"实用型企业人力资源管理人才"。

当今时代，企业内部对实用型企业人力资源管理人才的需求量不断增大，究其原因，主要在于以下两个方面。

一是人力资源管理者需要成为多面手。随着人力资源业务合作伙伴（HR BP）岗位设置的普遍化，越来越多的企业意识到，人力资源管理通才对于企业经营和业务部门的发展有非常重要的价值。根据科锐国际《2020人才市场洞察及薪酬指南》的数据，一线城市 HR BP 的薪酬中位数已高达60 万/年，这也从数据的角度说明，企业需要大量人力资源管理多面手人才的加入，并愿意为类似岗位支付相当高的薪酬成本。

二是人力资源管理者需要具备更专业的素质。《中国 HR 成长之路调查报告》显示，企业人力资源管理者有近半数（44.94%）刚踏入职场即从事HR 相关工作，从行政部门、业务部门转岗的，分别占比 23.96% 和19.28%，少数人（6.39%）从咨询公司、猎头渠道转型成为 HR。这说明在初次进入人力资源管理领域时，有相当一部分从业者并不具备人力资源管理的系统专业知识。

（三）企业人力资源部门之外对实用型人才的需求量增大

人力资源服务业是为劳动者的就业和职业发展以及雇主管理和开发人力资源提供相关服务的行业。近年来，全国人力资源服务业的营业收入持续保持两位数增长，近 6 年复合增速为 20%，从业人员数量逐年扩大，行业整体处于高速增长期。

目前，我国人力资源服务机构 70% 以上为传统的小规模企业，互联网基因不突出，还处于互联网探索甚至未进入阶段。部分传统人力资源服务企业和互联网人力资源服务企业加快了对"互联网＋人力资源服务"产品、技术和业态的布局，但相比国际领先企业，仍然有较大差距。综合来看，我国"互联网＋人力资源服务"行业还处于从初期到发展期的过渡阶段。长远来看，"互联网＋人力资源服务"的跨界特征将导致行业对人才的要求不断提高，掌握互联网技术、人力资源管理和服务等知识经验的复合型人才，将成为行业的急需紧缺人才。

二 实用型企业人力资源管理人才培养浅析

"十年树木，百年树人"，根据相关调研数据，我国企业人力资源管理人才培养现状呈现如下一些特点。

（一）实用型企业人力资源管理人才的市场价值高

近年来，基于"互联网＋人力资源服务"模式的复合型人力资源管理岗位迅速增加。由此可见，实用型企业人力资源管理人才具有很强的复合型人才特征，需要具备跨学科领域的知识和技能。根据职友集的统计数据，北京市人力资源数据分析师平均工资为 19450 元/月，较 2019 年增长了 5.9%，与类似工作年限要求的其他人力资源岗位相比较，该薪酬水平也是比较高的。

实用型企业人力资源管理人才具有知识技能全面、具备业务思维、专业度较高等特征，此类人才在当前市场上依然处于稀缺状态。

（二）实用型企业人力资源管理人才的培养难度大

与理论型人才的培养不同，实用型人才需要在实践中培养，通常需要经历理论知识学习、多个岗位轮岗实践，才能积累足够的相关技能，尤其是实践训练需要有组织和业务的环境才能开展，这个过程需要企业和员工双方的投入，尤其是企业需要树立长期的人才培养观。

人力资源管理部门的工作具有其特殊性，工作涵盖范围广，技能要求综合全面。大部分从业者会从员工关系管理、招聘等岗位入手，在工作中又受制于缺乏轮岗机制、部分模块岗位数量有限、轮岗周期长等多方面因素，从业多年之后也不一定有机会全面解除人力资源管理各个模块，这也是导致人力资源管理通才比较欠缺的原因。

（三）社会培训机构定位狭窄、缺乏实战技能课程

从社会培训机构来看，所提供的培训内容功利性强，主要针对应试和短期技能提升，内容缺乏系统性、一致性和连贯性，师资多为兼职人士，在教学研发方面的投入十分有限。当前，培训机构提供的人力资源管理相关课程可以划分为以下两种情况。

（1）证书类培训。社会力量办学的人力资源管理培训机构侧重于证书类课程，此类课程以应试为目标，在实操技能培养上有所欠缺，零基础学员学习后，仍然无法应对人力资源管理日常工作中所需要完成的基本任务，例如草拟各类劳动关系相关文书、使用招聘全流程理念和结构化面试方法完成一次面试甄选过程、正确计算员工工资等。

（2）进阶类培训。针对人力资源管理在职人员的培训则侧重于技能提升，针对主管和经理级人员，通常分模块进行，培训时间较短，无法系统培养职业技能。

由此可见，针对"小白"人群，即工作经验在 0～2 年的人力资源管理者，社会培训机构所提供的课程和服务缺乏针对实际操作内容的培训，不能为初入人力资源管理领域的在职人群提供急需的系统性实战技能培训课程，这也为实用型人力资源管理专业人才培养工作指明了改进的方向。

（四）高校人力资源管理专业定位有待调整

人力资源管理是近几十年来发展起来的新兴学科，1999 年全国仅有 37 所高校开设该专业，到了 2000 年，开设该专业的院校增加至 61 所，截至 2019 年 8 月，全国开设此专业的高校达到了 639 所。这些数据表明，人力资源管理专业正在成为我国高校专业发展新方向之一，这对本土人力资源管理专业人才的培养有重要意义。

从我国高校人力资源管理专业的发展历史来看，该专业开设比较晚，各高校教学状况与企业发展要求相比还存在待改进之处。高校对毕业生可能的就业去向常常缺乏足够的认知，对目标就业市场没有准确的定位。不同高校

的知名度、办学模式、地理位置、生源等存在较大差异，导致人力资源管理专业毕业生的就业去向差异也比较大。综合来看，当前我国高校人力资源管理专业定位存在如下问题。

首先，人力资源管理专业定位单一，特点不鲜明。有些院校把少数知名高校制定的培养目标原则当作自己的培养定位，在制订专业的教学计划时趋同现象严重，缺乏自身特色，也不能满足市场经济条件下的专业发展要求。

其次，缺乏拥有企业人力资源管理实战经验的师资队伍。普通高校人力资源管理教师学历高和理论水平高，但大部分老师缺乏企业人力资源管理实际工作经验，虽然部分教师已经考取了人力资源管理师的相关资格证书，但是实务经验少，无法真正发挥"双师型"教师效应。

最后，地方性优势没有在专业的定位中凸显出来。人力资源管理专业教育与地方企业发展需要分离，不能适应地方经济发展的阶段、产业特点、文化与社会结构特点，从而导致部分地方高校的人力资源管理专业毕业生求职困难，陷入无法在当地找到适合就业机会的尴尬境地。

三　实用型企业人力资源管理专业人才培养方案与实施

达内时代科技集团有限公司（以下简称达内集团）成立于 2002 年，2014 年在美国纳斯达克上市，10 余年深耕职业教育领域，是中国一站式人才培养提供商和一站式人才输送平台。2018 年，达内集团开始开设人力资源管理方向课程，设计并实施了实用型企业人力资源管理专业人才培养课程方案。

（一）实用型企业人力资源管理人才课程设计与实施

为了更好地了解企业人力资源管理课程学员的学习需求与行为，在2019 年 2 月至 5 月，达内集团教育 HR 教研部在社会招生的学员当中开展了用户研究项目，支持了本报告前述的关于实用型企业人力资源管理人才培养的观点。在此基础上，设计和实施了针对初入职场（0～3 年）的在职人力资源管理者，以及高职院校人力资源管理专业学生的课程体系，并进行了实际的课程实施。

1. 针对在职人力资源管理专业人才培养的开发方案——基于胜任素质模型的培训课程设计与实施

2016 年美国密歇根州立大学的戴维·尤里奇教授首次发布了全球人力资源胜任素质模型，模型和相关能力分解如图 2 所示。

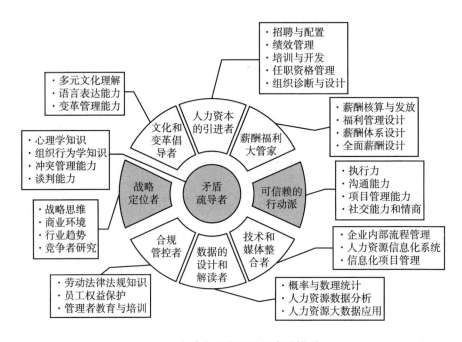

图 2 全球人力资源胜任素质模型

《中国 HR 成长之路调查报告》以尤里奇教授提出的全球人力资源胜任素质模型为理论基础，在对全国人力资源管理从业者的调查中发现：初次进入人力资源管理领域时，有相当一部分从业者并不具备人力资源管理的系统专业知识，与此同时，不同层次的人力资源管理从业者均认为需要提升自身的岗位胜任能力，具体关注要点见图 3。

借鉴尤里奇教授模型中的岗位核心素质能力指标，达内集团 HR 教研部设计和开发了针对在职人力资源管理者的专业课程体系，其教学目标是帮助

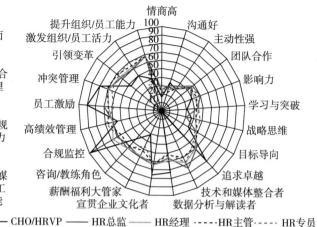

➤CHO/HRVP对合规监控、员工激励、追求卓越方面能力比较关注

➤HR总监对技术和媒体整合者、员工激励、冲突管理方面能力比较关注

➤HR经理对冲突管理、合规监控、提升组织/员工能力方面能力比较关注

➤HR主管和专员对技术和媒体整合者、激发组织/员工活力、高绩效管理方面能力比较关注

—— CHO/HRVP —— HR总监 —— HR经理 ---- HR主管 ---- HR专员

图3　不同职级HR能力模型

初入人力资源管理领域的在职学习者构建基于工作岗位需要、体现核心素质能力、提升就业竞争力的课程，并在此基础上制定了与课程实施相适应的教学方法。

课程共分为三个阶段：阶段一"入行必备——六大模块基础"，针对零基础学员；阶段二"升职加薪——HRBP业务思维修炼"，针对有一定人力资源管理工作经验，希望成为人力资源管理通才的学员；阶段三"成为高管——HRM专业修炼"，针对有一定人力资源管理经验，希望成为人力资源团队管理者的学员。课程包括44天录播课程学习，每天的录播课程为6节，每节30~40分钟，此外，还需要完成44次晚间直播课程学习，直播课程主要串讲当周学习课程内容，每次3小时，课上直播讲师还会给学员布置课后项目和作业，并在下次课程开始时对提交的项目数据和作业进行点评。

从课程实施角度来看，达内集团针对在职人力资源管理人员培训的实施方式主要有以下几种。

（1）双师授课模式。为保证教学质量，课程中的录播部分由从业经验10年以上的总监级讲师研发和录制，直播讲师负责按照教学设计标准进行课程串讲、项目作业点评等工作。

（2）直播录课结合。要求学员每周自学 2 天录播视频课程，这部分内容学员可以通过电脑浏览器或手机 App 随时随地学习。此外，学员还需要参加每周两个晚上的直播串讲，直播课程通过达内在线学习平台进行，每次3 小时；与此同时，学员还需要按照直播讲师安排，完成每次课后的项目和作业，并在规定时间提交。

（3）严格的班级管理。每个班级都有专属的班主任进行学籍和出勤管理，并在每次直播课前发送直播课提醒，直播讲师还提供每周 6×12 小时在线答疑服务，答疑响应时间在 3 分钟以内，以便学员获得及时的学习支持。

（4）毕业后推荐就业。达内集团与全国 15 万家以上的企业建立了合作关系，学员顺利完成学业后，会有专属的企业合作顾问老师帮助学员进行求职准备，并推荐就业机会直至学员成功就业。

（5）数字化教学管理。达内集团有专业的教学课程平台 TMOOC 和专职教学管理督导团队，提供课程平台技术支持，每周提供课程和学员行为数据分析报告，从而指导教学研发团队不断提升教学和授课质量。

截至目前，达内集团已开设针对社会在职人士的实用型人力资源管理培训课程 26 期，共培养 422 名学员。其间课程经过多次迭代，从一开始侧重于招聘专业人员培养，到后期培养全面实用型人力资源管理人才，从线下脱产课程转为线上在职课程，目前课程招生和运行稳定有序。

2. 针对高职院校的人力资源管理专业人才培养的开发方案——基于成果导向教学的课程设计与实施

成果导向教育（Outcome Based Education，OBE）由 Spady 等人于 1981年首次提出，是一种以学生的学习成果（learning outcomes）为导向的教育理念，认为教学设计和教学实施的目标是学生通过教育过程最后所取得学习成果。我国工程教育专业认证协会颁布的《工程教育认证标准（2014）》也充分体现了 OBE 理念，要求接受认证的专业必须：①明确学习成果（毕业要求）；②按毕业要求安排教学活动；③对毕业要求的达成情况进行评价。

这三方面是实施成果导向教育的关键。

达内集团人力资源管理专业人才培养方案遵循 OBE 理念，以学生毕业后的目标岗位工作要求为学习成果标准（毕业要求），结合职业类院校人才培养标准，设计了为期三年的高职人力资源管理专业人才培养课程方案。依据人力资源管理工作岗位任务分析，反向设计专业课程表，课程表包括基于工作岗位任务和要求的课程、所需学时、模块化课程体系以及各学期课程开设的布局，专业课程（部分）如表 1 所示。

表 1 专业课程（部分）

职业岗位	第一层工作任务名称	第二层工作活动名称	课程	开课学期
招聘专员	负责从招聘需求调研到招聘成果总结反馈的全面工作	1. 负责通过各种渠道发布和管理招聘信息 2. 进行正式招聘前测试、简历甄别、组织招聘、员工人事手续办理、员工档案管理及更新等与招聘相关的工作	HR 前沿发展导论、HR 行业认知、人力资源管理概论、人力资源战略与规划	1、3
			员工招聘与工作分析、员工招聘与工作分析实训、人才测评技术与应用、人才测评技术与应用实训、eHR 系统应用	3、4
			人力资源管理沙盘、新媒体运营	5、6
薪酬专员	负责薪酬统计、分析和发放相关工作	1. 制作公司每月工资报表，按时发放工资，薪酬数据分析及统计等工作； 2. 办理员工养老、医疗等公司规定的社会保险； 3. 管理福利体系的日常事务，制作保险缴纳报表	HR 前沿发展导论、HR 行业认知、人力资源管理概论、人力资源战略与规划	1、3
			薪酬管理、绩效与薪酬管理实训、eHR 系统应用、劳动与社会保障法	3、4
			大数据时代的人力资源管理、人力资源管理沙盘	5、6

从课程实施角度来看，根据实用型人力资源管理人才培养的目标，结合职业类院校人才培养标准，设计了高职人力资源管理专业人才培养课程方案，具体内容如图 4 所示，该方案已经于 2019 年 9 月开始在潍坊职业学院国际商务学院人力资源管理专业实施。

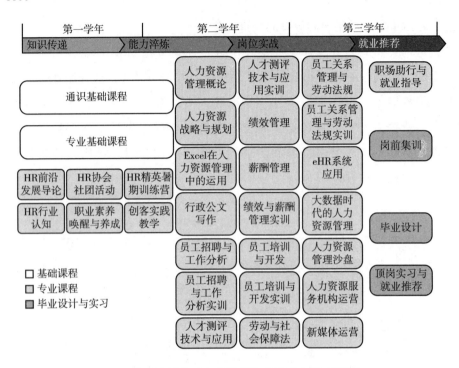

图4 人力资源管理专业课程体系建设方案（高职）

（二）实用型企业人力资源管理专业人才培养方案特点

达内集团实用型企业人力资源管理专业人才培养方案遵循"厚基础、精专业、强实践、宽选择"的理念，强化人力资源管理方面的知识学习和能力提升，提高和培养学生人力资源管理实务专业技能与较好的社会适应能力，致力于将学生打造成为各类型企业需要的实用型人力资源管理初级人才。

（1）教学目标以终为始：结合目标岗位，采用以终为始的课程设计方法，先明确课程学习后学员从业的目标岗位，再将课程内容与未来就业岗位知识技能紧密结合，通过分析工作所需要的技能，倒推需要学习的课程，从而保证课程内容与实际工作需要高度吻合。

（2）课程内容面向就业：课程内容紧贴企业管理实践，通过拆解上市公司内部人力资源管理流程，课程内容完全按照企业真实操作流程设计，通过"讲—学—练"的教学方式，让学生通过学习能够胜任上市公司人力资源管理初级岗位要求。

（3）教学方法以实践为主：课程50%以上时间为实践环节，为保证学员能够通过学习掌握工作所需知识和技能，在理论课的基础上，设置单独的实践课程，并引入企业真实实践项目，项目全部采用企业人力资源管理真实数据，让学员在学习过程中就能够参与到实际企业项目中，并由在职人力资源管理专业人员带教，确保教学活动与实际工作无缝连接。

四　关于实用型企业人力资源管理人才培养的思考

在思考实用型人力资源管理人才培养的问题时，一方面要结合我国人力资源管理专业教育发展的现实情况，另一方面要从人力资源管理专业的市场需求和现实状况出发，加强与改进相结合，在探索两者契合点的基础上准确把握专业的发展定位。

（一）大力发展职业教育，培养实用型人才

《国务院关于印发国家职业教育改革实施方案的通知》（国发〔2019〕4号）明确指出，到2022年，职业院校教学条件基本达标，一大批普通本科高等学校向应用型转变，建设50所高水平高等职业学校和150个骨干专业（群）。建成覆盖大部分行业领域、具有国际先进水平的中国职业教育标准体系。企业参与职业教育的积极性有较大提升，培育数以万计的产教融合型企业，打造一批优秀职业教育培训评价组织，推动建设300个具有辐射引领作用的高水平专业化产教融合实训基地。

2019年3月5日，李克强总理所作的政府工作报告中明确提到，要改革完善高职院校考试招生办法，鼓励更多应届高中毕业生和退役军人、下岗职工、农民工等报考，2019年大规模扩招100万人。扩大高职院校奖助学金覆盖面、提高补助标准，加快学历证书和职业技能等级证书互通衔接。改革高职院校办学体制，提高办学质量。中央财政大幅增加对高职院校的投

入，地方财政也要加强支持。设立中等职业教育国家奖学金。支持企业和社会力量兴办职业教育等。

由此可见，政府部门、职业类院校和社会培训机构等各方力量都应响应国家政策号召，积极推进产教融合，推出有针对性的实用型人才培养方案和产品，打造实用型企业人力资源管理人才，为国家发展贡献力量。

（二）立足企业需要，设计和实施人才培养方案

人力资源管理教育定位应源于企业的实际需要。如前文所述，当今时代的人力资源管理已经朝着人力资源服务专业化和"互联网＋人力资源管理"的方向大踏步发展，人力资源管理专业人才的培养方案设计应当从企业对人力资源管理人才的需求出发，倒推人才培养方案和教学计划、进度安排，这样才能确保培养出来的学员具备企业所需要的相关职业技能、知识和素养。

（三）结合地方实际，发展特色专业

地方高校的学术氛围和科学研究对地方产生很大影响，不少地方高校的科学研究在地方上处于领先地位，能够带动地方经济、社会的发展。另外，地方高校要全面了解本地区的产业结构与人才需求，以多种灵活方式与地方工商企业建立全方位的合作关系。从教学设置来看，可以结合人力资源管理专业学生自身的发展定位，细分专业方向，也可以在三、四年级时，针对学生未来不同职业定位方向开设相应专业选修课程。

参考文献

高书国：《2018 年全球人力资源强国报告——中国即将跨入人力资源强国门槛》，《中国教育科学》2018 年第 2 期。

《党的十八大以来全国企业发展分析》，中国政府网，2017 年。

德勤中国人力资本咨询服务团队：《2017 德勤全球人力资本趋势报告》，2017 年。

科锐国际：《2020 人才市场洞察及薪酬指南》，2020 年。

冉军主编《人力资源管理》，清华大学出版社，2017。

全裕吉：《新形势下地方高校人力资源管理专业教育定位分析》，《湖南经济管理干部学院学报》2005 年第 5 期。

卢彦伶、唐跟利：《优化高校人力资源管理专业人才培养模式》，《商》2015 年第1 期。

《国务院关于印发国家职业教育改革实施方案的通知》（国发〔2019〕4 号），中国政府网，2019 年 2 月 13 日。

王少华：《人力资源管理的基石——胜任素质模型》，《首都经济贸易大学学报》2005 年第 1 期。

李志义：《成果导向的教学设计》，《中国大学教学》2015 年第 3 期。

McClelland, David C. "Testing for Competence rather than for Intelligence". *American Psychologist* 1973, 28（1）：1–14.

附　录

R.34
2019~2020年企业人力资源大事记

朱　蕾　孙一平　赵　宁　赵智磊　柏玉林　王　伊　王秋蕾

2019年

1月16日　国务院国资委印发了《中央企业工资总额管理办法》。办法对现行中央企业工资总额管理相关制度办法进行修改和完善。明确对中央企业工资总额实行分类、分级管理。办法在从宏观层面完善国家、企业和职工三者工资分配关系，加大出资人向中央企业董事会授权的同时，同步对责任落实和制度配套进行了规定。

3月7日　国务院国资委发布了《中央企业负责人经营业绩考核办法》。办法已于2018年12月14日经国务院国资委第159次主任办公会议审议通过，自2019年4月1日起施行。办法就考核导向、分类考核、目标管理、考核实施、奖惩等给予了规定。

4月20日　国务院发布了《关于印发改革国有资本授权经营体制方案

的通知》。通知要求优化出资人代表机构履职方式、分类开展授权放权、加强企业行权能力建设、坚持和加强党的全面领导、周密组织科学实施。

6月5日 国务院国资委发布了《关于印发国务院国资委授权放权清单（2019年版）的通知》。通知要求分类开展授权放权，加强行权能力建设，完善监督管理体系，建立动态调整机制。

11月11日 国务院国资委发布了《关于进一步做好中央企业控股上市公司股权激励工作有关事项的通知》。通知强调要科学制订股权激励计划，完善股权激励业绩考核，支持科创板上市公司实施股权激励，健全股权激励管理体制。

11月13日 国务院国资委发布了《对十三届全国人大二次会议第1294号建议的答复》、《对十三届全国人大二次会议第2265号建议的答复》和《对十三届全国人大二次会议第2294号建议的答复》，回复了关于技能人才培养的一系列问题。答复指出要积极落实国家高技能人才振兴计划、技能人才激励政策和国有企业办教育机构深化改革，努力培养造就一支品德高尚、技能精湛、素质优良、结构合理的技能人才队伍。接下来要进一步加强顶层设计，努力建设高素质专业化技能人才队伍，做好产教融合型企业建设的政策支持和推进实施工作，加强技能人才培训培养力度，弘扬工匠精神、厚植工匠文化。

11月13日 国务院国资委印发《中央企业混合所有制改革操作指引》。操作指引重点聚焦于规范混合所有制改革操作流程、通过市场化方式推进混合所有制改革和推动混改企业切实转变运营机制三方面。

11月27日 国务院国资委印发《关于以管资本为主加快国有资产监管职能转变的实施意见》。实施意见紧紧围绕"管资本"这条主线，从总体要求、重点措施、主要路径、支撑保障四个维度，以管资本为主加快推进国有资产监管职能转变。

11月29日 国务院国资委印发《关于进一步推动构建国资监管大格局有关工作的通知》。通知提出，力争用2～3年时间推动实现机构职能上下贯通、法规制度协同一致、行权履职规范统一、改革发展统筹有序、党的领导坚强有力、系统合力明显增强，加快形成国资监管一盘棋。

12月27日 国务院国有企业改革领导小组办公室印发了《百户科技型企业深化市场化改革提升自主创新能力专项行动方案》。专项行动方案从指导思想、行动内容、组织实施、工作保障等四个方面作出部署，重点推动部分中央企业和地方国有企业科技型子企业在完善公司治理、市场化选人用人、强化激励约束等方面探索创新、取得突破，打造一批国有科技型企业改革样板和自主创新尖兵。

12月31日 国务院国资委发布了《关于中央企业在东北振兴战略中发挥更加重要作用的提案的答复》。答复强调应在强化考核引领、加大分配支持力度、职工工资总额管理方面，结合东北地区中央企业实际情况给予相应政策支持。

2020年

1月6日 国务院国资委发布了《关于印发〈有限合伙企业国有权益登记暂行规定〉的通知》。暂行规定是针对有限合伙企业国有权益监管的首个规范性文件，它系统规范了有限合伙企业国有权益登记行为，力求不缺位、不越位、不错位，确保各级国资监管机构能够及时、全面掌握有限合伙企业中的国有权益状况，以权益登记为抓手，为下一步监管提供有效支撑，维护国有权益。

2月11日 国务院国有企业改革领导小组办公室印发了《"双百企业"推行经理层成员任期制和契约化管理操作指引》和《"双百企业"推行职业经理人制度操作指引》。两个操作指引的出台，为"双百企业"全面推行经理层成员任期制和契约化管理、积极推行职业经理人制度提供了系统规范的操作指南，有利于下一步在更大范围、更深层次推动国有企业完善市场化经营机制，切实提高国有企业的活力和效率。

5月30日 国务院国资委印发了《中央企业控股上市公司实施股权激励工作指引》。指引根据中央企业控股上市公司实施股权激励的政策规定，从股权激励计划的内容要点、考核体系、管理办法和实施程序等方面，进行了政策梳理、系统集成，对上市公司股权激励实践规范逐一明确阐释。

7月20日 国务院国资委发布了2019年度中央企业负责人经营业绩考核A级企业名单。招商局集团有限公司、中国海洋石油集团有限公司、中国保利集团有限公司、中国石油化工集团有限公司、中国建筑集团有限公司、中国第一汽车集团有限公司、中国航天科技集团有限公司、国家电网有限公司、中国移动通信集团有限公司、国家能源投资集团有限责任公司等48家企业上榜。

7月21日 习近平总书记主持召开企业家座谈会并发表重要讲话。习近平强调，要千方百计把市场主体保护好，激发市场主体活力，弘扬企业家精神，推动企业发挥更大作用实现更大发展，为经济发展积蓄基本力量。

7月22日 人力资源和社会保障部办公厅发布了《关于做好共享用工指导和服务的通知》。通知强调要支持企业间开展共享用工，加强对共享用工的就业服务，指导开展共享用工的企业及时签订合作协议，指导企业充分尊重劳动者的意愿和知情权，指导企业依法变更劳动合同，维护好劳动者在共享用工期间的合法权益，保障企业用工和劳动者工作的自主权，妥善处理劳动争议和查处违法行为。

图书在版编目（CIP）数据

中国企业人力资源发展报告. 2020 / 余兴安主编
. -- 北京：社会科学文献出版社，2021.3
ISBN 978 - 7 - 5201 - 7868 - 6

Ⅰ.①中⋯ Ⅱ.①余⋯ Ⅲ.①企业管理 - 人力资源管
理 - 研究报告 - 中国 - 2020 Ⅳ.①F279.23

中国版本图书馆 CIP 数据核字（2021）第 026354 号

中国企业人力资源发展报告（2020）

主　　编／余兴安
副 主 编／范　巍　佟亚丽

出 版 人／王利民
组稿编辑／宋　静
责任编辑／吴　敏
文稿编辑／吴云苓

出　　版／社会科学文献出版社·皮书出版分社（010）59367127
　　　　　地址：北京市北三环中路甲 29 号院华龙大厦　邮编：100029
　　　　　网址：www.ssap.com.cn
发　　行／市场营销中心（010）59367081　59367083
印　　装／三河市龙林印务有限公司

规　　格／开　本：787mm × 1092mm　1/16
　　　　　印　张：29　字　数：442 千字
版　　次／2021 年 3 月第 1 版　2021 年 3 月第 1 次印刷
书　　号／ISBN 978 - 7 - 5201 - 7868 - 6
定　　价／158.00 元

本书如有印装质量问题，请与读者服务中心（010 - 59367028）联系